21세기 한국교육 희망을 말하다

21세기 한국교육 희망을 말하다

제1판 1쇄 인쇄 | 2021년 3월 1일
제1판 1쇄 발행 | 2021년 3월 10일

지은이 | 김주성·박은종 외 공저
펴낸이 | 김양희
편집장 | 진점규
편집디자인 | 장철수
표지디자인 | 두손기획

펴낸 곳 | 도서출판 사색의나무
주소 | 서울시 용산구 원효로1가 108-53 / 3층
전화 | 02)717-9012-4
팩스 | 02)717-9015
E-mail edu@e-times.co.kr
ISBN 979-11-958267-8-0
값 35,000원

*잘못된 책은 즉시 교환해 드립니다.

21세기
한국교육 희망을 말하다

김주성·박은종 외 공저

제4차 산업혁명시대 한국교육의
새로운 희망과 부활을 안내해 주는 교육의 내비게이션

도서출판 **사색의나무**

| 추천사 |

변화의 시대와 새로운 교육

　최근 코비드19의 방역을 위해 사회적 거리두기를 시작하면서 우리의 생활모습이 놀랍게 바뀌었다. 모임이 절제되면서 대면 활동이 줄어들고 비대면 활동이 늘어났다. 그러자 집밖의 사회생활이 SNS를 통해 집안으로 들어왔다. 생활영역에 거대한 변화가 일어나고 있는 만큼 미래 한국 교육의 새로운 좌표를 찾아야 한다.

　코비드 팬데믹은 디지털 시대를 10여 년 앞당겼다고 한다. 변화된 생활모습은 디지털 문명의 생활양식을 보여주고 있는 셈이다. 그동안의 생활양식은 18세기의 산업혁명에서 비롯되었다. 당시에 가족단위의 재택노동으로 엮여진 소규모의 농촌공동체는 쇠퇴하고 공장단위의 집체노동으로 묶여진 대규모의 도시공동체가 발전하였다. '규모의 이익'이라는 경제효율이 노동단위는 물론 공동체의 규모도 키웠다.

요즈음 정반대의 흐름이 나타나고 있다. 팬데믹으로 규모의 이익에 한계가 있다는 사실이 드러났다. SNS를 통한 재택근무가 고층빌딩으로 상징되는 집체근무보다 경제효율이 떨어지지 않고, 업무종류에 따라서는 오르기도 하였다. 비대조직에서 발생하기 마련인 무임승차의 문제가 간편 조직에서는 나타나지 않기 때문이다.

규모의 비효율을 줄이려면 재택근무를 늘리고, 집체근무의 규모를 적절히 줄여야 한다. 앞으로 집체근무의 소요를 상당부분 원격으로 해소한다면, 대도시에 밀집해서 살고 있던 사람들이 좀 더 넓은 지역으로 퍼져 살 수 있게 될 것이다. 그럴수록 재택근무지인 가정을 중심으로 대면관계의 소규모 공동체가 번성하지 않을까 싶다.

교육의 흐름도 바뀌고 있다. 팬데믹으로 등교일수가 줄고, 교실수업의 상당부분이 원격으로 진행되었다. 그동안 학교에서 무엇을 가르치고 있는지 모르던 학부모들은 집에서 SNS의 원격으로 지원되는 수업내용을 알게 되었다. 이제 부모들은 선언적 의미에서가 아니라 실질적 의미에서 자식에 대한 교육권을 행사하려 할 것이다.

그동안의 교육형태는 산업혁명에서 비롯된 것이다. 당시에 가족이 담당하던 가정교육형태가 국가가 강제하는 의무교육체제로 바뀌었다. 재택노동이 집체노동으로 탈바꿈하면서 재택교육이 집체교육으로 바뀌자, 부모들은 무엇을 배우는지도 모른 채 아이들을 학교에 맡겼다. 학부모의 교육권은 집체교육의 익명성에 묻혀버렸다.

앞으로 디지털 문명이 성숙할수록 재택근무가 활성화되고, 그럴수록 재택교육이 보편화되고 학부모의 교육권이 현실화될 것이다. 대규모의 집체교육은 상당부분 학부모들의 협업형태로 분절되고, 집체교육(집합교육)의 소요는 최소화되어 온라인·원격교육과 컨퍼런스 또는 특별활동의 형태로 해소되지 않을까 싶다.

한국교육은 거대한 시대변화의 와중에 서있다. 변화의 파도가 클수록 정확한 좌표를 찾아야 한다. 현장교사를 비롯한 교육지성들이라면 누구나 한국교육의 새로운 좌표찾기에 골몰해야할 시점이다. 시대변화를 세밀하게 읽고 풍부한 교육감수성과 폭넓은 교육상상력으로 희망의 등대를 찾아나서야 한다. "21세기 한국교육 희망을 말하다"에 30여 명의 교육지성들이 시대적 고민을 담았다. 교육에 관심을 가진 모든 분들이 두루 살펴보았으면 한다.

집필위원회위원장 김주성
(한국교원대학교 전 총장, 정치학 박사)

| 추천사 |

세계화 시대 한국 미래
행복교육의 창(窓)·문(門) 역할기대

　동서고금을 통틀어 교육은 백년지대계(百年之大計)라고 부른다. 미래 인재를 양성하는 교육의 중요성은 시대와 지역을 불문하고 강조돼 왔다. 교육이 미래 인재 육성의 초석이고, 교육자(교원)가 국가건설자라는 사실도 부동불변의 진리다.
　자본과 기술이 현저하게 낙후되었던 지난날의 한국이 그 고난과 역경을 극복하고 국민소득 3만 달러에 경제, 사회, 문화, 체육 등 전 분야에 걸쳐서 세계 제10위권 강대국이 되고 30-50 클럽 회원국에 가입하게 된 것도 결국 교육의 힘과 교육자(교원)들의 헌신과 희생 덕택이다. 분명히 교육은 역사와 시대를 밝혀온 등불이고, 교육자들은 인류와 국가를 이끌어 온 역군들이다.
　일반적으로 교육을 전문적 영역(분야)이라고 하고, 교육자(교원)들을 전문직이라고 부른다. 그러면서도 국민들 모두가 하나같이 교육의 문제에 대해서는 백가쟁명(百家爭鳴)식으로 한 마디씩 한다. 국민들 모두가 각자 교육 분야(영역)만큼은 전문가라고 자칭하고 있는 것이다.

사실 역대 모든 통치자들이 교육대통령을 자처했고, 교육정책이 학생·교원·학부모 등 현장 중심으로 추진되었음에도 가장 문제가 많은 영역(분야)이 교육이라는데 이론(異論)의 여지가 없다. 사회 항간에 회자되는 '한국 교육의 문제는 석가모니, 예수, 마호메트, 공자 등이 환생, 부활해 함께 통치해도 해결난망하다'는 비판적인 자조도 함의(含意)하는 바가 크다.

그동안 한국 교육은 속도에 매몰돼 지나치게 성장 위주로 전력투구해 왔다. 학벌주의, 학력지상주의, 일등제일주의 등을 표면적으로는 배격하면서도 실제로는 이를 맹신하여 사교육공화국이라는 교육의 어두운 그림자를 답습해 온 것도 강고한 상급학교의 입시제도 병폐와 환경 친화적이지 않은 교육정책의 민낯 때문이었다.

이제 한국 교육은 사람 중심에 터해 숲과 나무를 함께 보는 미래 교육을 지향해야 한다. 미래 교육은 시계(속도)만 보지 말고 나침반(방향)도 함께 보면서 '생각하는 힘'과 '더불어 사는 삶'의 미래 역량을 기르는 교육을 지향해야 한다.

세계화·제4차 산업혁명·에듀테크시대의 교육은 국가와 세계, 인류를 이끌고 갈 미래 인재 양성에 초점을 맞추어야 한다. 이제 백년지대계인 미래 교육은 냄비식이 아니라 돌솥밥식의 긴 호흡으로 전진해야 한다. 무릇 인류의 문명과 문화 발전의 견인차는 교육이다. 교육은 미래 희망의 등불이고 행복의 샘물이다. 교육은 세상을 밝히고 미래를 열어가는 한 줌 소금, 한 줄기 빛이다. 그 교육을 묵묵히 이끌고 함께 가는 역군들이 교원들이다.

본서 '21세기 한국교육 희망을 말하다'가 제목에 내재된 함의대로 교육의 위기라는 이 시대, 한국 교육의 과거를 회고하고 현재를 성찰한 토대 위에서 미래를 함께 열어가는 비전을 제시하는 기제가 되기를 바란다. 특히 각급 학교급의 유·초·중·고교와 대학, 교육행정기관, 교육연구기관, 교육전문기관, 교육연수기관, 공공도서관 등에 비치돼 국민들이 일독하고 나아가 교육의 과거, 현재, 미래를 관조하며 희로애락을 나누기를 희망한다. 아울러 한국 교육의 과거 회고와 반성, 현재의 냉철한 분석과 성찰, 그리고 미래에 대한 희망과 비전을 제시하는 길라잡이 역할을 기대한다.

아무쪼록 본서가 백년지대계인 한국 교육을 걱정하면서도 그래도 그 교육에 희망을 걸고 있는 이 시대 교육자(교원), 교육학자, 교육전문가, 교육행정가, 교육관리직, 교육전문직, 학부모, 예비교사를 포함한 학생 등을 비롯한 국민 모두가 함께 읽고 공감하며 협업·집단지성으로 미래 행복교육을 함께 열어 가는 '교육의 창, 교육의 문' 역할에 충실하기를 기대한다.

본서를 편집하고 윤독하면서 앞으로 세상의 모든 사람들을 하늘보다 더 높게 사랑하고, 세상의 모든 것들을 바다보다 더 넓게 보듬겠다는 자각과 성찰을 줄곧 하였다. 이제 늘 학교와 교단에서 진실하고 돈독한 정성으로 미래, 희망, 행복, 배려, 나눔 등 교육의 시대정신을 몸소 실천하는 교육 구루(Guru)가 되기 위해 옷깃을 여미고 일신우일신(日新又日新)할 것을 스스로에게 다짐하는 바이다. 진심으로 세상의 모든 교육 동지들과 학생, 학부모, 지역인사 등 교육공동체 구성원들에게 심심한 감사를 드린다.

편집위원회위원장 박은종
(공주대학교 겸임교수, 사회학 박사)

| 책 머리글 |

오늘날 우리사회는 변화의 시대에 직면해 있다. 변화의 시대 생존전략은 변화를 수용하고 발 빠르게 변화에 대응하는 전략을 세우는 일이다. 인간은 변화를 두려워 한다. 그 이유는 변화를 수용하다보면 지금까지 안락함을 포기해야 하기 때문이다. 그러나 변화의 물결은 쉼 없이 우리 곁을 다가오고 있다. 미래학자들은 미래사회를 예측 불확실한 사회, 변화무쌍한 사회가 될 것이라고 말하고 있다.

앨빈 토플러는 세계가 인정하는 유명한 미래학자이다. 그가 유명세를 타게 된 동기는 1980년도에 그가 집필했던 〈제3의 물결〉이라는 책이 세상에 발표된 직후부터이다. 세상의 모든 사람들이 산업사회에서 팔을 걷어붙이고 땀 흘리고 일할 때 그는 지식정보화사회라는 아무도 가보지 않는 세상을 말했다. 그 후 세상은 그의 예언대로 변해갔다.

그가 2000년도에 〈한국정보통신정책연구원〉의 초청으로 한국에 왔다. 그는 6개월 가깝게 한국에 머물면서 한국의 정책방향과 사회동향에 대해서 연구를 했다. 그는 그 다음해인 2001년 6월에 101쪽 짜리 보고서를 한국정부에 제출한 바 있다. 그의 보고서는 〈위기를 넘어서 -21세기 한국의 비전〉이라는 내용이다. 그 보고서에는 첫마디가 한국은 산업사회에 파묻혀 선진국의 떡고물이나 받아먹고 살 것인가, 아니면 20년 후에 세계를 리드하는 경제선진국으로 도약할 것인가이다. 20년 후 새로운 밀레미엄 시대가 다가오면서 한국의 경제는 눈부시게 발전했고 세계 속에 우뚝 선 세계 제9위의 경제대국으로 등극했다. 대한민국은 그의 예언대로 위대한 국가를 건설했고 한국이라는 나라에서는 예언가 앨빈 토플러가 구상하고 예상했던 그림이 그대로 그려지고 있었다.

그러나 세상에는 좋은 일만 있는 것은 아니다. 경제에 신경 쓰고 초점을 맞추다보니 교육은 뒷전이었다. 앨빈 토플러도 한국교육의 후진성을 지적했다.
'경제는 선진국', '교육은 후진국'이라는 말이 실감이 날 정도로 아직도 한국의 교육은 후진성을 면치 못하고 있다는 사실은 현장에서 근무하는 교원들과 기타 교육전문가들의 한결같은 주장이다.
아직도 한국교육은 초등교육에서 중등교육까지 12년을 틀 안에 갖춰있는 입시지옥에서 벗어나지 못하고 있는 실정이다. 요즘 초등학생들의 경우에는 방과 후에 학원 2~3개는 보통이고 많게는 5개 이상을 다니고 있다고 한다. 과연 그들이 배우고 있는 지식이 미래사회에 쓸모가 있는 유용하고 효용가치가 있는 것인지 아니면 디지털시대에 아날로그식 교육을 지향하고 있는 것은 아닌지 진지한 성찰을 해야 봐야한다.

독일은 대학 진학률이 40%를 밑돌고 있지만 세계 제2위의 경제대국을 건설한 나라이다. 국민들의 행복도는 높은 수준에 있다. 우리가 독일식 교육을 모델로 삼아서 그대로 교육을 할 필요는 없지만 한국교육의 미래를 위해서 시대정신에 맞는 제4차 산업혁명시대의 교육으로 전환하고 교육의 틀을 바꿔야 할 것이다. 그래서 진정한 교육의 가치가 무엇인지, 어떻게 하는 것이 인간다운 교육인지, 행복한 교육은 무엇을 의미하는 것인지를 국가적인 과제로 풀어나가야 할 때이다.

교육은 국가발전의 동력이며 미래를 준비하는 작업이다. 교육의 발전은 곧 국가 발전의 원동력이기 때문이다. 미래사회를 이끌어나갈 주역들은 지금 교육을 받고 있는 학생들이다. 그들이 행복한 교육을 받고 성장했을 때 창의력이 신장되고 좋은 인성을 함양한다는 것은 주지의 사실이다.

유명한 심리학자 매슬로우(A. Maslow)가 말했던 자아실현도 인간이 행복하고 정신적인 안정감 속에서 구현된다는 것은 두 말할 필요가 없다.

본서 '21세기 한국교육 희망을 말하다'는 한국교육의 현실을 분석하고 미래교육을 조망하는 내용으로 편집되어 있다. 총 10장으로 구성된 방대한 내용이 수록되었지만, 각 장마다 그 장에 맞는 전문가의 글을 수록해서 전문성을 확보했다는 것을 특색으로 말할 수 있다. 미래학자들이 가장 염려했던 제4차 산업혁명시대 AI(인공지능)의 발달로 인간에 대한 인간성 상실, 인간의 소외감, 휴머니즘이 피폐한 사회에 대해서도 심도 있게 다루었다. 특히 마지막 제10장에서는 한국인의 정신을 계승하지는 취지에서 21명의 위대한 교육자를 선정해서 그들의 교육사상을 후학들에게 전하는 것을 큰 보람으로 생각하고 있다.

끝으로 한국교육의 발전을 위해 좋은 원고를 보내주신 30명의 집필진(교수, 교육전문가, 현장 교사) 분들께 감사의 인사를 드립니다. 특히 미국에 계시면서 바쁜 일정에도 불구하고 원고의 마감날짜를 걱정하시며 좋은 원고를 보내주신 김주성 한국교원대학교 (전) 총장님을 비롯해서 본서가 집필을 완료하기 까지 편집의 각 부분을 혼(魂)을 바쳐 다듬어주신 공주대 박은종 겸임교수님, 제10장의 방대한 원고를 집필하신 〈청출어람〉의 저자 김상규 선생님께도 머리 숙여 감사의 인사를 드립니다.

본서가 한국의 교육발전에 한 알의 밀알이 되어 교육의 새로운 패러다임을 제시하는 교육의 내비게이션이 되었으면 하는 바람입니다. 교육관계자 여러분의 애독을 적극 권장합니다.

2021년 3월

교육타임스(사색의나무) 편집장

진점규 배상

| 목차 |

추천사 4
추천사 7
책 머리글 10

제1장 한국인의 교육의식과 새로운 패러다임

01 한국인의 행복교육은 무엇인가? 23
02 한국사회에서 신·구세대가 겪고 있는 교육·문화의 충돌 27
03 한국인의 교육지상주의와 학벌주의 32
04 창의성 교육의 문제점과 교육의 새로운 방향 39
05 학교교육, 기본에 충실해야 한다 43
06 학력(學歷) 사회에서 능력중시 사회가 되려면 48
07 뉴 노멀시대 교육의 진정한 의미 53
08 한국교육의 혁신과 새로운 철학 57
09 변화의시대 생존의 무기는 창조력이다 62
10 21세기는 창의 인재가 필요한 시대 66
11 창의융합 인재교육으로 교육의 변화를 이끌자 70
12 교권이 바로 서야 교육이 바로 선다 74

제2장 제4차 산업혁명시대, 인공지능(AI)과 미래 교육

01 AI시대와 인간의 윤리문제 81
02 AI시대 교육과 창의적 인재상 90
03 AI시대를 준비하는 코딩교육의 의무화 94
04 이제 기업은 스펙이 아니고 실무가 강한 인재를 원한다 98
05 AI시대, 사람중심의 스마트 시티를 만든다 102
06 AI시대 미래 교육과 교원의 역할 106

07	AI시대의 문화적 허풍과 미래교육	110
08	AI시대 최고의 교육은 독서	114
09	제4차 산업혁명시대에 바람직한 미래 인재상	119
10	제4차 산업혁명시대 미래 교육의 방향	124

제3장 교육의 본질(本質)은 인성이다 – 미래사회가 요구하는 인재상을 중심으로 –

01	인성은 교육의 씨앗이다 - 인성	131
02	사람은 왜 남을 돕고 살아가야 하는가 - 봉사활동	135
03	관용은 위대한 사랑이다 - 이해와 배려	141
04	공감(共感)의 힘이 사회를 지탱한다 - 공감능력	144
05	낮출수록 커지는 삶의 지혜 - 겸손	149
06	정직은 인격의 초석이다 - 정직	154
07	인간이 할 수 있는 가장 위대한 일 - 용서	161
08	베풀수록 커지는 마음의 양식 - 친절	167
09	자신을 지키는 최고의 가치 - 절제	172
10	나를 지키는 지혜 - 평정심	175
11	마음을 여는 지혜 - 경청	179
12	지혜의 가장 훌륭한 대답 - 침묵	183
13	인생 최대의 자본 - 신뢰	186
14	인간에 대한 예의와 친절 - 예절	190
15	도덕과 양심, 교육의 힘 - 양심	194

제4장 교육은 생각하는 힘이다

01	교육은 '생각하는 힘'이다 - 사고력	201
02	위대함의 증언은 무엇인가 - 위대함	205
03	역경과 시련 - 성공의 씨앗	209
04	목표는 인생에 새로운 의미를 부여한다 - 목표	216
05	말에는 놀라운 마력(魔力)이 있다 - 언어(말)	220
06	자신만의 좌우명을 정하라 - 좌우명	225
07	자신감의 힘 - 자신감	229
08	성공한 사람은 디테일에 강하다 - 디테일의 힘	234
09	절대긍정이 일궈낸 성공신화 - 긍정의 힘	238
10	인생을 최고로 사는 지혜 - 근면(勤勉). 성실	242
11	대인관계능력 - 소통과 공감	247
12	좋은 습관은 성공의 열쇠 - 습관	251
13	자기암시의 예언적 효과 - 긍정의 힘	256

제5장 글로벌 시대, 지구촌의 자녀교육

01	유대인의 사브라 교육 - 이스라엘	263
02	아이들의 밤을 지켜라 - 핀란드	268
03	어릴 때일수록 경제 개념을 심어줘라 - 미국	272
04	모든 아이는 천재성을 가지고 태어난다 - 독일	276
05	역지사지와 타인 배려의 메이와쿠 교육 - 일본	280
06	노는 게 공부하는 것 - 프랑스	284
07	개개인의 능력에 따라 가르친다 - 영국	291

08	기초가 튼튼하면 배우는 건 시간 문제다 - 네덜란드	295
09	미술로 배우는 교육 - 프랑스	299
10	음악은 모든 교육의 기본이다 - 독일	303
11	위대한 어머니의 나라 - 러시아	307
12	전문성 있는 미래 리더를 키운다 - 영국	311
13	교육 유토피아(Edu-topia) - 스칸디나비아	315
14	자유와 평등이 있는 행복 교육 - 덴마크	320
15	아이를 강하게 키워라 - 스파르타	324
16	한 명의 낙오자도 없다 - 네덜란드	328
17	유머는 인생의 큰 자산 - 오스트리아	332
18	숙제가 많은 나라 - 캐나다	336
19	운동만큼 즐거운 학습은 없다 - 일본	340

제6장 한국 교육의 희망과 부활

01	꿈과 끼를 키워가도록 돕는 사회 인프라구축	347
02	미래교육과 신실력주의 사회 구축	351
03	인격 있는 지식과 인간성 있는 과학의 미래 교육 지향	356
04	좋은 교사가 희망의 미래를 창조한다	361
05	교사의 소명의식과 자아존중감	365
06	우분투(UBUNTU)를 실천하는 공동체교육	370
07	"Think different"를 지향하는 교육	375
08	지족(知足)지지(知止) 그리고 교사의 양심	379
09	한국 교육은 진정으로 사람을 지향하고 있는가?	383

10	'세계화 4.0시대'와 공감교육	388
11	교육자의 소명의식과 현실인식	392
12	코로나19사태, 위기상황을 극복하는 공동체의식	396

제7장 한국교육의 개혁·혁신과 방향 제안

01	나라먹여 살릴 인재가 쏟아지는 대입제도로 바꾸자	403
02	포스트 코로나시대 온라인·원격수업 콘텐츠 개발 운영	408
03	디지털 시대 에듀테크(Edu-tech) 활성화와 교원의 역할	412
04	교육은 희망의 사다리가 되어야 한다	416
05	교육 자주성과 교원 자율성의 올곧은 보장	420
06	교직의 위기 극복 그리고 보람과 행복	425
07	스마트 사회에 대응하는 교사의 역할	430
08	자유학기(학년)제의 운영 현실과 개선 방향	435
09	창의적 체험활동의 창의성·다양성 있는 운영 방향	439
10	교사의 본업은 수업, 그 열정을 수업에 쏟아야!	443
11	수단이 아닌 목적으로 채워지는 창의적 체험활동	447

제8장 한국 사회의 교원 문화 성찰

01	신세대 교사가 미래교육을 사랑하는 길	453
02	행복한 사제동행(師弟同行)과 교직의 보람	457
03	꿈과 끼를 가꾸는 행복교육	461
04	선생님이 계셔서 행복한 학교, 아이들이 있어서 보람찬 교단	465

05	존사애제(尊師愛弟)- '선생님 존경합니다, 얘들아 사랑한다'	471
06	이 시대 학생들이 닮고 싶은 교사상	474
07	교원들의 전문성역량 강화를 위한 문화생활	478
08	노장청(老壯靑) 교원들의 공감과 소통 멘토링(Mentoring)	482
09	학교 공동체 구성원들의 협업과 집단지성(集團知性) 연대	487
10	교육통찰력·전문성을 겸비한 T자형 미래 교원의 역량	492
11	교권(敎權)과 학습권(學習權)의 올곧은 보호와 보장	496

제9장 미래 '에듀케이션 코리아'를 향해

01	인문학 르네상스시대를 가다	503
02	문화 강국이 세계를 제패한다	507
03	세계 교육 강국의 다섯가지 특징	512
04	다문화사회 한국의 미래	517
05	교육에도 올곧은 철학이 필요한 시대	522
06	소확행(小確幸)과 행복 교육	526
07	우리 시대의 장인정신(匠人精神)과 소명의식	531
08	직업 소명의식이 강한 사람이 행복하다	536
09	우뇌적 사고와 감성시대	541
10	인생 100세 시대, 평생교육 방향	545
11	안중근 의사(義士)와 독서의 교훈	550
12	한국인의 칭찬문화	554
13	토론문화와 인문정신의 고양(高揚)	558

제10장 한국의 위대한 스승(교육자)

	들머리 글	565
01	학문 연구와 인격자의 모범을 보여준 성리학의 대가 - 퇴계(退溪) 이황(李滉)	567
02	인재양성과 경(敬)과 의(義)를 실천한 유학자 - 남명(南冥) 조식(曺植)	570
03	대학자이며 경세가인 동방의 성인(聖人) - 율곡(栗谷) 이이(李珥)	573
04	세계적인 학자, 저술가, 경세가 - 다산(茶山) 정약용(丁若鏞)	576
05	교육자, 독립운동가, 민족의 스승 - 월남(月南) 이상재(李商在)	579
06	독립운동가, 천도교지도자, 교육가 - 의암(義菴) 손병희(孫秉熙)	582
07	인재양성과 애국운동에 헌신한 사회교육자, 민족지도자 - 남강(南岡) 이승훈(李昇薰)	585
08	헤이그 밀사, 독립운동가, 수학교육자 - 보재(溥齋) 이상설(李相卨)	588
09	교육 계몽운동과 독립운동에 헌신한 민족의 큰 스승 - 백범(白凡) 김구(金九)	591
10	한글 연구의 선구자, 국어학자, 교육자 - 한힌샘(白泉) 주시경(周時經)	594
11	무실역행을 솔선수범한 겨레의 스승 - 도산(島山) 안창호(安昌浩)	597
12	교육자, 독립운동가, 군인으로서 민족의 선각자 - 안중근(安重根)	600
13	인간교육에 힘쓴 유학교육자, 독립운동가 - 심산(心山) 김창숙(金昌淑)	603
14	민족의 자존심을 일깨웠던 사학자, 언론인, 독립운동가 - 단재(丹齋) 신채호(申采浩)	606
15	무감독 시험으로 동량을 길러낸 교육자 - 길영희(吉瑛羲)	609
16	민주교육의 초석을 세운 교육자 - 천원(天園) 오천석(吳天錫)	612
17	헌신과 사랑을 실천한 시대의 스승 - 원암(圓庵) 이규동(李揆東)	615
18	영원한 지성인의 표상, 독립운동가, 교육자 - 김준엽(金俊燁)	618
19	한국의 대표적인 여성 교육자, 여성운동가 - 김옥길(金玉吉)	621
20	세계적 물리학자이며 한국 과학기술의 리더 - 김호길(金浩吉)	624
21	정직한 글로벌 인재 육성에 힘쓴 세계적 석학 - 김영길(金永吉)	627

제1장
한국인의 교육의식과 새로운 패러다임

01
한국인의 행복교육은 무엇인가?

김주성 한국교원대학교 전 총장

현대 한국인의 행복관념은 물질적 풍요이다. 가난하던 시절에 성장기를 보냈던 세대는 빈곤으로부터 탈출을 꿈꾸었고, 경제적 풍요를 누리며 성장한 세대는 안정된 생활을 꿈꾸고 있다. 사실 가난했던 세대는 행복이 뭔지 생각도 해보지도 못한 채 배고픔만 벗어나면 다인 줄 알고 죽자사자 일했다. 행복이 무엇이든 간에 우선 목구멍이 포도청이었기 때문이다.

경제적 풍요를 누리며 성장한 세대는 부모보다 잘 살 수 있을지 불확실하다. 얼마 전까지도 젊은이들은 헬조선이라며 자신들에게 희망이 없다고 투덜거렸다. 요즘은 연금과 신분이 보장되는 교사나 공무원이 되겠다고 교사임용시험이나 공무원시험에 젊은이들이 몰리고 있다. 코비드19 팬데믹으로 경제사정이 나빠지고 청년실업률이 높아지자, 생활의 안정문제가 더욱 신경의 끝자락을 잡아당기고 있는 셈이다.

　빈곤탈출이나 생활안정의 꿈은 물질적 풍요를 전제하고 있다. 빈곤탈출의 끝이 물질적 풍요라면 생활안정의 시작도 물질적 풍요이다. 그런데 물질적 풍요가 행복 자체일 수는 없다. 이유는 간단하다. 물질이란 욕망의 대상인데, 문제는 인간의 욕망은 무한한데 충족수단인 물질자원은 유한하다는 데 있다. 무한한 욕망을 유한한 자원으로 충족시킬 수 없다.

　인간이 욕망충족을 위해서 물질적 풍요를 쫓다 보면 언제나 부족감을 느낄 수밖에 없다. 욕망을 채우는 것이 불가능하다면, 아예 욕망을 끊어버리는 방법이 있다. 욕망이 없어진다면 자원은 남아돌 것이다. 그러나 그것도 불가능하다. 생명을 끊지 않고 욕망을 잠재울 수는 없다. 욕망은 삶의 원동력이다.

　이성의 힘을 불러오지 않으면, 욕망과 물질의 악연을 풀 길이 없다. 욕망이 이성에게 설득되면 부족한 물질로도 행복을 누릴 수 있다. 욕망을 통제할 수 있는 자제력이 생기기 때문이다. 자제력을 키우려면 좋은 습관을 길러야 한다. 습관화가 되지 않으면 자제력을 잃기 쉽다. 따라서 행복교육의 시작은 자제력을 키우는 데 있다.

　자제력만 갖춘다면, 역사 이래 가장 풍요로운 현대사회에서 못 누릴 것이 없을 것이다. 욕망의 충족수단이 형편없이 부족했던 옛날에는 살인적인 덕목이었겠지만, 현대와 같은 풍요로운 시대에는 누구나 갖출 수 있는 최소한의 덕목일 것이다. 그런 자제력을 갖추지 못해서 현대와 같은 풍요의 시대에 행복을 못 누린다면 어처구니없는 일이 아니겠는가?

　가난한 시절에 성장기를 보냈던 구세대가 자신의 욕망 충족에만 매달렸던 것은 아니다. 그들은 자식 잘되라고 소까지 팔았던 부모들의 희생과 나라 전체의 어려움을 알고 있었다. 그러기에 자기 자신의 욕망 충족에 앞서 가정과 사회를 위하여 일하려는 선의를 가지고 있었다. 이렇듯 자아를 가정과 사회로 확대시키고 있었기 때문에 자신의 욕망을 통제할 수 있었고, 적절할 수준에서 삶의 보람도 찾을 수 있었다. 삶 자체는 물질적 풍요를 목표로 삼았지만, 확대된 자아는 실존적인 욕구도 얼마간 채울 수 있었다.

요즈음에는 젊은이들이 자기 중심적으로 자아를 비좁게 형성하고 있다. 한 아이만 낳는 핵가족 시대로 접어들면서 자제력을 키우는 기회도 줄어들고 있다. 형제가 많을 때는 서로 부딪치면서 자제력도 키우고 타자의 세계로 자아를 확대할 수도 있었지만, 한 자녀의 외톨이는 홀로 지내는 시간이 많아지면서 자기중심의 세계를 확장하고 있다. 외톨이 자녀의 부모는 잘해주려고 애쓰다 보니, 자아의 비좁은 욕구를 자제시키기보다는 채워주는 경우도 많다.

학교생활에서 자제력이 키워지지도 않는다. 언제부터인가 학생인권조례가 제정되고부터 선생님이 학생에게 잔소리를 하면 부모로부터 항의를 받는 경우가 적지 않다. 심지어 학생들이 대드는 경우도 없지 않다. 학교는 이제 자제력을 키워주기보다는 학생들의 욕구를 신성시하는 곳으로도 바뀌고 있다. 더구나 학생들에게 저항정신을 부추기고, 자기 이익을 관철시키는 것을 민주적인 정치과정으로 교육하기까지 한다.

자아 중심의 세계가 확장되는 요즈음 세대에게는 행복교육을 새롭게 구성해야 한다. 빈곤탈출을 꿈꾸던 세대에게는 가정과 사회로 자아를 확대시킬 기회가 많았다. 그래서 물질적 풍요를 행복이라고 가르쳤어도 확대된 자아로 비좁은 욕구를 통제할 수 있었다. 그러나 타자의 세계로 자아를 확대할 기회가 줄어든 신세대에게는 구세대의 방법으로 안 된다.

신세대의 행복교육은 물질주의로부터 탈피할 때가 되었다. 밑바닥에서부터 시작한 세대는 국가사회가 고도성장을 하면서 풍요의 계단을 오를 때마다 만족했을지 모른다. 삶의 목표와 행로가 일률적이어서 삶의 깊이를 쌓지 못한 아쉬움이 남았지만 말이다. 그러나 높은 곳에서 시작하는 세대는 이런 행로를 걸을 수도 없고 그럴 필요도 없다. 사회가 다채로운 모습으로 바뀌고 삶의 기회도 다양하고 풍부해졌기 때문이다. 이제 삶의 드넓은 세계에서 늠름하게 자신에게 맞는 실존의 공간을 찾아야 한다.

개성시대가 온 만큼, 그럴듯한 겉모습의 삶이 아니라 그럴만한 속모습의 삶을 누려야 한다. 누구나 자아의 내부를 성찰하여 자신의 적성을 찾고, 그에 맞는 자신만의 길을 헤쳐나가야 한다. 적성을 찾기는 쉽지 않고 자신만의 길도 찾기 어렵다. 방황은 필수이다. 그러기에 우리는 진지하게 자기실험을 해야 한다. 그러려면 자신의 미래로 자아를 확장시켜서 현재의 비좁은 욕구를 통제할 수 있는 자제력을 길러야 한다.

행복교육이 학력(學力)을 소홀히 해서도 안 된다. 기본으로 돌아가 교육과정을 디지털시대에 맞도록 간결하게 재구성하고 다양한 활동을 자율적으로 해나가도록 해야 한다. 어릴 때일수록 배우고 깨닫는 것이 기쁨이다. 삶의 기본실력을 갖출 수 있도록 교육과정을 운영하고 자기의 길을 찾도록 부추겨야 한다. 자기의 길은 찾기가 쉽지 않고 오래 걸리기도 한다. 그런 만큼 어릴수록 삶의 기초실력을 갖추게 해야 한다. 언제든지 자신의 길을 찾아갈 수 있도록 말이다.

02
한국사회에서 신·구세대가 겪고 있는 교육·문화의 충돌

김주성 한국교원대학교 전 총장

한국사회처럼 역동적인 변화를 겪는 곳도 드물다. 한국사회는 세계 어느 곳보다도 변화의 속도가 가파르고 진폭이 넓으며 강도가 깊었다. 지금도 '한 번도 경험해보지 않은 나라'를 만들겠다는 정부의 의지가 불타고 있는 곳이다. "세계 역사상 어느 나라도 현재 살아있는 한국인이 일생동안 겪었던 것과 같은 급격한 변혁을 경험해본 나라는 아직 없다"고 피터 드러커가 말할 정도다.

사회의 변화가 빨랐던 만큼 세대차이도 컸고 세대갈등도 컸다. 물질적 조건과 사회환경이 달랐고, 가족의 구성과 교육의 기회가 달랐으며, 생활양식과 역사경험이 달랐기 때문이다. 현재 살아있는 사람들을 역사경험과 생활양식을 기준으로 간략하게 구분해본다면 크게 6개 세대로 나눌 수 있지 않을까 싶다.

　가난했던 시절에 성장기를 보낸 세대로는, 한국전쟁과 베트남전쟁을 겪은 산업화세대, 5.16 군사정변과 새마을 운동을 경험한 베이비붐세대, 5.18민주화운동과 6.10항쟁을 경험한 386세대를 들 수 있다. 경제적 풍요를 누리며 성장한 세대로는, 문민정부의 출범과 성수대교 및 삼풍백화점의 붕괴를 보았던 X세대, 세계화 시대의 외환위기와 월드컵축구대회를 경험한 W세대와 최근 디지털 네트워트의 생활양식을 내재화한 N세대를 들 수 있다.

　산업화세대는 베이비붐세대와 함께 경제발전에 온몸을 바쳤으며, 386세대는 정치발전을 위해서 희생을 마다하지 않았다. X세대는 풍요로운 환경에서 자라나 소비와 유행의 첨단으로 떠올랐고, W세대는 월드컵을 계기로 열광적이면서도 질서정연한 응원문화를 만들어냈으며, N세대는 가상공간을 무대로 자유분방하게 살아가며 전세계에 K-pop을 전파하고 있다.

　세대차이는 자연히 세대갈등을 유발한다. 대표적인 세대갈등이라면, 산업화·베이비붐세대와 386세대 사이에 정치이념을 두고 벌어진 갈등을 들 수 있다. 한국정치가 민주화된 뒤에도 이들의 갈등은 국정운영의 방향을 두고 끝없이 전개되었다. 후속세대들은 정치적으로 386세대에 친화적이었지만, 문화적으로는 386세대까지도 낯가림을 하고 있다. 자유분방한 후속세대들에게는 권위주의 정권에 도전했던 386세대까지도 권위주의적으로 보이기 때문이다. 사실 386세대도 조직적인 학생운동을 하면서 젖어 들었던 집단주의 문화에서 벗어나지 못하고 있다.

　정치적으로는 구세대들의 갈등구조가 아직도 지속되고 있지만, 문화적으로는 가난했던 시절에 성장기를 보낸 구세대와 경제적 풍요를 누리며 성장한 신세대의 갈등구조가 지배적이다. 정치적 갈등구조는 세력개편과 정치

상황에 따라 달라지는 가변성이 있지만, 문화적 갈등구조는 일상생활에서부터 늘 부딪치는 지속성이 있다. 신세대와 구세대는 정치적으로보다 문화적으로 더욱 깊숙이 단절되어 있기 때문이다.

대표적인 신·구세대의 문화단절은 베이비붐세대와 W세대 사이에서 일어났다. W세대는 베이비붐세대의 자식들이어서 그런지 베이비붐세대의 자조적인 한탄이 무척 처량하게 들린다. '부모님에게 무조건 순종했던 마지막 세대이고 아이들을 황제처럼 모셨던 첫 세대이며, 가족들을 위해 밤새워 일했건만 자식들로부터 따돌림을 당하는 비운의 세대'라고 말이다. 부모의 권위에 무조건 복종했으면서도 자식들에겐 권위를 내세우지 않았고, 자식들을 설움없게 키우겠다고 공부만 잘하면 된다며 신경질까지 들어주었지만, 이제는 자식들의 핀잔을 듣는 처지가 되었던 것이다.

베이비붐세대의 자식들은 자유분방하게 자라났다. 어려움을 모르고 자랐기에 부모세대와 달리 주눅들지 않고 당당했으며, 자기가 하고 싶은 일을 무엇보다 소중히 여기며 미래의 풍요보다는 현재의 행복을 앞세우는 자기중심의 가치관을 키웠다. 정치에 무관심하면서도 권위주의를 적대시하고, 세상사를 모두 공정의 잣대로 바라보며 직장을 위한 희생보다는 '저녁있는 삶'을 선택하는 '개성세대'로 성장했다.

베이비붐세대에게 W세대는 새로 태어난 신인류인 듯 낯설었으며, W세대에게 베이비붐세대는 권위주의에 파묻힌 '꼰대'로 보였다. 부모·자식의 사이인데도 이들은 어느 누구보다도 서로에게 문화충격을 받고 있다. 베이비붐세대로 대표되는 구세대는 부모에게 무조건 복종했으면서도 자기 자식들에게는 밥상머리 교육을 하지 않았다. 사실상 부모·자식 사이의 문화단절을 자초한 셈이다. 신·구세대는 서로 치킨게임을 하듯이 여러 국면에서 정면으로 충돌하고 있다.

　이들의 문화충돌은 두 말할 나위 없이 신세대의 일방적인 승리로 귀결될 것이다. 아날로그 문명의 구세대는 시간이 얼마 남지 않은 데다가, 코로나 팬데믹으로 말미암아 디지털 문명이 급속히 앞당겨졌기 때문이다. 문제는 만일 일방적인 승리에 머문다면, 신세대가 과연 한국의 미래를 믿음직하게 이끌어갈지 우려된다는 점이다.

　물론 신세대는 구세대의 권위주의를 극복하리라는 점에서 미래를 밝게 열어갈 것이 틀림없다. 지금도 신세대는 권위주의의 덫에서 벗어나 자유분방한 상상력으로 K-pop을 전세계에 전파하고 있다. 그러나 신세대가 자아의 외연을 확장시키지 못한다면 희생정신이 충만했던 구세대의 추진력에 버금하기도 쉽지 않을 것이다. 집단이익보다 개인이익을 앞세울수록 협동이나 팀워크를 만들어내기 어렵기 때문이다.

　문화가 충돌하는 곳일수록 이질적인 문화를 융합하는 쪽에서 새로운 문화의 동력을 얻는다. 세대 사이의 문화융합작업은 미래세대의 주역이 해내야 한다. 구세대는 곧 사라질 것이기 때문이다. 신세대가 다음의 두 작업을 해낸다면 보다 풍부한 문화능력을 갖출 수 있을 것이다. 하나는 신세대가 미스터·미스트롯 경연대회처럼 구세대의 문화를 적극적으로 체험해보는 것이다. 그럼으로써 그동안 잃어버린 구세대와의 연결고리를 되찾고 구세대의 강점을 자기화할 수 있을 것이다. 구세대는 가족과 사회를 위해 희생을 마다하지 않았다. 그들의 선의지를 어떤 형태로든 내재화한다면 큰 자산이 되지 않겠는가?

　다른 하나는 밥상머리의 대화를 통해서 차세대와 문화의 연속성을 강화시키는 것이다. 구세대처럼 공부만 잘하면 된다며 공부만 시키지 말고, 자식과 여러 가지 주제로 진솔한 대화를 많이 나누어야 한다. 부모를 이해하고 존중하면서도 자신의 개성을 한껏 키울 수 있도록 말이다. 이렇게 하여 부모세대의 지혜와 자식세대의 깨달음이 연결될 수만 있다면 훨씬 안정적으로 문화가 발전할 것이다.

03
한국인의 교육지상주의와 학벌주의

김주성 한국교원대학교 전 총장

  한국은 헐벗은 후진국에서 풍요로운 선진국으로 올라선 기적의 나라이다. 건국했을 때 우리나라는 세수가 세출의 10% 정도였으므로 미국의 막대한 원조가 없었으면 지탱할 수 조차 없던 가난한 신생 독립국이었다. 그러나 한국정치의 3대 과제인 근대국가의 건설, 자본경제의 고도화 및 민주정치의 완성을 순차적으로 완수했을 때는 GDP가 세계 10위권을 바라보고 1인당 국민소득이 3만 달러에 가까운 부유한 신생 선진국이 되었다.

  식민지에서 독립한 나라로서 유례없는 대한민국의 성공담에는 빠지지 않고 한국인의 교육열이 거론된다. 사실 건국 당시에는 실질적인 문맹률이 80%를 넘나드는 무지랭이 까막눈의 나라였지만, 한국정치의 과제를 모두 완수한 2008년 당시에는 대학진학률이 83.8%나 되는 세계 역사상 전무후

무한 고학력의 문명국이 되었다. 이렇게 한국의 기적적인 성공과 한국인의 신화적인 교육열 사이에는 밀접한 상관관계가 존재하고 있었다.

한국인의 교육열은 각별하다. 농촌인구가 대부분이었던 1950년대부터 벼농사에 필수적인 소까지 팔아 자식들을 대학에 보냈다. 당시에 대학교는 한국인들에게 학문의 전당인 상아탑으로 보다는 부모의 한숨이 서린 우골탑으로 보였다. 가업을 탕진할 정도의 뜨거운 교육열로 1960년대에 벌써 9만 명이 넘는 대학생들이 넘실거렸다. 아프리카의 케냐보다도 못살던 당시에 선진국인 영국보다도 많은 대학생을 배출했다.

학업을 지상목표로 삼았던 한국인들에게 대학은 언제나 최종목표였고, 시대를 이끌어가는 기관차였다. 대학 졸업생들은 대학에서 배운 고급지식으로 한국의 경제발전을 일구어냈고, 대학 재학생들은 대학에서 배운 민주이념으로 한국의 정치민주화를 이끌어냈다. 1960년의 4.19 학생운동과 1987년의 6.10 민주항쟁은 대학 재학생들이 앞장서서 이끌어낸 정치민주화의 기념탑이다. 그리고 1970~80년대 한강의 기적은 대학 졸업생들이 산업현장에서 일반 국민과 함께 일구어낸 고도성장의 금자탑이다.

한국의 교육열은 대한민국을 선진국으로 발돋음시키는 데 필수요소였지만, 미래사회를 개척하는 데는 오히려 장애요소가 된다는 세평도 많다. 한국인의 교육열은 대량생산과 대량소비의 아날로그 시대에는 적합했지만, 맞춤형 생산과 실용적 소비의 디지털 시대에는 적합하지 않다는 것이다. 최근 코비드19의 팬데믹 현상은 디지털 문명의 성장속도를 10여 년 앞당기고 있다. 한국인이 가지고 있는 교육관의 실체가 무엇이며, 앞으로 어떻게 조정되어야 할지 고민되는 국면이다.

한국인의 교육열을 상징하는 말이 교육지상주의와 학벌주의이다. 교육지상주의는 한국인의 미래지향적인 심성을 표현하는 말로써 밝은 어감을 가지고 있다. 학벌주의는 한국인의 연고주의적인 행태를 표현하는 말로써 어두운 어감을 가지고 있다. 교육지상주의와 학벌주의는 필연적인 연관이 없는데, 아날로그 시대의 한국적인 상황에서 우연히 목적수단의 관계를 맺었던 것 아닌가 싶기도 하다. 그러나 자세히 살펴보면 우리의 교육관에 문제가 없었던 것도 아니다.

교육지상주의는 삶의 문제를 푸는 열쇠를 오직 교육에 두고 있다는 말이다. 교육이 삶 전체를 결정한다는 생각이 바로 그것이고, 교육을 얼마나 받느냐에 따라 삶의 질과 높이가 결정된다는 생각도 바로 그것이다. 이런 생각에서 우리는 모두 교육에 매진하였다. 국가와 국민 모두 가난에 허덕였지만, 국가는 교육입국을 내세웠고 국민은 교육열에 불탔다. 국가는 학부모들의 협조를 얻어 초등학교와 사범학교를 많이 세우고 건국 10여 년 만에 취학률을 96%로 끌어올렸다. 처음에는 사친회비로 뒤에는 기성회비, 육성회비로 초중등 교육비의 65%를 학부모들이 충당했다.

교육이란 삶의 지혜를 얻기 위한 것인데, 우리는 삶을 어떻게 풀어내려고 교육에 매진했을까? 삶에는 크게 두 가지 문제가 있다. 하나는 삶의 의미를 찾는 실존의 문제이고 다른 하나는 삶의 안락을 찾는 생존의 문제이다. 실존은 삶의 목적적 가치이고 생존은 삶의 수단적 가치이다. 둘의 관계는 독특하다. 실존을 누리려면 생존이 확보되어야 하지만, 생존을 포기할 수 없으면 실존을 얻을 수 없다. 고대사회에서는 죽음을 무릅쓴 사람들이 자유인이 되었고, 목숨을 구걸했던 사람들은 노예가 되었다. 자유는 실존의 조건이고 목숨은 생존의 조건이다.

현대사회에서는 누구나 자유권과 생명권을 가지고 있다. 그렇지만 현대적인 삶의 조건에서도 실존문제와 생존문제를 함께 풀기가 쉽지 않다. 그 문제들을 풀려면 우여곡절을 겪지 않을 수 없다. 우리는 자유민주주의로 건국한 만큼 누구나 자유권과 생명권을 누리게 되었다. 그렇지만 국가적인 삶이나 개인적인 삶이 보통 팍팍한 것이 아니었기에 실존문제와 생존문제를 함께 풀기는 어려웠다. 어느 하나에 우선순위를 두지 않을 수 없었다.

우리는 식민지의 멍에를 벗고자 독립투쟁을 하였으나 역부족이었다. 제2차 세계대전에서 일본이 패망하자 우리는 독립할 수 있었다. 그런데 건국하자마자 북한의 침략으로 포탄 속에서 죽느냐 사느냐의 갈림길에 서게 되었다. 유엔군의 도움으로 평화를 되찾자 전쟁의 폐허 속에서 뼈를 깎는 굶주림이 찾아왔다. 우리는 경제건설에 목숨을 건 투쟁을 하지 않을 수 없었다.

교육지상주의는 삶을 안정시키기 위해서 온갖 생존수단을 찾아 나섰던 한국인의 심사를 나타낸다. 국가는 국가대로 개인들은 개인들대로 생존의 충족수단을 얻기 위해 피땀을 쏟고 경제건설에 매진하였다. 국가는 "잘살아 보자고" 독려했고, 국민은 "잘살아 보려고" 비지땀을 흘렸다. 국가는 산업역군이 필요했고, 국민은 고급인력이 되고자 학업에 매진했다. 한국인의 성공은 이렇게 생존의 문제를 풀기 위한 도구적 교육관으로 관철되었다.

1987년 이후 한국의 정치는 민주화되었고 정치적 자유도 확보되었다. 두 번의 평화적인 정권교체를 했던 2008년에는 명실공히 정치적 실존을 만끽할 수 있게 되었다. 그렇지만 우리의 민주정치는 우여곡절을 겪으며 위태위태한 모습을 연출하였고 지금도 여전하다. 아마도 근본적으로는 우리의 삶이 아직도 실존적이지 못하기 때문이리라. 토크빌은 '모든 국민은 자신의 수준에 맞는 정부를 가진다'고 말하지 않았던가?

우리는 지금까지 도구적 교육지상주의에서 벗어나지 못하고 있다. 목적적 가치인 실존을 풍요롭게 하기보다는 수단적 가치인 생존을 윤택하게 하고자 교육에 매달리고 있다. 우리는 실존문제를 교육적으로 앞세우고자 많은 노력을 기울였었다. 1995년에 자유주의적 5.31 교육개혁을 단행하고, 2002년부터 학업부담을 줄이는 유토리 교육을 적용해보고, 2010년대에는 학생인권조례를 도입하였다. 학생들을 인격체로 대우하고 학교를 인성함양의 도량으로 바꾸어 보려했던 것이다. 대학에 들어가기 위한 입시교육에서 학생들의 적성에 맞는 맞춤교육으로, 암기 위주의 지식교육에서 토론 위주의 창의·인성교육으로 전환시키려 했다. 일부 학교에서는 기존의 교육틀을 깨고자 혁신교육이란 이름으로 교육실험을 하기도 하였다.

그러나 교육개혁과 교육실험이 생각만큼 성공했다고 보이지는 않는다. 학업부담을 줄이고 어린 학생들에게 권리의식을 심어주다 보니 어느덧 타인에 대한 배려와 공동체에 대한 의무감이 여려졌다. 자연히 자신의 욕구를 충족하기 위한 권리주장이 거세지고, 민주주의도 개인이나 집단의 이익을 실현하는 수단으로 여겨지게 되었다. 예전에는 국가 차원에서 도구적 교육을 선도했다면, 이제는 개인 차원에서 도구적 교육관에 갇혀버린 셈이다.

도구적 교육지상주의는 산업화시대에 학력주의와 학벌주의를 낳았다. 출신대학에 따라 사회경제적으로 차별을 두는 학벌주의는 개인의 수학 연한에 따라 차별을 두는 학력주의보다 문제가 더 많았다. 사회는 능력에 따라 대우를 달리하는 능력주의로 운영하는 것이 효율적이고 정의롭다. 그런데 문제는 능력을 미리 판단하기 어렵다는 데 있다. 능력은 장시간을 두고 관찰해야 알 수 있는데, 산업화 시대에는 모든 것을 빨리빨리 해치워야 했기에 그럴 여유가 없었다. 능력주의보다 학력주의가, 학력주의보다 학벌주의가 더욱 기승을 부렸던 이유가 여기에 있다.

학벌주의가 얼마나 일률적이었는지는 대기업의 사원채용방식에서 잘 드러난다. 대기업에서는 서류전형과 면접전형으로 채용시험을 치루었는데, 1차 서류전형에서 지방대학생의 입사원서는 접수조차 시키지 않거나 접수를 받더라도 곧바로 탈락시켜 버리는 경우가 많았다. 수도권 대학이나 일류 대학 졸업자들이 지방 대학이나 다른 대학 졸업자보다 능력이 출중하다고 전제하지 않았다면 일어날 수 없는 일이다.

그렇지만 대기업의 창업자들이나 최고경영자들을 보면 일류 대학이나 수도권 대학을 나온 사람들만 있지 않다. 오히려 무학력이거나 학벌이 별로 없는 사람들이 더 많아 보일 정도다. 능력이란 학력이나 학벌로 증명되지 않는다. 삶의 현장에서 부대끼고 부딪쳐봐야 드러나는 것이 능력이다. 그런데도 인사채용에서 학력주의와 학벌주의가 대세를 이룬 까닭은 빨리빨리 사람을 골라 현장에 보내야 하는 산업화시대의 급박함과 함께 당시에 요구되던 능력이란 대부분 학력과 학벌로 대치해도 크게 어긋나지 않았기 때문이리라.

학력주의는 대학병을 낳았고 학벌주의는 일류병을 만들었다. 제대로 사람 대접을 받으려면 대학에 가야 했고, 일류대학을 나와야 대기업에 들어갈 수 있었다. 한국인의 교육지상주의는 이렇게 학력주의와 학벌주의로 귀결되었다. 학력은 여러 기회를 통해 보완이 가능했지만 학벌은 변할 수 없었기에 한국인의 일류병은 치유되지 않았다. 디지털시대에 들어와서도 기세가 꺾이지 않고 있다.

세계 역사상 전무후무한 대학진학율이 정점을 찍은 뒤에 서서히 떨어지고 있다. 대학병의 학력주의는 고개를 숙이기 시작했다. 디지털시대가 요구하는 능력이 아날로그시대와 달리 무척 다양해지고 있고, 사회가 점차 성숙해 가고 있기 때문이다. 그러나 아직도 일류병의 학벌주의는 수그러들지 않고 있다. 수도권 대학의 선호도는 아직도 높으며, 소위 SKY대학에 보내려는 열망은 잦아들 줄을 모른다.

이제 삶의 본질을 다시 성찰해야 할 시점이다. 물질적인 풍요가 행복을 보장해주는 것이 아니며, 권력과 재력만을 인생의 목표로 삼는 것은 어딘가 덜 떨어진 사람들이 하는 짓이며, 남을 배려하고 자신의 내면을 성찰하면서 얻는 내밀한 기쁨이 없다면 인생만사 모두 부질없다는 실존적인 깨달음을 얻어야 한다. 실존을 목표로 우리의 교육관은 방향타를 조정해야 한다. 생존적 가치에 몰입했던 아날로그 시대의 수단적인 교육지상주의는 실존적 가치를 앞세우는 디지털시대의 목적적 교육지상주의로 탈바꿈해야 한다.

대량생산 대량소비의 아날로그시대에 학벌주의가 순기능을 하였던 것도 사실이다. 그러나 맞춤생산 실용소비의 디지털시대에 학벌주의는 우리 사회를 문화적 지체현상에 빠지게 할 것이다. 이제 실존적 가치를 앞세워 교육현장을 다시금 정돈하고 삶의 현장에서 드러난 능력에 따라 제대로 대우하는 능력주의 사회를 차분하게 만들어가야 한다.

04
창의성 교육의 문제점과 교육의 새로운 방향

김주성 한국교원대학교 전 총장

　우리나라에서 창의성 교육의 필요성이 대두된 연유는 크게 두 가지로 유추된다. 하나는 새천년에 접어들면서 우리나라를 추격형의 중진국에서 선도형의 선진국으로 탈바꿈시켜야 하는 시대적인 요청이었고, 다른 하나는 무거운 책가방을 메고 다니며 입시지옥에 시달려야 하는 청소년들을 더 이상 방치할 수 없는 절실함이었다.

　청소년들을 입시지옥에서 구해내려는 교육정책은 여러 번 시도되었다. 중학교 입시 폐지, 고교평준화, 대학 졸업정원제 등이 시행되었던 것이다. 하지만 생각만큼 성공하지 못했다. 입시경쟁은 추격형 근대화를 뒷받침하던 우리 교육의 필요악이었기 때문이다. 암기 위주의 지식교육에서 탈피할 수 있는 계기는 우리나라가 추격형에서 선도형의 국가로 발돋음하던 무렵에 찾아왔다. 선도형의 선진국이 되려면 기존 지식의 습득을 넘어서 새로운 지식을 창조해 낼 수 있어야 했다.

1995년에 발표된 5.31 교육개혁안은 세계화 시대에 선진국가를 건설하려는 야심찬 국가 프로젝트였다. 당시에 교육개혁위원회는 "인성과 창의성을 함양하는 교육과정을 학교급별로 정규교과 전체에 포함시켜 실시하겠다"고 소리높여 외쳤다. 우리나라의 초·중등 교육은 암기 위주의 지식교육에서 탈피하여 '창의·인성교육'으로 대전환을 모색하게 되었다.

이제 교육패러다임이 전환된 지 어언 25년 이상 지났다. 되돌아보고 재평가해야 할 때가 되었다. '창의·인성교육'은 '창의교육'과 '인성교육'이 복합된 것이다. 우리의 관심사인 창의교육이 성공했는지를 가늠하려면 창의·인성교육의 모습과 성과를 섬세하게 살펴보아야 한다.

우리의 교육계는 2002년부터 전면 실시한 일본의 유토리 교육을 벤치마킹하였고, 2006년 무렵 핀란드에 몰려가 그들의 교육을 배워오느라 부산을 떨기도 하였다. 유토리 교육은 학생들을 주입식 교육에서 벗어나게 하고자 수업내용을 30% 줄이고 전체 수업시간을 10% 줄였다. 핀란드식 교육이 얼마나 이상적으로 보였던지, 어느 시인은 다음과 같은 탐방기를 남기기도 하였다.

"아는 걸 다시 배우는 게 아니라/모르는 걸 배우는 게 공부이며/열의의 속도는 아이마다 다르므로/배워야 할 목표도 책상마다 다르고/변성기가 오기 전까지는 시험도 없고/잘했어, 아주 잘했어, 아주아주 잘했어/이 세 가지 평가밖에 없는 나라……."

우리는 일본처럼 과감하게 수업부담을 줄이진 않았지만 창의적 체험활동

시간을 늘리고 자유학기제나 자유학년제를 실시하였다. 핀란드처럼 변성기가 오기 전까지 시험을 모두 없애진 않았지만 학교현장에서 일제고사를 없애고 지필고사도 많이 줄였다. 학생인권조례를 제정하여 인성교육을 새롭게 하는 교육환경을 만들기도 하였다.

그런데 우리의 창의·인성교육은 최근에 불편한 진실을 드러내 보인다. 경제협력개발기구(OECD)가 실시하는 국제 학업성취도평가(PISA)의 2018년도 결과를 보자. 우리 학생들의 "삶의 만족도"는 71개국 가운데 65위로 최하위권에 머무르고 있고, 학업성취도는 2000년대 초와 달리 최상위권에서 한참 밀려나 있다. "삶의 만족도"의 조사결과는 우리의 인성교육이 과연 성공했는지 의심하게 만든다. 종래보다 밑으로 떨어진 학업성취도는 우리의 '창의성 교육'도 재검토하지 않을 수 없게 한다.

인성교육은 지식교육과 상관없을지 모른다. 아리스토텔레스의 말처럼 인성이란 좋은 습관으로부터 길러지는 것이니까 말이다. 그러나 창의성 교육은 지식교육과 깊은 연관이 있다. 왜냐하면 인간의 창조라는 것은 하느님의 천지창조와 달리 단숨에 무에서 유를 만들어내는 것이 아니기 때문이다. 그것은 기존의 지식체계가 부닥친 한계를 돌파하거나, 그동안 쌓아온 지식체계를 새로 재정립하는 것이다.

창조란 기존의 지식체계를 뛰어넘는 것이지만, 본질적으로 기존의 지식체계에 의존하는 것이다. 큐비즘을 창조한 피카소를 보자. 그가 입체를 평면으로 재해석하여 큐비즘을 창조한 것은 갑자기 하루 아침에 뚝딱 이루어낸 것이 아니다. 피카소의 선배인 세잔이 생트 빅투아르 산을 그릴 때 공간에 깊이를 주고자 평면의 조합으로 표현하는 실험을 했었다. 큐비즘은 세잔의 문제의식과 작업에서 큰 영향을 받았다.

이처럼 창조란 기존 지식의 생성과정이나 생성원리를 깨우쳐야 가능하다. 그렇다면 창의성 교육이란 지식교육과 별개로 진행될 수 없다. 소크라테스의 말처럼 교사들이 산파역을 맡아야 한다. 기존 지식의 생성과정을 알려주고 생성원리를 깨닫도록 학생들을 풍요로운 지식세계로 안내해야 한다. 그리고 학생들이 흥미를 느끼고 스스로 탐구하도록 이끌어야 한다.

지식교육에서 벗어나려 했던 일본은 2007년에 유토리 교육의 실패를 선언하고 포기하였다. 핀란드가 PISA를 석권하던 2000년대 초의 성적은 교사중심의 전통적인 교육의 성과였다. 우리가 몰려가 배워왔던 핀란드식 교육은 당시에 학생중심의 새로운 교육으로 전면 개편한 것이었다. 그것의 교육성과는 이미 2006년부터 PISA에서 하향곡선을 긋기 시작하였다. 지금에 와서 핀란드 교육은 별로 주목을 끌지 못한다.

이제 우리의 창의성 교육이 어디로 가야 할지 분명해졌다. 지식교육을 배척하면 창의성 교육이 성공할 수 없다. 그렇다고 전통적인 암기교육으로 돌아가서는 안 된다. 지식교육을 새로운 형태로 재편성해야 한다. 아직도 단편적인 사실이나 단순 지식의 나열로 가득한 교과서를 개념 정의가 풍부한 분석적인 서술체계로 바꾸어야 한다. 그리고 지식의 생성과정을 탐색하면서 생성원리를 깨우칠 수 있도록 수업의 질을 드높여야 한다.

선생님이 정성껏 가르치고 학생들이 열심히 공부하는 학교를 만들지 않으면 창의성 교육은 성공할 수 없다. 창의성이란 기초가 튼튼해야 샘솟는 것이다. 우리의 자랑스런 BTS청년들이 얼마나 음악공부를 열심히 했는지 모두 알고 있지 않은가? 우리의 교육은 기초 기본으로 돌아가야 한다.

김주성 정치학 박사, 한국교원대학교 명예교수, 전 한국교원대학교 총장, 새교육포럼 공동대표, 교직발전기획단 자문단장, 유니세프 한국위원회 세계시민 교육자문위원, '21세기 한국교육 희망을 말하다' 집필위원장

05
학교교육, 기본에 충실해야 한다

강무섭 강남대학교 교수

최근에 코니 노스(Connie E. North)가 쓴 책을 박여진이 번역한 '정의로운 교육이란 무엇인가(No Child Left Behind: NCLD)'라는 책을 읽으면서 학교교육의 본질에 대해 다시 한번 생각하게 되었다. 평범한 교실에서 희망을 찾아가는 현장 교사들의 이야기를 쓴 이 책은 2002년 조지 부시 대통령 때 제정된 '낙오학생방지법(No Child Left Behind)'이라는 교육개혁 법안 때문에 성적위주 교육으로 빠진 미국 학교교육 현장을 비판하는 내용이다.

'낙오학생방지법'은 "어떤 아이도 뒤처지게 하지 않겠다"는 목표 아래 '읽기'와 '수리' 등 특정 과목 성적을 높이는 데 초점을 맞춘 것이다. 법안이 발효되면서 미국 교육계는 송두리째 뒤집혔다. 학생들은 해마다 학업성취도 평가를 치르게 됐고, 각 주가 정한 기준에 맞춰 학교별로 등급이 매겨졌다.

교사들도 학생들이 얻은 성적에 따라 평가되었고, 성적이 좋지 않은 학교는 퇴출되는 위기에 몰리기도 했다.

학교와 교사들에게 많은 자율성이 주어져 있는 미국 학교교육의 특성 때문에 학생들의 성적이 국제적인 기준에 비추어 볼 때 뒤지고, 특히 학력기준에 미치지 못하고 중도 탈락하는 학생들이 많은 미국 학교교육을 바꾸어 보자는 취지에서 단행된 교육개혁 법안이다. 이 교육개혁 법안은 미국 교육에 긍정적으로 영향을 미친 부분도 있지만 학교현장의 부정적인 목소리 때문에 오바마 대통령이 2012년 1월 10개 주를 시작으로 이 법안을 철회하기 시작하였다. 결국 성적위주 교육에 내몰리어 교과 성적만으로 학생들을 평가하는 교육, 성적으로 학생들의 경쟁을 부추기는 교육을 반대한다는 메시지를 담고 있다. 그런데 아이러니하게도 오바마 대통령은 기회가 있을 때마다 한국 교육을 칭찬하는 것이 잘 이해가 가지 않는 대목이기는 하다. 우리나라 학교교육이 어떻게 보면 성적위주 또는 입시위교육의 전형이라 할 수 있는데 말이다.

코니 노스라는 교육학자는 학교교육은 성적지상주의에 내몰리고, 교사들은 절망에 빠져있고 미국교육이 온통 희망을 잃어간다고 비판의 목소리가 높아지는 때 4명의 교사들과 함께 정의로운 교육의 답을 찾아 나선다. 4명의 교사 중 한 교사는 학생들에게 살아가는데 꼭 필요한 기초적인 기능(기능적 문해)을 가르치는데 초점을 두었고, 다른 한 교사는 사회체제의 변화를 이끌어 낼 수 있는 비판적인 사고력(비판적 문해)을 기르는데 초점을 두었다. 그리고 또 다른 교사는 소외되는 학생들 없이 더불어 살아가는 법(관계적 문해)을 가르치고, 마지막 한 교사는 자신의 안락한 생활보다도 공적인 문제에 적극 참여하는 시민정신(민주적 문해)을 기르는 데 초점을 두었다.

그리고 코니 노스는 이 4명의 교사들이 역점을 두고 있는 교육에 학생들이 더 좋은 세상, 더 나은 미래를 상상할 수 있는 상상력(통찰적 문해)을 길러주는 교육이 더해지면 미국 교육은 새로운 희망이 있고, 이것이 진정 교육의 정의를 실현하는 것이라고 말하고 있다.

아마 모르긴 해도 우리나라 학교 현장에도 이러한 교육을 실천하는 교사들이 수없이 많이 있을 것이다. 그러나 우리나라 학교 현장은 미국과 다르다. 우선 지나친 입시위주의 교육과 도를 넘는 과열 교육경쟁이 다른 교육을 허용하지 않는다. 또는 경직적이고 폐쇄적인 교육체제와 교육풍토가 교사들의 교육에 대한 권한을 제한하고 교사들을 의기소침하게 만든다. 학부모들의 경제적인 배경에 따라 학교 교육의 수준이 결정되고, 힘있는 학부모들의 목소리가 학교 교육정책을 좌지우지하는 것이 현실이 되어 버렸다. 교사들의 교육적 활동이나 행위 하나 하나가 이념적 색깔로 덫입혀지는 것이 오늘날 학교 현장이다. 태어나면서부터 가정교육이나 학교교육보다는 사교육에 의존하는 것이 우리 교육의 현실이다. 학교교육이 정체성을 잃어버진지 오래다. 학교도 생명체와 같아서 변화하고 진화해야 한다. 그러나 본질도 버리고 기본까지 바꾸어야 한다는 것은 아니다. 학교 본래의 모습, 학교의 본질을 회복하고 기본으로 돌아가야 한다. 이것이 오늘날 우리가 말하고 있는 공교육을 살리는 길이다. 그래서 나는 코니 노스가 쓴 이 책에서 교사들이 실천하고 있는 4가지 문해(Literacy)와 노스가 제시한 한 가지의 문해를 길러주는 것이 학교교육의 가장 본질적인 기본이라고 생각한다.

우선 학교는 미숙한 청소년들이 사회 더 나아가 지구촌 구성원의 한 사람으로 살아가는데 꼭 필요한 기초적인 기본능력을 길러주는데 우선해야 한다. 즉 기초적인 읽고 쓰는 법, 정보를 획득하고 활용하는 법, 다른 사람과 대화하고 토론하는 법 등을 길러주어야 한다. 이러한 기초적인 능력이야 말로 학교를 떠나 사회의 문턱을 넘기 위한 최소한의 소양을 길러주는 교육이다.

둘째, 학교는 아이들에게 비판적인 사고력을 길러주어야 한다. 잘못 이야기하면 이념적 성향으로 내몰릴 수 있지만, 체제를 익히는게 아니라 체제를 바꿀 수 있는 비판 의식을 길러주어야 한다. 남한 정치경제체제가 잘못 가고 있을 때 이것을 비판할 수 있는 능력 그리고 북한체제나 북한의 인권문제에 대하여 비판할 수 있는 교육이 되어야 한다. 학교교육을 통하여 비판적인 사고력을 길러주지 못하면 성인이 되었을 때도 체제에 순응하게 되고, 이러한 무의식적인 순응은 결국 사회 변화를 이끌어 내지 못한다.

셋째, 학교는 다른 사람을 배려하고 다른 사람의 다름을 인정하고 다른 사람과 관계할 수 있는 방법을 가르쳐야 한다. 적어도 학교는 어느 학생들도 소외되지 않도록 해야 한다. 특히 성적(性的) 소수자를 배려해야 한다. 다른 사람을 위해 희생하고 봉사하는 방법도 가르쳐야 한다. 우리 학교에서도 봉사를 가치르기는 하지만 많은 봉사활동이 내신 성적 점수 올리는데 목적을 두고 있다. 학교에서부터 진정성을 가지고 다른 사람을 배려하고, 관계하는 법을 배워야 한다. 성적점수 1점을 놓고 경쟁하는 교육 속에서는 이러한 타인에 대한 배려나 진정한 다른 사람과의 관계는 형성될 수 없다.

넷째, 학교는 학생들이 합리적인 방식으로 공적인 문제에 적극 참여하는 민주적 시민정신을 길러주어야 한다. 수단과 방법을 가리지 않고 성적만 올라가면 된다는 학교 교육 그리고 부모의 경제력에 따라 학생들의 성적에 차이가 나는 학교교육에서 과연 학생들이 무엇을 배우겠는가? 학교 성적이나 상급학교 입학과 관련해서 극도의 가족이기주의적 보호를 받은 학생들은 사회에 나와서도 공적인 문제에 참여하기보다는 자신의 이익만 채우는데 관심을 보이는 경향이 있다. 학교는 나 아닌 다른 사람의 문제 그리고 우리들의 문제에 관심을 가지고 적극적으로 참여하는 민주적 시민의식을 함양해야 한다.

마지막으로 학교는 코니 노스가 말하는 것처럼 더 좋은 미래와 세상을 내다볼 수 있는 상상력을 길러주어야 한다. 학교교육이 좌절과 절망이 아니라 미래에 대한 꿈을 꾸게 하고 희망의 날개를 펼칠 수 있도록 해 주어야 한다. 학교성적은 아이들의 인생에서 아주 작은 부분이라고 말해야 하는데 우리는 학교 성적이 인생에 전부인 것처럼 말하고 있다. 그래서 아예 성적이 안 좋은 학생들은 꿈을 접어버리게 만드는 것이 학교이다. 더 큰 세상 그리고 더 넓은 미래를 내다볼 수 있는 통찰력을 길러주는 것이 학교교육이 되어야 한다. 학교 성적에 울고 웃는 것이 아니라 더 좋은 미래를 상상하고 그것이 가능하다고 믿고 살아갈 수 있는 능력을 길러주는 교육이 되어야 한다.

학교가 기본에 충실한 교육을 하는 것이 꿈같은 일이 아니라고 생각한다. 지금도 아이들이 헤쳐나가야 할 사회가 어떤 모습인지 알려주고 아이들을 사회를 변화시킬 수 있는 주체로 바로세우기 위해 고군분투하는 교사들이 많이 있다. 그러나 교육정책과 교육제도가 이러한 교사들을 뒷받침해 주지 못하고 있다. 성적지상주의 입시정책, 체제 안에서 안주하도록 만드는 학교경영, 이기주의에 빠진 학부모들의 학교교육에 대한 간섭, 교육권을 잃은 의기소침한 교사들 이 모두가 기본에 충실한 학교교육의 걸림돌이 아닐까?

06
학력(學歷) 사회에서 능력중시 사회가 되려면

강무섭 강남대학교 교수

　학력(學歷)이란 학교 교육에 참여한 경험을 의미하고, 학력(學力)은 학습한 결과로 얻어진 능력을 의미한다. 우리가 혼용해서 사용하고 있지만 특히, 전자의 學歷을 중시하는 사회 풍토와 고용관행이 문제이다. 후자의 學力도 교육의 결과로서가 아니라 어느 학교라는 딱지를 붙이는 학벌주의로 빠지게 되면 전자와 비슷한 문제를 야기하게 된다. 그래서 이글에서는 학벌이나 學歷의 문제에 초점을 맞추어 논의를 전개하고자 한다.
　우리 사회에서는 오랫 동안 이러한 학벌이나 학력으로 사람을 평가하는 풍토가 만연되어 왔다. 학벌이 있는 사람들은 기득권을 형성하고 사회적 이익을 독점하고 반대로 학벌이 없는 사람은 우리 사회에서 차별적 대우를 받고 있다. 학력중시 풍토는 과열입시경쟁으로 인한 교육적 부작용은 물론 갖가지 사회 병폐를 야기하는 원인이 되고 있다 그래서 지금도 학력 획득을 위한 가짜 학위 취득, 학력 부풀리기, 학력 조작 등이 공공연하게 자행되고 있는 것이 사실이다.

그 동안 정권이 바뀔때 마다 학력(學歷)중시사회를 능력중시사회로 바꾸려는 노력이 없었던 것은아니다. 그러나 워낙 그 뿌리가 깊고 다양한 요인들이 연루되어 있어 쉽게 바뀔 것 같지 않다. 그럼에도 불구하고 우리가 선진국으로 나아가기 위해서는 학력중시사회를 부추기는 원인들을 찾아서 그 원인를 완화하거나 소멸시키는 전략이 필요할 것이다.

우선 먼저 학력중시사회를 부추기는 가장 민감한 원인은 노동시장적 요소이다. 학력이 임금을 결정하는 신호가 되고 있고, 그래서 학력 간에 임금격차가 크게 벌어지는 것, 고용에서의 학력이나 학벌에 의한 차별, 인사관리에서의 학력중시와 차별화 등과 같은 것이 문제이다. 이러한 노동시장적 요소들이 결국은 교육시장에서의 혼란까지도 가중시키고 있다. 이명박 정부에서 선취업후진학 정책을 전개하여 고졸 취업을 확대하는 방향으로 고용정책에 변화가 오고 있고, 경제단체 등을 중심으로 고용주들이 "열린고용사회"의 실현을 외치고 있다. 열린고용이란 일자리를 창출하고 확대하는 의미도 있지만 그 보다 더 큰 의미는 학력을 파괴하고 능력중심으로 고용을 확대해 나가겠다는 것이다. 고용관행이 능력위주로 가게 되면 자연스럽게 임금결정의 기준도 학력보다는 능력이 되고, 고용후의 인사관행에서도 능력에 기초하여 자기발전의 기회가 확대될 것이다. 시장주의 경제체제가 근간인 자본주의사회에서 학력중시사회를 부추기는 노동시장적 요인을 완화하거나 제거하기 위해 정부가 개입하는데 한계가 있다. 따라서 이러한 고용이나 인사관행의 차별적 요소는 경제단체나 고용주단체가 자정적으로 해결해 나가야 한다. 정부가 개입할 수 있는 것은 이러한 차별철폐에 앞장서는 기업에는 세제혜택 등의 다양한 지원을 하는 것이 하나의 길이다.

둘째, 학력을 인정해주는 교육제도와 직업능력을 인정해주는 자격제도의 괴리(乖離)문제이다. 즉 능력중시사회로 가기 위해서는 학력보다 자격이 우선하거나 적어도 자격과 학력이 동등한 가치를 인정받을 수 있어야 한다. 그러나 우리나라는 학력과 자격은 분리되어 있다. 노동시장에서 큰 효용가치가 없지만 학력을 취득한 후에 자격증을 취득하기 위해서는 별도로 공부를 하고 시험은 보아야 하는 폐단이 있다. 직업교육이 잘되고 있는 많은 선진국에서는 산업별 직종별 직무표준(Skills Standards)을 설정하고 이 표준을 교육과정개발이나 자격과정개발에 공동으로 활용한다. 그래서 학력을 취득하면 대부분 자동으로 자격도 취득하게 된다. 박근혜정부가 주요 국정과제의 하나로 '학벌이 아닌 능력 중심의 사회 구현'을 제시하고 구체적인 수단으로 국가직무능력표준(National Competence Standards: NCS) 체제 구축을 적극적으로 추진하고 있는 것은 매우 시의적절했다. 자격기본법 2조에 따르면 NCS는 '산업현장에서 직무를 수행하기 위해 요구되는 지식, 기술, 소양 등의 내용을 국가가 산업부문별, 수준별로 체계화한 것'이다. 정부가 2001년에 NCS 도입을 추진하기로 결정했으나 아직까지 큰 진전을 보지 못하고 있는데 이번 기회에 교육부와 고용노동부가 협업하여 NCS체제를 하루 빨리 구축하고, 이것이 직업교육과 훈련에서 활용됨으로 능력중시사회 구현에 기여할 수 있을 것이다. 이것이 학력과 자격, 즉 학력과 능력을 동일시하는 근거가 될 수 있을 것이다.

셋째 교육제도나 정책이 학력중시사회를 조장하고 있다는 것이 문제이다. 우리나라 국민의 교육열은 이미 세계적으로 정평이 나 있다. 이 같은 교육열이 한국전쟁의 폐허에서 세계 경제대국 10위권으로 끌어올린 원동력이 되었다는 평가도 있다. 하지만 높은 진학률로 고학력 인플레이션이 생겨나면서 문제점도 많다. 직업에 대한 눈높이가 올라가고, 괜찮은 일자리를 찾기 위해 현장실무기술을 배우기보다 대기업 입사나 공무원 시험을 위해 학원으로 몰리는 진기한 현상도 발생한다. 기업체의 구인자와 취업을 해야 할 고학력자 간의 미스매칭현상도 빼놓을 수 없다. 사회적으로 청년실업률이 증가하고 정작 인력을 채용해야 하는 중소기업에서는 인력난을 겪는 심각한 사회적 문제가 발생하는 것이다. 이명박 정부에서는 이 같은 상황을 극복하기 위해 마이스터고 및 특성화고 '선 취업 후 진학' 등 다양한 정책을 펼쳐왔다. 그러나 이러한 정책으로 학력중시사회를 능력중시사회로 견인하는 데 한계가 있다. 근본적으로 교육체제의 양적·질적 구조조정이 필요하다. 양적인 측면에서는 노동시장의 인력수요구조에 맞추어 교육체제를 재구조화해야 한다. 이러한 구조조정은 교육혁명에 버금갈 정도로 어려운 일이지만 교육 백년지대계 차원에 늦출 수 없다. 특히 지금보다 더 강도 높은 대학의 구조조정이 이루어져야 한다. 양적인 측면과 무관하지 않지만 질적인 측면의 구조조정은 고등학교에서부터 대학까지의 교육과정을 전면 개편해야 한다는 것이다. 산업현장과 유리된 교육과정이 능력중시사회 구현의 걸림돌이 되고 있다는 것을 명심해야 한다. 특히 대학교육과정은 앞에서 언급한 NCS와 연계되어야 한다.

  마지막으로 능력개발보다는 학력취득위주의 평생교육이나 계속교육의 문제이다. 최근 평생교육이나 성인계속교육이 활성화되고 있지만 사회가 학력을 중시하다보니 학위취득 중심의 평생교육이 판을 치고 있다. 직업능력이 부족한 사람들이 평생교육이나 계속교육 시스템을 통하여 능력을 업그레드시키고, 그것이 노동시장에서 인정을 받도록 하는 것이 능력사회로 가는 하나의 길이 될 수 있다. 물론 능력개발 위주의 평생교육이 활성화되지 않는 것은 노동시장에서 각종 자격증의 효용성이 떨어지기 때문이기도 하다. 그래서 노동시장에서 평생교육체제를 통하여 취득한 각종 자격증이 통용되도록 해야 한다. 그리고 지금 교육부에서 운영하고 있는 평생교육계좌제나 고용노동부에서 운영하는 직업계좌제도 어떤 형태로던 통합이 이루어져 이것이 노동시장에서 직업적 능력이나 소양 등을 인정받을 수 있도록 하는 것도 능력중심사회를 앞당기는데 기여하게 될 것이다.

강무섭 강남대학교 교수, 고려대학교 졸업, 미국 오하이오주립대학교 교육학박사, 전)한국직업능력개발원 원장, 평생교육원 원장, 미래인재개발대학 학장을 역임하고 있다. 입시위주교육 한국고등교육정책 외 다수의 저서와 80여 편의 교육정책보고서가 있다.

07
뉴 노멀시대
교육의 진정한 의미

이현청 한양대학교 석좌교수

2020년 이후 코로나19 사태로 전 인류가 심리적으로나 생체적으로 커다란 위협을 느끼고 있다. 제2차 대전이후 전 세계가 직면하고 있는 예기치 않은 신종 바이러스는 인류 삶 전체와 지금까지 쌓아놓은 모든 틀을 다 바꾸어 놓았다. 사람과 사람 간의 신뢰와 사람과 사람 간의 대면적 접촉의 패러다임이 완전히 바뀌게 되어 뉴 노멀(new normal)시대로 지칭되는 새로운 표준의 시대가 도래하였고 이에 따라 의료, 경제, 문화, 예술, 교육, 사회 모든 영역이 포스트 코로나 시대로 접어들고 있다.

교육도 예외가 될 수 없고 기존의 학교 중심, 면대면 중심, 교과 중심의 틀이 완전히 바뀌어져 온전히 온라인 수업 형태로 패러다임 전환을 할 수 밖에 없는 처지에 놓이게 되었다.

필자는 20여 년 전부터 미래의 교육은 3무(無) 교육 즉, 캠퍼스 없는 교육, 책이 없는 도서관, 교사 없는 강의실이 도래한다고 주장한 바 있다. 요즘의 학교 모습이 바로 3무 교육 형태의 교육이 아닌가 생각이 된다. 학생들의 등교 자체가 어려워지고 제한적인 면대면 수업이 이루어진다 해도 정상적인 체제로 운영이 불가능해지고 있는 형편이다. 우리는 이러한 코로나 시대에서 직면하게 되는 교육의 위기와 교실의 부재현상을 어떻게 바라보아야 하는지 착잡한 마음을 떨쳐버릴 수 없다. 이와 함께 진정 교육의 의미가 무엇이며 교육의 형태가 어찌해야 되며 어떤 방법과 절차가 진정한 교육인지에 대한 새로운 고민을 하게 만든다. 교육은 '투입-유환-산출'의 세 요소로 구성되어 교수와 학습이 이루어진다. 투입은 학생, 교사, 교과서 그리고 교육활동에 필요한 제재들을 의미하고 이러한 제재는 교육목표 하에 이루어진다. 유환은 교육방법, 효율적인 교실환경, 교육과정과 절차를 의미하며, 산출은 이렇게 이루어진 교육활동을 통해 사회와 국가를 위해 배출되는 인재를 의미한다. 이러한 과정 모두가 이번 코로나 사태로 하여 다 바뀌고 있는 실정인 것이다. 과연 무엇이 코로나 이후 소위 뉴 노멀(새로운 표준)시대의 교육인가에 대한 고민이 들 수밖에 없다. 교육의 목적은 인간을 만드는데 있고 인간은 인성과 직업능력, 그리고 시민으로서의 사회성을 배양하는데 있고 교육의 장과 방법은 교실에서 교사와 학생 간의 대면과정을 통해서 이루어지는 것이 통상적인 교육의 개념이었다. 그러나 이제는 비대면 교과내용 전달체계로 바뀌고 있어서 전인교육을 지향하는 종래의 교육의 틀이 완전히 바뀐 것이다. 그래도, 진정한 교육은 방법과 절차가 바뀌었다 해서 포기될 수 있는 것이 아니다. 교육은 사람과 사람의 만남이 없을 때, 진정한 교육이라고 볼 수 없고 방법이 진화되어 나의 용어로써는 학교가 앞으로 '학습

플랫폼' 역할을 할 것으로 보이지만 그래도 진정한 교육은 만남이 없는 교육에서는 한계가 있을 수밖에 없다. 포스트 코로나 시대의 교육의 의미는 방법과 절차가 바뀌었다 해도 교육 그 의미는 바뀔 수가 없는 것이다. 우리의 과제는 이 시대에 어떻게 비대면적 수업이 가져다 줄 수 있는 교육적 한계를 극복하는 것이다.

교육은 소위 3인(人)체제라 볼 수 있는데, 인간(人間)답게 기르는 것, 인력(人力)을 배출하는 것, 그리고 인간답게 길러서 사회에 필요한 인력을 배출함으로써 인재(人材)를 양성하는 일이다. 이 점에서 방법론이 온라인이든, 오프라인이든 상관없이 인간을 양성해 사회에 필요한 직업인인 인력을 배출함으로써 인재를 기르는 목적에는, 차이가 있을 수 없다. 앞으로 제4차 산업이 성숙되고 제5차 산업이 도래하면 이러한 교육방법론은 더욱 진화될 것이고 학습자가 스스로 교육내용을 선택하고 방법을 택하고 평가까지 하는 체제로 전환될 것이지만, 교육의 목표와 교육의 의미는 달라질 수 없을 것이다. 단순히 직업에 필요한 인력만을 양성하는 교육은 훈련에 불과할 것이고 사람됨을 가르치지 않는 교육은 사회의 큰 해악이 될 것이기 때문이다. 현재와 같은 지식전달체계와 방법 그리고 지식습득 위주의 암기적 교육은 대변화를 예고하고 있지만 그래도 교육은 스승과 제자의 만남을 통해 AI나 빅데이터나 가상학습에서 얻어질 수 없는 진정한 만남의 교육이 이루어질 수 있기 때문이다. 생애발달 학자인 비(Bee)라는 사람은 교육은 갑각류가 껍질을 벗는 것과 같은 탈각(脫殼)이라고 하였다. 껍질을 벗는 과정은 새로운 성숙을 의미하고 옛 것에서 탈피하여 새로운 사람이 된다는 의미를 말한다. 이러한 점에서 진정한 교육의 의미는 포스트 코로나 시대에도 그 본질에 있어서는 변함이 있을 수가 없다. 많은 분들이 교육이 없는 사회는 죽은 사회이고 학교가 없는 사회는 생명이 없는 사회라고 지칭하였듯이 교육은 그 본질에 있어서 콘텐츠 중심의 교육만으로는 완벽한 교육이 될 수가 없다는 것이다. 흔히 잘못된 교육을 가르쳐서 '과잉교육, 과소교육, 왜곡교육'으로 대별될 수 있는데 포스트 코로나 시대에는 자칫 과소교육과 왜곡교육 또는 과잉교육이 될 우려가 없지 않기 때문이다. 교육은 삶 그 자체이다. 그리고 교육은 삶의 과정에서 얻어지는 체험과 만남을 통해서 참된 교육이 가능한 것이다. 온라인이 주는 편리함이나 지식습득의 용이함이 있을지라도 인간은 결코 원자화될 수만은 없는 존재이기 때문에 '외로움 없는 교육(Loneliless Education)'이 진정한 이시대의 교육적 의미임을 되새겨볼 필요가 있다.

  뉴 노멀시대의 교육의 의미는 가장 교육적인 방법에 의해서 가장 교육적으로 가장 교육적 사고를 가지고 이루어지는 교육이어야 하고 이 교육은 방법의 진화에도 불구하고 감성교육과 인지교육이 아름답게 조화되는 교육이어야 한다. 교육은 사람의, 사람에 의한, 사람을 위한 교육일 때 참교육일 수 있기 때문이다. 코로나는 언젠가 극복되겠지만 교육은 인류가 존재하는 한 형태는 바뀌어도 그 목적은 변함없이 지속될 것이기 때문이다.

08
한국교육의 혁신과
새로운 철학

이현청 한양대학교 석좌교수

　우리나라 교육은 압축성장의 과정 속에서 양면성을 지니고 있다. 하나는 압축성장에 필요한 인적 자원 개발이라는 측면이고 또 다른 측면은 급변하는 산업구조와 세계적 틀에 대비하기 위한 창조적 21세기 인재를 길러야 한다는 측면이었다. 더구나 사람 만드는 인성교육의 과제는 늘 동반된 화두이기도 하였다. 세계에서 유래가 없을 정도로 선진국에서는 100년 이상 걸린 산업구조의 변화를 압축성장을 통해 이룬 우리는 교육적으로 많은 난제들을 함께 안아왔다. 이러한 과정에서 산업사회와 후기 산업사회 그리고 지식정보화사회의 급격한 압축성장 과정에서 우리 교육이 지니고 있어야 할 본질을 잃어버린 경우도 많았고 이러한 과정에서 교육 지도자들과 교육의 리더들이 혁신적 사고를 갖기 보다는 현실적 대안과 처방에 급급한 경우가 많았다. 한 마디로 선발을 위한 암기 위주 교육 중심의 사고(思考) 틀에서 벗어나지 못하였고 시대가 요구하는 창의적교육이나 미래를 바라보는 비전을 키우는 교육에는 상대적으로 소홀했던 것이 사실이다. 그러나 21세기의 산업 구조의 급격한 변화와 제4차 산업에서 필요한 교육은 규격화된 교육이라기보다는 탈 규격화된 자기주도적 학습의 틀이 지배적일 것이고 교육의 리더십 또한 혁신적 리더십을 절대적으로 필요로 한다.

제4차 산업혁명시대의 사회에서 리더십은 소위 두 가지 측면을 강조하는 리더십을 요구한다. 하나는 창조적이고 혁신적인 변화주도의 리더십이고 하나는 하드웨어보다는 소프트웨어를 중요시하는 비전리더십이라고 볼 수 있다.

지난 수십년동안 우리교육은 선발위주의 교육과 이를 위한 암기와 성적위주의 교육에 매몰된 나머지 개개인의 잠재가능성이나 세계적 변화에 적응할 수 있는 진취적인 사고의 배양에는 소홀했던게 사실이다. 이 과정에서 우리교육의 현장에서의 교육리더십(educational leadership)은 단순히 일류대학 진학이나 성적위주의 경영에 머무는 경우가 많았고 좋은 성적 좋은 대학의 배출수에 심취된 나머지 진정한 교육이 무엇인지 이 시대가 요구하는 교육이 무엇인지에 대한 고민 없이 현실안주적인 사고에 머문 경우가 많았다. 교장의 리더십도 그렇고 교사의 리더십도 그렇고 교육행정가의 리더십 또한 큰 차이가 없었음을 부인할 수가 없을 것이다. 그러나 제4차 산업혁명은 기존의 산업혁명과는 달리 인간에게 마저 도전하는 대변혁이 요구되는 산업혁명이다. 미래학자들의 예견을 보면 현재와 같은 학교의 모습은 가까운 미래에 사라질 것이라는 경고를 하고 있기까지 하다. 21세기는 한마디로 삼무학교(三無學校)라고 지칭될 수 있는 캠퍼스가 필요 없는 학교

(campusless school), 책 없는 도서관(bookless library), 교사 없는 강의실(teacherless classroom)으로 특정지어질 정도로 학교현장의 대혁명을 예고하고 있다. 더구나 사이버 공간에서의 가상현실은 우리 일상의 모든 부분을 지배할 것이고 지금 현재 가르치고 있는 암기위주의 교과내용과 수리와 공식위주의 교과내용들은 거의 필요가 없는 시대가 가까운 장래에 도래할 것이라는 것이다. 이것은 한마디로 교육의 대혁명을 예고하고 있고 학교자체의 존폐를 예견하고 있기 때문에 지금현재와 같은 교육철학과 교육리더십과 교육적 사고는 제4차 산업혁명에 대비하는 교육이 될 수 없다는 것이다. 이 점에서 교과과정의 내용은 물론이거니와 교육방법 교육리더십 그리고 교육의 전과정의 패러다임이 완전히 변화되야 한다는 것이다.

제4차 산업혁명에 대비한 교육의 재구조화가 절실한 시점이고 새로운 교육리더십이 필요한 때이다. 이를 위해서는 새로운 교육철학이 절실히 요구된다는 의미이다. 향후 교육은 기초교육의 강화와 인문사회교육의 융합적인 접근을 통한 복합적이고 통합적인 사고를 기르는 교육이 필요하고 급격히 변화하는 기술, 문화, 사회 그리고 가치 등에 능동적으로 적응할 수 있는 적응 중심의 교육이 필요한 때이다. 이를 위해 학교는 소위 반응적 학교(responsive school)의 틀로 변화되어야 한다는 것이다. 이때 새로운 교육은 기초교육의 강화, 창의적 사고능력의 강화, 글로벌 마인드의 강화, 그리고 적응 중심의 교육의 강화로 집약되어야한다. 그러기 위해서는 초중고등학교에서의 단계별 기초교육의 재구조화가 필요하고 문화이해교육과 세계평화교육, 탈학교교육에 부합하는 자기주도적 학습의 강화가 새로운 철학이 되어야 할 것이다. 물론 교육자들의 사고 또한 이러한 변화에 적응해야 할 것이고 나아가 새로운 변화의 시기를 능동적으로 주도하는 리더십이 절실히 요구되는 시점이다. 종래의 교육은 소위 3R이라고 불리우는 읽고 쓰고 셈하기에 치중한 교육이었다고 하면 새로운 교육은 소위 "신3R"이라 불릴 수 있는 올바른 내용(right content), 올바른 시간(right time), 올바른 취업(right placement)을 강조하는 철학이 되어야 할 것이다. 지금까지의 교육은 미래인재를 기르고 준비하는 교육이었다고 한다면 제4차 산업혁명의 교육은 변화의 속도가 너무 빨라 준비하는 교육이 아니라 즉시 활용할 수 있는 교육을 요구하기 때문이다. 이 점에서 기초교육을 강화하고 그 기초교육 위에 새로운 변화를 응용시킬 수 있는 능력과 세계 속에서 세계인들과 함께 동행하는 교육을 필요로 하는 시대라는 점이다. 단순히 어느 대학에 진학했느냐 성적이 어땠느냐의 성적위주의 간판위주의 교육의 시대는 이미 지난 것이다. 학위가 아니라 학력이 중요시 되고 무엇을 아느냐가 중요시되는 것이 아니라 무엇을 할 수 있느냐가 중요시되는 시대이기 때문이다. 적어도 2030년까지는 우리 인류 직업의 3분의 1이 사라질 것이라는 비관적 예고가 있을 정도로 제4차 산업혁명의 속도는 빠르고 광범위할 것이라는 것을 인지할 때 지금 현재의 교육시스템으로는 매우 한계가 있다는 것은 부인할 수 없는 것이다. 교육혁신은 틀만 바꾸는데 있는 것이 아니고 사고와 문화를 바꾸는 것이며 사고와 문화를 바꾸기 위해서는 새로운 철학이 절대로 필요한 것이다. 교육은 이제 가르치는 것이 아니라 배우게 하는 것이고 외우는 교육이 아니라 상상하는 교육이 되어야 할 것이며 한줄로 세우는 교육이 아니라 여러줄로 세우는 교육이 되어야 할 것이다. 이때 새로운 철학은 제4차 산업혁명의 파고를 넘을 수 있는 지혜로운 교육이 될 것 이다.

　변화를 능동적으로 주도하는 교육은 개인과 민족과 국가를 살릴 수 있지만 변화를 거부하는 교육은 그 반대가 될 것이다. 이 점에서 새로운 시대의 새로운 교육철학이 필요하고 새로운 교육문화가 필요한 때이다. 이제는 교육이 변화를 무서워해서도 안되고 지나치게 보수적인 관점에서 안주하는 태도 또한 바람직하지 않다. 우리가 원하든 원치 않든 제4차 산업혁명은 우리 삶 전체를 혁명적으로 바꿀 것이고 교육현장 또한 예외가 될 수 없다. AI 로봇이 교사를 대신할 수 있는 시대가 이미 도래했고 24시간 누구든 어디에서든 어떤 내용이던 학습할 수 있는 시대가 도래했기 때문이다. 특히 21세기 인재상을 보면 뇌 전체를 활용할 줄 아는 사람, 인격이 준비된 인재, 융복합형 인재, 슈퍼휴먼, 창의적 인재, 창조적 문제해결능력을 가진 인재, 협업능력을 가진 인재라는 점에서 우리교육이 성찰과 함께 되새겨야할 점이 많다는 점을 인식할 때다.

09
변화의 시대
생존의 무기는 창조력이다

이현청 한양대학교 석좌교수

우리 인간은 각기 다른 '창의적 DNA'를 가지고 태어난다. 일생을 살면서 창의성을 어느 정도 개발(계발)하고 실천하느냐에 따라 창의성이 빼어난 인간이 되기도 하고 창의성을 발휘 못하는 평범한 사람이 되기도 한다. 더구나 지금 같은 제4차 산업사회에서는 각 영역 간에 벽이 허물어져가는 융합과 네트워크 그리고 신소재의 출현과 AI의 진화에 따른 첨단로봇과 사물인터넷(IOT), 3D프린팅, 유전학 혁명과 합성 생물학 등 초자동화와 초지능화 그리고 초연결성의 "3S(3super)"로 특징지어지는 세계가 펼쳐지고 있다. 이때 개인이나 국가 산업의 성패는 창의성에 달려있다 해도 과언이 아니다.

창의성은 개개인이 태어나면서부터 잠재적 가능성의 하나로 지니고 태어난다. 그러나 교육과 환경을 통해 어떻게 동기화하고 발전시켜 값진 창의적 결실을 맺게 하느냐는 학교교육이 안고 있는 중요한 과제이기도 하다.

　세계적으로 교육에 성공한 나라들을 눈여겨보면 창의적 사고를 계발하고 이를 삶 속에서 실현하는 나라들임을 알 수 있다. 이스라엘의 벤처 창업이나 특허 그리고 농업과 국방 관련 기술, 의과학 등의 우수성이 창의적 사고를 기르는 교육에서 비롯되었고 핀란드 등 북유럽국가들도 마찬가지이다. 이들은 외우는 교육이 아니라 생각하는 교육을 강조하고 있고 상상력을 키우는 생각들을 학습에 접목하는 교육을 중요시하는 나라들이다. 한줄 세우기 교육을 통해서는 창의성을 발현하는 교육이 가능하지 않고 각자의 흥미와 적성에 근거한 여러 줄 세우기 교육을 통해서만 창의성 개발이 가능하다. 우리도 이제 단편적 지식이나 기업형 지식 내용을 습득하는 교육은 유용한 교육이라 할 수가 없다. 이러한 단편적 지식과 기업형 지식 내용은 사이버 공간에 넘치고 있기 때문이다. 이런 지식습득에 골몰하는 학교 교육 틀 속에서는 우리가 타고난, 창의성 DNA 마저 잠재울 우려가 있다.

　과학이 발전할수록 사회가 진화될수록 창의적 발상 없이는 성장이 어려워진다. 전통적 산업사회에서는 모방과 반복형 학습만으로도 오늘의 대한민국을 만들 수 있었지만 초지능형 융복합 사회에서는 창의성이 해답이 될 수밖에 없다. 세계에서 가장 앞선 나라가 되기 위해서는 창의성 개발 교육이 관건이 될 수밖에 없다. 요즘 화두가 되고 있는 '디자인적 사고'나 '초지능형 산업'은 창의성 없이는 한계가 있을 수밖에 없기 때문이다. 그러나 창의성은 하루 이틀에 가능한 일이 아니다. 개개인이 지닌 창의적 DNA를 동기화하고 학습화하여 끊임없이 발굴해내는 교육의 틀 속에서만 가능하다. 가령 초등학생 20명의 그림 그리는 시간에 바다 색깔이 15개 이상 다른 색깔로 그려질 때 창의성 개발 교육은 시작된 것이다. 창의성은 다름에 있고 상상력에서 나오며 실패를 두려워하지 않는 용기에서 나오며 교육적 격려에서 열매를 맺기 때문이다.

　창의성이 이 시대 교육의 우선순위이자 국가 발전을 위한 해답이 될 수 있지만 결코 쉬운 과제는 아니다. 학교교육의 틀을 바꿔야 하고 교육에 관련된 모든 분들의 생각이 함께 바꿔어져야하기 때문이다. 그러나 분명한 것은 창의성이 이 시대의 첫 번째 교육과제임은 틀림없다.

　창의성은 두려워하지 않는 새 길을 가는 일이다. 에디슨의 실패를 두려워하지 않는 도전과 아인슈타인의 끊임없는 질문과 스티브 잡스의 새로운 발상이 대표적인 창의적 삶의 자취라 볼 수 있는 데, 교육에서 창의성을 개발하기 위해서는 평범을 바탕으로 한 교육으로는 불가능하다. 평범이 아니라 일상속의 비범을 찾는 일이고 자기 자신의 많은 자질 중에서 타고날 때 가지고 온 창의적 인자를 개발하는 일이다. 상식적인 발상이 아니라 역발상이 창의성을 개발하는 길이요, 반복학습이 아니라 통찰력을 기르는 일이요, 해답이 아니라 의문을 갖는 학습태도에서 가능한 일이다. 이점에서 우리 교육은 해답을 위한 교육만을 강조해왔는데 '질문을 위한 교육(Pedagogy for the question)'으로 전환될 때 창의성 계발은 더욱 빛을 볼 수 있을 것이다. 이 시대는 창의성 계발이 국가경쟁력의 관건이고 세계적 국가로의 도약의 주요한 지름길이라는 것을 감안할 때 창의성 계발이 답이라는 것에는 아무런 이의가 있을 수 없다. 그러나 창의성 개발의 과제는 교육의 틀, 교육적 사고, 교육방법, 교육문화 전체와 연관되어 있다는 점에서 이제는 창의성 친화 교육으로 전환할 때이다. 이것이 우리의 과제임에는 틀림이 없다.

이현청 한양대학교 석좌교수, 美남일리노이대 철학박사, 버클리대 미시건대 연구원, 사우스캐롤라이나대, 부산대 교수, 상명대·호남대총장, 한국대학교총장연합회 회장, 한국글로벌교육포럼, 한국비교교육학회회장역임, UNESCO 세계의장, OECD이사, 호주대학평가위원, 아태지역고등교육협력기구의장, 국무총리실자문위원, 감사원 자문위원장역임, 대통령 자문위원역임, 세계100대 교육자선정(영국 캠브리지대학 IBC선정), 세계3대인명사전 모두 등재, 21세기 위대한 사상가 1,000명(미국ABI선정) 저서 『왜 대학은 사라지는가』외 다수가 있다.

10
21세기는
창의 인재가 필요한 시대

김상규 교육타임스 회장

  창의력이란 어떤 문제를 새로운 통찰력과 사고력으로 새로운 해결방법을 산출해 내는 능력이다. 이 능력은 특별한 재능의 창의 인재도 있지만 정상적인 사람이면 누구나 새로운 생각을 하는 능력 즉 문제 해결력을 갖고 있다.

  이는 창의적인 반복 학습을 통해 얼마든지 계발할 수 있는 능력이다. 창의력은 결국 생각의 씨앗을 새로운 시선으로 파고들어 디테일을 관리하는 과정을 통해 이뤄지는 것이다. 학교 교육을 통한 창의력 교육이 잘되면 일상생활에서 문제 해결력과 자기주도적인 학습 능력을 향상할 수 있다. 학교에서 학생 나름의 문제해결력을 길러준다면 교육의 가치가 상승하고 개인이나 국가가 크게 발전하는 동력이 될 것이다.

  오늘날 우리 교육은 인재들이 학교를 졸업해도 취업을 못하고 생존의 갈

림길에서 방황하고 있다. 이 문제는 학교교육과 인재육성 사이의 불일치 현상으로 핵심역량을 갖춘 인재 교육을 못하고 암기식 인간을 기른 비효율적인 우리 교육의 잘못에서 비롯된 탓이라고 생각한다. 현재와 같이 입시교육에만 치중하는 교육풍토에서는 다양성이 있는 인재나 창의적인 학생은 생존하기가 어렵다. 교육은 개인이 가지고 있는 잠재적 능력을 계발해서 최대한 자아실현을 하도록 도와주는 것이다. 암기 학습체제에서 벗어나 토론학습, 탐구학습, 현장체험학습 등 다양성이 있고 창의력을 길러주는 교육을 하고 평가도 기억 재생 측정에서 새로운 과제의 해결, 창의력을 발휘하는 창조 기능 작동의 평가를 해야 한다. 그래야 창의적인 인간으로서 창의적인 아이디어를 생각하고 자기 일에 보람과 기쁨을 느끼며 사회 발전에도 이바지할 수가 있다.

창의력 교육을 하기 위해서는 우선 교사가 창의성 교육에 대한 의지와 신념을 가지고 창의적인 지도기법으로 학생을 교수해야 한다. 학생들이 호기심을 가지고 학습에 흥미와 의욕을 갖게 하는 환경을 만들고, 학생들에게 사고 유발적인 질문을 하며 창의적인 문제해결방법을 가르쳐야 한다. 수업 과정에 관찰, 질문, 원인 분석, 경험, 협동, 상상력 고취, 학생의 다양한 아이디어 수용 등을 통하여 새로운 아이디어를 만들어 내도록 하고 창의력을 키우는 교육이 가치 있고 중요함을 인식시켜야 한다. 창의력을 기르기 위해서는 새로운 것을 자주 접하고 배우기, 고정관념의 틀을 깨기, 반복적으로 연습하기, 다른 사람과 공유하면서 더 많은 것을 배우기, 늘 머리를 쓰려고 노력하기, 끊임없이 새로운 것을 찾는 습관을 길들이는 것이 창의력을 키우는 노하우이다.

학생들이 문제를 해결하는 방법을 생각하여 그에 맞는 자료 수집이나 아이디어를 만들어 내는 과정을 거쳐 그 문제를 재구성하는 능력을 길러나가는 창의적인 생각 습관을 반복하게 되면 창의력은 크게 기를 수 있다.

창의력 교육이 잘되는 선진국에서는 교사에 대한 신뢰가 높다. 학생들의 학습 동기 유발에 힘쓰고 협동학습을 통해 창의력을 기르는 일에 힘쓰며 개인별 다양성을 고려한 교육과정을 운영하고 평가는 절대평가 방식과 주관식 평가를 중심으로 한다. 우리나라의 주입식 교육은 단답형의 정답을 찾는 교육이지만 창의성 교육은 정답 교육이 아니라 여러 가지의 답을 찾는 해답 교육을 추구한다. 문제해결에는 한 가지 방법만 있는 것이 아니다.

21세기 교육은 학생들이 문제해결에 관한 창의적 기법을 습득하도록 교육하는 것이어야 한다. 창의력은 삶의 원동력으로 행복, 성공, 생존과 직결되는 기본능력이다. 교육의 목적은 행복하게 살기 위한 것이다. 한국 청소년들의 삶의 만족도는 100점 만점에 60.3점으로 OECD 30개 국가 중 꼴찌다. 학생들을 일렬로 세우는 교육에서 시급히 탈출하여 학생들의 창의력 계발 교육을 서둘러야 한다.

창의적인 인재는 미래사회가 요구하는 인간형이다. 창의력이 있어야 과학기술의 발명, 조직 경영 및 삶과 일에 혁신적인 능력을 발휘할 수 있다. 창의력 교육의 중요성에 대한 교원, 학부모의 의식을 제고하여 교사 연수와 수업 방법 개선 그리고 환경을 조성, 학생들의 창의력을 계발 육성에 힙 써야 한다. 가정에서도 부모의 생각을 자녀에게 강요하지 말고 허용적 분위기를 조성하여 창의력을 발달시켜 나가야 한다.

특히 학교에서 학생의 능력계발 육성을 위해 창의력과 공부하는 방법에 특별한 관심을 갖고 확산적 사고력과 평생 공부하는 방법을 일깨워줘야 한다. 학교교육은 학교장과 선생님들의 창의력이 제고 될 때 그 효과가 배가될 수 있다. 21세기에 살아남을 수 있는 교육은 창의 인재육성 이외 다른 선택의 여지가 없다. 창의력 교육에 결연한 의지와 실천을 보여주어야 한다. 그게 미래를 대비하는 학교교육의 할 일이다.

11
창의융합 인재교육으로 교육의 변화를 이끌자

김상규 교육타임스 회장

오늘날 정보기술이 발전한 개방적 문화 사회에서는 자신의 능력을 발휘하여 경쟁력 있게 행복한 삶을 가꿀 줄 아는 인재가 요구되고 있다. 글로벌 환경에 대비할 수 있는 창의 인성 인재를 육성하는 교육으로 최근 관심을 받고 있는 것이 차의융합 인재교육이다. 창의융합교육은 STEAM교육의 일환으로 미래지향적 인재를 발굴하고 육성하는 선진교육입니다. STEAM이라는 말은 과학(Science), 기술(Technology), 공학(Engineering), 예술(Arts), 수학(Mathematics)의 첫 글자를 딴 합성어다. 창의융합 인재교육은 과학적 사고, 기술적 감각, 공학적 이해, 예술적 감각, 수학적 계산능력을 유기적 관계로 이해시켜 국가 사회가 요구하는 창의적 인재 육성을 위한 교육을 말한다. 융합교육과정은 각 교과목의 특성을 유지하면서 내용면이나 성질면의 공통요인을 융합 재조직하여 흥미를 높이고 즐겁게 공부하여 미래사회를 대비하기 위한 학습을 할 수 있도록 하는 것이다. 창의융합 인재교육은 창의적인 아이로 키우려고 노력하는 시대의 반영이다.

우리나라는 2011년 STEAM 교육이 태동한 후 많은 학교에서 관련 교과끼리의 연계 학습 프로그램을 확대하여 창의 인성 계발을 위한 교육을 하고 있으며 학교별 공개수업 및 성과 발표 행사를 하고 있다. 창의융합교육은 교과 지식을 융합 학습하는 것으로 암기하는 개념이 아니라 어떻게 개념이 나왔는지 우리 생활 속에서 어떤 의미를 가지는지, 또 어떻게 적용할 수 있는지를 학습 진행 과정에서 자연스럽게 이해할 수 있도록 하는 수업 프로그램이다. 융합인재교육의 학습준거는 제1단계는 학생이 문제 해결의 필요성을 구체적으로 느낄 수 있도록 상황을 제시하고(상황제시) 제2단계는 학생 스스로가 문제의 해결 방법을 찾고(창의적 설계) 제3단계는 학생이 문제를 해결하였다는 성공 또는 실패의 경험(감성적 체험)을 통해 학생들의 융합적인 사고력과 창의적 문제해결력을 향상시키는 것이다.

창의융합교육은 과학·기술·공학에 대한 발산적 사고와 창의성을 유도하고, 체계적인 탐구능력과 함께 사회성, 협동성, 리더십, 배려, 소통 등의 능력을 키워 바른 인성을 가진 창의적인 인재를 육성하는 새로운 교육의 틀이다. 창의융합 교육은 학생들이 실제적 문제 상황에서 주도적으로 문제를 해결해 가는 과정을 통해 학습이 이뤄지기 때문에 지식 정보를 탐색하고 토론하여 가장 좋은 대안을 모색해 실행을 한다. 이를 통해 학생들은 생각의 힘도 키우고 깊고 넓게 지식을 알아나가 서로 연계되는 부분들에 대한 이해도를 높인다. 아울러 학생들의 흥미와 관심을 기초로 지식뿐만 아니라 지혜가 함께 동반하는 협업 능력 등 융합적인 사고의 가치를 존중하여 사람들을 이해하며 소통하는 방법도 보다 합리적이라 함께 하는 삶의 방법을 배우게 된다. 융창의융합 교육은 학생들 자신이 어떤 가능성을 지닌 존재인지 깨닫게 하여 스스로 창의성과 감성을 일깨워서 문제를 해결할 수 있는 능력과 바른 인성으로 미래를 개척하는 창의적인 인재를 양성하는 기반이 된다.

창의융합형 인재로 손꼽히는 스티브 잡스는 아이폰을 "IT와 인문학의 융합"이라고 했다. 과학 기술과 디자인, 인문학과 사회학 등 다양한 학문이 조합으로 아이폰, 아이패드와 같은 실용적이고 아름다운 제품이 나온 것이다. 스티브 잡스의 융합적 사고가 애플 제품의 세계 시장 석권을 일궈낸 원동력이라 할 수 있다. 융합은 새로운 아이디어와 혁신의 원천이다. 일부 대학에서도 신입생 선발 기준을 학업능력, 리더십, 봉사정신, 창의성 같은 덕목의 융합인재를 중시하고 있으며, 기업에서 인재를 뽑는 기준도 바른 인성과 창의적인 융합형 인재 채용을 적극 도입하고 있는 추세이다.

창의융합은 21세기 한국 사회의 발전을 이끌어 갈 새로운 패러다임으로 자리매김하고 있다. 미래 사회는 1인이 다역(多役)을 소화하는 융합인재가 지배하는 시대가 되므로 이제는 획일적인 교육과 암기식 인재양성에서 벗어나 획기적이고 창의적인 인재교육을 해야 한다. 교육부는 앞으로 인문·사회·과학·기술에 관한 기초 소양 함양을 위해 초·중등학교 교육과정 전반에 걸쳐 인성요소를 강화하고, 고등학교는 문·이과 구분 없이 모든 학생이 배워야 할 공통과목을 신설했다. 또한 융합인재교육을 창의 인재 양성의 핵심 교육 정책으로 삼고, 그간의 성과를 바탕으로 학교 현장에 확산시키는 데 힘써 노력하고 있다.

교육은 지식을 어떻게 머리에 많이 넣어 주느냐가 아니라 배운 걸 적용하여 행복한 삶을 살 수 있도록 인성과 창의력을 길러주는 것이다. 선생님은 인성 및 창의적인 수업을 이끄는 중요한 주체이다. 학교에서 학생의 발달단계에 맞는 수업내용과 수준을 적정화하여 미래를 대비한 창의융합 인재교육로 교육의 변화를 이끌어 가야 한다. 교육이 달라져야 미래가 달라진다.

12
교권이 바로 서야
교육이 바로 선다

김상규 교육타임스 회장

    교사는 가르치는 일을 좋아하고 학생들과의 생활에 보람을 느끼기 위해 교직에 들어온 인재들이다. 그런데 오늘날 교육현장은 교권 침해로 교사의 사기는 저하되고 교실은 붕괴 현상이 나타나고 있어서 안타깝다. 교권 침해 유형은 학생의 수업 방해 및 지도 불응, 학부모, 학생의 폭행, 폭언, 협박, 남학생들의 여교사에 대한 성희롱 등 여러 경우가 있다. 학생이 학생답지 않은 행동을 해도 제재(制裁)하기가 힘들고 사랑의 매를 들어도 문제가 되니 교사가 설자리는 어디인지 걱정이다. 교권침해를 당한 교사는 자괴감에 교직을 떠나거나, 힘들게 근무를 하고 병가, 휴직, 또는 다른 학교로 전근을 간다. 반면 교권침해학생은 출석정지, 봉사, 특별교육이수 등의 처벌로 교사를 괴롭히는 학생의 행동은 계속 되어 교권 침해가 악순환 되고 있다.

　교육은 스승에 대한 존경과 믿음에서 출발한다. 교육이 바로 서기 위해서는 교권이 바로 서고 교직의 전문성을 살릴 수 있어야 한다. 교권이 보장돼야 교육이 제대로 이루어진다는 것은 상식이다. 스승 존경 풍토가 조성되지 않으면 교육의 미래는 없다. 교권의 확립은 교사와 학생들 간에 유대감을 상승시킬 수 있는 기본 조건입니다. 교권이란 교사가 지니는 권위와 권리이다. 교사로서의 권위란 교육 분야에서 사회적으로 인정을 받고 영향력을 끼칠 수 있는 위신을 뜻하며, 권리란 교육할 권리(교육권), 전문직 종사자로서 교사의 권리, 인간으로서 교사의 권리를 포함하는 개념이다. 교권은 교직의 전문성과 윤리성을 유지하고 교육발전을 위한 본질적 부분을 뒷받침하기 위한 것이다.

　교권침해가 일어나는 원인 중 하나는 교육이 입시성적에만 치중한 나머지 학생의 생활지도. 인성교육 등이 소홀이 되어 교권침해가 발생된다는 점이다. 바람직한 인간으로의 삶을 안내하는 교육이 아니라 교과서만 암기하고 시험문제만 풀이하는 수업환경에서는 선생님들을 존경하거나 교권보호를 기대하기는 어렵다. 인간 교육을 강화해야 한다. 기본 인격소양이 있어야 실력이던 능력이던 바르게 사용할 수 있는 것이다. 아무리 학과 성적이 좋다해도 바른 인성의 소유자가 아니면 그 실력은 오히려 자신을 망하는 길로 이끌고, 다른 사람들과 사회에도 막대한 해를 끼치게 된다. 때문에 입시에서 인재의 덕목이 성적위주보다는 바른 인성의 소유자를 중시하고 교권을 침해하거나 비행 학생은 입시에서 불이익을 주는 입시선발 요강이 작용해야 효과적인 개선이 될 것이다.

　또 하나, 전에는 선생님 말씀에 순종하고 학생지도에 교원의 권위를 인정하여 따랐다. 그런데 몇 년 전 부터는 선생님에 대한 최소한의 예의도 지키지 않고 비행 학생의 교정, 선도(교화)도 힘을 잃고 학생 통제가 어려워지고 있다. 학생들의 인권을 보호하기 위한 제도가 결과적으로 교사의 지시를 따르지 않는 결과를 초래하는 한 원인이 되었다는 진단이다. 학생의 인권이 소중하다면 선생님의 교권도 역시 소중하다. 현행 학생인권조례 중 분명히 부작용이 예견되는 부분은 개정해야 한다. 교사 지도에 불응하거나 학생답지 않은 행동을 하면 불이익이 많다는 것을 알게 하고 교사가 가르치는 일에 있어서의 권위와 권리를 오롯이 보장하고 교육적인 제재수단도 있어야 한다.

한편 학부모들은 자녀 앞에서 선생님 을 최고의 교육전문가로서 그 권위를 인정하고 존경을 하여야 한다. 학교 문화를 존경과 존중의 상생풍토로 변화시키는 새로운 교육 패러다임이 자리 잡아야 교육이 바로 선다. 학생과 교사 사이에는 스승과 제자라는 온정적 관계가 이뤄져 선생님은 학생을 사랑으로, 학생 및 학부모는 교원을 존중하는 교권인식 변화가 있어야 참다운 교육이 이뤄진다.

또한 학교별 학교폭력대책위원회는 학부모와 교사위주로 구성되어 처분 결과에 대한 불신과 당사자 갈등이 증가하고 학교에 부담이 되고 있다. 경미한 사안은 담임종결 사건의 처리과정, 절차를 마련해 학교장이 교육적으로 해결하도록 하였고, 학교폭력심의위원회는 교육청(교육지원청)에 설치하도록 법령이 개정되었다. 교육청(교육지원청)에서 교권침해 학생·학부모에 대한 조치강화, 피해 교원 치료·상담 등 지원, 교권 보호의 법적 강화를 위한 법률지원 등 종합대책을 실효성 있게 추진하고 있다. 선생님들의 열정과 전문성을 발휘하지 못하게 하는 교권침해는 교원의 권위와 교육활동을 파괴하는 악폐이다. 교원의 학생지도권 회복과 공교육을 바로 세울 수 있는 교원존중 풍토의 제도적 장치가 바로 서야 한다. 교육자는 감사와 존경의 대상이다. 교권존중과 스승공경으로 교원의 사기가 진작되어야 교육이 살고 희망찬 미래가 열리게 된다.

김상규 교육타임스 회장, 고려대 교육학 석사, 중등학교장(서울), 중국국제고교장(북경)역임, 학교경영 최우수 교육부장관 기관장 표창, 문교부장관 표창, 대통령표창, 홍조근정훈장수훈
저서 〈청출어람〉등 20권, 편저 〈삶을 가꾸는 금언〉 등 8권

제2장
제4차 산업혁명시대, 인공지능(AI)과 미래교육

01
AI시대와 인간의 윤리문제

한병선 문학박사, 교육평론가

AI 시대의 일상과 삶

"베이징을 벗어나 여행을 갔다. 중국 고속열차인 가오톄(高鐵)로 2시간 여행 후 다시 베이징으로 돌아왔다. 다음날 체육관에 들어가기 위해 입장확인 QR 코드를 스캔하니 요란한 사이렌이 울렸다. 마치 범인을 체포하러가는 경찰차 같은 소리였다. 베이징을 벗어났다가 돌아오면 반드시 당국에 방문 지역을 신고해야 하는데 그걸 하지 않았기 때문이었다. 한 개인이 베이징을 벗어났는지를 신고하지도 않았는데 당국은 이미 베이징을 벗어났던 사실을 알고 있었던 것이다." 현재 중국은 코로나 방지라는 명분으로 14억 인구 전체가 이런 식으로 감시와 통제를 받고 있다는 한 일간지의 보도 내용이다.

이런 사례는 인공지능을 이용하여 모든 국민들의 일거수일투족을 감시하고 있는 전형적인 예 중의 하나다. 이런 사례는 AI 기술들을 활용한 단순한 경우지만, 우리 생활에 얼마나 큰 영향을 미칠 수 있는지를 단적으로 보여준다. AI 기술이 우리에게 가져다 줄 수 있는 편리성도 무한하지만 동시에 민주주의와 인류에게 재앙이 될 수 있다는 점을 잊어서는 안 된다. 특히 후자의 경우는 심각한 문제다. 이런 문제는 정치 지도자들의 발언에서도 충분히 알 수 있다. 실제로 중국의 최고 지도자 시진핑은 QR 코드 방식의 통제를 전 세계적으로 확대해야 한다고 주장하고 있다. 한 발 더 나아가 외국인 입국자들에게 QR 코드 발급을 이미 의무화했다. 중국에 입국하지도 않은 외국인들에게 개인의 민감한 신상정보를 내놓으라는 의미이다.

안면인식 기술은 어떤가. 안면인식을 통해 모든 개인의 움직임을 감시할 수 있다. 한 개인이 어디를 방문했는지, 누구를 만났는지, 동선은 어떻게 되는지, 지도상에 정확히 좌표로 나타난다. 우리사회 역시 예외는 아니다. AI에 의한 노동과 직업의 분화도 매우 빠르게 진행되고 있다. 이뿐만이 아니다. AI 기술을 이용한 무인상점들도 속속 늘어나고 있다. 인간이 직접 전투에 참여하는 대신 AI 전투 로봇들도 등장했다. 이란의 핵개발 전문가가 AI를 이용한 무인 드론의 공격을 받아 사망했고 대형 정유공장이 파괴되기도 했다.

또 우리사회에 파문을 일으켰던 채팅로봇 '이루다' 사건은 어떤가. 이름이 '이루다'로 명명된 20세의 여성 캐릭터 AI 채팅 로봇이 75만명의 이용자를 모아 큰 인기를 얻었다. 하지만 이 채팅 로봇을 성적 대상화하여 '성노예'로 표현하고, '노예 만들기' 등 예기치 않았던 부정적 윤리문제를 불러 일으켰다. 여기에 딥러닝(deep learning) 능력이 있는 로봇이 스스로 학습을 통해 장애인, 임산부, 성소수자들에 대한 차별·혐오 발언을 쏟아 내면서 논란은 더욱 커졌다. 이렇듯 AI 시대를 맞는 상황에서 인간이 AI 기술을 어떻게 순기능적으로 이용할 것이냐의 문제는 중요한 숙제가 되었다.

인간과 휴머니즘

　인간의 인문학적 인간성은 아무리 과학기술이 발전한다고 해도 대체될 수 없는 가치를 지닌다. 인간을 인간답게 만드는 것은 인간의 휴먼성이기 때문이다. 이런 인간의 휴먼성을 보편적으로 표현한 것이 인문이다. 인문이란 말은 르네상스 시대 이탈리아인들이 사용하던 '스투디아 후마니타티스(studia humanitatis)'라는 라틴어에서 유래했다. 사람이 사람답게 살기 위해 필요한 학식과 교양을 의미하는 '후마니타스(humanitas)'를 연구하고 가르치는 고전문학을 지칭했다. 고대의 주요문헌을 탐구함으로써 올바른 판단과 지혜, 그리고 정확한 표현과 설득의 능력을 배양할 수 있다는 믿음이 인문학의 바탕을 이루었다.

　후마니타스는 바르바리타스(barbaritas), 즉 야만성과 대비된다. 야만성은 인간의 이성이 아닌 동물성을 말한다. 더 정확히 다시 말하면 인문은 야만성의 반대개념으로 동물과 인간을 가르는 기준 역할을 한다. 오늘날의 휴머니즘은 야만성의 상대적 개념으로 이해한다해도 큰 무리는 없다.

　현대인은 AI 기술과 같은 미증유의 경험을 얻는 대신 인간성을 잃어가는지도 모른다. 세상은 빠르게 변화하고 있으며, 이에 따라 인간의 적응도 가속도가 붙고 있다. 여기서 인간의 적응력이 빨라진다는 것은 '인간성이 파편화(破片化)되어 간다'는 의미다. 문제는 이런 변화가 사회에 어떤 영향을 미치게 될 것인가의 문제다.

이 대목에서 문제를 좀 더 명확하게 하기 위해 다음과 같은 질문을 던져보자. "향후 세상은 폭력적인 쪽으로 변할까, 아니면 평화적인 쪽으로 변할까. 답은 각자의 몫이지만 여기서 우리가 생각해봐야 할 문제는 갈수록 세상이 평화로워진다면 좋지만, 반대로 험악해지고 인간성이 더욱 피폐해진다면 어떻게 해야 하는가에 대한 것이다. 답을 내기가 쉽지 않은 문제다.

그럼에도 다음과 같은 사실을 살펴볼 필요가 있다. 우선 인간이 인간을 죽이는 전쟁과 살인 같은 최악의 경우로 보자. 오늘날에는 무기와 전쟁술의 발달로 과거와는 비교할 수 없을 정도로 사망자 수가 크게 증가했다. 제2차 세계대전에서만 무려 5,500만 명이 사망했다. 이런 점에서 본다면 오늘날 사회는 과거에 비해 전쟁과 같은 비인간적 행위로 야만화 되어간다고 말할 수 있다.

이번에는 반대의 경우를 보자. 핑커(Pinker)에 의하면 현대로 올수록 안전한 쪽으로 발전해 왔다고 말한다. 국가 간에 전쟁을 자주 하는 것 같지만, 사실은 그 이전에 국가가 폭력을 억제하고 통제한다는 것이다. 국가가 폭력을 독점하면서 일반사회의 폭력성은 줄고 있다는 것이다. 실제로 유럽의 경우 1300년대에는 인구 10만 명당 연 100건의 살인사건이 발생을 했지만 2000년대에 들어서는 1건 이하로 줄어들었다. 이런 이유에 대해 노르베르트 엘리아스(Norbert Elias)는 에티켓의 발전이 크게 영향을 미쳤다고 말한다. 과거로 갈수록 자기 통제가 느슨했던 반면, 현대로 올수록 자신을 통제할 수 있는 기제가 커짐에 따라 폭력성이 줄었다는 것이다. 이것이 바로 문명화란 것이다. 즉 인간이 갖고 있는 폭력성을 국가가 가져갔다는 논리다. 경제발전을 통해 폭력대신 평화로운 교환활동이 이루어지게 되었던 것이다.

현대인들의 독서도 여기에 한 몫을 했다고 말한다. 그에 의하면 책을 읽는 사람과 읽지 않는 사람 간에는 큰 차이가 존재한다. 책을 읽는다는 것은 다른 사람들의 생각을 접하면서 자신의 생각을 비교할 수 있지만 그렇지 않은 사람들은 자신의 생각이 전부일 뿐이라는 논리다. 다른 사람의 생각을 알 수 있을 때 폭력이 줄어든다는 것이다. 예컨대 다른 사람의 글을 읽으면서 그렇구나 하고 공감할 수 있는 것, 이해의 폭을 넓혀갈 수 있는 것, 이런 것들이 사회의 폭력성을 줄일 수 있는 중요한 요인이 된다는 것이다.

현대사회가 문명화 되어가든, 야만화 되어가든 그것은 인간의 본성과 깊은 관련성을 지닌다. 이를 뒷받침하는 가장 큰 틀은 '성선설'과 '성악설'이다. 인간의 본성을 갈파하는 이 두 개의 기둥은 인간의 존엄, 인간의 폭력성, 인간교육, 인간의 정신적 가치 등을 포괄하고 있다. 여기서 얻을 수 있는 시사점은 두 가지다. 성선설적인 입장이라면 인간의 '선성(善性)'을 더욱 발현시키는 것이 중요한 일이고 성악적인 입장이라면 인간의 '악성(惡性)'이 발현되지 않도록 하는 것이다.

그렇다면 이 문제는 결국 현대사회가 갖는 특성과 맞물려 인간의 본성을 어떻게 관리하느냐의 문제인 셈이다. 그것은 우리가 흔히 말하는 정신력의 문제와는 다르다. 인간이 왜 인간인지에 대한 본질적인 질문과 관련된 문제다. 이런 맥락에서, 그 구체적인 활동은 무엇이 되어야 할까. 바로 '사색(思索)'이다. 사색을 통해 현대사회가 안고 있는 파편화의 문제, 폭력성의 문제, 나아가 인간 내면의 문제 등 많은 문제들을 해결할 수 있다. 인간이 생각할 수 있다는 것은 동물과 구별될 수 있는, 동물로서의 인간을 '인간으로서의 인간'으로 만들어주는 능력이기 때문이다. 사회가 고도화 될수록 인문학적 성찰을 강조하는 것도 같은 맥락이다.

인문학적 사고는 삶의 문제와 직접 맞닿아 있다. 인문적 사고가 경제적이지 않다는 통상적인 인식으로는 이해하기 어렵지만 인문적 사고는 생산성과 낭만성을 동시에 갖는다. 당연한 이야기지만 인간의 존재가치를 높여주는 것은 인문적 사고다. 인문적 사고의 생산성과 낭만성은 돈으로 따질 수 없는 가치를 갖는다는 것이다. 인문학자 김주연에 의하면, 인간의 가치에 대해 깊이 생각하고 고민하는 것 자체가 인문학의 생산성이다.

그는 이렇게 말한다. "흐르는 강물의 색을 연구한다는 것은 거의 불가능에 가깝다. 이는 시시때때로 변하는 강물 빛의 색상을 구분해내기 힘들고 사람마다 시각차이가 있기 때문이다. 인간 내부는 이와 같은 강물의 빛깔에 비유할 수 있다. 그러므로 사색의 시간을 통해 매일 매일 자신의 인식 차이를 느껴야 한다." 낭만성도 언급한다. "노인이라 할지라도 청년들만큼 낭만적인 인문학 정신세계를 지닐 수 있다. 인간의 삶에서 낭만성을 제거한다면 그 삶은 얼마나 공허하고 건조하겠는가. 계절의 변화를 보면서 느끼는 감정도 낭만성이다. 예컨대 가을은 기승전결(起承轉結) 중 결로 들어가는 '전'의 단계다. 과거의 모습을 벗고 맺음을 준비해야 하는 시기라고 생각할 수 있다면 이 또한 낭만성이 될 수 있다."

릴케도 이런 인문적 사고의 낭만성을 잘 표현한고 있다. "주여 때가 왔습니다. 가을입니다. 여름은 참으로 위대했습니다. 해시계 위에 당신의 그림자를 얹으시고 들녘의 바람을 놓아주소서. 마지막 과일들이 영글도록 명하시고 그것들에게 이틀만 더 남국의 햇볕을 주시어 그들을 완성시켜, 마지막 단맛이 짙은 포도주 속에 스미게 하소서. 지금 집이 없는 사람은 이제 더 이상 집을 짓지 않습니다. 지금 고독한 사람은 이 후에도 오래 고독하게 살아 잠자지 않고, 읽고, 그리고 긴 편지를 쓸 것입니다. 바람에 불려 나뭇잎이 날릴 때, 불안스럽게 이리저리 가로수 길을 헤맬 것입니다"

　결국 중요한 문제는 인간의 휴머니즘 회복이다. 현대사회에서 이미 파편화된 인간의 본성을 어떻게 복원할 것이냐의 문제다. 앞서 지적한대로 개인의 문제든, 집단의 문제든 야만성의 배격, 인간 파편화의 방지, 사색력의 회복, 인간 본연의 낭만성 회복 등이 이루어져야 한다.

AI 시대와 인간윤리의 시사점

　인간의 본성과 도덕성에 관한 논의는 과거로부터 철학적, 윤리적, 도덕적 탐구주제가 되고 있다. 예컨대 종교인들은 도덕을 신에게서 온 명령이라고 보았고, 철학자들은 인간의 이성에 의해 만들어진 인위적인 것이라고 했다. 하지만 세계적 영장류학자 드 발의 견해는 좀 다르다. 그에 의하면 도덕은 종교나 문명이 출현하기 훨씬 전부터 인류의 오랜 진화 과정 속에 확립되었다는 것이다. 도덕은 신의 명령이나 이성의 초월적 원리가 아니라, 인간과 동물이 함께 공유하는 감정에 뿌리를 박고 있으며, 아래에서부터 위로 올라왔다고 말한다. 사실 이런 주장은 지금까지 우리가 생각해왔던 것과는 정반대의 것으로 혁명적 주장에 가깝다.

　그는 왜 그런 주장을 했을까. 인간사회를 규율하는 도덕이 절대자나 신이 아닌, 인간 행위의 결과로 의해 만들어 질수도 있다는 것을 증명하기 위해서였다. 도덕이 사람들의 생활 속에서 자연스럽게 만들어질 수도, 더 나아가 사람들의 감정, 더 정확히 말하면 이타적 공감에서 비롯된 것일 수도 있다는 것이다. 종교적인 측면에서 도덕문제는 큰 의미가 없다고 말한다. 만일 인간의 행위에 의한 것이라면 인간과 유사한 영장류 집단에서도 이를 확인할 수 있기 때문이다.

이를 통해 인간은 합리주의적 반성과정을 거쳐 도덕성을 발전시킨 것이 아닌, 사회적 동물이라는 배경으로부터 압력을 받아 형성된 결과라는 것이다. 실제로 침팬지들도 어떤 사회를 만들기 위해 인간이 추구하는 가치를 그들도 추구하고 있음을 알 수 있다. 연구사례에서 보면, 침팬지 암컷은 수컷들의 싸움이 끝나면 화해를 시키거나 서열이 높은 수컷은 싸움을 말리기도 한다. 동물도 인간과 마찬가지로 보상이 없어도 이처럼 선행을 베푼다는 것이다. 불교에서는 타인에 대한 연민이 우리를 기쁘게 한다고 말한다. 실제로 이런 효과는 성인은 물론 걸음마를 배우는 아기들에게서도 확인할 수 있다. 연구에서도 이런 사례를 볼 수 있다. 심리학자 스테파니 브라운은 타인을 돌보는 사람은 자기 행위의 고통보다 아픈 배우자나 연인을 돌보는 경우가 많다는 사실을 밝혔다.

이뿐만이 아니다. 공감을 연구하는 한 가지 방법으로 우울함에 대한 반응을 관찰하는 것이 있다. 이를 통해서 보면 이런 사실은 더욱 명확해진다. 예컨대 다른 유인원에게 공격당해 죽을 위기에서 도망친 유인원이 혼자 있을 때 동료가 다가와 안아주고 조심스레 상처를 돌봐주면 기운을 차린다. 위로 감정이 차오르면 두 유인원은 서로 부둥켜안고 소리를 지른다.

이런 사례에서 보듯, 드 발은 인간의 도덕성이 신의 명령이나 도덕적 원리같이 저 높은 곳에서 초월적으로 존재하는 것이 아니라, 우리 안에서 진화한 결과물이라고 주장하는 것도 바로 이런 이타심에 기반한 공감 때문이다. 감정은 도덕의 발생적 근원이란 사실을 암시하는 근거다.

AI 기술의 활용문제는 매우 예리한 양날의 칼이다. 앞서 밝혔듯이 잘못 사용하면 인간을 베는 도구가 되지만 잘 사용하면 인간을 위한 유용한 도구가 된다. 흉기가 되느냐 문명의 이기가 되느냐는 결국 이를 뒷받침 할 우리의 인식과 윤리 수준에 달린 문제임을 말하고 있는 셈이다. AI 시대가 되어갈수록 인간의 윤리문제가 더욱 중요해질 수밖에 없는 필연적인 이유다.

한병선 문학박사, 교육평론가, 성신여대에서 문학박사학위 취득했다. 미국 괌대학(UOG)에서 객원연구원을 지냈다. 2007년에는 한국언론재단의 〈신문 방송〉에 의해 한국의대표적인 오피니언리더로 선정되었다. 강원대, 경희대, 동아대, 성신여대 등에서 10여 년 동안 학생들을 가르쳤으며 현재는 지방 5개신문사 공동 칼럼니스트, 〈교육과 사색〉 논설위원, 교육평론가로 활동 중이다.

02
AI시대 교육과 창의적 인재상

김용석 성균관대학교 전자전기공학부 교수

근래 세상이 바뀌었다는 이야기를 많이들 한다. 이 변화는 과학기술의 발전에서 온다. 우리가 살고 있는 시대를 돌이켜 생각해 보면, 기술이 세상을 바꾸었다. 아날로그시대에서 디지털시대로의 큰 변화가 있었고, 이 변화로 지식의 습득과 활용에서는 컴퓨터는 필수가 되었다. 지금은 스마트폰 없이는 전혀 생활을 할 수 없는 세상이 되었다.

우리나라를 뜨겁게 달구었던 제4차 산업혁명에 관한논의는 2016년 1월 스위스 다보스에서 열린 세계경제포럼(WEF)에서 주제로 정하면서였다. 인공지능(AI), 사물인터넷(IoT), 빅데이터, 로봇, 3D프린팅, 나노기술등이 핵심인데, 기술의 성숙도가 빠른 것도 있고, 이제 시작인 것도 있다. 이 중에서 인공지능은 가장 강력하다. 그래서 우리가 살고 있는 현대는정 보화 시대에

지능이 더해진 지능정보화시대라 말 한다.

　인공지능분야 연구는 1980년~1990년대에는 소위 찬밥 신세였다. 복잡한 연산, 부정확성 등으로 크게 발전되지 못했다. 이런 상황에서 꾸준히 연구를 계속했던 토론토 대학교의 제프리 힌톤 교수가 2006년에 인공신경망이 그동안 가졌던 한계를 극복할 수 있는 최적화 알고리즘을 제안하면서, 새로운 전기를 마련하게 된다. 이 최적화 기법의 이름이 바로 딥러닝(deep learning)이다. 그 후 발전을 거듭했고 인공지능시대의 가장 중요한 기술이다.

　2016년 바둑에서 '알파고'의 등장 이후로 전 산업 분야에서 인공지능의 영향력이 커지고 있다. 인공지능이 무엇인지 모르는 사람들 조차도 인간의 일자리가 사라질지 모른다는 우려를 갖고 있는 것이 사실 이다. 그렇지만 인공지능 로봇이 인간처럼 생각하고 판단한다는 생각은 꿈 같은 이야기 이다. 인간의 의사결정을 도와 줄 수 있지만 인공지능 스스로 할 수 있는 것이 거의 없다. 인공지능에 대한 공포와 환상은 버려야 한다.

　잘 정의되고 반복되어 데이터가 축적되는 문제는 인공지능이 전부 풀어 낼 것이다. 그렇지만 복잡한 사고가 필요하고 매번 새롭게 정의되는 문제, 창의성을 필요로 하는 문제는 인간의 몫으로 남아 있을 것이다. 알파고의 성공은 어디에 있었을까? 바둑과 같이 모든 정보가 공개되고 목표와 규칙이 명확하게 정의된 문제라면 인공지능이 쉽게 풀어낼 수 있다.

　그러나 인공지능이 인간 수준의 직관과 통찰을 갖게 된 것은 아니다. 인간이 세상을 살아가면서 부딪치는 문제들은 목표와 규칙이 명확히 정의되어 있지도 않는 불확실성을 가지고 있다. 이것이 인공지능 시대에 우리 인간이 담당해야 할 영역이 된다.

따라서 과거 산업화 시대에는 주어진 비슷한 문제와 답을 이해하고 암기해 내는 충실한 모범생을 원했지만, 앞으로의 새로운 세상은 창의적인 역량을 요구하고 있다.

인공지능 시대에 필요한 바람직한 인재상은 무엇일까?

첫째, 스스로 문제를 만들어 내고, 문제를 해결하는 인재이다. 그 동안의 교육은 남이 만들어 놓은 지식을 이해하는 수준의 암기식 교육이다. 앞으로 펼쳐질 새로운 세상은 분명히 다르다. 생각하는 방법도, 일하는 방법도 달라져야 한다. 무조건 '열심히 외워라'가 아니고 '열심히 생각하라'고 가르쳐야 한다.

논리를 넘어서서 맥락을 찾아 내는 것이다. 여기서 중요한 것은 근본적이고 깊이 있는 생각을 가져야 하는데, 결국은 '왜(Why)'를 찾는 노력이다. 우리나라 대부분의 부모들은 자녀들이 학교에서 돌아오면, "오늘은 뭘 배웠니?"라고 묻는다고 한다. 유태인 부모들의 질문은 다르다. "오늘은 어떤 질문을 했니?" 답도 중요하지만 질문은 아이들이 배운 것에 대해서 깊이 생각하게 해 준다.

깊은 생각과 통찰을 하지 않는 사람은 '왜'(Why)라는 질문을 할 수가 없다. 질문에 대한 답이 있다 하더라도 질문을 꼭 해야하는 이유는 세상의 모든 것은 변하기때문이다. 과거의 지식은 전부 옳은 것은 아니기때문이다.

기업에서도 새로운 기술이나 제품의 창의적인 아이디어를 구하는 것은 '왜'(Why)에서 출발 한다. 소비자는 왜 구매해야 하는가? 그것은 소비자를 행복하게 만드는 가? 이 제품은 어느 시장에 적합한가? 이런 고민을 가지고 만들어진 제품은 시장에서 인정을 받게 된다.

둘째, 실무형 인재이다. 실제 만들어 보고 내 손으로 익히는 핸즈온

(Hands-on) 능력을 갖추어야 한다. 그러면 인공지능 기술을 잘활용 할 수 있다. 인공지능은 산업분야 뿐만 아니고 경영, 미술, 음악 작곡 등에서도 사용할 수 있다. 인공지능은 이공계 출신만의 전유물이 아니다. 음악가는 작곡에 쓸 수 있고, 동양철학 연구자는 고문서에 쓰여진 어려운 문장을 해독하는 것에 활용 할 수 있다.

따라서 코딩을 배워야 하는 것은 당연하다. 코딩은 컴퓨터에 일을 시키기 위한 언어이다. 상상과 생각을 컴퓨터에 전달 해야 하는데, 컴퓨터가 이해 할 수 있는 언어로 표현하는 것이 코딩이고 그 결과물이 프로그램 이다. 인공지능은 파이선 언어를 사용한다.

인공지능 응용분야를 살펴 보자. 영상의학 분야에서는 이미 암을 포함한 다양한 질병을 진단 하는데 매우 효과적으로 활용 하고 있다. 세계최초의 AI 의사인 왓슨은 의학 교과서와 전문서적, 논문에 대한 빅데이터를 수집하고 왓슨을 설치한 전세계 병원의 의료데이터를 활용하여 가능한 치료 방안을 의사에게 추천한다

또 하나 테슬라의 자율주행차의 핵심역할은 인공지능이 담당 한다. 운전자가 주행 도중 전방에 나타난 물체의 정체를 판단하는하려면 주변 환경을 인지하고 주행경로 판단 및 안전한 기능제어를 해야 한다.

마지막으로, 인공지능을 경쟁자가 아닌, 동반자로 보는 생각의 전환이 필요하다. 사람이 하던 일의 많은 부분이 기계로 대체 되어 가고 있다. 그만큼 기계의 영향력이 더 커지는 셈이다. 따라서 기계와 더 친해져야 하고, 인간이 만들어 놓은 기계와 많은 대화가 필요 하다. 그래야만 인간은 기계를 잘 활용하게 되고 그 우위에 있게 되는 것이다.

03
AI시대를 준비하는
코딩교육의 의무화
- 초등학생, 일반인도 코딩을 배워야 하는 이유 -

김용석 성균관대학교 전자전기공학부 교수

'제4차 산업혁명이 무엇인가?'라는 질문에 답하기는 쉽지 않다. 하지만 인류의 발전사를 보면, 오랜 농경사회를 탈피해서 산업사회로, 그 이후에 지금의 정보화 사회로 발전해 왔으니, 제4차 산업혁명은 인공지능 기술이 더해진 지능정보화 사회라고 보아야 하지 않을까 한다. 앞으로의 세상은 산업과 개인의 삶을 근본적으로 뒤바꿔놓을 만큼 커다란 파괴력을 지니고 있는 것은 분명 하다.

여기서 좀 더 생각해 보아야 할 것이 있다. 그렇다면 제4차 산업혁명은 우리 각 개인에게는 어떤 영향을 주며, 무엇을 준비해야 하는가 이다. 중요한 사실은 사람이 하던 일의 많은 부분이 기계로 대체 되어 간다는 것이다. 그만큼 기계의 영향력이 더 커지는 셈이다. 따라서 기계와 더 친해져야 하고, 인간이 만들어 놓은 기계와 많은 대화가 필요하다. 기계와의 소통을 위해 코딩을 배워야 하는 것은 당연하다.

코딩이란 무엇 인가. 외국인과 대화하기 위해서 영어를 공용어로 사용 하듯이 컴퓨터에 일을 시키기 위해서는 컴퓨터 언어가 있어야 한다. 그런데 컴퓨터는 계산과 비교만 가능하다. 이런 컴퓨터에 사람의 상상과 생각을 컴퓨터에 전달 해야 하는데, 컴퓨터가 이해 할 수 있는 언어로 표현하는 것이 코딩이고 그 결과물이 프로그램이다. 이 프로그램은 컴퓨터에 연결된 하드웨어 시스템을 제어하는 지시서인 셈이다.

요즘 창의적인 아이디어만 있으면 누구나 쉽게 시제품을 만들어 볼 수 있다. 몇 가지 개발도구가 있는데, 그 중에서도 '아두이노(Arduino)'라는 개발도구를 이용 하는 것이 가장 쉽다. 소형컴퓨터를 수행하는 작은 반도체 칩이 들어 있어서 온도계, 습도계, 로봇, 조명제어도 쉽게 할 수 있다. 공학과는 거리가 먼 일반인도 쉽게 접근 할 수 있도록 친숙한 개발환경을 제공 한다. 시인, 화가, 철학자도 자신의 만들고 싶은 아이디어를 상상하기만 하면 된다.

아이디어, 생각들은 언어로 표현하고 이를 글로서 남겨 공유하게 된다. 코딩을 한다는 것은 글을 쓰는 과정과 너무나도 똑같다. 어떤 내용의 글을 쓸 것인지를 고민하고 생각하는 것이, 코딩에서는 동작 시키고자 하는 하드웨어 시스템의 기능, 성능을 정하고 어떤 일을 시킬 것인지를 정하는 일과 같다. 생각이 정해지면 글로 옮기면 되고, 이것은 코딩 하는 것과 동일하다. 글을 쓰면서 생각이 제대로 표현되지 않으면 몇 번이고 수정을 하게 된다. 이것이 코딩에서 오류(버그)를 고치는 것과 같은 의미이다.

글을 쓰는 사람들을 작가라 부르며 그의 사고력과 창의적 능력에 찬사를 보내기도 한다. 훌륭한 작가는 멋진 글을 늘어 놓는 사람이 아니고, 그 안에 들어 있는 글의 내용이나 전개 과정을 중시하는 사람이다. 좋은 글을 쓰기 위해 작문연습을 많이 하고 여러 글들을 접해 봐야 하지만, 이런 것들만이 그 사람을 위대한 작가로 만들어 주진 않는다. 진정한 작가의 창의적인 질적 가치는 글의 내용에 있다. 코딩의 경쟁력은 규격을 정하는 단계에서 상당 부분 결정 된다. 하드웨어 시스템의 기능과 성능, 서비스를 가장 효율적으로 할 수 있는 방법을 찾는 일이 먼저이기 때문이다.

좋은 소프트웨어를 만들기 위해서는 코딩능력 보다는 알고리즘 개발능력이 더욱 중요 하다

알고리즘이란 어떠한 주어진 문제를 풀기 위한 절차나 방법을 말하는데 컴퓨터 실행 명령어들의 순서를 의미 한다. 예를 들면 작년 이세돌과 바둑을 겨루었던 인공지능(AI) 알파고는 효율적으로 데이터를 추론하고 분석 할 수 있는 새로운 알고리즘으로 발전 되었고, 올해 중국의 커제와의 대결에서 더 향상된 실력을 확인했다. 이전에는 사람이 둔 바둑 기보를 모범 답안으로 삼아 연습하면서 실력을 쌓았지만, 스스로 공부 하면서 새로운 수를 찾아 내는 알고리즘을 고안해 낸 것이다. 코딩은 외국어를 배우는 것과 비슷한 과정을 거친다. 외국어 교육은 새로운 언어를 익히고 나면 전달하고자 하는 내용이 중요 하다. 코딩교육도 마찬가지로 접근해야 한다. 컴퓨터 언어를 배운 후에는 내가 상상했고 만들어 보고자 하는 시스템을 정의하는 일, 효율적인 구현 방법을 고민하는 시간이 중요 하다. 그래서 책 읽기, 글쓰기를 통해서 생각하는 힘을 기르는 것은 기본이다.

우리나라에서는 이미 코딩교육을 실시하고 있고, 앞으로 더욱 확대될 것

이다. 중학생들은 지난 2018년부터 34시간, 초등학교 제5~6학년생들은 2019년부터 17시간을 필수로 하고, 고교생은 선택과목에 코딩 교육을 하고 있다. 손을 들어 '달'을 보라고 하는데, 달은 보지 않고 '손가락'만 본다는 말이 있다. 코딩교육에서의 핵심은 코딩 그 자체에 있는 것이 아니다. 수학적, 과학적 소양을 토대로 문제를 설정하고 그것을 해결할 수 있는 가장 효율적인 방법을 찾는 알고리즘을 찾는 교육이 우선 되어야 한다. 창의적 아이디어와 상상을 구현하면서 문제해결능력도 키울 수 있어야 한다. 코딩은 수단이다. 기계를 더 잘 활용하려면 사람이 더 많이 고민해야 하고 더욱 똑똑해 지는 방법밖에는 없다.

04
이제 기업은 스펙이 아니고 실무가 강한 인재를 원한다

김용석 성균관대학교 전자전기공학부 교수

오래 전부터 대학은 '인재양성의 산실'로 불려왔다. 대학에서 기술 전문적, 인문학적 지식을 배운 대학생들은 사회에 나와 그것을 십분 활용하여 자신의 삶을 개척하고 기업과 사회에 공헌해왔다. 그런데 지금 그러한 대학의 위상이 흔들리고 있다. 세상은 혁신적으로 변하고 있으며 그 미래는 안개 속에 있다. 그렇다면 과연 지금도 대학은 기업과 사회에 공헌할 수 있는 훌륭한 인재를 키워내고 있는 것일까.

나는 베이비부머 세대이다. 내가 대학생활을 하던 1980년대는 기업은 고도성장의 산업화 시대였다. 급속한 산업 성장속도를 대학에서 배출하는 인력으로는 오히려 부족했다. 이 시기는 대학 졸업장은 취업을 보장하는 증명서였다. 하지만 지금은 그 시절과는 다르다. 졸업장만 있으면, 몇 군데 합격하고 골라서 가던 시절이다. 그 당시는 공부에도 크게 신경 쓸 필요가 없었다.

수업을 빼 먹고 노는 것도 대학의 낭만이던 시절이었다. 어차피 기업은 체계적으로 신입사원 교육 프로그램을 갖추고 있었다. 1년 정도는 실무에 투입을 할 생각을 하지 않는다. 기업은 이 모든 것을 당연하게 받아들이던 시절의 이야기이다.

하지만 지금은 저성장 시대인 것은 물론이고, 전 세계가 하나의 고리로 연결되어 있는 글로벌화의 시대이며, 인종과 국가 간의 경계도 많이 약화되어 있다. 거기다가 인터넷과 스마트폰은 개인의 라이프 스타일마저도 혁격하게 변화시켰다. 이러한 새로운 환경은 기업의 생존 경쟁 체제도 변화시켰다. 기업 간의 경쟁력이 역전되는 상황이 벌어지면서 우리 기업들은 때로 약진하기도 하지만, 때로는 막다른 골목으로 밀리기도 했다. 그간 고도성장을 통해 누려왔던 전자, 조선, 화학, 기계 등의 제조업의 경쟁에서 중국기업들에게 밀리고 있으며, 또한 제조생산 기지는 중국을 거쳐서 베트남으로 이동하고 있다.

세상은 제4차 산업혁명시대가 도래했다고 야단이다. 이제까지의 삶의 방식을 근본적으로 바꿀 새로운 기술혁명이 곧 시작될 것이며, 이 혁명은 이전의 산업혁명과는 본질적으로 다를 것으로 예측한다. 새로운 패러다임은 과학기술의 발전에서 온다. 그래서 기업이나 개인이나 늘 기술의 변화를 감지하고 이에 따른 준비를 해야 한다.

이후 인터넷과 컴퓨터를 기반으로 하는 정보화 혁명 그리고 지금은 인공지능 시대로 오면서는 과거에는 상상조차 할 수 없었던 수많은 변화가 예상된다. 일자리의 양상이 다르다. 많은 종류의 직업이 생겨나지만 소수의 전문가 필요 할 것이다. 잘 정의되고 반복되어 데이터가 축적되는 문제는 인공지능이 전부 풀어 낼 것이다. 복잡한 사고가 필요하고 매번 새롭게 정의되는 문제, 창의성을 필요로 하는 문제만 인간의 몫으로 남아 있을 것이다

이러한 상황이 최종적으로 '인재의 조건'을 변화시키고 있다는 점에 주목해야 한다. 이제 기업은 많은 인력을 채용할 여유가 없다. 기업 입장에서는 당장 활용 가능한 소수의 실무능력을 갖춘 인재를 찾고 있다. 이는 제조업뿐만 아니고 금융이나 서비스분야도 해당 된다. 따라서 사회로 진출을 해야 하는 대학생들은 이런 변화의 발전에 맞춰서 스스로의 역량을 쌓아 나아가야만 한다. 이를 위해서 가장 중요하게 염두에 두어야할 것은 바로 '이론이 아닌 성과중심의 역량'이라는 점이다.

최근 기업 채용 체제도 변화의 조짐을 보인다. 현대자동차그룹이 정기 공채를 없애고 수시 채용 중심으로 바꾸었다. 이는 시사하는 바가 매우 크다. 10대 그룹 중에선 처음이고 다른 대기업도 비슷할 것으로 예상된다. 기업 입장에선 대규모 공채를 통해 신입사원을 뽑아 교육 시키는 것보다는 당장 현업에 투입할 수 있는 사람을 뽑겠다는 의미이다.

기업은 당장 활용 가능한 실무능력을 갖춘 인재를 찾고 있다. 이는 제조업뿐만 아니고 금융이나 서비스분야도 해당 된다. 대학이 실무교육을 강화해야 하는 이유 이다. 이제 기업은 이미 대학에서 충분한 경험을 갖춘 인재를 원한다.

이제 기업은 많은 인력을 채용할 여유가 없다. 기업 입장에서는 당장 활용 가능한 소수의 실무능력을 갖춘 인재를 찾고 있다. 이는 제조업 뿐만 아니고 금융이나 서비스분야도 해당된다. 따라서 사회로 진출을 해야 하는 대학생들은 이런 변화의 발전에 맞춰서 스스로의 역량을 쌓아 나아가야만 한다. 이

를 위해서 가장 중요하게 염두에 두어야할 것은 바로 '이론이 아닌 성과중심의 역량'이라는 점이다. 학교는 이론 중심이다. 지식을 중요시 한다. 교과목을 통해서 교육이 진행 된다. 또한 다루는 내용은 제한된 범위를 크게 벗어나지 않는다.

그러다 보니 학생들이 받는 좋은 학점(성적)은 얼마나 주어진 문제를 많이 풀어 보았는지에 의해서 결정된다. 그러나 직장은 성과중심이다. 지식을 가지고 실천을 통해서 결과를 만들어 내어야 한다. 지식은 성과를 내기 위한 많은 조건들 중의 하나인 셈이다. 주어진 문제의 형태도 다양 하므로 이를 해결하기 위해서 개인의 능력뿐만 아니라 타인의 도움도 얻어야 하고 끈기 있게 추진하는 노력도 필요하다.

따라서 지식 이외에 창의성, 추진력, 소통능력, 성실성, 타인과의 협력 등이 매우 중요한 요소가 된다. 기업은 "얼마나 많이 알고 있느냐?" 보다 "알고 있는 것을 어떻게 잘 활용해서 성과를 내는가?"가 매우 중요하기 때문 이다. '아는 것이 힘이다' 보다는 '구슬이 서 말이라도 꿰어야 보배' 라는 말이 맞을 것 이다. 즉, 실천적 능력이 매우 중요하다

기업은 어려운 환경에서 생존을 위해서 늘 전쟁을 치르고 있다. 새로운 제품과 기술개발을 통해서 세계의 많은 기업과 경쟁을 해야 한다. 이러한 환경에서 기업에서 찾는 인재는 바로 일을 잘 할 수 있는 인재이다. 이론뿐만 아니고 실무가 강해야 한다.

05
AI시대,
사람중심의 스마트 시티를 만든다

김용석 경기 송탄고등학교 교사

 인류 역사는 곧 도시의 역사이다. 도시는 영어로 City, 불어로 cité 를 일컫는 단어이며 라틴어 Civitas에서 유래되었다. Civitas는 한정된 공간에 모여서 사는 사람들이 각자 책임과 의무, 권리를 갖고 공동체를 형성하는 형태를 의미한다.
 아테네는 전세계 도시 중 가장 오래된 도시 중 하나이다. 아테네 아크로폴리스에 있는 파르테논 신전은 종교와 방위의 기능을 갖는 도시의 상징적 구조물이었으며, 그 주변에는 '아고라'라는 광장이 있어 이곳에서 아테네 시민은 이야기를 나누고, 회의를 하고, 재판을 했다. 물건을 사고파는 것도 이곳에서 이뤄졌다.
 18세기 후반 산업혁명 이후에는 자원이 풍부한 지역을 중심으로 공업 도시가 발달했다. 공장이 위치한 지역은 일자리를 찾아 많은 인구가 유입되었고 그 주변에는 철도와 도로, 노동자들의 대규모 거주지역이 만들어졌다.

그렇지만 공업뿐만 아니라 서비스, 금융, 문화 등 다양한 기능을 종합적으로 수행하는 도시로 발전 되고 인구의 집중화 현상이 급속이 진행 되면서, 이에 따른 환경, 교통, 범죄 등 도시의 다양한 문제들이 계속해서 증가하고 있으며, 이를 해결하기 위한 대안으로 스마트 시티가 대두되고 있다.

스마트 시티의 개념은 아직 명확히 정의되어 있지 않다. 일반적으로 스마트시티는 도시에 IoT(사물인터넷), AI(인공지능), 빅데이터(Bigdata) 등의 기술을 접목하여 각종 도시문제를 해결하고 삶의 질을 개선할 수 있는 도시를 말한다. 스마트시티는 IoT 응용의 하나이지만 스마트홈과 자율주행 자동차를 포함하는 매우 큰 범위를 차지 한다. 개인과개인은 물론 가정과 가정, 사람과 도시 전체가 연결된 확장판이다. 사물의 범위가 도시 이므로 매우 포괄적이다. 개별 가정과 도로, 환경, 도시 안전 등 모든 도시 인프라를 통신 네트워크로 연결한다.

도시 곳곳에 설치된 센서를 통해 수집한 데이터를 클라우드로 모아 분석한 결과를 바탕으로 각종 서비스를 제공하는 일이다. 그렇게 되면 센싱 데이터기반의 도시 지능형 서비스가 가능해진다. 즉, 도시 전체를 똑똑하게 만드는 것이다

스마트시티가 AI를 어떻게 활용하고 있는지 보여주는 좋은 사례는 영상 데이터를 활용한 감시 영역이다. 기존 도시들은 대부분 폐쇄회로 TV(CCTV) 시스템을 보유하고 있으므로, 영상을 검색할 수 있는 클라우드 기반 AI 시스템을 점점 더 많이 채택할 수 있다. 주요시설물 방범 · 관리 모니터링, 도로 · 교통 위험상황 모니터링, 차량운행 · 관리 모니터링이 이에

해당 된다.

영상 데이터를 활용한 감시 영역에서는, 보다 빠르고 보다 정확하게 상황을 판단하는 것이 매우 중요하다.보다 정확한 상황 판단을 위해열화된 이미지를 선명하게 개선하는 전처리(Pre Processing) 기술, 전경과 배경을 분리하고 객체를 인식하는 기술, 인식된 객체의 이동(궤적)을 추적하는 기술 등이 연구되고 있다..

아파트 단지에 들어서는 차량의 번호판을 인식하여 어떤 차량이, 언제, 출입하였는지를 조회할 수 있다. 인적이 드문 아파트단지 뒷편 또는 외곽지역에가상으로 경계선을 긋고 누군가 접근할 경우 경보가 울린다. 또한 사람이 갑자기 쓰러졌을 때 이를 감지하고 경비요원이 출동하고, 112, 119 신고도 신속하게 이루어진다. 쓰레기를 무단투기 하거나, 조형물 등 특정물품의 도난을 감지하고, 화재를 자동으로 감지하여 알려준다.

도로·교통 위험상황 모니터링은 도로 곳곳에 설치된 지능형 CCTV를 활용하여 위험상황을 감지한다. 영상분석을 통해 사람을 구별하는 방법을 응용하여횡단보도에서의 보행자를 감지하고, 일반도로에서의 무단횡단을 감지한다.

스마트시티는 스마트홈 411과 자율주행 자동차를 포함하는 넓은 응용범위를 차지 하고 있다. 기술적인 면에서는 IoT, AI, 통신 네트웍등 다양한 기술의 최적화된 결합을 요구한다. 응용범위는 넓고 기술은 다양하다는 것이 특징이다. 그렇다면,스마트시티는 어떤 방향으로 추진해야 할까.

정부가 2000년대 초에 추진했던 유비쿼터스시티(Ubiquitous City)의 실패 이유는 지나치게 기술 중심으로 접근했다는 지적이 많다. 스마트시티 개발은 사람을중심에 두어야 한다. 기술은 수단이다. 기술이 사람에게 어떤 의미가 있으며, 어떤 영향을 미치는 지를 고민해야 한다. 궁극적으로 도시가 해야 할 일은 도시 안에 사는 사람들의 행복과 삶의 질을 높이는 일이다.

AI기술은 도시를 더 똑똑하게 만들 수 있다. 도시에 사는 사람들의 행동을 데이터화하고, 그 데이터를 AI가 분석해서 그들에게 실제 필요한 맞춤형 예측 서비스를 통해서 개인 삶의 질을 높일 수 있어야 한다. 예를 들면 AI헬스케어와 접목해서 노인, 환자를 실시간 모니터링해서 응급상황에서 원격진료를 할 수 있다.

논어에 '수기안인'(修己安人)이라는 말이 나온다. 공자는 군자를 일컬어 '자신을 갈고 닦아서 남을 편안하게 하는 사람' 이라고 했다. 군자의 마음으로 기술을 바라 보아야 하지 않을까 한다. 사람을 편안하게 하고 행복을 위한 기술이야 말로 많은 사람들의 마음을 사로 잡을 것 이다.

사람을 이해 하고, 사람의 행복을 위한 서비스를 발굴해야 한다.스마트시티의 최종 목적은 사람들을 편리하고 안전한 삶을 누릴 수 있는 행복한 도시여야 한다.

김용석 성균관대 정보통신대학 전자전기공학부 교수, AI·IoT사업화 지원센터장, 성대신문 논설위원으로 있다. 삼성전자에서 연구임원으로 10년을 지냈고, 삼성스마트폰 갤럭시 성공의 초석을 다졌다.

06
AI시대
미래 교육과 교원의 역할

공일영 경기 송탄고등학교 교사

　AI(Artificial Intelligence, 인공지능)은 인간의 학습 능력이나 추론 능력, 지각 능력 등을 컴퓨터 프로그램으로 실현한 기술을 말한다. 2016년 알파고(AlphaGo)와 이세돌 기사의 바둑 대국은 전세계에 인공지능에 대한 놀라움과 두려움을 안겼다. 사고하고 행동하는 것은 인간만이 지닌 특별한 고유 능력으로 여겨지던 것이 기계학습(Machine Learning)이라는 방법으로 컴퓨터가 스스로 지능을 갖게 된 것이다. 소리와 이미지를 통해 기계가 학습하게 만드는 딥러닝(Deep Learning)이 영상이나 음성을 인식하고 번역을 하는 등 다양한 분야에 적용되고 특별한 산출물들이 속속 만들어지고 있다.
　교육 현장에서도 AI 열풍이 불고 있다. '미래 교육'이라는 키워드에 항상 따라붙는 수식어가 되었고 교육 현장에서 시행되는 각종 정책 사업에 AI라는 용어가 함께하고 있다. 유수의 글로벌 기업들 또한 AI를 활용한 다양한 서비스들을 개발하여 제공하고 있다. 또한 인공지능은 사물인터넷(Internet of Things)과 결합하여 무궁무진한 발전 가능성과 빠른 속도의 진화를 보여주고 있다.

그렇다면 AI 시대의 교육 현장은 어떠한가?

한 때 우스갯소리로 19세기 교실에서 20세기 교사가 21세기 학생들을 가르치고 있다고 비판받았다. 그만큼 교육 현장의 변화 속도는 사회의 변화 속도를 따라가지 못하고 있다. 최근에는 학교 공간재구성이라든지 COVID-19로 인한 온라인 비대면 수업의 진행 등 활발한 변화의 움직임을 보이고 있다는 것이 위안이 된다.

교육을 이야기할 때 중요한 것이 무엇인지는 정의내리는 사람마다 다를 것이다. 과거의 지식 전달자의 교사의 역할을 아직도 강조하는 사람도 있고, 학생들의 학습을 돕고 지원해주는 조력자로서의 교사의 역할을 강조하는 사람도 있다. 최근에는 개인이나 집단의 문제 해결력을 키워주고 조절함으로써 조직의 문제와 비전에 대한 자신의 해결책을 개인이나 집단으로 하여금 개발할 수 있도록 자극하고 돕거나, 중재 및 조정 역할을 담당하는 퍼실리테이터(Facilitator)의 모습을 강조하는 의견도 있다. 이는 미래 사회를 준비하기 위해 변화되고 있는 교사의 역할을 의미하는 것으로 교육 현장의 구성원들에게 생각해 볼 주제인 것은 분명하다.

나는 어떤 교원으로 기억될 것인가?

이 질문을 던져보면 급변하는 환경 속에서 미래 교육을 위해 교사가 해야 할 일들이 정리될 것이다. 그렇다면 미래 사회를 살아가기 위해 학생들에게 필요한 것이 무엇이며 교사는 그것을 어떻게 제공해 줄 것인가?

미래 교육과 함께 대두되기 시작한 것이 미래 핵심 역량으로 협력, 의사소통, 콘텐츠, 비판적 사고, 창의적 혁신, 자신감을 이야기한다.

협력(Collaboration)은 모든 역량의 기초가 되며 가장 핵심적인 능력으로 팀워크 등을 말할 수 있다. 의사소통(Communication)은 협력을 촉진시키는 동시에 협력을 기반으로 만들어 진다. 콘텐츠(Contents)는 지식 습득과 관련된 것으로 학습에 대한 순발력과 창의적 사고로 더 깊이 생각하는 능력을 통해 생성된다. 비판적 사고(Critical Thinking)는 사실을 검증하고 자신의 생각을 만드는 것이다. 다양한 정보가 홍수처럼 넘쳐나는 미래에 꼭 필요한 역량이다. 창의적 혁신(Creative Innovation)은 비판적 사고에서 발생하며 현장을 변화시키는 동력이다. 자신감(Confidence)은 의지와 끈기로 자신이 처한 상황을 이겨낼 힘이 되는 것이다.

그렇다면 이런 역량을 키워주기 위해 교사를 포함한 학교 구성원과 교육 관련자들은 무엇을 해야 할 것인가?

첫째, 수평적인 학교 문화의 조성이다.

교사 중심도 학생 중심도 아닌 모두를 위한 학교 문화가 만들어져야 한다. 어느 한쪽을 중심으로 나아가면 다른 한쪽이 소외되며 결국 기울어진 배가 되는 것이다. '사공이 많으면 배가 산으로 간다.'는 말처럼 한쪽으로 기울어진 배는 앞으로 나아가지 못하고 제자리를 맴돌 뿐이다.

둘째, 교사와 학교 구성원 모두 교육과정에 밝아야 한다.

국가수준교육과정에 위배되지 않는 한 학교의 교육과정 자율권을 허용하여 다양하고 창의적인 교육활동이 이루어져야 한다. 그러기 위해서는 교육과정 담당자 몇 명이 아닌 학생과 교사, 학부모를 넘어 지역 사회가 함께 만들어가는 교육과정이 되어야 한다.

셋째, 개인주의 문화를 지양해야 한다.

COVID-19로 인해 교육 현장에서는 각자의 역할에 대하여 불분명한 부분이 민낯으로 드러나 갈등이 빚어졌다. '나'를 위한 교육이 아닌 '우리'를 위한 교육이 이루어져야 한다. 그러기 위해서는 적어도 교육 현안에 있어서는 '나'만 생각하는 개인주의는 버려야 한다.

마지막으로, 교육과 행정의 분리로 교원 업무 경감이 이루어져야 한다.

교육청(교육지원청)의 형태를 보면 교수·학습과 경영지원의 큰 틀로 나뉘어 지는데 아직까지도 확실한 업무 분류가 되지 않아 현장을 혼란스럽게 하고 있다. 교사는 수업을 통해 학생들을 만나고 행정직은 행정업무를 수행하며 교사의 수업 활동을 돕고 교육지원청은 단위 학교가 효과적인 교육활동을 진행할 수 있도록 돕는 역할을 해야 한다. 지나친 행정 업무로 교수-학습 활동이 저해된다면 미래 사회로 나아갈 수 없다.

AI 시대로 인해 교사의 역할이 축소되고 학교가 사라질 것이라는 걱정이 기우였음을 이번 COVID-19 상황에서 확실하게 느꼈을 것이다.

미래 사회에서 학교는 건재할 것이며 교사의 역할 또한 중요할 것이다. 다만 현재의 사고로 미래를 예단하는 것은 피해야 하며 분명한 것은 현재 교원의 역할과는 차이가 있을 것이다. 이를 수용하고 사회의 변화 양상을 익혀 미래를 준비해야 한다.

공일영 경기 송탄고등학교 교사, 한국교원대학교 교육대학원 역사교육 전공 졸업, 청소년역사문화연구소 소장, 한국스마트교육학회 이사, 교육부 디지털교과서 활용교육 선도교사, 엄마아빠사용설명서(부모자녀와의 소통), 미래가 두려운 너에게(청소년자기계발서) 외 3권, 현재, 한국교육신문에 칼럼을 쓰고 있다.

07
AI시대의 문화적 허풍과 미래의 교육

하대청 광주과학기술원 기초교육학부 교수

최근 인공지능과 관련된 책들이 쏟아지고 있다. 기술 자체에 대한 궁금함을 풀어주는 책도 있지만, 상당수는 우리의 두려움을 다루는 책들이다. "인간은 필요 없다", "일자리 없는 미래" 등 선정적인 문구를 광고카피로 삼은 책들은 모두 인공지능으로 인간의 일자리를 사라질지 모른다는 막연한 두려움을 다룬다. 이세돌조차 예상하지 못한 알파고의 승리 이후 똑똑해진 기계들이 우리의 일을 모두 대신할 거라는 이 두려움은 더욱 큰 현실감을 얻었다. 심지어 젊은 부모들이 어린 아이의 미래 일자리를 걱정하며 유망 직업을 검색할 정도가 되었다. 평소 과학기술에 무관심하던 평범한 이들까지 이렇게 기술발전에 두려움을 느끼는 일은 예사롭지 않다.

인공지능이 무엇인지 잘 모르는 보통 사람들도 기술발전으로 미래에 일자리를 잃을까 우려하게 된 데에는 아마존과 구글 등 거대 기술기업들의 실제적인 기술 성취도 한몫했지만, 무엇보다 이 기술의 발전을 추동하는 일종의 문화적 허풍(hype)이 크게 작용했다. 자율주행차, 음성인식, 로봇 등이 이룬 최근 성취에 감탄한 일부 기술선지자, 언론인, 학자들은 인공지능의 능력을 무슨 놀라운 마술처럼 묘사하고 있다. 인간처럼 실수와 오류를 범하지 않고 방대한 정보 속에서 패턴을 찾아낸다며 인공지능을 효율적이고 강력한 것으로 상찬하면 할수록 인간의 능력은 무시되고 인간 존재는 왜소해진다. 급기야 인공지능은 단순한 육체노동을 넘어 변호사, 회계사, 의사 등 전문직 일자리까지 위협하고 종국엔 인간노동을 불필요하게 만들 것이라고 선언하는데 이르렀다.

하지만 인공지능을 개발하는 현장 연구자들의 말을 들어보면, 인공지능에는 그런 '마술'이 없다. 인공지능 로봇이 인간처럼 생각하고 행동한다는 주장은 현장에서는 여전히 꿈같은 얘기이다. 인간의 의사결정을 일부 대신할 수 있어도 여전히 결함이 많고 무엇보다 인공지능 스스로 할 수 있는 게 거의 없다. 현재 가장 많이 사용하는 인공지능 기술인 딥러닝에서는 양질의 빅데이터가 반드시 필요하다. 신뢰할만한 데이터를 최대한 많이 수집해서 인공지능을 훈련시키지 않으면 인공지능은 아무 것도 할 수 없다. 그런데 이 데이터를 수집하고 인공지능을 학습시키는 결정적으로 중요한 작업은 사실 인간이 하고 있다. 동영상, 음성파일, 사진자료 등 각종 데이터를 확보해서 영상 속에 어떤 사물이 있는지, 음성 속에 어떤 단어가 있는지 일일이 레이블을 다는 것은 인간 노동자의 일이다. 사진 속에서 인간 형상을 잘 찾아냈는지, 음성파일에서 고양이라는 단어를 인식했는지 피드백을 주고, 결과가 시원찮으면 알고리즘을 새로 튜닝하는 것 또한 인간의 일이다.

데이터를 다루는 일뿐만 아니다. 인공지능을 하나의 시스템처럼 확장해서 이해하면 인간노동이 불필요해지는 것이 아니라 더 많이 요구된다. 인공지능 제품을 만드는데 필요한 희토류 원소를 채굴하는 것도, 제련하는 것도, 공장에서 인공지능 제품을 조립하는 것도, 다 쓴 제품을 폐기하고 분해해서 쓸 만 한 것들은 재활용하는 것도 모두 인간노동자들이 하고 있다. 인공지능에서 핵심적인 데이터를 저장하는 데이터센터도 인간이 필요하다. 365일 24시간 데이터를 저장하고 있는 서버에서는 열이 많이 발생하기 때문에 이를 식히는 냉각장치가 필수적으로 설치된다. 이 냉각장치를 유지보수하는 것도, 오랜 사용으로 수명이 다한 서버를 주기적으로 교체하는 것도 모두 인간노동자의 몫이다.

인공지능은 더 이상 인간노동자를 필요로 하지 않는다는 주장은 허풍이다. 인공지능의 커튼을 살짝 들어 올리면, 숨어서 인공지능인 것처럼 일하는 수많은 인간 노동자들을 만날 수 있다. 물론 단순반복적이고 규칙적인 작업들은 앞으로 인공지능과 기계들이 대체하겠지만 그건 옛날에도 있었던 변화이고 무엇보다 인간이 하는 일이 어떻게 그런 종류뿐이겠는가? 인공지능을 개발하는 기술기업의 입장에선 인간노동이 필요 없게 되었다고 말하는 것이 이로울 수 있다. 인간 노동력을 덜 쓰고 싶고 쓰더라도 제 값을 주지 않으려는 것이 자본의 속성이기 때문이다. 게다가 인간이 필요 없는 기술을 개발한다는 소식은 주가에도 호재이고, 노동자를 해고할 때도 인공지능의 발전으로 더 이상 인간 노동자가 필요하지 않게 되었다고 말하면 반발도 작다.

2018년에 통계청이 가사노동의 경제적 가치를 계산해 발표한 적이 있다. 돌봄과 가사노동 없이는 경제가 굴러갈 수도 없는데도, 우리는 그동안 이 노동을 일로 여기지 않고 대가를 지불할 생각조차 하지 않았다. 마찬가지로 인간노동 없이는 인공지능이 아무 일도 할 수 없는데도 우리는 인간노동의 가치를 인정하는데 너무 인색하다. 무엇보다 기술혁신의 숱한 허풍에 휩쓸리지 않고 인간노동의 가치를 이해하고 지켜내려는 노력이 필요하다.

특히 교육의 역할이 중요하다. 인공지능이 인간의 일자리를 위협한다는 전망이 나오면서 교육전문가들이 여러 조언을 내놓고 있다. 앞으로 생겨날 직업을 예측하기도 하고, 인공지능이 대체하지 못할 창의성을 교육해야 한다며 컴퓨터 코딩 교육을 강조하기도 한다. 창의성 교육을 반대할 이유는 전혀 없지만, 이들이 내놓는 창의성 개념은 좀 검토해 볼 필요가 있다. 목표가 분명하고 방대한 데이터가 있을 때 최적화된 해법을 찾는 일은 인공지능이 탁월하다. 알파고가 잘 보여주었듯이 인간이 생각해본 적이 없는 바둑의 묘수(妙手)를 찾아낸다. 이런 종류의 창의성은 인공지능에게 맡기고 인간은 인간에 맞는 창의성을 개발해야 한다. 데이터가 없는 상황에서 추론하는 일, 예상하지 못한 돌발상황에 대처하는 일, 논리를 넘어선 맥락을 이해하는 일, 상대방의 감정을 세심하게 읽고 반응하는 일 등은 우리가 창의적이라고 잘 부르지 않지만, 인간만이 할 수 있는 능력이다. 이런 능력을 개발하는 것은 결코 코딩교육에서 나오지 않는다. 인간 노동의 가치를 폄하하는 문화에서도 가능하지 않다. 인간이 가진 능력과 인간 노동의 가치를 제대로 인정하도록 만드는 것이 미래를 준비하는 교육이 가장 먼저 해야 할 일인 것이다.

하대청 광주과학기술원 교수, 과학기술학전공, 이학박사 한국과학기술학회 연구이사 등
『생명정치사회과학』, 『포스트휴먼시대의 휴먼』 『제4차 산업혁명과 새로운 사회윤리』공저 외 다수가 있다.

08
AI 시대
최고의 교육은 독서

한기온 교육학박사, 교육타임스 논설위원

    독서는 역경과 시련 앞에 힘을 주고 윤리적인 역량을 일깨워 주며, 새로운 영감을 심어주는 정신적 에너지이다. 또한 독서는 변화를 수용하고 사유의 세계를 깨어있는 의식으로 일으켜 세우는 힘이 있다. 그래서 인공지능 시대에 대비하는 최고의 교육은 바로 독서이다.

    현대는 인공지능(AI) 시대이다. 인간이 할 수 있는 일거리의 많은 부분을 인공지능이 맡아서 하는 시대가 되었다. 인공지능의 개발은 일부 정신영역에 까지 침범해 인간을 더욱 삭막하게 만들어 간다. 시대는 분명 변화하고 있다. 변화하지 않고는 살아남을 수 없는 시대이다. 변화는 지금까지의 안락함을 모두 버려야 하므로, 사람은 그 자체를 원치 않고 받아들이기를 거부한다. 하지만 어쩔 수 없이 찾아오는 변화의 물결을 받아들일 수밖에 없다.

이와 같은 변화의 시대에 비대면 대화, 사물인터넷, 스마트폰, 자동차 자율주행, 로봇 및 기타 기술 혁신을 통해 현장 근무를 하지 않고도 업무를 수행할 수 있게 되었다. 그래서 조만간에 아침 출근할 때 기사 없는 택시를 타고, 요리사 없는 식당에서 점심을 먹고, 퇴근 후 심판이 없는 경기장에서 스포츠 경기를 관람하는 것이 일상의 모습이 될 것이다.

이러한 기술들을 인공지능이 대신하고 있다. 그리하여 업무를 끝마치고 개인 생활을 할 수 있도록 업무와 개인 생활을 분담하여, 일과 삶의 균형이라는 측면에서 인공지능의 역할이 시대적으로 급부상했다. 그러나 인공지능 대체로 인한 문제점도 고민해야 하며, 필요한 정책이나 전략 등을 미리 연구해야 한다. 특히 인공지능이 담당할 수 없는 영적이고 윤리적인 문제가 그것이다.

그런 문제에도 인공지능의 개발은 계속되고 있다. 설계자가 입력한 빅데이터를 비지도형 자율신경망 학습으로 종합판단까지 한다고 한다. 그러나 윤리적인 판단에는 여전히 한계성과 문제점이 생기게 될 수밖에 없다. 그 사례로 최근 채팅로봇(이루다)을 개발하여 실행한 결과 성적 대상화, 인권 문제, 인종차별, 양성 대결 등 심각한 윤리 문제가 대두되었다는 것은 잘 알려진 사실이다.

그래서 인공지능 기술에서는 미리 윤리적 의식교육을 철저히 하지 못하는 실수를 반복해서는 안 될 것이다. 인공지능의 문제점은 인터넷 문화 지체현상이 불러온 사고와 범죄보다는 몇 배로 강력하고, 무서운 사건과 사고들을 일으킬 수 있는 재앙이 예상되는 것이다. 특히 인공지능의 한계인 윤리적 문제가 더욱 그러하다.

예컨대 인공지능으로 자율주행이 가능해진 자동차가 사고의 위기에서 탑

승자를 우선해서 최소화할 것인지, 보행자를 우선하여 사고위험을 줄일 것인지 판단해야 한다. 자율주행 자동차가 사고가 났을 때 인공지능은 가장 손해가 적게 나는 방법을 택할지 모르나, 인간은 보행자가 어린이이거나 위급한 임무를 수행하는 사람이든지, 탑승자가 심각한 질병이 있거나 장애인이든지, 응급 상황 등의 사고를 윤리적으로 판단할 것이다.

그러나 인공지능을 탑재한 군사로봇은 윤리적인 고민 없이 설계한 대로 인간을 살해할 것이다. 군사력 때문에 어쩔 수 없이 군사로봇을 개발해야 한다고 하지만, 전쟁이라는 특수한 상황 속에서 살인이 발생하더라도 인간이 가지고 있는 생명의 존엄성을 깊이 이해하거나 공감하지 못하고, 어떠한 책임 의식이나 윤리적 거리낌도 없이 스스로 알아서 사람을 죽일 수 있는 군사로봇이 될 것이다.

이처럼 인공지능이 윤리적인 판단을 어떻게 할 것인가는 매우 중요한 문제이다. 윤리적인 판단을 과학의 잣대로 이미 이루어진 윤리관을 인공지능에 심는다는 것은 처음 시작부터 바라보는 관점에 한계가 존재한다. 즉 인공지능이 자체적으로 무궁한 상상력과 확산적 사고력, 그리고 뜨거운 가슴으로 윤리적인 판단을 하는 것은 아직은 절대적으로 미흡하다.

그렇다면 인공지능의 미흡한 점을 교육할 대안은 무엇인가. 그 유일한 답은 독서이다. 왜냐하면 독서를 통해서 사물의 이치를 깨닫고, 인간이 인간답게 사는 윤리관이 무엇인가를 배우게 되기 때문이다. 그래서 인공지능 시대에 윤리 교육으로써 독서가 매우 중요하다. 독서는 인간의 존재와 본질, 생활의 문화와 윤리, 사물과 우주의 질서 등에 관한 폭넓은 지식을 준다. 즉 독서를 통하여 인간적이고 윤리적인 판단력 등을 갖게 된다.

아울러 독서는 뇌를 성장시키고 생각하는 능력을 키워준다. 독서의 주된 가치는 단순히 다양한 지식과 정보를 얻기 위한 것도 있지만 사색과 윤리적 자기성찰에 있다. 책을 읽으면서 독자는 저자와 대화하고 토론하며, 충돌하거나 동의하며 자신의 사고를 확장해 나간다. 그리고 자기 자신을 성찰하여 윤리적으로 더 나은 자신을 만들기 위해 노력한다. 이것이 바로 독서의 참된 가치이다.

또한 독서는 과학적으로 볼 때 뇌를 성장시키는 최고의 훈련이다. 뇌는 책을 읽을 때 문자를 해석하는 작업을 하고, 그 해석된 정보를 종합해서 사고하는 작업을 하게 한다. 그리고 그것들을 기억하려는 작업도 한다. 예를 들어 '반지의 제왕'을 책으로 읽는 것과 영화로 보는 것을 비교해 보자. 먼저 영화로 볼 때 뇌를 화면에 보이는 화려한 장면에 빠져들고 이야기의 줄거리를 이해하기 위해 노력할 것이다.

하지만 책으로 읽을 때 뇌는 문자를 해석하고 복기도 할 수 있으며, 그 문장을 종합해 장면들을 상상한다. 머릿속에서 전투 장면들을 그려야 하고, 높은 성들의 모습도 상상으로 그려내야 한다. 독서를 통한 뇌는 심지어 바다가 나오는 장면에서는 바다 냄새를, 피 튀기는 전투 장면에서는 피 냄새까지도 상상하며 윤리적으로 올바르게 판단하려고 한다. 이러한 작업을 하기 위해서 뇌는 거의 모든 부분이 활성화되며 성장한다.

그런데도 윤리적 판단력을 키워주는 독서를 등한시한다면 고등지식의 창출이나 윤리적인 인재를 육성한다는 것은 요연한 일일 것이다. 최근 일부 청소년들이 윤리와 사고력이 메말라 사유하지 않는 행동을 서슴지 않는 경향이 있다. 이것은 윤리적 행동과 사고력이 부족하다는 의미이다. 그래서 인간 중심의 윤리와 사고력 교육이 절실한 시대이다. 이러한 윤리적인 덕목은 학생들에게 필요한 역량이며 독서를 통하여 육성될 수 있다. 그러므로 독서는 인공지능 시대의 교육으로써 그 필요성이 강조되어야 하는 이유이다.

한편 역사의 위인들은 한결같이 독서를 통해서 역경을 극복하고 시련을 이겨내는 힘을 가졌다. 중국의 사마천은 궁형을 당하는 수모를 당했지만, 항상 올바른 윤리관을 갖고 책 읽기를 게을리하지 말라는 아버지 유언을 지키기 위해 온갖 시련과 역경을 딛고, 중국 역사상 최고를 자랑하는 '사기'를 집필하였다. 소설가 박경리도 어렵고 힘들 때는 항상 책을 읽고, 중국의 사마천을 생각하면서 흔들리는 마음을 바로잡고, 윤리적인 생활을 하며 시련을 극복하였다고 한다. 또한 링컨도 노예해방을 결정하게 된 동기는 스토우 부인이 쓴 '톰 아저씨의 오두막'을 감명 깊게 읽고 윤리적인 영감을 받아 새로운 역사를 쓰게 되었다고 한다.

결론적으로 독서는 역경과 시련 앞에 힘을 주고 윤리적인 역량을 일깨워 주며, 새로운 영감을 심어주는 정신적 에너지이다. 또한 독서는 변화를 수용하고 사유의 세계를 깨어있는 의식을 일으켜 세우는 힘이 있다. 그래서 독서의 힘은 위대하다. 이렇듯 인공지능 시대에 대비하는 최고의 교육은 바로 독서다.

한기온 수필가, 교육타임스 논설위원, 미국 USSA대학원 교육학 박사, 월간 시사문단 수필로 등단, 서울대학교 교육행정지도자과정 수료, 전 충남대학교 겸임교수, 전 교육부 교육과정심의회 심의위원, 현 교육타임즈 논설위원, 교육컬럼리스트, 수필가, 논문 중등 학교장 핵심역량 연구 외 다수, 저서 교육연구 방법의 실제 외 7권, 상훈 대한민국 녹조근정훈장, 대통령 표창 수상 등

09
제4차 산업혁명시대에 바람직한 미래 인재상

박은종 공주대학교 겸임교수

　글로벌 지구촌 시대, 21세기 제4차 산업혁명시대는 우리 사회를 움직이는 핵심 키워드(Key word)다. 본래 제4차 산업혁명은 독일의 기술혁신을 통한 제조업 혁신전략이자 산업혁신전략인 '산업 4.0'에서 비롯됐다. 한국에서는 2016년 3월 '이세돌 9단'과 인공지능 '알파고'의 바둑 대국을 계기로 제4차 산업혁명시대가 대중적으로 체감되기 시작했다. 이제는 제4차 산업혁명시대 · 인공지능(AI)과 미래 교육은 지구촌 교육의 최대 화두가 되었다.
　제4차 산업혁명시대의 '미래 사회'를 이끌고 있는 것은 곧 새로운 '미래 교육'이다. 일반적으로 학교의 교육은 교육과정(Curriculum)으로 학교 현장에 구현된다. 현행 2015 개정 교육과정의 미래 인재상은 '창의융합형 인재'다. 창의융합형 인재는 제4차 산업혁명 시대 한국 교육이 지향하고 육성하고자 하는 인재상이다.

일반적으로 창의융합형 인재란 '인문학적 상상력과 과학기술 창조력을 갖추고 바른 인성을 겸비하여 새로운 지식을 창조하고, 나아가 다양한 지식을 융합하여 새로운 가치를 창출할 수 있는 사람'이다. 이를 구현하기 위한 핵심 역량으로 창의적 사고 역량, 자기관리 역량, 지식정보처리 역량, 심미적 감성역량, 의사소통 역량, 공동체 역량 등 미래 역량 여섯 가지를 들고 있다.

첫째, 창의적 사고 역량은 다양한 경험을 융합적으로 활용해 새로운 것을 창출하는 능력이다. 중요한 것은 새로운 것을 창출하기 위해서는 다양한 경험을 하는 것과 기초 지식이 선행되어야 한다는 것이다. 창의적 사고 역량이 있어야 융복합적 활용이 가능한 것이다.

둘째, 자기관리 역량은 자기 주도적으로 살아갈 수 있는 능력이다. 자기관리 역량의 함양을 위해서는 먼저 자아정체성을 형성해야 하고, 자기 스스로에게 끊임없이 질문하고 생각하는 과정이 필요하다.

셋째, 지식 정보 처리 역량은 합리적 문제 해결을 위한 지식 정보 처리 능력이다. 복잡다단한 여러 가지 문제를 합리적으로 해결하기 위해서는 논리적·비판적 사고력이 수반돼야 한다.

넷째, 심미적 감성 역량은 공감, 감수성을 바탕으로 삶의 의미와 가치를 발견하고 향유할 수 있는 능력이다. 특별히 심미적 감성 역량은 인공지능과 구별되는 인간만이 가질 수 있는 능력이다. 그래서 미래사회에서 주역인 미래 인재들에게 아주 중요한 역량이다.

다섯째, 의사소통 역량은 자신의 생각을 잘 표현하고 타인의 의견을 경청·존중하는 능력이다. 의사소통 역량은 역지사지(易地思之)의 마음을 가지고 갈등 상황에서 문제를 해결하는 능력이다. 숲과 나무를 함께 보는 혜안

(慧眼)을 갖고 문제를 해결하는 능력이기도 하다.

여섯째, 공동체 역량은 지역, 국가, 세계 등 공동체 발전에 적극 참여하는 능력이다. 공동체 역량은 함께 일하는 구성원들과 소통하며 역할분담을 할 수 있는 능력이다. 미래의 인재상은 개인이 넘어 공동체를 위해 긍정적인 상호 의존성으로 협업과 집단지성을 발휘하는 사람이다. 무릇 미래 인재는 천상천하유아독존이 아니라 더불어 사는 동행의 기쁨을 함께 나누는 사람(꿈동이)이다.

이와 같은 제4차 산업혁명시대 미래 인재상을 구현하기 위한 중요한 핵심 열쇠가 '사고(思考)'와 '독서(讀書)'다. 사고는 막연한 생각이 아니라, 문제를 해결하기 위한 사려이자 숙고이고 성찰이다. 독서는 자고로 지식과 기능, 가치·태도 등을 함양하는 활동이다. 사고와 독서를 통해서 미래 역량을 함양하는 것이 곧 바람직한 미래 인재상을 구현하는 지름길이다.

제4차 산업혁명시대 미래 인재는 '생각하는 힘'과 '더불어 사는 삶'의 역량을 가진 사람이다. '생각하는 힘'과 '더불어 사는 삶'의 역량 함양은 이 시대 모든 교육의 핵심 목표이자 지향점이다.

일반적으로 지금까지의 교육도 지식의 함양, 창의성 신장, 협동심 배양 등에 관심을 기울여 왔다. 하지만, 과거의 교육에서는 지식을 암기·주입하는 데 초점을 맞추는데 그쳤다. 창의성도 무조건 새로운 것만 추종했고, 협동심도 체계적인 집단지성과 협업이 결여돼 있었다.

제4차 산업혁명시대를 맞아 무한한 시공을 초월한 미래 사회를 주도하기 위해서는 이와 같은 과거식의 지식 암기, 정태적인 창의성·협동심 발휘만으로는 역부족이다. 미래 인재는 인공지능(AI) 시대를 맞아 암기하는 지식이 아니라 활용하는 지식이 중요해졌다. 네이버와 구글 등에서 검색한 지식을 그대로 활용하는 것이 아니라, 인공지능(AI)에 터한 지능·지식을 적절·적정하게 활용하는 능력이 중요하게 됐다.

또한, 인간과 동물을 구별 짓는 유일한 능력인 창의력도 무조건 새로운 것을 추종하기보다는 인간이 인간답게 사는 방법 탐구에 터한 차별화된 깊은 사고와 탐색 속에 도출된 창의력이 있어야 한다. 협동심 역시 과거의 사람들 사이에 협동에다가 동시에 미래 사회에서는 기계와 인간의 협동도 아주 중요해질 것이다. 인간과 인공지능(AI) 기계와의 팀워크가 중요하기 때문에 기계의 특성을 이해하고 인간과 기계 간 특성의 조화에 따른 활동이 중요해질 것이다. 제4차 산업혁명시대의 교육은 정답을 찍는 교육이 아니라 무한한 질문과 토의·토론이 중심이 돼야 한다.

제4차 산업혁명시대, 인공지능(AI) 시대를 맞아 변화 속도가 빨라지면서 미래를 이끌어갈 인간상도 변화하고 있다. 현재의 이상적인 인간상이 모범생·매뉴얼적 인간형이라면 미래의 이상적인 인간상은 산책가·모험가·유목민·하이브리드(hybrid) 인간형으로 전환될 것이다. 물론 이와 같은 제4차 산업혁명시대의 미래상은 스마트한 미래 교육이 주도적으로 담당해야 한다.

이제 제4차 산업혁명시대를 맞아 교육의 변혁은 거역할 수 없는 도도하고도 거대한 물결이다. 이 시대 교육이 시대정신인 미래, 희망, 행복, 공감, 소통 등을 보듬어 가는 교육이 미래 인재를 육성하는 본령이다. 환언하면 자신의 꿈·끼를 찾아 성장하는 즐겁고 행복한 학교가 이상적인 제4차 산업혁명시대의 미래학교이다.

모름지기 제4차 산업혁명시대를 맞아 학교가 학생들의 꿈과 재능을 활짝 꽃피울 수 있는 행복한 배움터가 되고, 미래 희망의 보금자리가 돼야 한다.

즉 제4차 산업혁명시대의 학교는 기초·기본으로 돌아가 오롯이 바로 선 반석(盤石) 위에서 꿈·행복·미래를 열어가는 참된 교육을 지향해야 한다. 그 보금자리 속에서 미래 인재인 학생들이 희망과 행복으로 미래 꿈·끼의 나래를 마음껏 펼치도록 지원하는 것이 제4차 산업혁명시대 바람직한 미래 인재상 구현의 길이다.

10
제4차 산업혁명시대 미래 교육의 방향

박은종 공주대학교 겸임교수

　우리가 지구촌 가족들과 함께 사는 이 시대의 세계사적 흐름(trend)은 인공지능(AI)을 기반으로 한 제4차 산업혁명시대이다. 최근 지구촌 사회에서 인공지능을 중심으로 한 제4차 산업혁명시대 교육이 화두다. 학자들은 이전 제3차 산업혁명까지가 과거라면, 제4차 산업혁명 이후는 미래로 구분하기도 한다. 이제 전 세계적으로 제4차 산업혁명의 역동적 변혁은 거역할 수 없는 시대적 조류(潮流)가 되고 있다. 제4차 산업혁명시대 교육은 '지능, 정보, 기술' 등이 핵심이다.
　일반적으로 교육은 역사적, 시대적으로 선사시대의 자연생태와 직접교육, 고대·중세의 신분제 사회에서의 귀족교육, 근대 사업 사회에서의 모두·다수를 위한 대중교육, 그리고 현대사회의 모두가 서로 가르치고 배우는 만인의 평생교육 등으로 진보·확장돼 왔다.

  모름지기 제4차 산업혁명은 인공지능(AI), 사물 인터넷(IoT), 빅데이터, 모바일 등 첨단 정보통신기술이 경제·사회 전반에 융합돼 혁신적인 변화가 나타나는 차세대 산업혁명이다. 제4차 산업혁명은 지능, 정보, 기술이 연계된 인공 지능(AI), 사물 인터넷(IoT), 클라우드 컴퓨팅, 빅데이터, 모바일 등 지능정보기술이 기존 산업과 서비스에 융합되거나 3D 프린팅, 로봇공학, 생명공학, 나노기술 등 여러 분야의 신기술과 결합돼 실제 세계의 모든 제품·서비스를 네트워크로 연결하고 사물을 지능화한다. 따라서 제4차 산업혁명 시대는 초연결(hyperconnectivity)과 초지능(superintelligence)을 특징으로 하기 때문에 기존 산업혁명에 비해 더 넓은 범위(scope)에 더 빠른 속도(velocity), 다양한 망(網)의 연계성(sequence) 등이 핵심 동력이다.

  인공지능(AI) 교육에서는 현실세계와 가상세계를 융합·연결하고 디지털화·클라우드 빅데이터를 알고리즘에 따라 처리하는 일 그리고 이를 아날로그 세계로 돌려서 맞춤과 예측에 사용할 수 있도록 하는 일이 학교 교육의 새로운 과제다. 인공지능 시대 교육은 인공지능 이해, 설계, 제작, 관리, 활용 등에 터한 창의적 탐구가 중요하다. 인공지능이 주도하는 21세기 교육은 이전보다 더 과학적·공학적 도움을 받게 된다. 인공지능 교육은 과학적 근거를 토대로 진단, 처방, 추수지도 등을 통해서 학력과 교육의 질이 제고될 수 있다.

  제4차 산업혁명시대에는 창의적 사고력과 비판적 사고력, 자기 주도적 문제해결 능력이 사고와 교육의 근본이다. 사람은 누구나 자신만의 지식, 경험, 사고 체계를 가지고 있다. 생각하는 힘과 방법이 사람마다 다른 것이다. 사람들이 언행 즉 말과 행동을 할 때 머릿속에서는 단어, 동작, 시간의 선택

등 많은 판단들이 이루어진다. 이 판단들은 대부분 자신의 지식, 경험, 사고체계에 의해 이루어지는데, 이 체계를 '스키마(schema)'라고 한다. 스키마는 정보를 통합하고 조직화하는 인지적 개념 또는 틀 내지 도식이다. 일반적으로 지식·경험의 전체적인 논리 구조는 스키마, 개별적인 논리 구조는 서브 스키마라고 칭한다.

우리가 인공지능 시대를 살아가면서 간과해선 안 될 것은 지식의 논리 구조인 스키마가 단단해지는 만큼 새로운 지식과 경험 및 사고가 기존 스키마에 접목되기가 어려워진다는 점이다. 즉, 새로운 지식과 정보, 경험을 받아들이기 보다는 기존에 자신이 경험하고 알고 있는 것들 내에서 받아들이는 것이다. 즉, 고착된 지식과 정보, 경험의 위험성이 상존하는 것이다.

일반적으로 사람들은 각자 자신의 스키마에 의존해 주로 소통과 확신을 하다 보니 생긴 불통의 상황이 초래되기도 한다. 스키마에만 의존한 소통의 역기능은 불통만이 아니다. 새로운 정보를 받아들일 때 그 정보가 자신의 스키마 내에 있는 기존 정보 또는 가치체계와 부합하면 비판 없이 받아들이는 것이다. 즉 소통과 불통의 잣대가 기존에 자신이 갖고 있는 정보, 가치체계인 것이다.

1665년 만유인력을 창시한 뉴턴(S. I. Newton)이 자신의 스키마에 의존해 나무에서 떨어지는 사과를 당연히 여기고 의문을 품지 않았더라면 인류 과학문명의 역사는 달라졌을 것이다. 스키마에만 의존하지 않고 질문을 던지는 것, 이것이 창의적 사고력과 비판적 사고력, 그리고 자기 주도적 문제해결력 신장의 시작이다. 왜, 어떻게, 또는 다른 방법 등을 비판하고 규명·탐구하는 것에서 새로운 사고와 발상이 출발하는 것이다.

일반적으로 창의적 사고력, 비판적 사고력, 자기 주도적 문제해결 능력 신장은 인공지능 시대 교육의 지향점이다. 이와 같은 창의적 사고력, 비판적 사고력, 자기 주도적 문제해결력 등이 역사적으로 사회의 가치체계에 적용될 때에는 사회변동과 정치변혁의 전환점이 되기도 했다. 교육이 국가경쟁력이라는 점도 이와 궤(軌)를 같이 한다.

따라서 창의적 사고력, 비판적 사고력, 자기 주도적 문제 해결력 등의 신장을 위해 끊임없는 토론과 질문 등이 필수적이다. 새로운 생각과 도전이 새로운 학습의 길로 유도하는 것이다. 그러한 고급 사고력 신장이 보다 합리적이고 널리 수용될 수 있는 미래 사회를 살아갈 가치체계로 완성되는 것이다.

제4차 산업혁명 시대 인공지능 교육은 '이전에 가지 않은 길을 가는 것'이라는 의식과 실행에서 출발한다. 기존의 '관행과 익숙한 것들과의 이별'이 핵심이다. '소크라테스의 토론, 콜럼버스의 달걀, 뉴턴의 사과나무' 등 현대에서는 보잘 것 없는 사고와 실행이 당시 세상을 뒤흔들고 인류의 삶을 혁신해 역사를 바꾼 것이다. 인공지능 시대 교육에서 학생들의 창의적 사고력, 비판적 사고력, 자기 주도적 문제해결력 등을 신장하기 위해서는 사제동행으로 더욱 더 노력해야 한다. 교원들은 이와 같은 학생들의 새로운 사고와 노력을 지원하고 지식과 경험 및 사고의 체계인 '스키마(schema)'를 구조화하도록 돕는 역할을 해야 한다.

물론 혼돈과 격변의 지구촌 시대인 오늘날, 전 세계적으로 학교 교육이 큰 위기를 맞고 있다. 세계 각국에서 공히 홈스쿨링, 대안교육, 외국유학 등이 꾸준히 증가하고 있다. 학교교육 바로 세우기 운동이 부활돼야 할 시점이다. 일찍이 제도권 교육을 비판한 일리치(Ivan Illich)의 '학교 없는 사회'와 라이머(Everett Reimer)의 '학교는 죽었다'는 지적을 재음미해야 할 시대다. 미래 교육 혁신의 성패를 교원들의 자율적 역할로 제시한 '공교육의 미래' 저자인 콜린스(A.Collins)와 핼버슨(R.Halverson)의 지적도 가슴에 와 닿는다.

분명히 인공지능(AI) 시대의 교육은 기존의 관행적 암기식, 설명식, 강의적, 주입식 교육의 과감한 반성과 탈피에서 출발해야 한다는 지적에 귀를 기울여야 할 것이다. 우리는 역사가 오래된 창의적 사고력, 비판적 사고력, 자기 주도적 문제해결력 등이 그동안 학생들에게 신장·함양되지 않은 이유를 성찰해야 한다. 그 터전 위에서 미래 인재인 학생들이 문명의 혁신을 읽고 새로운 배움을 스스로 주도해 나아가야 한다.

제4차 산업혁명시대 미래 교육은 단순히 인공 지능(AI), 사물 인터넷(IoT), 클라우드 컴퓨팅, 빅데이터, 모바일 등 지능정보기술을 교육에 활용하는 것으로는 부족하다. 이와 같은 지능정보기술을 자기주도적 학습에 터한 다양한 탐구와 적용하는 것이 중요하다. 최근 세계 각국에서 교육과정과 교육정책을 통하여 자라나는 미래 인재들에게 소위 '생각하는 힘'과 '더불어 사는 삶'의 중요성을 핵심 역량 축(軸)으로 강조하고 있는 교육 트렌드(trend)의 행간(行間)과 함의(含意)를 두루 성찰해야 한다. 아울러 미래 교육 전문가인 교원들은 '디지털·그린뉴딜·스마트 교육'의 설계자·실행자이자 테크놀로지 전문가가 되어야 한다.

박은종 공주대학교 겸임교수, 사회학 박사, 한국사회과교육연구회 회장, 각종 교원·공무원·전문직 시험출제위원, 교육부교육정책자문위원, 한국교총교육정책전문위원, 충남교육청 장학사, 교육연구사, 통일교육위원, 민주평통자문위원, 충남대 교육연구소 교육연구관, 국정교과서 편찬위원, 한국교육신문·주간교육신문 논설위원,, 공주교대, 동신대, 성신여대, 청운대, 홍익대, 중앙소방학교 외래교수, 저서 『한국교육의 지평과 미래비전탐구』 외 40여권

제3장
교육의 본질(本質)은 인성이다
-미래사회가 요구하는 인재상을 중심으로-

01
인성은 교육의 씨앗이다.
- 인성 -

진점규 교육타임스 편집장

'교육은 국가발전의 원동력이며 미래를 준비하는 작업이다'라고 한다. 한 개인에게는 일생의 기초가 되고 한 사회는 미래가 된다. 그래서 무엇보다도 그 방향과 기본철학이 중요하다.

한 국가의 흥망성쇠가 교육에 있다고 해도 과언은 아니다. 그만큼 교육은 국민의 정신에 지대한 영향을 주기 때문이다.

일찍이 율곡(栗谷) 이이(李珥)는 '격몽요결(擊蒙要訣)' 에서 '학문을 배우는 목적은 뜻을 세우는 것이다'라고 말했다. 뜻을 세운다는 것은 스스로 큰 인물이 되겠다는 각오를 가져야하는 것이다. 즉 보통사람도 옳은 것을 바로 알고 지난날의 잘못을 버리고 본성을 찾는다면 누구나 성인(聖人)이 될 수 있다고 말했다.

미국의 교육학자 데이먼(Damon)은 오늘날 학교교육이 학생들에게 "왜 교과목을 공부를 해야 하는지?", "장차 어떤 사람이 되고 싶은지?", "또는 내 인생의 의미는 무엇인지?"와 같은 핵심적인 질문에 대한 성찰의 기회를 주지 않고 있다고 비판했다.

오늘날 우리의 학교교육은 어떤 목적과 방향을 지향하고 있는가?

현행 국가교육과정에서 추구하는 인간상은 다음과 같이 총론에 압축되어 있다.

"우리의 교육은 홍익인간의 이념아래 모든 국민으로 하여금 인격을 도야하고 자주적 생활능력과 민주시민으로서의 필요한 자질을 갖게 하여 인간다운 삶을 영위하게하고 민주국가발전과 인류공영의 이상을 실현하는데 이바지함에 그 목적으로 하고 있다." 이처럼 공식적인 국가교육과정 문서에는 분명히 인격도야를 천명하고 있지만, 그동안 우리의 교육현장에서는 학생들의 인격형성이라는 고원(高遠)한 목표보다는 학생들의 학업성취도 점수를 올려야하고, 각종 교육정책의 성과지표를 높이고 이른바 명문학교로 일컬어지는 상급학교의 진학에만 온 힘을 기울여 왔다. 이렇듯 너도나도 교과수업에만 치중해서 열을 올리다보니 '인격도야'라고 하는 고원한 목표는 꿈도 못 꾸는 실정에 이르렀다.

이런 경쟁적인 학교교육의 풍토 속에서 학생들은 무엇을 배우겠는가. 서로가 경쟁의식만 가득한 학교분위기에서 우리학생들은 버릇없는 아이, 무규범의 청소년, 공부의 목적을 잃어버린 학생들로 자라고 있다. 그리고 극단적인 경우에는 자신의 낮은 성적을 비관하거나 왕따에 시달려 자살하기도

하고, 또한 친구를 괴롭히고 폭력을 일삼는 폭력학생이 되어가고 있다. 최근 우리사회의 큰 문제로 등장한 학교폭력은 이런 문제들이 쌓여 폭발한 것이다. 사실 이러한 현상이야말로 학교교육에 닥친 진짜 위기라고해도 과언이 아닐 것이다.

이제라도 학교교육에서 인성교육이 허울 좋은 미사여구로만 쓰이지 말고 교육의 실제에서 진지하게 검토하고 추구해야할 때이다. 그래서 미래사회가 필요로 하는 인재상이 무엇인지 또한 변화의 시대를 준비하는 교육의 새로운 패러다임은 어떻게 대처하고 변해야하는 지를 국가적인 차원에서 힘을 모아야할 때이다.

인성교육은 한마디로 사람의 인성을 길러주는 교육이다. 인성이란 사람과 일을 대하는 태도 행동양식에서 드러나는 개개인의 특성을 말한다. 또한 "개인의 내면을 바르고 건전하게 가꾸고 타인. 공동체. 자연과 더불어 살아가는데 필요한 인간다운 성품과 역량"을 의미한다.

사람은 어떠한 인성을 지녔느냐가 그 사람의 행동을 좌우하고, 습관을 만들며 운명을 결정짓는다. 이에 대해 하버드대 교수이자 유명한 교육가인 윌리엄 제임스는 "인성이라는 씨앗을 심으면 운명을 수확하게 될 것이다"라고 말했다.

1998년 5월 워싱턴대학교에서 세계적인 부호 워런 버핏과 빌 게이츠의 초청강연이 이루어졌다. 350명의 학생들이 세계적인 명사의 강연을 듣는 행운을 누린 가운데 강연이 끝나고 질의응답 시간이 이어졌다. 이때 한 학생이 물었다,

"신보다 더 부자가 된 비결을 알고 싶습니다."

사실 성공이라는 요소에는 여러 가지가 복합적으로 작용한 결과이기 때문에 학생이 던진 질문을 받아드리기에 따라 꽤나 대답하기가 까다로운 법한 질문이다. 그러나 버핏의 대답은 간명했다.

"아주 간단합니다. 비결은 좋은 머리가 아니라 인성입니다."

그러자 빌게이츠가 그의 말을 거들었다.

"저도 버핏의 말에 100퍼센트 동의합니다."

이 세상에는 똑같은 사람은 존재하지 않지만 성공인사들의 면면을 살펴보면 놀랍게도 닮아있다. 그중에서도 특히 인성이 그러하다. 하버드대학교에서는 '하버드인성'이라는 고유명사가 있을 정도로 훌륭한 인성을 강조했는데 여기에는 용감함, 강인함, 겸손함, 관용정신, 성실함, 배움에 대한 열정과 노력 등이 포함되어있다. 이렇듯 좋은 인성을 지닌 사람은 자연스럽게 건강한 정신과 바른 행동자세로 일상생활은 물론 학업이나 일에서도 좀 더 수월하게 성과를 거둘 수 있고 나아가 더 나은 자아를 만들 수 있다. 그래서 그들은 어떠한 역경과 시련 속에서도 굴하지 않고 내면이 준 자신의 힘을 믿고 꿋꿋하게 앞으로 걸어가는 자들이다.

요즘 우리사회는 제4차 산업혁명시대를 맞이하여 급속도로 변해가고 있다. 미래사회는 우리가 상상할 수 없을 만큼 변화의 시대가 되래할 것이라고 많은 학자들은 말하고 있다. 인공지능시대(AI) 인간은 많은 일자리를 AI에게 빼앗기고 인간의 사고의 영역까지도 침범해서 인간을 로버트화 시키고 있다. 이런 중차대한 시대에 인간이 가야할 길은 무엇인지, 인간의 인간에 의한 새로운 인성이 미래사회를 주도해 나가게 될 것이다.

02
사람은 왜 남을 돕고 살아야 하는가
- 봉사활동 -

진점규 교육타임스 편집장

요즘 학교에서는 학생들에게 봉사활동을 의무화·학습화 하고 있다. 그리고 대학에서는 학점제까지 도입해서 학생들에게 봉사를 강조하고 있다. 무척 고무적이고 좋은 일이다. 남을 도와는 주는 일이 나쁜 일이 있겠는가. 남을 위해 좋은 일을 하고나면 자신도 기쁘고 행복해 지는 것은 당연한 일이다. 그러나 우리가 남을 도와주고 봉사하는 것을 의무화 하고 강요하는 하는 것은 진정한 의미에서 하는 봉사와는 차원이 다르다. 그렇다면 진정한 봉사의 의미는 무엇인가?

얼마 전 어느 일간신문에서 인천에 있는 '나눔의 집'에 걸려온 전화 내용을 소개했다. 점심시간이 조금 지나 전화가 왔다. "자기 집에 남은 오리 뼈가 냉장고에 많이 있으니 가져가서 삶아먹으라는 내용이었다."고 한다. 나눔의 집 원장은 성의는 고맙지만, 정중히 사양하고 전화를 끊었다고 한다. 왠지 전화를 끊고 나니 뒷맛이 씁쓸하다는 내용의 기사를 실었다.

　이분은 나눔에 대해서 하나만 알고 둘은 모르는 사람이다. 나눔은 내가 먹고 남는 것을 주는 것이 아니라, 내 몫의 일부를 주는 것이다. 즉 봉사하는 마음은 사과가 두 개를 있을 때 하나씩 나누는 것이 아니라 한 개밖에 없는 사과를 두 조각으로 나누어 갖는 것이다. 내가 풍족해서 나누는 것이 나이라, 내 능력과 힘이 넘쳐서 남을 돕는 것이 아니라, 자기희생을 하며 나눈다는 깊은 뜻이 담겨 있다. 그래서 진정한 봉사는 지고의 가치 즉 '최고의 선(善)이다'라고 말한다.

　자원봉사란 자신의 스스로 마음에서 우러나오는 자발적인 행동으로 사회적 구성원 또는 주변에서 어려움을 겪고 있는 사람들을 위해서 자신의 지식과 재능, 등 선행을 전하는 활동이다. 자원봉사의 의미는 물질적인 도움도 중요하지만 진심어린 따뜻한 마음과 사랑으로 베풀고 보듬어 주는 것이 우리의 주변과 이웃들에게 삶의 희망을 주고 용기를 주는 일이다.

　그런데 신문이나 TV에 자원봉사활동을 하는 모습들이 많이 등장하고 있다. 연말연시를 맞이해서 빈민가나 독거노인들 양로원, 장애인시설을 찾아가서 봉사활동을 하는 광경을 보고 있으면 '왜 평상시에 좀 저렇게 하지' 때가되면 저런 모습을 TV에 비춰주는지 모르겠다는 생각이 들 때가 있다. 아마 필자만의 생각은 아닐 것이다.

　특히 정치인들의 그런 모습을 보고 있으면 한없이 가증스럽고 짜증이 난다. 국회에서 정치나 잘 할 것이지 정치하는 꼴을 보면 가관이 아닌데 일 년에 한두 차례씩 연례행사 하듯 하면서 무슨 대단한 일을 하는 것처럼 화면에 나온 것을 보면 참으로 한심스럽다.

　봉사와 관계가 있는 기사라서 한편 소개하겠다.

　어떤 분이 생전 처음 좋은 일 한 번 해보겠다고 고아원에 빵, 과일 등 간식거리를 가지고 찾아갔다. 그런데 아이들 하는 말이 "아저씨, 빨리 사진 찍고 가세요." 여기 다 그렇게 하고 갔어요. 고아원에서 한 원생이 퉁명스런 하는 말에 그만 얼어버렸다고 한다. 그들은 이미 이런 문화에 너무도 익숙해져있었다. 어느 날 갑자기 말끔한 사람이 라면 몇 박스 들고 우루루 몰려와 어수선한 분위기 속에서 원장선생님의 빨리 모이라는 성화에 나와 보면 오늘도 어김없이 사진 찍는 들러리 신세가 된다.

　"우릴 거지로 아나?"

　한 유명단체에서 추운 연말 노숙자들로 붐비는 영등포역에 야간 급식 봉사를 하러왔다. 밤늦은 시간 술판이 벌어진 노숙자들에게 빵과 음료수를 권하자 대뜸 퉁명스런 말이 튀어나왔다. 순간 회원들이 애써 품은 온정은 그 추위보다 더한 냉랭한 말 한마디에 금세 얼어버린 추억을 갖고 돌아가야만 했다는 내용이었다.

　흔히 '봉사'는 아름다운 마음이 행동으로 표현된 것이라고 교과서에도 나와 있다. 다시 말해 남의 뜻을 받들어 섬기고 국가나 사회를 위하여 일하는 것 그리고 도움의 받는 입장에서 대가를 바라지 않고 어려운 이웃을 돕는 것을 말한다.

　인간은 누구나 혼자서는 살아갈 수 없으며, 우리는 항상 주변의 이웃과 함께 살아가야만 하는 사회적 존재이다. 내가 남에게 봉사를 하면 그 사람도 다른 사람에게 봉사를 하여 그 도움이 돌고 돌아서 사회가 좋아지고 결국에는 나에게로 오기마련이다. 봉사는 말 그대로 '나' 중심이 아닌 철저히 '상대' 중심인 이타적 행동이다. 타인이 몰라주더라도 기쁜 마음으로 해야 한다. 주고 즐거움에 사는 사람은 행복한 사람이다. 그리고 진정한 봉사는 자신을 사랑하는 사람만이 할 수 있는 '그리움의 행위'이다

오래전 일이다. 미국의 하버드대학교에서 나온 시험문제이다. 인간이 살아가는데 가장 중요한 것 네 가지가 있다 그것이 무엇인가? 그것을 쓰라는 문제이다. 초등학생 정도의 수준만 되도 세 가지는 쓸 수 있다. 의(衣), 식(食), 주(住) 그 다음이 문제의 핵심이다. 자유, 평화, 사랑 등 여러 가지 답이 나올 수 있다. 그러나 정답은 남을 도와주는 일 즉 봉사(奉仕) 다. 이 문제를 보면 인간이 살아가는 데 봉사가 그렇게 중요할까? 누구든지 한번쯤 의심을 하게 되고 의아하게 생각하게 된다.

그러나 인생을 어느 정도 사는 사람이면 세상의 이치를 깨달으면서 그 문제의 중요한 가치를 이해하게 된다. 사람은 누구나 외로운 존재이다. 나라는 존재도 타인이 있을 때만이 존재의 가치가 있다. 한문으로 사람인(人)자가 서로 의지하고 지탱한다는 의미로 두 사람이 모여서 하나의 뜻을 이루듯이 사람은 남과 더불어 사는 존재이다. 로빈슨 크루스처럼 무인도에서 혼자 살 수만 있다면 좋겠지만 그것은 불가능한 일이다. 타인이 곤경에 처해 있고 어려움에 직면했을 때 내가 타인을 도와주고 반대로 내가 그런 상황에 처해있을 때 타인이 내게 도움을 주는 것이 인간사의 도리이고 인간 본연의 행위이다.

그러나 요즘처럼 세상인심이 각박하고 메마른 사회의 풍토 속에서 남을

돕고 나눔의 가치를 실행에 옮긴다는 것은 말처럼 쉬운 일은 아니다. 그런데도 선행의 가치를 알고 나눔의 즐거움을 느끼고 사는 사람이 의외로 많다. 남을 도와주는 일이 비단 돈이 많아서가 아니라 스스로 마음에서 우러나와 몸과 마음으로 실천하는 것이 참된 봉사라고 할 수 있다. 그래서 지고선의 최고의 가치를 선행(善行)에 두는 것도 당연한 이치이다.

인류사(史)를 보면 남을 위해 봉사하고 나눔의 즐거움에 평생을 헌신하면서 살다가 간 사람들이 참으로 많다.

'빈자의 성녀'로 추앙받는 테레사 수녀는 인도의 콜카타의 빈민가에 살면서 '사랑의 선교수녀회'를 설립해 빈민, 고아, 노인, 나병환자, 등을 위해 평생을 바쳤다. '마더 테레사'로 불리기도 했던 그녀는 1979년 노벨평화상에 샌들을 신고 나와서 사람들이 왜 신발을 안 신고 왔느냐고 묻자 신발을 살 돈이면 "그 돈으로 빵을 몇 개나 살 수 있을까"라고 말했다. 그 말을 들은 주변사람들이 눈시울을 적셨다는 일화는 유명하다. 테레사 수녀는 검은색 수녀복 대신 인도에서 가장 가난하고 미천한 여인들이 입은 흰색 사리를 입고 평생을 지냈다. 이 옷은 훗날 그녀를 상징하는 옷이 되었다.

우리에게 잘 알려진 고(故) 이태석 신부님(의사)은 세상에서 가장 가난한 사람들이 사는 아프리카 남수단에서 헌신적인 삶을 살다가 48세의 젊은 나이에 대장암으로 2010년 선종하였다.

그의 일대기를 다룬 다큐멘터리 '울지마 톤즈'는 국내에서 영화로 제작되어 처음으로 널리 알려지기 시작했다. 그는 2010년부터 남수단에서 가장 열악한 지역으로 꼽히는 톤즈에서 움막진료실을 짓고 밤낮으로 환자들을 돌보았다. 그는 짧은 인생을 살다갔지만 봉사의 삶을 살다간 우리시대의 성자이다.

'푸른 눈의 소록도 천사' 마리안느 스퇴거 수녀와 마가렛 피사렉 수녀는 오스트리아출신으로 두 분 수녀님은 1962년 소록도에 간호사로 와 소외받고 절망에 빠진 한센인들을 사랑으로 돌보며 독신으로 43년 동안 참됨 봉사를 실천하다가 고국으로 가신 분들이다.

"잠들자 나는 인생은 행복한 것이라고 꿈꾸었다. 깨어나자 나는 인생이 봉사라는 것을 알았다. 나는 봉사했고 봉사하는 삶속에 행복이 있음을 알게 되었다."

아시아의 최초의 노벨문학상 수상자 인도의 타고르의 말이다.

남을 위해 아무런 대가없이 봉사한다는 것은 참으로 어려운 일이다. 봉사의 삶을 살다간 성자들의 삶의 궤적을 추적해보면 그들은 한결같이 자신보다는 남을 위해 헌신했고 그 즐거움 속에서 기쁨을 느끼면서 살아갔다. 이런 이타적 삶이란 결국 타인을 돕고 사는 것이 자신의 행복으로 뒤돌아온다. 그래서 진정한 봉사는 자신을 사랑하는 사람만이 할 수 있는 그리움의 행위이다.

03
관용은 위대한 사랑이다
- 이해와 배려 -

진점규 교육타임스 편집장

　인간은 사회적 존재다. 남과 더불어 사회라는 공동체 안에서 공존하면서 삶을 영위해 나간다. 그 어떤 사람도 혼자서 세상을 살아갈 수는 없다. 그 공동체 안에서 타인에 대한 이해와 배려, 포용할 수 있는 마음자세가 바로 관용이다. 관용은 타인에 대한 존중이다. 성서에도 남에게 대접 받고 싶거든 먼저 대접하라는 구절이 있다. 그러나 요즘 우리사회는 어떤가? 안타깝지만 아홉 개 가진 자가 한 개 가진 사람 것을 못 빼앗아서 안달이 나고, 양보의 미덕은 찾아볼 수 없을 만큼 세상인심은 각박하고 까칠해져 가고 있다. 관용이 없는 세상은 내편이 아니면 적이라는 흑백논리만 존재하는 황폐한 세상이 되게 한다.

　관용은 프랑스어로 똘레랑스(tolerance)라는 뜻이다. 포용력, 이해, 인내심이라는 뜻도 포괄한다. '당신의 정치적. 종교적. 신념과 행동이 존중받기를 바란다면 우선 남의 정치적. 종교적. 신념과 행동을 존중하라.' 이것이 똘레랑스의 출발점이다.

관용은 원래 서양의 종교적 갈등에서 발전한 개념이다. 가톨릭 중심의 중세사회에서는 이단 심문, 마녀사냥이 횡행했고 종교개혁 이후 구교와 신교간에 전쟁이 벌어져 많은 사람이 죽어갔다. 이어 계몽주의를 주창하고 프랑스 혁명이 일어나면서 신앙의 자유를 인정하는 길로 나아갔다.

관용은 근대이후 사상의 자유를 살리는 방향으로 의미가 확장되고 부르조아와 노동자 등 계층간 갈등을 협력으로 전환하는 개념으로 정착됐다. 오늘날 인종, 성, 동성애 차별 등의 금지도 관용정신에서 비롯됐다고 할 수 있다. 우리나라는 관용이 부족한 사회다.

남의 의견을 받아들이는 데 인색한 정치문화, 그래서 늘 대립하는 정치권, 계층간 갈등, 지역간 이기주의, 개인주의 팽배, 타인에 대한 배려부족 등 사회 구석구석에서 그 증거들이 포착된다. 급속한 산업화와 함께 지나친 경쟁사회 속에 살면서 성장과 효율성에 집중된 사회문화가 이러한 결과를 낳는 듯싶다.

실제로 한국사회의 관용도가 경제협력개발기구(OECD) 국가 중 최하위로 나타났다. 한국외대 박명호 교수가 발표한 '지표를 활용한 한국경제사회발전연구, OECD 회원국과 비교분석' 논문에 따르면 1995년 25위였던 한국의 관용지수가 15년이 흐른 2009년에는 31위로 추락했다.

관용지수는 한 나라의 사회통합을 가늠하는 잣대이다. 우리는 말로만 사회통합을 외쳤지 사실은 사회통합이 위기 수준이다. 관용은 남의 잘못을 너그럽게 받아드리거나 용서를 뜻하며, 배려는 도와주거나 보살펴주려고 마음을 쓰는 것으로 이타심에서 비롯된 사려 깊은 행동이다.

그러나 우리사회는 아직 이러한 관용과 배려가 익숙하지 못한 사회이다.

우리나라가 진정한 선진국으로 가기 위해서는 사회구성원 상호간의 관용과 배려가 절실히 필요하다. 또한 구성원의 다양한 의견수렴을 통한 소통과 통합은 성숙한 문화시민으로 나가기위한 첫 단추이며 관용과 배려로서 상대방을 이해할 때 가능하다.

다원주의 시대에 살고 있는 지금 다양한 의견에 귀를 기울이고 관용과 배려의 자세로서 소통을 하야할 때이다. '다름'='틀림'으로 인식해서는 안 되며 '다름'을 이해하고 그 안에서 소통을 통해 함께 나아갈 수 있는 개방적 사고로 관용과 배려의 선진사회로 가기위한 인식이 절실히 필요한 때이다.

관용은 정신의 가장 큰 재산이다. 참된 관용은 법으로 지우는 의무처럼 반드시 필요한 것이다. 관용은 내가 베풀 수 있는 것보다 더 주고 것이고, 만족은 내가 필요한 것보다 덜 갖는 것이다. 모든 미덕중에서도 관용이 가장 귀한 것이다. 타인의 넓은 아량을 기꺼이 인정할 수 있는 사람의 미덕은 백 명의 사람이 본받을 만한 일이다. 넓은 마음과 강한 정신 그리고 관대함, 이 모두를 갖추는 것은 실로 위대한 삶을 사는 것이다. 만약 숭고한 관용과 따뜻한 인정으로 가득하다면 이세상은 천국이다.

04
공감(共感)의 힘이 사회를 지탱한다
- 공감능력 -

진점규 교육타임스 편집장

　한 사회나 국가가 건강한 공동체를 형성하고 운영하기 위해서 가장 필요하고 중요한 것은 뭐니 뭐니 해도 공감능력일 것이다. 공감능력이 풍부한 사회는 번영을 담보할 수 있고 행복한 공동체로 발전해 나갈 수 있다.
　사람인(人)가 서로 의지하고 지탱하는 것이라고 가르쳐주듯이 사람은 타인과의 관계 속에서 살아가는 사회성을 가지고 있다. 이때 가장 중요한 것이 공감능력이다.
　공감능력이란 타인의 고통을 자신의 감성으로 느끼는 원초적 본능을 말한다. 즉 남을 제대로 이해할 수 있는 능력으로 남의 입장과 자신의 입장을 바꾸어 생각할 수 있는 역지사지(易地思之)의 정신과 통한다. 인간의 본성에는 타인의 아픔을 이해하고 공감하려는 능력이 있다. 즉 감성능력이라고도 한다. 그 감성능력을 인간의 존재가치로 승화시킬 때 그 사회는 건강한 사회로 발전해 갈 수 있다. 그런데 인간에게 공감능력이 없다면 그 사회는 어떤 사회일까? 생각만 해도 무섭고 끔직한 현상들이 벌어질 것이다.

인간은 오랜 문명의 역사를 거치면서 이성과 인류애라는 인간만의 가치로 스스로를 다듬기는 하였지만 기본적으로 육식동물의 욕구를 완전히 누를 수는 없는 존재이다.

약자를 괴롭히고 더 많은 것을 차지하기 위해 경쟁하며 심한 경우는 서로를 죽이고 이를 정당화하기 위해 법까지 만든다. 인간다움의 정의 한 꺼풀 아래는 육식동물이 가진 정글의 법칙이 도사리고 있다.

인간은 이성과 감성이 균형을 이룰 때 조화로운 인격이 형성된다. 감성만 있고 이성이 죽어있다면 그것은 불안한 존재이다. 인간은 이성과 감성이 조화를 이룰 때 타인에 대한 이해. 배려 인간애가 돈독하고 훌륭한 인격체로 성장 발전해 나갈 수 있다.

공감능력은 인간의 본성 안에 숨어있는 도덕적 감수성이다. 길을 가다가 초막에서 엉엉 울고 있는 아기울음소리가 나면 '왜 울까'하고 궁금해서 집안으로 들어가 보고 싶은 게 인간의 마음이다. 그러나 깔깔대고 웃는 웃음소리는 상상을 통해서 느끼면서 그 감정을 공유하게 될 뿐 발걸음을 멈추게 하지 않는다. 발걸음을 멈추게 하는 것 그것이 바로 공감능력이다.

인간과 마찬가지로 동물도 태어날 때부터 공감능력을 갖고 태어난다고 한다.

몇 해 전 미국에서 태어난 지 불과 한두 시간 된 새끼원숭이를 대상으로 공감능력에 대한 임상실험을 하였다. 인조 어미원숭이를 두 마리 만들었다.

한 마리는 부드러운 솜털로 만들었고 한 마리는 쇠붙이로 딱딱하게 만들어 젖까지 나오게 했다. 그랬더니 새끼들은 하나같이 부드러운 솜털원숭이 곁으로 갔다. 젖이 떨어져 나오지 않아도 옆에 있는 쇠붙이 원숭이한테서는 젖만 먹고 다시 솜털원숭이 곁으로 왔다고 한다. 갓난 아이들도 기계로 젖만 먹이고 부모의 스킨십이 없다면 정상적인 발육이 어렵다는 연구결과가 나왔다. 동물이건 사람이건 사랑만큼 좋은 것은 없는 것 같다.

다음은 인류사에 감추어진 역설을 통해 인간의 본심을 자극하는 공감능력의 소중함을 알게 해 준 소중한 사례들이다.

1914년 12월 24일 저녁, 프랑스 플랑드르 지방. 제1차 세계대전은 다섯 달째로 접어들고 있었다. 유럽 변방 곳곳에서 수많은 군인들이 급조한 참호 속에 아무렇게나 몸을 웅크린 채 추위와 싸우고 있었다. 양측이 30미터에서 50미터도 채 떨어지지 않은, 엎어지면 코 닿을 거리를 두고 대치하는 곳이 부지기수였다. 상황은 참혹했다. 살을 에는 겨울 추위는 뼛속까지 파고들었다. 참호 속은 물이 흥건했다. 병사들의 숙소에는 쥐와 해충이 우글거렸다. 마땅한 화장실이 부족한 탓에 곳곳에서는 변 냄새가 진동했다. 임시로 만든 시설의 오물과 진창을 피해 병사들은 선 채로 잠을 잤다. 죽은 병사는 양 진영 사이에 있는 무인지대에 버려졌고, 시체는 매장할 수 없어 아직 살아 있는 동료들이 빤히 지켜보는 가운데 썩어 갔다.

그런데 전장에 땅거미가 깔릴 무렵, 희한한 일이 벌어졌다. 독일군 병사들이 크리스마스트리 수천 개에 촛불을 붙이기 시작했던 것이다. 위문용으로 보내진 자그마한 트리였다. 트리를 밝힌 병사들은 캐럴을 부르기 시작했다. 「고요한 밤」을 시작으로 여러 곡이 이어졌다. 영국군들은 넋을 잃고 바라보았다. 믿을 수 없다는 듯이 적진을 응시하던 한 병사가 길게 이어지는 참호의 불빛을 보며 중얼거렸다. "꼭 무슨 극장의 스포트라이트 같군." 영국 병사 몇몇이 머뭇거리며 박수를 쳤다. 조금 뒤엔 환호성까지 질렀다. 영국 병사들도 캐럴을 부르며 적에게 화답했고 그들에게도

똑같이 열렬한 박수를 받았다.

양쪽에서 몇몇 병사들이 참호 밖으로 기어 나와 무인지대를 가로질러 서로를 향해 걷기 시작했다. 그러자 수백 명이 뒤를 따랐고 곧이어 수천 명의 병사가 참호 밖으로 쏟아져 나왔다. 그들은 악수를 나누고 담배와 비스킷을 건넸으며 가족사진을 꺼내 보여 주었다. 서로 고향 이야기를 하며 지나간 크리스마스 추억을 나누었고 이 터무니없는 전쟁을 키득거리며 비웃었다.

다음 날 아침, 크리스마스의 태양이 유럽의 전장 위로 솟아올랐을 때에도, 수천 명의 명사들은 여전히 조용히 이야기를 나누고 있었다. 어림잡아 10만 명이 넘는 숫자였을 것이다. 불과 24시간 전만 해도 적이었던 그들은 서로 도와 가며 죽은 동료들을 묻었다. 축구 시합을 벌였다는 보도도 있었다. 장교도 가담했다. 후방의 사령부에 내용을 조금 걸러서 보고했지만, 사태를 보고받은 장군들의 표정도 크게 놀란 것 같지는 않았다. 하지만 이런 식의 임시 휴전이 병사들의 사기를 해칠 수도 있다고 생각한 장군들은 발 빠르게 전열을 수습했다.

꿈같았던 '크리스마스 휴전'은 시작만큼이나 갑자기 끝나 버렸다. 그야말로 순식간의 해프닝이었고 전쟁은 결국 1918년 11월에 850만 명의 병사의 죽음을 뒤로하고 그때까지 기록으로 역사상 가장 큰 인명 피해를 내며 끝났다. 겨우 하루, 몇 시간이라는 짧은 순간이었지만 수만 명의 인간들은 장교, 사병 할 것 없이, 계급을 가리지 않고 상부와 국가에 대한 충성심도 접어 둔 채 오직 보편적인 인간성만 보여 주었다. 전장에 버려진 채 죽고 부상당하는

상황에서도, 그들은 용기 있게 제도적 의무에서 벗어나 서로를 불쌍히 여기고 서로 살아 있음을 축하했다.

전장은 으레 개인의 일상적인 삶을 넘어 고귀한 대의명분을 위해 기꺼이 죽거나 죽이겠다는 의지 하나로 영웅심을 가늠하는 현장이다. 그러나 이들 병사들은 다른 종류의 용기를 택했다. 그들은 서로의 사사로운 고통에 손을 뻗어 상대방의 곤경에서 위안을 찾았다. 무인지대를 서성이며 그들은 상대방에서 자신의 모습을 발견했다. 개인적인 나약함에 대한 말로 표현할 수 없는 깊은 느낌과 아무런 보상도 바라지 않고 오로지 동료 인간과의 유대감에 대한 갈망에서 서로를 위로할 수 있는 힘이 흘러나왔다.

진정한 인간의 모습을 찾는 순간이었다. 한 세기가 흐른 지금, 우리는 그 사건을 매우 다른 관점으로 정의하면서, 어떤 세계의 향수를 불러일으키는 간주곡으로 기억한다.

공감능력은 인간의 원초적 본능이며 인간애(愛)에 대한 발로이다. 남을 돕는다는 것은 타인을 이해하는 마음, 공감능력의 창조적 행위이다. 남의 입장과 자신의 입장을 바꾸어 생각할 수 있는 역지사지(易地思之)의 정신과 통한다. 인간의 본성에는 타인의 아픔을 이해하고 공감하려는 능력이 있다

감성 지능(감성능력, EQ)은 지능지수인 IQ(아이큐)에 대비되는 개념이다. '자신의 감정 상태를 인식하고 자신의 감정을 조절하고 자신을 동기화하고 타인의 감정을 인식하며 상대방과 인간관계를 맺고 관리하는 능력'이다. 결국 다른 사람의 감정을 읽고 그것에 맞추어 대화하고 타협하는 능력을 말합니다. 공감능력이란 타인의 고통을 자신의 감정으로 느끼는 원초적 본능 즉 감성능력이다.

05
낮출수록 커지는 삶의 지혜
- 겸손 -

진점규 교육타임스 편집장

　요즘 세상에 '겸손'에 대해서 말하면 좀 시대에 뒤떨어졌거나 생뚱맞다고 생각을 하게 될 것이다. 세상은 이미 개성화된 지 오래고, 제 잘난 맛에 사는 게 인생인데 하고 말이다. 그러나 세상이 각박하고 까칠해 질수록 인간의 본성 안에 있는 따뜻함이나 정(情)이 그리워지는 것은 모든 사람의 인지상정일 것이다. 사람은 누구나 예의바른 사람을 좋아한다. 예의 없는 사람을 만나면 금방 싫증을 느끼고 돌아서기 마련이다. 예의와 친절은 인간이 지켜야 할 도리이지만 겸손이라는 인격의 그릇에 담겨있을 때 더욱 빛이 난다.
　스코틀랜드 작가 제임스 M.배리는 "인생이란 겸손을 배우는 긴 여정이다. 겸손은 자신을 낮추는 것이 아니라 자신을 세우는 것이다. 진정으로 용기 있는 사람만이 겸손할 수 있다"라고 말했다. 겸손이란 인생에서 성공하기 위한 열쇠이다. 항상 자기가 설 곳 보다 낮은 곳을 택하는 것이다. 타인으로부터 내려가라는 소리를 듣는 것이 아니라 올라가라는 말을 듣게 하는 것이다. 그것이 진정한 겸손이다.

겸손은 스스로 높아지려고 한다고 해서 높아지는 것이 아니다. 자기 스스로 높은 곳에 앉은 사람을 신은 아래로 밀어내고 스스로 겸손한 사람을 부축해 올린다. 인간이 신 앞에 겸손해 질수록 귀하게 여겨진다. 그러나 사람 앞에서 겸손해 질수록 천해진다. 진정한 겸손은 자신보다 작아질 때까지 굴복하는 것이 아니다. 자신에게 있는 가장 큰 위대함에 실재하는 빈약함이 무엇인지 보여줄, 보다 높은 어떤 힘에 대항하여 자신의 모습 그대로 서있는 것, 그것이 진정한 겸손이다.

'중요한 사람인 척하지 말고 정말로 중요한 사람이 되라'는 말이 있다. 어떤 사람은 자신이 중요한 일을 하는 것처럼 보이게 하려고 한다. 자신이 하는 모든 일을 신비롭게 꾸미는 것은 야비한 짓이며 사람들에게 웃음거리를 제공한다. 허영은 어떤 것이든 우스운 것이며 역겹기까지 하다. 자신의 장점을 과시하듯 내세워서는 안 된다. 자신에 대한 과시는 행동으로 만족하고 그것에 대한 얘기는 남들에게 맡겨라. 재능이 칼이라면 겸손은 칼집이다.

당연한 얘기지만, 현명한 사람은 겸손하다. 용기와 힘을 갖춘 사람은 결코 교만하지 않다. 물이 바다로 모이는 것은 바다가 낮은 곳에 있으며 모든 것을 수용할 수 있는 용량이 있기 때문이다. 물이 불의 사나움을 누그러뜨리듯이 겸손함은 화를 누그러뜨린다. 겸손이 아니라면 참된 영적 순결은 없다. 겸손은 자신을 올바르게 판단하는 인격의 거울이다.

세상의 변화 때문이리라. 갈수록 겸손한 사람을 찾아보기 어려운 세상이다. 사람들은 어떻게든 자신을 돋보이게 만들어야 하고 남들보다 비교우위에 있어야 한다고 생각한다. 이것이 세상살이의 당연한 모습이자 많은 사람들이 그래야 된다고 여긴다. 이런 인식의 바탕에는 경쟁에서 한 발 앞서 가야한다는 조바심 때문이기도 하다. 이런 조바심을 탓할 수는 없다. 세상은 겸손의 덕목만을 요구하지 않기 때문이다. 때론 실력을 요구하고 능력을 보여 달라는 주문을 한다. 그것이 오늘날의 현대사회다.

이런 세태 속에서 겸손의 덕을 행하기는 어렵다. 자신의 능력을 과시하고 보여주어야만 살아남을 수 있는 환경에서 겸손을 실천하기란 말처럼 쉽지 않다는 것이다. 스포츠 매니저와 스타 간의 관계를 그린 영화가 있다. 주인공은 전도유망한 운동선수다. 그가 시종일관 입에 달고 사는 말이 있다. "나에게 돈을 보여줘(show me the money)"라는 말이다. 어디를 가든 이 말을 습관처럼 하고 다닌다. 이런 살벌함 속에서 겸손과 겸양의 미덕을 보여주기는 어려울 것이다.

물론 세상에서는 돈도 명예도 중요하다. 불편한 진실이지만, 현실적으로 돈과 명예가 가장 우선한다. 여기에 겸손을 말한다면 세상물정을 몰라도 한참 모르는 경우가 될 수도 있을 것이다. 또한 사람들도 겸손은 후순위로 생각하는 것을 당연하게 받아들인다. 심지어 요즘이 어떤 세상인데 겸손을 말하느냐고 핀잔을 주는 사람들도 있다. 겸손을 내세웠다가는 제 앞가림도 하기 어려울 것이라는 말도 서슴없이 한다. 하지만 그렇지 않다. 겸손이 손해라고 생각해서는 안 된다. 겸손이야말로 인간을 가장 인간답게 만드는 덕목 중의 덕목이기 때문이다 다음은 겸손에 대한 재미있는 예화를 소개하겠다.

1970년대 일본 정치계에서 막강한 영향력을 행사한 다나카 가쿠에이는 초등학교 졸업이라는 짧은 학력에도 불구하고 총리(수상)까지 올라 일본 사람들이 존경하는 인물 가운데 하나이다. 그는 한때 뇌물 사건에 연루되기도 했지만 학력과 부패 스캔들을 극복하고 정계 최고의 자리까지 오를 수 있었다. 그 배경에는 그가 사람들을 대할 때 당차면서도 자신을 먼저 낮추고 상대방을 높이는 태도에서 많은 사람들의 마음을 사로잡은데 있었다.

다나카가 일본 대장성 장관으로 임명되었을 때 일이다. 초등학교 출신인 그가 장관 자리에 오르자 많은 사람들이 그를 시기하고 비난했다. 게다가 대장성은 당시 일본 최고의 대학인 동경대학교를 비롯한 명문대학을 나온 수재들이 많이 있는 집단이어서 그들의 자존심은 대단하였다.

"초등학교 밖에 안 나온 다나카가 어떻게 최고 대학을 나온 우리들을 지휘할 수 있겠어?"

자신들이야말로 일본을 실제로 이끌어 가는 사람들이라고 생각하고 있는 대장성 사람들은 공공연히 다나카를 조롱했다. 다나카 또한 이런 불평을 모르지는 않았지만, 물러서지 않고 직원들의 술렁임 속에 당당히 취임 연설을 강행했다.

"온 세상이 다 알고 있듯이 여러분은 일본의 수재입니다. 그리고 저는 초등학교를 겨우 마친 정도에 불과한데다 대장성 일에 대해서는 문외한입니다. 그러니 대장성 일은 여러분이 열심히 해주십시오. 저는 뒤에서 여러분의 일에 모든 책임을 지도록 하겠습니다."

다나카의 연설이 시작된 지 1분도 되지 않아 사람들은 그의 연설에 귀를 기울이게 되었다. 얼마나 멋있고 솔직한 연설인가? 사람은 겸손할 때 존경심과 신뢰감이 우러나오고 나오는 것은 당연한 이치이다.

겸손이란 인생에서 성공하기 위한 열쇠이다. 항상 자기가 설 곳 보다 낮은 곳을 택하는 것이다. 타인으로부터 내려가라는 소리를 듣는 것이 아니라 올라가라는 말을 듣게 하는 것이다. 그것이 진정한 겸손이다.

겸손은 자신을 올바르게 판단하는 인격의 거울이다.

06
정직은 인격의 초석이다
- 정직 -

진점규 교육타임스 편집장

사람은 자기 자신에게 솔직해야만 남에게도 솔직할 수 있다. 정직은 자신의 정의를 지키는 것, 즉 자신과의 약속이다. 그 약속을 지키는 건 힘들지만 허물어지는 건 순간이다.

가끔 '정직한 기업'에 대한 기사를 읽거나 보게 되면 모르는 기업이라도 신뢰감이 들고 존경심까지 들게 된다. 그 이유는 정직이라는 말속에는 '신뢰와 믿음'의 뜻이 합의되어 있기 때문일 것이다. 인간관계에서도 '정직은 최선의 방책이다'라는 말을 한다. 사실 정직은 학교에서나, 가정에서, 도덕책에서 수없이 듣고 배워왔다. 그렇기 때문에 구태하다는 느낌을 받게 된다. 그러나 본고에서는 정직을 통해서 자신의 정체성과 가치관을 확립하는 것이 얼마나 중요한 것인가를 말하고자 한다.

요즘 현대인들은 거짓말을 하고도 전혀 죄의식을 느끼지 않는다. 적당히 거짓말 하고 사는 사람이 이득을 보고 너무 정직하면 오히려 바보 취급당하기 십상이다. 정직하게 살다가도 주변에서 몇 사람만 당신 혼자 그럴 필요가 없다고 바람 잡으면 '정직'은 금방 구시대의 유물이 된다.

사람은 누구나 거짓말을 하면서 살아간다. 그런데 어떤 거짓말을 하느냐 하는 정도의 차이는 무척 중요하다. 독일의 역사학자 볼프강 라인하르트는 그의 저서 『거짓말하는 사회』에서 "인간은 하루에도 200번의 거짓말을 한다"고 했다. 먼저 거짓말의 횟수에 놀라지 않을 수 없다. 어떤 것들을 거짓말의 범주에 넣느냐의 분분한 의견이 있겠지만 악의적인 거짓말이든, 선의적인 거짓말이든 너무 많이 한다는 것은 확실하다. 그러고 보니 내가 일상에서 의례적으로 하는 "안녕하세요?"라고 하는 인사말도 사실은 거짓말이었다. 과연 진심으로 안녕(安寧)을 바라보며 묻는 말이었던가? "네"라고 하는 대답 또한 실상은 상투적으로 내뱉은 말에 불과했다. 이렇게 보면 우리는 매일 '거짓말하는 사회 속에서 산다'고 해도 과언이 아니다. 우리 속담에도 어디를 갈 때 우산하고 거짓말 세 가지는 가지고 가라는 말이 있지 않은가.

선거철이 되면 정치인들이 거짓말하는 것은 어제오늘의 일은 아니다. 그들은 표를 얻기 위해 유권자들에게 지키지도 못할 공약을 남발하고, 새빨간 거짓말을 밥 먹듯이 한다. 소련의 공산당 서기장이었던 후르시초프는 "정치인들은 강이 없는 곳에도 다리를 만들어 준다"고 했다. 정치인들의 공약(空約)을 남발하는 비꼬는 명언이 아닐 수 없다.

각종 임명직 인사청문회에서 고위공직자들이 자신에게 불리한 질문에는 한결같이 '모른다' 아니면 '기억이 없다'로 일관한다. 그 모습을 보고 있으면 저렇게 기억력이 없는 사람들이 어떻게 그런 자리까지 올라갔는지, 또 저렇게 '머리가 나쁜 사람'을 그렇게 높은 자리에 앉히려고 하는 임명권자의 의도가 무엇인지 모르겠다. 솔직하게 자신에게 좀 불이익이 갈지라도 "잘못했다. 용서를 빈다." 라는 사과 한마디라도 한다면 시청자들이 예상 외로 더 멋있게 볼 수도 있을 것이다. 그런데 그런 참된 모습은 한 번도 찾아볼 수 없다. 공자는 "잘못하는 것이 잘못이 아니라 잘못을 고치지 않는 것이 잘못이다"라고 말했다.

사람 사는 사회에서 거짓말을 안 하고 살 수는 없다. 실수로 할 수도 있고, 타인과의 약속을 지키기 위해 본의 아니게 할 수도 있다. 그러나 자신의 양심을 속이면서 까지 하는 거짓말은 범죄행위이다. 위증죄가 무서운 것은 자신의 양심을 파는 파렴치한 행위이기 때문이다.

'행복한 사람의 무기는 정직함이다' 라는 말이 있다. 정직은 자신의 정체성을 지키는 정의로운 정신자세이다. 사람은 정직할 때 신뢰감을 주고 믿음을 준다. 또한 정직은 사회를 묶는 끈이다. 그것이 없으면 무질서와 혼란으로 무너질 것이다. 정직은 작은 유혹을 뿌리치는 능력이다. 아무리 시대가 변하고 환경이 변해도 변치 말아야 할 것이 있다. 그것은 진실의 가치를 아는 사람, 바로 정직한 사람이다.

미국의 제35대 대통령 케네디의 솔직하고 담대한 이야기를 한편 소개하겠다.

그는 하버드대학 재학 시절 성적이 그리 뛰어난 편은 아니었다. 그는 재학 중 시험을 보면서 부정행위로 처벌받은 적이 있다. 이는 케네디 인생에 오점이자 '흑역사'였다. 훗날 케네디가 정계에 진출해 대통령후보로 대선을 치르게 되었다. 당시 케네디 경쟁 상대는 그를 물리치기위해 그의 이미지에 흠집을 내기 시작했다. 그 과정에서 케네디의 '흑역사'가 만천하에 공개되었다.

정계를 떠들썩하게 만든 이 사건으로 케네디의 앞날에는 어두운 그림자가 드리워졌다. 어쩌면 그의 정치인생이 그대로 끝날지도 모를 일이었다.

하지만 케네디는 끝내 하버드정신을 욕보이지 않았다. 그는 매우 솔직하게 당시의 잘못을 인정하고 진심으로 뉘우치며 말했다.

"지난날 제가 저지른 잘못으로 여러분을 실망시켜드린 점, 진심으로 죄송하게 생각합니다. 다만 그 일을 통해 저는 무슨 일을 하든지 잔꾀를 부려서는 안 된다는 교훈을 얻었고, 성실하게 살아야한다는 사실을 뼈저리게 느꼈습니다. 그때 그런 잘못을 저지르지 않았다면 어쩌면 저는 지금처럼 실속 있는 사람이 되지못했을지도 모릅니다."

그 결과 케네디의 이미지에 타격을 입기는커녕 오히려 판세를 뒤엎어 순조롭게 대통령에 당선되었다.

자신의 잘못을 용감하게 인정하고 이를 숨기려하지 않는 정직함에서 오히려 사람들은 감동을 받고 그를 지지했던 것이다. 자신의 잘못을 인정한 사람에게 무슨 공격을 할 수 있겠는가?

사람은 학교에서 배운 지시만으로는 세상을 살아갈 수가 없다. 어떤 상황에서도 지혜롭게 대처하는 능력이 필요하다.

다음은 간디의 정직을 한편 소개하겠다.

어느 날 한 어머니가 아들을 데리고 간디를 찾아왔다. 간디 앞에 무릎을 꿇은 어머니는

아들을 도와주기를 간청했다.

"선생님 제 아들을 도와주세요. 아들이 설탕을 너무 좋아해요. 건강에 나쁘다고 아무리 타일러도 안 들어요. 그런데 아들이 간디 선생님을 존경해서

선생님께서 설탕을 끊으라고 말하면 끊겠다는 군요"

간디는 소년의 눈을 바라보며 그의 어머니에게 말했다

"도와드릴 테니 보름 뒤에 아드님을 데리고 오셔요."

"저희는 선생님을 뵈러 아주 먼 길을 왔습니다. 그냥 돌려보내지 마세요. 제 아들에게 설탕 먹지 말라고 한마디만 해주세요."

간디는 다시 한번 소년의 눈을 지그시 바라보며 말했다.

"보름 뒤에 다시 아드님을 데리고 오세요."

보름뒤 어머니는 아들을 데리고 간디를 찾아갔다. 간디는 소년에게 말했다.

"얘야, 설탕을 많이 먹으면 건강을 해치니 먹지 않는 것이 좋겠구나."

그 어머니는 고마운 뜻을 전하면서 간니에게 물었다.

"선생님 궁금한 게 있습니다. 보름 전에 제가 아들을 데리고 선생님을 찾아뵈었을 때 왜 보름 뒤에 다시 찾아오라고 했습니까?"

간디가 말했다.

"실은 저도 설탕을 좋아합니다. 보름 전에는 저도 설탕을 먹고 있었거든요. 아이에게 설탕을 먹지 말라고 하기 전에 제가 먼저 설탕을 끊어야했습니다."

리더의 능력은 정직과 언행일치에서 나온다. 리더의 말 한마디 한 마디가 행동과 일치할 때 진정한 리더십이 발휘되고 훌륭한 인격체로 거듭날 수 있다.

빈 화분을 든 아이

예전에 백성들에게 사랑받는 현명한 국왕이 있었다. 나라를 잘 다스린 덕에 백성들은 평화롭고 즐겁게 살았으나 국왕에게는 근심거리가 하나 있었다. 그에게 자식이 없었던 것이다. 마침내 양자를 들이기로 결심한 국왕은 전국에 그 사실을 선포했다.

왕은 전국의 사내아이들에게 꽃씨를 나눠주고 이 꽃씨로 가장 아름다운 꽃을 피운 아이를 양자로 삼겠다고 했다. 꽃씨를 받아든 아이들은 집으로 돌아가 정성을 다해 돌보았다.

아침부터 밤까지 물을 주고, 비료도 주고, 흙을 골라 주며 자신이 행운의 주인공이 되기를 간절히 바랬다.

시용르라는 남자 아이 역시 하루 종일 정성껏 꽃씨를 돌보았지만 열흘이 지나고 한 달이 지나도 화분의 꽃씨는 싹조차 트지 않았다. 고민에 빠진 아이는 어머니에게 도움을 청했고 어머니의 제안에 따라 화분의 흙을 바꿔 보았지만 그 역시 아무 소용이 없었다.

국왕이 정한 날이 되었다. 예쁜 옷을 갖춰 입은 무수한 아이들이 거리로 쏟아져 나왔다.

아이들은 모두 꽃이 활짝 핀 화분을 받쳐 들고 기대에 가득 찬 눈으로 순시하는 국왕을 바라보았다. 국왕은 화려함을 자랑하는 꽃을 든 예쁜 아이들을 하나씩 둘러보았지만 사람들이 상상했던 만큼 기뻐하지 않았다.

그 때 국왕이 빈 화분을 든 시용르를 발견했다. 기운 없이 서 있는 아이의 눈가는 눈물자국으로 얼룩져 있었다. 왕은 아이를 앞으로 불러 물었다.

"너는 어째서 빈 화분을 들고 있느냐?"

시용르는 흐느끼며 대답했다.

"국왕 폐하, 저도 정성을 다해 세심히 꽃씨를 돌보았지만 아무리 노력해도 싹이 나지 않았습니다. 제가 예전에 다른 사람의 화원에서 사과를 훔쳐 먹었던 적이 있는데 아마도 그 때문에 벌을 받는 것 같습니다."

놀랍게도 국왕의 얼굴에 기쁜 미소가 떠올랐다. 그는 시용르를 끌어안고 큰 소리로 말했다.

"이 아이가 바로 내가 찾는 아이다."

"어째서죠?"

사람들은 이해할 수가 없었다.

"내가 나눠 준 꽃씨는 모두 삶은 것이었다. 꽃이 필 수 없는 것이었지."

꽃이 핀 화분을 들고 있던 아이들은 모두 부끄러움에 고개를 숙였다. 그들은 꽃이 피지 않자 다른 꽃씨를 사용해 꽃을 피웠던 것이다.

위 이야기는 정직이 무엇인지를 보여주는 좋은 사례이고 정직한 사람은 승리한다는 교훈을 준 감동 깊은 이야기이다.

사람은 자신에게 솔직해야만 남에게도 솔직할 수 있다. 정직성을 토대로 하지 않는 재능은

쓸모없는 껍데기다. 정직함은 자신감에서 비롯되어 겸손함으로 이루어진다. 정직한 사람은 겸손하고 자신의 행동을 자랑하지 않는다. 자신에게 솔직하지 못한 자는 가망 없는 환자와도 같다. 참으로 정직한 사람은 없다. 우리 중 누구도 이익의 위력을 능가하지 못하기 때문이다. 모든 사람이 정직하다고 믿는 것은 어리석다. 그러나 정직한 사람이 아무도 없다고 믿는 것은 더더욱 어리석다. 행복한 사람의 무기는 정직함이다.

07
인간이 할 수 있는 가장 위대한 일
- 용서 -

진점규 교육타임스 편집장

어느 목사님께서 설교시간에 "용서하십시오, 용서하는 것만이 최고의 사랑입니다."라고 신도들께 말했지만 정작 자신은 용서에 대한 앙금이 사라지지 않았다는 솔직한 고백이 담긴 에세이를 읽은 적이 있다. 사실 용서란 누구나 쉽게 말은 할 수는 있지만 정작 마음으로 옮기기는 쉽지가 않은 것 같다.

티벳의 정신적 지도자 달라이라마는 '용서는 자기 자신에게 베푸는 가장 큰 선물이다'라고 말했다. 용서는 상처를 준 사람을 향한 미움과 원망에서 스스로 해방시키는 일이기 때문이다. 하지만 용서를 못하면 정작 용서를 받아야할 사람보다 더 큰 고통에 빠진다는 것을 알면서도 용서는 결코 쉽지가 않다. 그 때문에 평생 잊지 못하고 10년이나 20년, 심지어는 50년 전 일도 마치 어제 일처럼 떠올리며 가슴앓이를 하는 사람도 많다. 문제는 이렇게 증오심을 안고 살아간다면 결국 건강마저 해치게 된다는 것이다. 연구조사에 따르면, 용서하는 사람은 용서하지 않는 사람에 비해 혈압도 낮고 스트레스도 덜하며 더 건강한 삶을 살아가지만, 용서를 못하는 사람은 심혈관질환이나 암에 걸릴 위험이 더 높다고 한다.

고전 레미제라블의 주인공 장발장은 정원사였지만 어느 해 겨울, 일자리를 잃었다. 배고픔에 시달리는 조카들을 외면할 수 없었던 그는 가게에서 빵 하나를 훔치다가 경찰서에 잡혀서 5년형을 받았다. 이후 장발장은 네 번이나 탈옥을 시도해서 결국 19년 동안이나 감옥살이를 했다.

중년이 되어 출소한 장발장은 사람들의 멸시를 받았다. 차가운 바람이 매섭게 몰아치던 어느 늦은 밤, 갈 곳이 없었던 장발장은 배가 고파서 길가에 쓰러졌다. 그를 발견한 미리엘 주교는 장발장을 가족과 똑같이 대접하고 맛있는 음식을 대접했다.

하지만 장발장은 주교의 방 안에 있는 은식기를 훔쳐 달아나다가 경찰에 잡히고 말았다.

경찰의 연락을 받고 온 주교는 이렇게 말했다. "이것은 모두 제가 그에게 선물한 것입니다. 다." 그는 은촛대를 주며 "이것은 왜 두고 갔니? 자네의 영혼이 굴레를 벗고 성실한 사람이 되기를 바라네." 라고 말했다. 주교의 용서는 장발장을 크게 감동시켰고 그는 좋은 사람이 되기로 결심했다. 이후 그는 사업에 성공해서 큰 부를 쌓으며 빈민에 관심을 쏟아서 각종 자선 사업을 벌였다.

장발장의 성공은 미리엘 주교의 용서에서부터 시작되었다. 주교의 용서는 장발장의 과거의 어두운 굴레를 벗고 그의 인생항로를 바꾸게 했다.

　다른 사람의 잘못이나 실수를 용서했을 때 두 사람 사이에는 무엇보다도 단단한 신뢰가 싹틀 것이다. 당신의 용서덕분에 타인이 새롭게 살아갈 기회를f 얻었다면 그처럼 감격스러운 일이 어디 있겠는가?

　세계적인 리더십 컨설턴트이자 강연자인 폴 마이어는 『용서의 심리학』에서 '용서란 무엇인가'부터 '왜 용서를 못하는지' 용서에 관한 모든 이야기를 체계 있게 정리해 놓은 글이 있어서 옮겨보았다. 그는 "인생을 살아가려면 용서가 무엇인지 정확하게 알아야 한다. 용서가 무엇인지 모르면 우리가 필요로 하는 답을 찾을 수가 없기 때문이다. 아울러 용서를 베푸는 방법도 용서의 정의에 달려있다. 용서가 면죄를 의미하는 경우에는 죄를 사면한 것이 곧 용서다. 이 경우 죄를 사면할 생각이 없으면 용서를 베풀 수 없다. 또 용서가 상처를 잊는 것을 의미하는 것이라면 그것이 곧 용서다. 이때 상처를 잊지 않으면 가해자를 용서할 수 없다." 라고 말했다.

　다음과 같은 용서에 대한 아름다운 글이 있어서 옮겨보았다.
　어느 친한 두 친구가 사막을 여행하게 되었다. 하지만 두 친구는 여행 중 사소한 문제로 말다툼을 하게 되었고 한 친구가 다른 친구의 뺨을 때리고 말았다. 뺨을 맞은 친구는 아무 말도 하지 않고 모래위에 글을 적었다.
　'오늘 나의 가장 사랑하는 친구가 나의 뺨을 때렸다.'
　그들은 오아시스가 나올 때까지 말없이 걸었다. 마침내 오아시스에 도착한 두 친구는 그곳에서 쉬었다가 가기로 했다. 그런데 뺨을 맞았던 친구가 오아시스 근처에 있는 늪에 빠져 허우적거리자, 뺨을 때렸던 친구가 달려가 그를 구해주었다. 늪에서 빠져 나온 친구는 이번에는 돌에 글을 적었다.
'오늘 나의 가장 친한 친구가 나의 생명을 구해주었다.'
그 친구를 때렸고, 또한 구해준 친구가 의아해서 물었다.
"내가 너를 때렸을 때는 모래에다 적었는데, 왜 너를 구해준 후에는 돌에다 적었니?"
그러자 친구가 대답했다.
"누군가 우리를 괴롭혔을 때는 모래에 그 사실을 적어야 해. 그래야 용서의 바람이 불어와 지워버릴 수 있으니까. 그리고 누군가가 우리에게 좋은 일을 했을 때는 그 사실을 돌에 적어야 해. 그래야 바람이 불어와도 지워지지 않을 테니까?"

다음은 초(楚)나라와 양(梁)나라가 마주하고 있는 국경지대에 있는 작은 현(縣)에서 일어난 예화를 한편 소개하겠다.
양나라의 현령은 송취(宋就)였다. 비록 나라는 달랐지만 가까운 지역이라 두 나라 농민 모두 같은 종의 오이를 심었다. 그런데 그해는 유독 가물고 물이 부족해 묘목이 잘 자라지 않았다. 양나라 농민들은 혹시라도 가뭄으로 오이농사를 망칠까 봐 매일 밤마다 열심히 오이 밭에 물을 주었다.
그러자 묘목들은 금세 눈에 띄게 자라 초나라오이보다 커졌다. 초나라 농민들은 배가 아파 견딜 수가 없었다. 결국 그들 중 몇몇이 밤을 틈타 양나라 오이 밭을 죄다 짓밟고 돌아갔다.
이에 양나라 농민들은 송취를 찾아가 억울함을 호소하며 초나라 오이 밭도 똑같이 만들어야한다고 언성을 높였다. 송취는 그들을 진정시킨 뒤 이렇게 말했다.

"그렇게 하지 않는 게 좋을 것 같소."

농민들은 말도 안 된다며 너도나도 자리를 박차고 일어났다.

"아니, 뭐 무서운 거라도 있습니까? 어째서 우리가 이렇게 무시당하고도 가만히 있어야하는 겁니까?"

송취는 고개를 흔들며 침착하게 말했다.

"만약 우리가 똑같이 보복을 한다면 마음에 맺은 분은 풀 수 있겠지만 그 뒤는 어찌한다는 말이오? 그들도 가만히 당하고 만 있지 않을 터, 서로 싸우기만 한다면 아무도 오이를 수학할 수 없을 것이오."

"그럼 어쩌란 말입니까?"

"그러지 말고 매일 저녁 초나라 사람들과 함께 그들의 오이 밭에 물을 대 줍시다. 그러고 나서 결과를 한번 살펴봅시다."

농민들은 마뜩잖았지만 일단 송취의 말을 따르기로 했다. 초나라 농민들은 양나라 농민들이 자신들을 미워하기는커녕 매일 같이 도움을 주자 스스로 부끄럽게 느꼈다.

초나라 현령은 이 사실을 왕에게 보고했다. 초왕은 호시탐탐 양나라를 노리고 있었지만 이 소식을 들은 뒤 깊이 감동해서 먼저 화해의 손길을 내밀었다. 또한 많은 선물을 보내 양나라의 훌륭한 관원과 백성들을 칭찬했다. 양나라 왕은 양국관계의 개선에 공을 세운 송취를 치하하고 현의 백성들에게도 큰 상을 내렸다.

송취는 양나라 농민의 오이가 초나라 농민의 발에 짓밟혔음에도 탓하지 않고 오히려 선행을 베풀어 초나라 농민들을 감동시켰다. 이를 통해 초나라 농민들은 자신들의 잘못을 깨달았고 양국 화해의 초석이 됐다. 만약 송취가

선한 마음을 품지 않고 초나라 농민들에게 보복했다면 치고받는 악순환이 계속되어 두 나라의 관계는 악화되고 인간의 선량한 본성도 사라졌을 것이다.

용서는 자기 자신에게 베푸는 가장 큰 선물이다.
셰익스피어는 "당신의 적을 미워하여 분노의 불꽃을 피우지 마라. 그 불꽃이 당신을 태우게 된다."라고 말했다. 평범한 사람들이 원수까지 사랑할 수는 없지만, 심신의 건강을 위해서라도 관용과 용서가 필요하다.

08
베풀수록 커지는 마음의 양식
- 친절 -

진점규 교육타임스 편집장

러시아 속담에 '친절한 말 한마디가 석 달 겨울을 따뜻하게 해 준다'는 말이 있다. 그만큼 친절은 마음을 따뜻하게 해주는 마력(魔力)이 있다는 뜻 일게다. 친절은 타인의 고통과 기쁨을 자기 것으로 여기는 능력을 전제로 한다. 다른 사람에게 관대하고 친절한 것이 자신의 마음에 평화를 유지하는 길이 된다.

사람은 누구나 예의바른 사람을 좋아한다. 말 한마디를 하더라도 공손히 하고 예의바르게 할 때 호감이 가고 좋은 이미지를 갖게 된다. 옛말에 '웃는 얼굴에 침 뱉지 못 한다'는 말처럼 친절은 사람과 사람의 관계를 매끄럽게 하고 소통을 강화시켜준다. 사람은 친절한 사람을 보고 싫어할 사람은 아무도 없다. 아무리 화가 나도 친절한 사람을 보면 순식간에 언제 그랬냐는 듯이 마음이 풀린다. 지위 고하, 나이, 성별과도 전혀 상관없다. 친절은 닫힌 마음을 열게 하고 소통으로 이어지게 하는 묘약 같은 역할을 하기 때문이다. 그런데 이런 친절도 지나칠 때는 오히려 역효과를 가져오는 경우가 있다. 흔히 백화점에서 볼 수 있는 풍경이지만 매장에 손님이 들어오면 마치 수행비서처럼 철썩 달라붙는다. 손님이 묻지도 안했는데도 끊임없이 설명을 쏟아붙고 숨 돌릴 틈도 주지 않는 지나친 친절행위는 친절이 아니라 영업상술이다. '친절미소를 팝니다'라는 광고를 부착하고 억지 춘향이 노릇을 하며 친절을 판매한 행위는 아름다운 모습이라고 볼 수 없다. 진정한 친절은 마음에서 우러나오는 휴머니즘이다. 친절은 자신을 사랑한 사람만이 할 수 있는 그리움의 표현이다. 봉사가 아름다운 것은 어떤 대가를 바라지 않는 선행이기 때문에 지고의 가치가 있는 것처럼 말이다.

다음과 같은 친절에 대한 감동적인 일화가 있다.
햇볕이 내리쬐는 사막 한복판에서 낡은 트럭을 끌고 가던 한 젊은이가 허름한 노인을 발견하고 차를 세웠다.
"힘들어 보이는데 타시죠."
"고맙소! 젊은이!, 라스베가스까지 태워줄 수 있겠소?"
두 사람은 세상 돌아가는 이야기를 주고받으면서 노인의 목적지인 라스베가스까지 도착했다. 집도 없이 떠돌아다니는 부랑아 노인이라고 생각한 젊은이는 주머니를 뒤져 25센트를 노인에게 주면서 말했다.
"영감님, 차비에 보태세요. 몸조심하시고요."
"참 친절한 젊은이구먼"
명함 있으면 한 장 주게나." 젊은이는 무심코 명함을 건네주었다. "맬빈다이! 이 신세는 꼭 갚겠네. 나는 하워드 휴즈라고 하네."
 얼마의 세월이지나 이일을 까마득히 잊어버렸을 무렵 기상천외한 일이 벌어졌다. "세계적인 부호 하워드 휴즈 사망"이라는 기사와 함께 유언장이 공개되었는데 하워드 휴즈가 남긴 유산의 16분의 1을 맬빈다이에게 증여한다는 내용이었다.
 맬빈다이라는 사람이 누구인가? 아는 사람이 아무도 없었다. 유언장 이면에 맬빈다이는 내가 일생동안 살아오면서 만났던 가장 친절한 사람으로 기록되어 있었다. 친절한 사람! 이것이 유산을 남겨주는 유일한 이유였다. 하워드 휴즈의 유산총액은 25억 달러, 유산의 16분의 1은 1억 5,000만 달러, 우리 돈으로 2,000억 원 가량이었다. 무심코 베푼 25센트가 6억 배가 되어 돌아올 줄 누가 알았으랴!

 작은 친절이 가져온 큰 선물에 관한 이야기이다.
 날씨가 잔뜩 찌푸린 어느 날 오후, 갑자기 소나기가 내리자 길을 가던 행인들이 비를 피하려고 저마다 길가에 있는 상점으로 들어갔다.
 길을 걷던 한 노부인도 비를 피해 다리를 절룩거리며 필라델피아 백화점 안으로 들어갔다.
 수수한 옷차림에다 온통 비에 젖은 이 노부인에게 백화점 직원들 가운데 주의를 기울이는 사람은 아무도 없었다.
 이때 젊은 청년 한 명이 노부인에게 다가가 이렇게 말했다.
 "부인, 제가 무얼 도와드릴까요?"
 "괜찮아요, 비가 멈추면 곧 나갈 거라우"
 노부인이 미소를 지으며 대답했다. 그런데 곧 노부인에게 얼굴에 불안한 기색이 묻어났다.

　남의 상점에서 물건은 사지 않고 비만 피한다는 것이 염치없게 느껴진 것이다.

　노부인은 천천히 백화점 안을 들러보았다. 작은 머리핀 하나사서 비를 피한 대가를 치러야겠다고 생각했다. 노부인이 이런 생각을 하며 이리저리 둘러보고 있는데, 조금 아까 말을 건넨 청년이 다시 부인에게 다가와 친절하게 말했다.

　"불편해하지 않으셔도 돼요. 제가 문 앞에 의자 하나 가져다 놓았으니 의자에 편히 앉아 계셔요. "두 시간 정도 지나서 소나기가 그치자, 노부인은 그 청년에게 고마움을 표시하며 명함을 한 장 달라고 했다. 청년이 명함을 건네자 노부인은 그것을 받아들고 백화점을 나갔다.

　몇 개월 후, 필라델피아 백화점 사장 제임스 앞으로 한 통의 편지가 전해졌다. 편지에는 그 직원을 스코틀랜드로 보내 거액의 주문계약을 체결하도록 할 것과, 발신자가 몸담고 있는 기업체에 물품을 공급하는 일을 그에게 일임한다는 내용이 들어있었다.

　제 발로 굴러들어온 거액의 주문에 제임스 사장은 기뻐서 어쩔 줄 몰랐다. 사장은 서둘로 그 발신자에게 연락했고, 그 서신이 어느 노부인에 의해 작성되었다는 사실을 알게 되었다. 알고 보니 그 노부인은 몇 개월 전 백화점에서 비를 피했던 사람이었고 바로 미국의 백만장자인 철강왕 카네기의 모친이었다.

　편지 한 통이 회사에 가져다준 이익을 회사 전체 총이익의 2년 치에 상당하는 것이었다. 사장은 곧 페리라는 이름의 그 젊은이를 불러 이사회에 추천했고 머지않아 페리는 스코틀랜드로 가는 비행기에 올랐다. 그는 이제 백화점의 어엿한 파트너가 되었다. 그의 나이 22살이었다.

　몇 년 후 페리는 성실함과 친절함으로 카네기의 오른팔이 되었고 사업 역시 크게 번창하여 미국 철강업계에서 카네기 다음으로 중요한 거물이 되었다.

　선행은 위대한 행운의 마법 상자이다. 일화에서처럼 젊은이의 작은 친절이 큰 행운을 몰고 왔다. "사람은 착한 일을 하는 사람은 하늘이 이들에게 복으로써 보답해 주고 악한 일하는 사람은 하늘이 이들에게 재앙으로써 보답해준다"고 명심보감 '계선편'에 나온 말이다.

　물론 이말 대로 되어진다면 세상에 죄 짓고 사는 사람이 누가 있으랴마는 사람 사는 곳에서 사람냄새가 나는 사람이 요즘 세상에 그리 흔치 않다. 타인에게 친절하다가가는 오히려 웃음거리가 된다고 생각하는 사람이 그 외로 많은 게 세상인심이다. 그러나 가끔 길을 가다가 길을 물었을 때 가던 길을 멈추고 자세히 안내해준 친절한 사람을 만났을 때 우리는 따뜻한 감정을 느끼게 된다. 또는 노인이 수레에 짐을 가득 싣고 비탈길을 오를 때 뒤에서 말없이 수레를 밀어주는 젊은이를 보라, 그 풍경은 보는 이를 흐뭇하게 하는 것은 모든 사람이 느끼는 인지상정일 것이다.

　'친절에 감사한 사람은 그 역시 친절한 사람이다.'라는 말이 있다. 친절은 사회를 하나로 연결시켜주는 최고의 연결고리다. '세상에서 가장 아름다운 친절'을 브랜화시킨 디즈니랜드 창업자 월트디즈니의 말처럼 친절은 아무리 퍼내도 '마르지 않는 샘물'이다.

　요즘처럼 각박한 사회에 타인에게 전해준 따뜻한 말 한마디는 훈훈한 정을 느끼게 되고 그 즐거움이 부메랑이 되어 내게로 온다. 친절은 마르지 않는 '영혼의 샘물'이며 따뜻한 영혼의 소유자가 베푼 그리움의 행위이다.

09
자신을 지키는 최고의 가치
- 절제 -

진점규 교육타임스 편집장

 옛날 말에 '아흔 아홉 개 가진 놈이 한 개 가진 놈 것을 빼앗으려고 한다'는 말이 있다. 인간의 욕심은 무한대이고 끝이 없다는 말이다. 동물의 왕 사자는 배가 고파서 사냥을 할 때도 자신의 배만 채우면 남은 것은 거들떠보지도 않고 지나간다. 나머지는 하등동물의 몫으로 남겨두고 간다. 그러나 배가 불러도 분수를 넘어 탐식하는 하는 것은 인간 밖에 없다. 인간의 끝없는 욕심이 화를 부르고 결국에는 패가망신하는 경우를 주변에서 똑똑히 보고 있다. 정권욕에 눈이 멀어서 마지막에는 비극을 초래하는 경우를 보았고, 지나친 투자로 재기 불능한 기업들, 분수를 모르고 흥청망청 쓰고 살다가 결국에는 거덜내고 거리로 쫓겨난 사람들, 게다가 게임이나 알콜 중독에 빠져있는 사람들, 우리 주변에는 자신을 지키지 못해 절망의 늪에서 헤어나지 못하고 살아가는 사람들이 수없이 많다. 절제는 자신을 가꾸고 지켜나가는 마음의 블랙크이다. 그 마음의 블랙크가 제어되지 않고 작동이 어려우면 인생은 고장이 난다.

흔히 절제가 부족하여 다툼이 나오고, 음식의 과도한 섭취로 만병의 근원을 만들고, 사랑에 눈이 멀어서 불행의 씨앗을 만들었던 경우가 우리 주변에는 얼마나 많았던가. 절제의 가르침은 아무리 강조해도 지나침이 없는 정신교육임은 틀림이 없다.

절제는 멈춰야할 때와 물러설 때를 아는 지혜이며 멈출 수 있는 용기이다. 마음과 생각, 언어, 영적인 삶에 이르기까지 삶의 모든 영역에서 절제는 우리를 안전하게 지켜주는 버팀목이다. 인간은 자신의 생각과 마음, 그리고 육체가 원하는 대로 살고자 하는 욕구가 있다. 마치 어린 아이들이 성장하여 어른이 되면 가장 좋다고 여기는 것은 '내 마음대로 할 수 있다'는 생각이 착각임을 우리는 잘 알고 있다. 이렇게 교만하고 이기적인 존재가 어떻게 자기를 제어하고 성숙함을 이루어 갈 수 있을까.

아무리 아름다운 성령의 열매도 절제라는 바구니에 담기지 않으면 도를 넘게 되어 결국 덕이 되지못함을 삶의 현장에서 종종 경험한다. 우리는 근본적으로 절제에 익숙하지 않다. 그러기에 절제는 든든한 울타리처럼 경계를 이루고 도를 넘지 않게 하는 힘이 있다. 마음과 몸과 생각 그리고 입술마저도 이기적 욕심과 교만함에 의하여 통제를 받기 때문이다.

역사의 위인들은 한결같이 절제의 삶을 살았고 그 가치의 힘을 믿었던 사람들이다.

간디는 삶 속에서 자기절제를 가장 잘 실천한 사람이다. 그가 인류의 스승으로 추앙받은 것은 그의 위대한 절제정신 때문이다. 그는 삶 속에서 검소함을 생활화했고 언행일치를 실천하는 성인이었다. 심지어 인간으로서 실천하기 어려운 금욕까지도 아내와 동의하에 지켜나갔다. 그는 이 같은 금욕적이고 간소한 생활을 사회적 열정으로 승화시켰다. 절제는 공공복리를 위해 일하고자 하는 그의 욕망을 더욱 배가시켰다.

그리고 절제에 대해서 빼놓을 수 없는 또 한 사람이 있다.

'내 인생의 철학은 절제에 있다'라고 말하는 사람, 세상에서 가장 가난한 대통령으로 소개한 사람, 그는 28년 된 낡은 자동차를 끌며 자신의 월급 90%를 기부한 우루과이의 호세무 히카 대통령이다. 그는 노숙자들에게 대통령궁을 내주었고 검소하고 친근한 카리스마로 전 세계에 새로운 대통령상(像)을 보여준 사람이다. 그는 2015년 3월 임기를 마쳤을 때 국민들의 높은 지지율을 받았다. 또한 프란치스코 교황까지도 그를 현자(賢者)라고 칭송한 대통령이다.

인간이 삶 속에서 지켜야할 중요한 덕목 가운데 하나가 절제이다. 절제는 자신을 지키고 통제하는 힘을 말한다. 그 힘을 지키고 가꿔나갈 때 성공적인 삶을 살아갈 수 있지만 그 반대로 그 힘을 제대로 제어하지 못하고 고장 난 브랙크처럼 작동이 어려우면 인생도 고장이 난다.

과유불급이라는 말처럼 넘치면 모자람만 못하다는 말이 있다. 그것을 지키기 위해서는 무엇보다도 자신을 수신(修身)하고 통제하는 힘 즉 중요의 지혜를 배워나가야 한다.

절제가 어려운 것은 인간은 본능적인 욕구가 강하고 편안함을 추구하는 존재이기 때문이다.

절제는 자신을 지키고 가꾸는 인격의 그릇이다. 그 그릇 속에 인격의 향기가 피어나는 것은 절제의 힘을 통한 정신적 미덕(美德) 때문이다.

10
나를 지키는 지혜
- 평정심 -

진점규 교육타임스 편집장

　세상에서 지키기 어려운 것 중에 하나가 평정심(平靜心)이다. 평정심은 나를 지키게 하는 내면의 힘이다. 그 힘을 통해서 마음의 평화를 유지하고 정신의 안온함을 갖게 하는 것이다. 사람은 누구나 유쾌한 환경, 근심 걱정이 없고, 스트레스가 없는 상황에서는 족히 5분에서 10분정도는 평온하게 보낼 수 있다. 그럴 때 사람들은 자신이 굉장히 차분하고 침착한 사람인줄 착각 하 기 쉽다. 하지만 어떤 갑작스런 위기상황이 닥치면 평정심은 곧 순간에 무너져버린다. 진정한 평정심은 어려운 순간에 비로소 드러나는 법이다. 중요한 것은 상황이 좋지 않을 때 어떤 태도를 보이는가 하는 것이다. 화가 치솟거나 마음이 어지러워지는 순간, 하고자하는 일이 꼬였을 때, 뜻하지 않게 타인에게 외면 소리를 들었을 때, 직장에서 스트레스를 받았을 때, 마음의 평정심을 유지하기란 쉽지가 않다. 그래서 마음의 평정심을 갖고 살 수만 있다면 그 사람은 '인생의 반은 승리한 사람이다'라고 말한다.

우리는 소음에 둘러싸여 산다. 바깥뿐만 아니라 안에서도 매일 잡음이 일어나 머릿속을 어지럽힌다. 그러나 우리를 정말 힘들게 하는 것은 이런 것이 아니다. 바로 내 마음이다. 어떤 일을 즐겁게 하고 기뻐할지, 거부하고 싫어할지 결정하는 것은 내 자신이기 때문이다.

『나를 지키는 힘』의 저자 토마스호엔제는 '내'가 주체로서 내면을 컨트롤(조절)하려면 평정심이 필요하다. 마음을 다스리고 삶을 넉넉하게 바라보는 힘이 평정심 안에 있다고 한다. 그는 평정심을 통해 세상을 바라보는 법을 소개하면서 평정심은 상황에 위축되지 않고 강박에서 벗어나는 생각의 전환점을 갖게 한다. 삶이 힘든 것은 이상한 일이 아니다. 어려운 상황에서 어떻게 대처해 나갈 것인가 하는 것이 삶의 자세의 문제이다 라고 말한다. 그는 우리가 부지불식간에 하는 생각들이 마음의 평화를 깨뜨리는 원인이다. 반대로 생각에 도움을 받으면 다시금 평심에 이를 수 있다고 한다. 모든 것이 내 마음에 달려있다는 것이다. 그러나 삶 속에서 평정심을 유지하기란 말처럼 쉬운 일은 아니다. 일상에서 번잡하고 복잡한 일, 자신을 짜증나게 하는 일들을 접했을 때 이것은 자신을 단련시키는 위한 트레이너로 생각한다면 평정심에 이르는 길이 좀 더 즐거워지지 않을까 생각해본다.

흔히 평정심을 추구한다는 말은 상당히 추상적으로 느끼게 된다. 잔잔한 음악을 들으면서 가부좌로 앉아 명상이라도 해야 할 것 같은 생각부터 든다.

마음을 다스리는 내면의 자세는 사람에 따라 각자 다르게 나타난다. 무턱대고 명상을 한다고 해서 고요가 찾아오는 것은 아니다. 조용한 장소에서 마음이 가라앉은 사람이 있는가하면, 조용한 것에 익숙하지 않아 오히려 잡념에 빠지는 사람도 있다. 한적한 휴양지에서만이 고요를 만끽할 수 있는 것은 아니다. 번잡한 대도시의 한가운데서도 자신만의 쉼터를 찾을 수 있다. 결국 주의력의 문제이다. 우리는 자신의 문제를 일시적으로 내려놓고 삶의 아름다운 부분에 집중할 수 있다면 마음의 평화가 오고 고요한 평정심을 맛볼 수 있다. 문제는 자신을 대하는 마음가짐에 따라 내 앞에 펼쳐진 세상은 낙원이 될 수도 있고 지옥이 될 수도 있다.

다산 정약용 선생은 「수오재기(守吾齋記)」라는 글에서 본질적인 나를 잡는 것은 참으로 어렵다고 표현했다. 그는 "천하에 모든 물질적인 것은 지킬 필요가 없다.(물질은 잃어버려도 다시 구입하면 된다는 것을 의미함, 하찮은 것임) 하지만 마음은 꼭 지켜야한다. 마음이 내 몸에 붙어있어서 당연히 제자리를 지키고 있을 것처럼 보이지만 드나드는데 일정한 법칙이 없다. 잠시 살피지 않으면 어디든지 못 가는 곳이 없는 것이 마음이다. 이익이 있어도 떠나고 위험과 재앙이 겁을 주어도 떠난다. 마음을 울리는 아름다운 음악소리만 들어도 떠나가며, 눈썹이 새까맣고 이가 하얀 미인의 요염스러운 모습만 보아도 떠나간다. 한번가면 돌아올 줄 몰라서 붙잡아 만류할 수가 없다. 그러니 천하에 나의 마음보다 더 잃기 쉬운 것이 없다. 어찌 실과 끈으로 매고 빗장과 자물쇠로 잠가서 나의 마음을 굳게 지켜야 하지 않으리오.
- 〈정약용의 '수오재기'〉 발췌 -

그는 "항상 고요히 혼자 있을 때 마음속에 정갈한 유리그릇 하나를 연상하고 그 속에 물이 가득 담겨져 있다고 연생해 보자. 그리고 그 물이 흩어지지 않도록 조심하는 삶이 바로 평정심을 유지하는 삶이다"라고 말했다.

사색하는 삶 즉 관조적인 삶의 자세가 평정심을 유지하는 첩경이다. 모든 일에 감정을 개입하지 말고 관찰자 입장으로 살아갈 때 세상을 통찰하는 여유가 생기고 마음의 힘이 생긴다.

수도하는 사람이 궁극적으로 추구하는 것은 평상심이다. 평정심을 체득해야 미혹(迷惑)에서 벗어나 밝은 마음으로 자신의 천성을 깨달을 수 있기 때문이다. 그 결과 영화와 욕됨을 머릿속에서 지우고 진정으로 무엇에도 얽매이지 않는 경지에 도달하게 된다.

평정심으로 생활하면 이성적이고 지혜롭게 인생 그 자체를 순수하게 받아드리고 만족감으로 항상 즐겁게 살 수 있다.

11
마음을 여는 지혜
- 경청 -

진점규 교육타임스 편집장

　일찍이 신(神)이 인간에게 한 개의 혀와 두 개의 귀를 준 것은 말하는 것보다 두 배로 많이 들으라는 것이다. 인간관계에서 중요한 것은 뭐니 뭐니 해도 상대방의 말을 끝까지 들어주는 것이다. 그런데 그게 말처럼 쉽지는 않다. 그 이유는 사람은 누구나 자기중심적 사고를 갖고 있기 때문에 상대방의 생각을 쉽게 받아드리지 않으려는 경향이 있기 때문이다.

　이청득심(以聽得心) 귀 기울여 들으면 남의 마음을 얻는다는 뜻이다. 경청이란 단순히 말을 하지 않고 듣는 것이 아니라, 상대방의 진심을 믿고 받아들인다는 의미를 가지며 마음의 중심이 상대를 향하는 것이다. 그래서 말을 들을 때는 언제나 상대방의 눈을 보아야한다. 상대의 눈을 보지 않고 다른 곳을 본다거나 하는 것은 커다란 결례이다. 상대의 말은 귀가 아닌 눈으로 들어야한다.

일찍이 공자도 〈논어〉 '위정편'에 이순(耳順)이 되어서 인생에 경륜이 쌓이고 사려와 판단이 성숙하여 남의 말을 받아들이는 나이가 되었다고 했다. 말을 배우는 데는 2년이 걸렸지만 말을 듣는 데는 꼬박 60년이 걸렸다고 했다.

흔히 '말하는 것은 지식의 영역이고, 듣는 것은 지혜의 영역이다'라고 말한다.

경청은 사람의 마음을 얻기 위한 가장 기본적인 방법이자 최고의 경쟁력이다. 자신의 귀를 열면 상대의 입을 열 수 있으며, 자연스럽게 마음까지 열 수 있다. 간혹 상대의 이야기가 자신의 생각과 다르다며 중간에 끼어들거나 무시할 때가 있는데 이러한 자세 역시 스스로 경계 할 줄 알아야한다.

경청이라면 삼성그룹 창업주인 고(故) 이병철 회장과 그의 아들인 이건희 회장 사이에 전해지는 일화도 있다. 이 전 회장은 셋째 아들 이건희 회장을 후계자로 점찍은 뒤 경청(傾聽)이라는 글을 붓으로 써서 선물했다. 이 전 회장은 부친이 쓴 휘호를 바라보면서 늘 스스로에게 잘 듣고 있는지 자문하곤 했다고 한다. 물론 회사를 경영하면서 좌우명으로 삼으라는 뜻이었을 것이다. 그래서 지금도 삼성의 모든 임원들 방에는 경청이라는 휘호가 걸려있다고 한다.

지난 1597년 정유재란 당시 13척의 전선으로 133척의 왜선을 물리쳤던 이순신장군의 리더십이 지금도 여전히 주목 받은 것은 그가 불가능해 보이는 상황을 가능의 현실로 만들었기 때문이고 그 가능의 길을 열어준 것은 바로 득심(得心)의 리더십이다. 그가 병사와 백성들의 가슴 깊은 곳에서 신뢰를 끌어내지 않았다면 그의 전술능력, 충성심, 용기가 과연 지금도 우리 입에서 회자될 수 있을까 생각하게 된다. 그의 리더십을 연구하는 학자들은 그가 병사와 백성들의 뼛속까지 파고드는 신뢰를 끌어낼 수 있었던 비결은 '경청'에 있다고 말하고 있다.

남북전쟁의 와중에서 궁지에 몰린 링컨 대통령은 상의할 것이 있다면서 일리노이에 사는 옛 친구에게 워싱턴까지 와 줄 것을 요청하는 편지를 보냈다. 그는 백악관을 방문한 친구를 상대로 몇 시간 동안 쉬지 않고 떠들어댄 다음 한마디의 의견도 물어보지 않고 작별을 고했다. 링컨은 조언을 듣고 싶었던 것이 아니라 자신의 속마음을 털어놓을 수 있는 우호적인 경청자를 원했던 것이다. 링컨은 훌륭한 경청자를 친구로 둔 덕분에 성공한 대통령이 될 수 있었다.

칭기즈칸이 몽골제국을 통일할 수 있었던 것도 그는 언제나 열린 귀로 상대의 말을 들었고, 머리보다는 가슴으로 말하는 리더였다.

역사 속에 위인들을 보면 그들도 역시 상대의 이야기를 잘 들어주는 경청의 리더십을 통해 그들의 역사를 쓰고 새로운 문화를 만들어 왔다.
경청은 상대의 마음을 얻고(得心) 이해를 돕는데 마음의 특효약이었다. 그것은 상대방의 진심을 믿고 받아들인다는 의미를 가지며 마음의 중심이 상대를 향하는 것이기 때문일 것이다. 그래서 말을 들을 때는 언제나 상대방의 눈을 보아야한다. 상대의 말을 듣는 것은 귀 아니라 눈이다.

21세기는 감성의 시대이다. 냉철한 머리보다는 따뜻한 가슴으로 말할 때 상대의 공감을 얻을 수 있는 마음의 문을 열 수 있다.

경청은 상대의 마음의 문을 열수 있는 열쇠이며, 시대를 초월해 인간다운 품격을 완성하는 정신자세이다.

대화는 단순한 만남 이상의 의미를 가지고 있다. 경청이란 단순히 말을 하지 않고 듣는 것이 아니라 상대방의 진심을 믿고 받아들인다는 의미를 가지며 그대의 마음의 중심이 상대를 향하는 것이다.

상대의 말하는 것을 귀가 아닌 눈으로 들어라 경청의 원칙은 상대를 소중한 인격체로 받아들인다는 의미를 내포하고 있다. 되도록 자신의 생각을 접고 상대의 말에 집중하라. '상대방보다 적게 말 하겠다'는 인내심을 발휘해야한다.

12
지혜의 가장 훌륭한 대답
- 침묵 -

진점규 교육타임스 편집장

요즘처럼 인터넷 게시판, SNS을 통해 수많은 글이 난무하고 온갖 비방과 담론이 쏟아져 나오는 세태 속에서 침묵을 말한다는 것은 어쩜 생뚱맞고 뭔가 2%로 부족하다는 생각이 든다. 하지만 백 마디 말보다 침묵이 가치 있을 때가 있다. 현명한 사람은 말할 때와 침묵할 때를 가려서 하는 사람이다.

나폴레옹은 전쟁의 영웅. 훌륭한 웅변가. 침묵의 달인이었다.

그는 전장에 나가기 전에 수많은 병사들의 사열을 받으면서 단상에 올라갔다. 그는 병사들에게 말 한마디 하지 않고 똑바로 서서 경례하는 모습으로 좌우로 두세 번 병사들을 뚫어지도록 바라보면서 침묵을 지킨 채 내려왔다. 병사들은 그가 말 한마디 하지 않했지만 이 전쟁이 얼마나 중요하다는 것을 충분히 알고 있었다. 그들은 나폴레옹 만세! 나폴레옹 만세! 외치면서 사기를 충전시켰고 전쟁터로 행군했다. 이처럼 침묵이란 아무 말 없이 잠잠히 있는 것이지만 굳게 다문 입은 백 마디 말보다 강한 메시지를 전한다.

사람은 누구나 침묵을 소중히 여길 줄 아는 사람에게 신뢰가 간다. 초면이든 구면이든 말이 많은 사람에게는 어쩐지 신뢰가 가지 않는다. 사실 인간과 인간의 만남에서 말은 그렇게 중요하지 않다. 꼭 필요한 말만 할 수 있어야 한다. 안에서 말이 여물도록 인내하지 못하기 때문에 밖으로 쏟아내고 마는 것이다. 이것은 하나의 습관이다. 생각이 떠오른다고 해서 불쑥 말해 버리면 안에서 여무는 것이 없다. 그렇기 때문에 그 내면은 비어있다. 말의 의미가 안에서 여물도록 침묵의 여과기에서 걸러 받을 수 있어야한다.

경전(經典)에서도 입에 말이 적으면 어리석음이 지혜로 바뀐다고 했다. 말하고 싶은 충동을 참을 수 있어야한다. 생각을 전부 말해버리면 말의 의미가, 말의 무게가 여물지 않는다. 말의 무게가 없는 언어는 상대방에게 메아리가 없다. 오늘날 인간의 말이 소음으로 전락하는 것은 침묵을 배경으로 하지 않기 때문이다. 즉 말이 소음과 다름없이 다루어지고 있기 때문이다. 우리들은 말을 안 해서 후회되는 일 보다는 말을 해 버렸기 때문에 후회되는 일이 얼마나 많은가.

디누아르 신부는 자신의 저서 『침묵의 기술』에서 "언제 침묵해야 하는가, 어떻게 침묵해야 하는가, 침묵의 원칙에 준하는 적절한 침묵은 무엇인가? 에 대해서 침묵은 종종 그 어떤 말보다 강력한 메시지를 전한다. '침묵은 금이다'라는 말처럼 침묵을 지키는 것이 현명한 처신일 때도 있지만, 발언해야 할 때 침묵하는 것은 비겁한 행동이다"라고 말했다.

그는 침묵의 유형을 열 가지로 구분하여 논하며, 침묵이 의사와 감정을 대신하여 기능하고 있음을 역설했다. 신중한 침묵, 교활한 침묵, 아부형 침묵, 조롱형 침묵, 감각적인 침묵, 아둔한 침묵, 동조의 침묵, 무시의 침묵, 정치적 침묵, 신경질적인 침묵이 그것이다.

이 열 가지 침묵의 유래를 밝히면서, 내적으로는 자기통제의 수단이자 외적으로는 처신의 수단이 되는 적절한 침묵에 대해서 구체적으로 제시한다.

그는 "침묵을 배우려면 고요한 훈련이 필요하다. 고요함이 주는 힘을 깨달아야한다. 신은 가장 고요할 때 우리에게 다가온다. 내면이 고요한 사람에게만 신의 음성이 들린다. 지혜로운 사람만이 침묵할 줄 알고 침묵 속에서 신을 만난다"고 했다.

도연 스님의 에세이 『누구나 한 번은 집을 떠난다』를 보면 다음과 같은 글이 있다.

"입으로 들어가는 것이 사람을 더럽게 하는 것이 아니라 입에서 나온 그것이 사람을 더럽게 하는 것 이니라" 라는 구절이 있다. 이렇듯 말과 침묵의 중요성을 강조하였다. 말이 많아지면 얻는 것보다 잃은 것이 많아짐을 깨닫게 된다. 말이 많아질수록 자신을 살피는 시간이 줄어들고, 상대방에 대한 부정적인 시각만 늘어난다. 공자도 삼사일언(三思一言)이라고 하여 "세 번 생각한 후에 한 번 말하라"고 했다.

요즘처럼 아침에 눈을 뜨면 언어의 소음으로 가득 찬 세상에서 고요한 침묵을 생각한다는 것은 지혜롭게 삶을 준비하는 자세이다. 우리 인생에서 가장 감동적인 순간에는 아무 말도 하지 못한다. 고요함은 어떤 노래보다 음악적이다.

침묵은 영원처럼 깊고 말은 시간처럼 얕다. 그리고 참된 지혜의 가장 훌륭한 대답이다. 침묵은 절대 배신하지 않는 친구다. 대부분의 사람들은 말을 너무 많이 한다. 성공의 많은 부분은 침묵에서 기인한다. 행복한 삶은 조용한 삶이어야한다. 왜냐하면 참다운 기쁨은 오직 조용한 분위기에서만 살아나기 때문이다. 우리 인생의 감동적인 순간에는 아무 말도 하지 않는다.

13
인생 최대의 자본
- 신뢰 -

진점규 교육타임스 편집장

안데르센의 동화 '할아버지가 하는 일은 언제나 옳아요'에 나온 줄거리다. 할머니는 남편의 절대적인 후원자였다. 할아버지가 전 재산인 말을 소로 바꾸고 다시 다른 것과 계속 밑지게 바꾸다 썩은 사과를 들고 왔는데도 "정말 잘했다"고 칭찬한다. 덕분에 할아버지는 부자와의 내기에 이겨 많은 금화를 얻는다. 무엇을 하든 할머니가 응원할 것이라는 믿음이 있었기에 할아버지의 승부수는 가능했다.

신뢰란 이렇게 누구에게든 자신감을 안겨준다. 그러나 신뢰는 하루아침에 쌓이지 않는다. 우리는 하루에도 몇 번씩 크고 작은 약속을 한다. 그리고 그 약속을 대수롭지 않게 생각하며 반복해서 어기는 일이 많은 사람과는 불협

화음은 물론 이내 다른 관계마저 틀어지게 마련이다. 약속시간이 훨씬 지나도 반드시 약속을 지킬 것이라는 믿음이 있는 사람은 어떤 상황에도 기다림을 멈추지 않는다. 하지만 약속을 밥 먹듯이 어기는 사람을 위해서는 단 5분도 시간을 내주고 싶지 않는 것이 인지상정이다. 상대를 믿어주길 원한다면, 믿을 수 있는 경험을 제공해야한다. 약속에 대한 믿을만한 경험이 쌓이면 그것은 굳은 신뢰가 되어 되돌아온다.

백범 김구선생이 상해 임정시절에 이봉창이라는 청년이 그를 찾아왔다. 말로만 듣던 임시정부를 찾아 백범에게 자신을 의탁한 것이다. 백범은 이봉창을 처음 대했고 그에 대해서 아는 바가 없었지만 그의 딱한 처지를 듣고 당시로서는 거금인 천원을 선뜻 주었다. 백범은 이봉창을 완전히 믿었다. 그리고 자신의 그 믿음을 행동으로 보였다. 뒷날 이봉창은 "나는 평생에 이렇게 신임을 받아보긴 처음이다, 이렇게 나를 믿어주는 사람을 위해 무슨 일이든 못 하겠는가" 라고 당시를 회고 했다. 그 후 두 사람사이에 형성된 신의는 죽음을 넘어선 애국으로 발전했고 '신뢰의 힘은 위대하다'는 증표를 남겼다.

다음은 쌓인 시간만큼 견고해진 신뢰에 대한 예화를 소개하겠다.
왕은 자신이 가장 신뢰하는 신하에게 자신이 먹을 음식을 책임지게 한다. 그런데 어느 날 왕의 음식에 머리카락이 나왔다. 왕의 음식관리를 제대로 못한 중죄로 왕의 음식을 관리하던 신하는 한 순간 죽음을 면치 못할 위기에 처했다. 신하는 변명하지 않고 왕에게 고했다. "뼈도 자르는 칼을 가지고도 머리카락을 자르지 못했으니 죽여주소서! 모든 것을 태우는 뽕나무 숯불을 가지고도 머리카락을 못 태웠으니 죽여주소서!

모든 세상을 볼 수 있는 눈을 가지고도 머리카락을 보지 못했으니 죽여주소서!" 하지만 오랫동안 신하를 신뢰해온 왕은 음식을 만드는 과정을 조사하게 했다. 결국 만들어진 음식을 왕의 처소에 옮기는 신하가 머리카락을 넣었다는 것이 밝혀졌고 억울한 신하는 죽음을 면했다.

신뢰가 견고해지려면 시간이 필요하다. 오랜 신뢰관계를 형성한 사람 사이에는 의도하지 않는 실수는 너그럽게 넘어갈 수 있다. "내가 오랫동안 봐왔는데 그래도 그 사람 믿을만한 사람이다."라는 소리를 듣기까지는 일관된 태도로 서로 믿고 일해 온 시간이 쌓였을 때 가능하다. 지금 한 가지 실수로 그 사람 전체를 판단하지 않게 하는 힘이 생기는 것이다. 그러려면 실수에 대해 변명하지 않고 그대로 인정하고 용서를 구하고 잘못을 시정하려는 진정성이 있어야한다. 자신의 억울함을 호소하며 목숨을 구하지 않는 신하의 태도가 왕의 마음을 움직이는 것처럼, 하지만 신뢰는 긴 시간 쌓아왔어도 한 번의 치명적 실수로 관계가 깨질 수 있는 유리병 같은 것이도 하다. 특히 정직하지 못한 행동, 약속을 지키지 않는 행동 같은 경우가 그렇다. 그래서 신뢰관계에 금이 갈 정도의 실수를 하지 않도록 자기관리를 철저히 하며 살펴야한다.

잘 나가는 사람이 위험하다. 사람을 믿을 수 있는가 없는가를 재는 척도는 여러 가지가 있지만, 무엇보다도 그 사람이 한 단계 업그레이드된 위치에 있을 때 태도변화를 유심히 살펴보면 그 사람의 됨됨이나 신뢰성을 짐작할 수 있다. '화장실 들어갈 때 다르고 나올 때 다르다'는 느낌을 준 사람은 크게 성공할 수 있는 확률도 낮을뿐더러 주변으로부터 신망을 잃어가는 사람이다.

　자신이 아쉽고 필요할 때는 필요한 사람을 열심히 찾아다니고 인사도 챙기다가도 자신이 그 사람의 필요성이 없다고 판단 될 때는 확실히 어딘가 모르게 달라진 태도를 보이는 사람이 적지 않다. 화장실 들어갈 때와 나올 때가 다른 사람이다.

　인생은 롤러코스터다. 올라갔다고 그 자리에 계속 머물러 있지 않는다. 언젠가는 하강해야 한다. 그게 인생의 이치다. 자신이 잘 나간다고 생각할 때 가능하면 많은 사람을 배려하고 베풀 수 있어야 한다. 사람일은 아무도 예측할 수 없다.

　신뢰는 믿음의 단초이다. 인생을 살아가는데 최대의 자본은 신뢰이다. 신뢰는 한 국가를 건설하는데 최고의 재산이다. 신뢰가 무너진 국가는 재건이 불가능하다. 신뢰는 누구에게나 자신감을 안겨준다. 그러나 신뢰는 하루아침에 쌓이지 않는다. 상대를 믿어주길 원한다면, 믿을 수 있는 경험을 제공해야한다. 약속에 대한 믿을만한 경험이 쌓이면 그것은 굳은 신뢰가 되어 되돌아온다. 신뢰의 힘은 위대하다.

14
인간에 대한 예의와 친절
- 예절 -

진점규 교육타임스 편집장

　예의(禮儀)는 사람의 인격을 담는 그릇이다. 그릇에 어떤 물건을 담았느냐에 따라서 냄새도 각기 다르다. 향을 담는 그릇에는 향냄새가 나고, 깨를 볶은 그릇에는 고소한 냄새가, 젓갈을 담은 그릇에는 젓갈냄새가 날것이다. 사람의 인격도 마찬가지다. 흔히 '사람은 겪어봐야 안다'는 말처럼 외모나 겉모습만 보고 평가하기는 어렵다. 사람은 누구나 예의바른 사람을 좋아한다. 만나는 사람이 예의가 없고 품격이 없으면 금세 싫증이 나게 마련이듯 이 세상 어느 누구도 예의 없는 사람을 좋아하는 사람은 없다.
　사람은 인사하는 것 하나를 보면 그 사람이 교양이 있는 사람인지 품위가 있는 사람인지 알 수 있다. 상대방과 악수를 할 때도 손만 내밀고 고개를 돌린다던지, 명함을 받고 손에 쥐고 상대방이보는 앞에서 꼬무작거리는 것은 큰 실례이다. 악수를 할 때는 반드시 눈은 상대방과 마주쳐야하고 손은 온도가 전해질 정도로 잡아줘야 한다. 명함은 두 손으로 정중하게 받아서 한번 읽어본 후에 페스포드나 안쪽 주머니에 넣는 게 예의다. 그런데 상대방 앞에서 명함을 손에 들고 꼬무작거리면서 헛짓을 하는 것은 무례한 행동이다. 명함은 상대의 인격이다.

용모나 옷차림이 단정한 것 하나를 보면 그 사람이 준비된 사람인지 아닌지 알 수 있다.

아침까지 술 냄새를 풀풀 풍기며 회사에 출근하는 사람, 와이셔츠소매 끝에 묶은 때가 꾀죄죄한 채로 다니는 사람은 어떤 일을 맡겨도 깔끔하게 처리하지 못한다. 이런 사람일수록 일이 잘못되면 뒤로 숨기 바쁘고 자신은 할 만큼 했는데 더 이상 어쩌라는 것이냐며 맹목적으로 버틴다. 이런 사람이 있으면 직장의 분위기도 문제지만 열정적인 사람의 힘을 빼앗는다.

성공한 사람은 자기 통제력을 갖고 있다. 그들은 즐거움을 유보하고 성공을 달성한 사람들이다. 사람은 실력 이전에 예의를 갖춰야한다. 예의는 신의를 쌓는 미덕이다.

예전에 어느 대기업에서 면접시험을 보는 과정의 이야기가 생각나서 적어본다. 필기시험 합격자들이 제2차 면접시험을 보는 날이다. 면접관실에는 그 기업의 회장님도 나와 있었다. 그들이 들어오는 입구에 일부러 휴지조각을 떨어뜨려 놨다. 그런데 수많은 사람들이 면접실로 들어오면서 아무도 그 휴지를 보면서 줍는 사람이 없었다. 그런데 한사람 그 휴지를 주어서 휴지통에 버리고 차분하게 면접관 앞에 앉았다. 그 광경을 본 회장님 왈(曰) "당신은 더 이상 면접 볼 필요가 없소. 우리 회사가 필요한 사람은 바로 당신 같은 사람이요"라고 말했다고 한다. 위 글에서처럼 아무리 아는 것이 많아도 배움 이전에 예의를 갖추는 사람이라야 만이 진정한 실력자요, 사회가 필요한 사람이다.

　사랑도 예의라고 하는 그릇에 격식을 갖추고 나올 때 품위 있고 존경스럽다. 사람은 끼리끼리 어울린다. 사람을 무례하게 대하면 소인배들이 모여든다. 그러나 예의를 갖추고 상대를 대하면 자신보다 뛰어난 사람과 교제할 수 있다.

　평소에 차 한 잔을 마셔도 품위 있게 마시는 연습을 하라. 후루룩 소리를 내거나 찻잔을 달그락거리는 것이 습관처럼 몸에 배어있다면 예의를 갖춰야 할 자리에서 자칫 실수하기 쉽다.

　단정한 옷차림, 부드러운 미소, 듣기 좋은 목소리, 절도 있는 동작, 경청하는 태도는 상대의 마음을 붙잡는 요소이다. 예절도 습관이다.

　친절은 마르지 않는 삶의 샘물이다.

　친절은 인간으로서 지켜야 할 궁극적 '예의와 정중함'을 말한다. 중국 속담에 '친절한 말 한마디가 석 달 겨울을 따뜻하게 해 준다'라는 말이 있다. 친절은 친절을 불러일으키고 선행에 의해 행복이 증대된다. 다른 사람에게 관대하고 친절한 것이 자신의 마음에 평화를 유지하는 길이다.

　필자가 남도의 어느 시골 중학교를 방문했을 때의 일이다. 학교장님께 전화를 걸고 방문을 약속했는데 약속시각보다 다소 늦게 도착했다. 명함을 주고 행정실로 들어갔더니 여직원 두 분과 실장님이 계셨다. 교장선생님께서 기다리다가 학교 앞에 농협이 잠깐 볼일 보러 나가셨고, 곧 오신다고 했다. 겨울철인 것 같다. "날씨가 추운데 차 한 잔 드십시오." 소파에 앉아있는데 여직원분이 따뜻한 차 한 잔과 신문을 가져왔다. 작은 친절이지만 정성이 담겨있었다. 교장 선생님과 대화 중에 결재를 맡으러 오신 선생님들마다 정중히 묵례를 하고 돌아갔다. 교장 선생님과 대화를 마치고 나오는데 행정실 직원분들도 현관문까지 따라 나오면서 친절한 예의를 베풀어주었다. 교문을 나오는데 학교 건물이 무척 정겹게 느껴졌다. 한편 이 학교에서 배우는 학생들이 무척 행복하겠구나 하는 생각이 들었다. 친절하고 예의 바른 선생님들이 계신 곳에서 공부를 하니 말이다. 오랜 세월이 지났지만 친절하게 대해준 그 인상이 소중한 추억이 되어 남아있다.

'친절에 감사한 사람은 그 역시 친절한 사람이다'라는 말이 있다. 친절은 사회를 하나로 단결시켜주는 최고의 연결고리다.

'세상에서 가장 아름다운 친절'을 브랜드화시킨 디즈니랜드는 창업자 월트디즈니의 말처럼 친절은 아무리 퍼내도 '마르지 않는 샘물'이다.

예의는 낯선 이방인을 믿음직한 친구로 바꿔놓는다. 예의는 사람에게 강요되는 것이 아니라 사람에게 친절을 다하는 것이다.

마음이 행동을 부추긴다면 거기에는 이유가 있다. 이유가 있다면 이는 예의가 아니다. 예의에는 아무런 이유가 없기 때문이다. 예의는 가까이하는 마음이며, 그런 마음은 친절하고자 하는 사랑과 충만한 마음을 불러일으킨다. 오직 너그러운 사람만이 진정 예의 바른 사람이다.

이런 사람은 보답을 바라지 않고 아낌없이 베푼다.

"삶은 한 번뿐이다. 그러므로 내가 보여줄 수 있는 친절, 또는 내가 동료에게 할 수 있는 좋은 일이 있다면 지금 하라, 이 길을 다시 지날 수는 없기에 미루거나 포기하지 마라. 한결같이 남을 배려하는 습관은 당신에게 큰 행운을 가져다줄 것이다"라는 어느 시인의 말이 떠오른다.

요즘처럼 각박한 사회에 타인에게 전해준 따뜻한 말 한마디는 훈훈한 정을 느끼게 해준다. 친절은 마르지 않는 '영혼의 샘물'이며, 맑은 영혼의 소유자가 베푼 사랑과 배려이다.

15
도덕과 양심, 교육의 힘
- 양심 -

진점규 교육타임스 편집장

 우리는 흔히 양심을 '영혼의 목소리'라고 말한다. 또한 양심은 '영혼의 거울'이라고도 한다. 거울을 비추어 자신의 모습을 비추어 보듯, 우리는 양심의 소리를 통해 선과 악을 판단하게 된다. 우리가 행(行)해도 괜찮은 것과 해서는 안 되는 것을 판단하는 마음의 잣대 역할을 하는 셈이다. 이런 이유로 우리는 일상에서 흔히 "아, 그 사람 양심 있는 사람이야.", "아, 그 사람 양심도 없는 사람이야"란 표현을 쓰게 된다.
 양심의 사전적 의미는 "사물의 선악을 구별해 나쁜 짓은 하지 않고 바른 행동을 바라는 마음"이다. 대법원의 규정은 양심에 대해 '어떤 일의 옳고 그름을 판단함에 있어 그렇게 행동하지 않고서는 자신의 인격적 존재가 파멸되고 말 것이라는 진지한 마음의 소리로 절박하고 구체적인 것이다"라고 표현했다.

도덕과 윤리가 사회적인 합의의 성격을 띤다면 양심은 철저히 개인적인 덕목의 문제다. 예컨대 세상사람 모두를 속여도 자신의 양심은 속이지 못한다는 말 그대로다. 도덕적 사회적으로 문제가 되지 않지만 자신 내부의 판단에 의한 것이다. 정치적으로 법률적으로 유죄를 선고 받았지만 스스로 떳떳함을 일컫는 양심수란 말도 같은 맥락이다. 이렇듯 양심은 내면의 문제로 귀착된다.

알베르트 까뮈의 작품 「전락」에는 다음과 같은 내용이 나온다. 변호사 클라망스에 관한 이야기다. 어느 날 클라망스가 세느강 다리를 건너는데 다리 위에서 우는 한 여자를 발견하게 된다. 그리고 그 여자를 보는 순간 직감적으로 강으로 뛰어내리려고 한다는 사실을 알아차렸다. 그는 순간 내면에서 들려오는 두 가지의 다른 소리에 갈등을 하게 된다. "빨리 가서 저 여자를 도와줘야 해, 그렇지 않으면 저 여자는 거센 강물로 뛰어내려 자살하고 말거야," 또 다른 소리는, "아니야, 바쁜데 그냥 지나가, 아닐 수도 있잖아, 남의 일 잘못 도와주었다가 괜히 귀찮은 일에 휘말릴 수도 있어," 그 변호사는 갈등을 하다가 못 본 일로 하고 그냥 지나쳐 버린다. 그 순간 풍덩하는 소리가 들렸고 그는 더 빠른 걸음으로 사라져 버렸다. 그런데 이상한 일이 일어났다. 젊고 유능했던 변호사 클라망드는 양심의 가책에 시달리게 된다.

사실 그가 강물에 몸을 던진 여자를 구해주어야 할 책임은 없다. 그러나 그의 양심은 그의 행위를 용납하지 않았다. 양심과 책임은 다르다는 것을 잘 보여준다. 책임의 문제가 아닌 양심의 문제인 것이다. 우리의 현실에서 벌어지는 일들도 이와 크게 다르지 않다. 같은 상황에서도 모른 척 지나치는 사람들이 있는가하면, 적극적으로 나서 자신의 일처럼 돕는 사람들이 있다. 주변 사람들이 어려움을 겪을 때 혹은 곤경에 처했을 때 반드시 도와야 할 의무가 주어진 것은 아니다. 그럼에도 이들을 돕는 것은 우리 마음 속의 양심 때문이다. 예컨대 교통사고로 차에 깔린 사람을 구하기 위해 너나 할 것 없이 달려가는 모습, 위험을 무릅쓰고 소매치기나 범죄자들과 맞서는 것은 모두 의무가 아닌 양심에서 비롯된 행위다. 바로 이런 경우들이 도덕적 책임이나 법률적 책임은 없지만 양심에 따른 판단이다.

양심의 가책을 받는다는 것은 양심상으로는 유죄라는 의미다. 더 정리해 말하면, 도덕적 책임은 무죄, 법률적 책임도 무죄, 하지만 양심은 유죄라는 것이다. 성서적으로 보면, 인간은 선한 존재다. 절대자는 인간을 자신의 선성(goodness)을 그대로 인간에게 투영했고 인간은 그렇게 투영된 피조물이 되었다. 선과 악이 무엇이며 할 수 있는 일과 인간으로서 해서는 안 될 일을 판단할 수 있다. 태초 에덴동산에서 하와가 지혜를 알게 하는 '선악과(the fruit of the tree of knowledge)'를 따 아담에게 먹도록 권했던 사실은 이를 잘 보여준다. 하와는 이 열매를 따먹어서는 안 된다는 사실을 이미 잘 알고 있었다. 그럼에도 하와는 결국 그 열매를 땄고 그것을 먹도록 부추겼다는 사실이다. 여기서 그 사실을 알았다는 것은 이미 선악, 더 정확히 말하면 '해도 될 일'과 '해서는 안 될 일'에 대한 판단을 할 수 있었다는 반증이다.

도덕이 사회적 산물이라면 인간의 양심은 생득적(natural born) 이다. 도덕이 학습에 의한 것이라면 양심은 스스로 갈고 닦는 과정 속에서 빛나게 만들어야 하는 것이다. 하지만 도덕과 양심의 발현은 저절로 이루어지지 않는다. 교육적 노력을 필요로 한다. 우리는 교육을 통해 인간으로서 지켜야 할 도덕과 윤리적 덕목, 사회질서와 공공의 안녕을 위한 덕목들을 배우고 익힌다. 사회가 복잡해질수록 인간의 기술력이 발달할수록 도덕과 윤리, 인간 본성에 대한 교육의 필요성이 강화될 수밖에 없다.

사회의 경제력이 커지고 고도화 될수록 물질에 대한 필연적 요구가 증대되는 것은 말할 것도 없다. 이런 변화 속에서 인성교육의 중요성이 커지는 것은 당연한 결과다. 학교현장에서 인성교육을 강화해야 한다는 목소리가 커지는 것도 이런 이유다. 전반적인 사회 교육적 노력도 필요하다. 사회는 개인들의 집합체로 이루어진다. 사적인 관계에서는 개인적 양심의 기능에 의해 많은 문제가 해결된다. 또한 인간미가 넘치는 관계를 만들어 갈 수도 있다. 하지만 사회라는 집단은 다르다. 개인의 양심과 도덕보다는 집단적 이기심의 논리가 크게 작용한다. 신학자 니버의 표현을 빌리면 '비도덕적 사회(immoral society)'라는 말 그대로다. 개인들 간의 도덕 문제가 되었든, 집단 혹은 집단 간의 문제가 되었든, 모든 문제의 열쇠는 결국 교육의 힘에 달려있다. 사회가 변화무쌍하게 변화되고 인간의 정신이 금속화되어 갈수록 인간이 인간답게 살 수 있는 근본을 깨우치고 느끼게 하는 것 또한 교육의 힘이다.

교육이 바로 섰을 때 국가는 번영을 담보할 수 있고 올곧은 시민의식, 공동체의식을 바탕으로 국가의 백년대계를 약속할 수 있다. 그래서 교육은 한 국가를 경영하는 정신의 뿌리라는 이유도 여기에 있다.

진점규 교육타임스 편집장, 명지대학교 예술대학원(석사). 교육신문사 편집장을 역임했고, 출판사 편집장으로 오랫동안 일하고 있다. 저서 『역사의 위대한 리더십』 『리더십 교육스피치』 산문집 『지혜와 겸손』, 언어의 지평선 외 15편의 저서가 있다.

제4장
교육은 생각하는 힘이다

01
교육은 '생각하는 힘'이다
- 사고력 -

진점규 교육타임스 편집장

 사람의 마음은 정원과 같다. 지혜롭게 가꿀 수도 있고 거친 들판처럼 버려 둘 수도 있다. 그래서 좋은 씨앗을 뿌리지 않는다면 어디선가 쓸모없는 잡초 씨가 날아와 무성하게 자라게 되는 것이 인간의 마음이다.
 교육은 정원사가 마음의 정원에 나쁜 잡초는 뽑아 버리고 인생에 반드시 필요한 꽃과 과일 나무를 심고 키우도록 유도하고 선행하는 작업이다.
 이 과정을 거치면, 사람은 바로 자신이 자기 영혼의 정원사이며 자기 삶의 연출가임을 조만간 깨닫게 된다. 또한 자기 내면에서 생각의 법칙을 발견하고, 성격과 환경과 운명의 형성 과정에서 생각의 힘과 심리적 요소들이 어떤 작용을 하는지 점점 더 정확하게 이해하게 된다.
 "사람의 성품과 기질은 마음속에 품고 있는 생각에 따라 결정된다." 라는 말처럼 사람은 문자 그대로 자신의 생각 그 자체이며, 자신의 생각들을 모두 합한 것이 곧 성격이다.

식물은 씨앗이 없으면 생겨날 수 없듯이 우리의 모든 행위는 생각이라는 보이지 않는 씨앗에서 생겨나며, 생각이 없이는 밖으로 드러나는 행동도 없을 것이다.

그래서 행동은 생각의 꽃이며, 기쁨과 고통은 그 열매다. 그러므로 사람은 자신의 마음의 밭에 뿌리고 가꾼 생각의 씨앗에 따라 달콤한 열매와 쓰디쓴 열매를 거두어들인다.

사람의 성공과 실패도 다름 아닌 자기 자신에 달려있다. 사람은 생각이라는 무기 공장에서 자신을 파괴할 무기를 만들기도 하고, 기쁨과 행복, 평화스러운 마음상태를 실현하는 도구를 만들기도 한다. 올바른 생각을 선택해서 적용하면 성공인생 행복한 삶을 창조할 수 있지만 그릇된 생각을 선택해서 적용하면 짐승보다 못한 수준으로 전락한다. 이 양 극단 사이에 인격이 있으며, 사람은 바로 자기인격을 만드는 당사자이며 주인이다. 사람은 어떤 생각을 하느냐에 따라서 역경과 시련을 이겨내는 힘을 갖기도 하고 포기하거나 나태해지면 절망의 늪에서 허우적거리다가 재기불능의 나락으로 떨어지기도 한다.

한 사람의 성격과 행위, 그리고 그 사람이 겪은 모든 고통과 기쁨, 행복과 불행은 그의 마음속에 있는 생각에 그 뿌리를 두고 있다. 사람을 속박하는 것은 외부상황이 아니라 그것에 대한 생각이며, 생각이 바뀌면 세상도 다르게 보이고 감정도 다르게 일어난다. 그러므로 자기 마음속에 있는 생각들을 주의 깊게 자작하고, 나쁘고 그릇된 생각들은 몰아내고 좋은 생각들과 옳은 생각들을 마음속에 계속 품을 수만 있다면 자신의 행위와 성격과 감정을 원하는 방향으로 변화시킬 수 있고, 그 결과 행복과 성공 성숙한 인격까지도 이룰 수 있다. 더나가 모든 현상의 배후에는 있는 불변의 법칙과 원리들을 알아보고 그 법칙과 원리에 자기생각을 고정시킬 수만 있다면 모든 고통의 뿌리를 끊고 영원한 기쁨을 누릴 수 있다.

그러나 붙잡을 수 없는 게 사람의 마음이다. 예전에 법정 스님의 에세이에서 "세상에서 붙잡기 어려운 것이 사람의 마음이다."라고 쓴 글을 읽었던 적이 있다. 사람의 마음은 한시도 가만히 있지를 않는다. 하루에도 수천씩 변하고 또 변하는 게 사람의 마음이다. 하지만 사람의 마음은 한 가지 생각이 들어와 있으면 다른 생각은 들어오지 못하는 원칙이 있다. 한 마음이 동시에 두 가지 생각을 할 수 없는 게 사람의 마음이다. 그러다 조금만 방심하면 다시 다른 생각이 들어와 자리를 잡고 앉는 게 또한 사람의 마음이다.

사람이 지혜롭게 산다는 것은 어떤 상황에서 취해야할 것이 무엇이고 버려야할 것이 무엇인지 분별하는 것이고 지식의 사용과 획득에 수반되는 인지의 힘을 갖는 것이다. 지혜롭게 사는 사람은 항상 마음에 중심을 갖고 내면의 소리에 귀를 기우리면서 중용의 상태를 유지하기위해 애쓰는 사람이다. 오늘날 청소년들의 인성함양을 위해서는 중용의 길을 가기 위한 도덕적 판단력과 이성적 분별력을 기르는 측면에서 지혜롭게 산다는 것이 무엇인가를 가르치는 것은 매우 중요한 것이다.

사람은 학교에서 배운 지식만 가지고는 복잡하고 어려운 세상을 살아갈 수가 없다. 인생을 살면서 수많은 난관에 부딪쳐보고 오뚝이처럼 쓰러졌다가 다시 일어서는 인생의 경험을 통해서 인생의 진정한 가치가 무엇인가를 배우게 되고 터득해 나가게 된다. 그 과정에서 가장 중요한 것은 '생각의 힘'이다. 그 힘이 자신의 운명의 방향과 성공과 실패를 결정짓고 가늠하는 마음의 상태를 유지하게 된다.

오늘날 학교 교육이 지향해 나아가야 할 진정한 가치는 지식보다는 지혜를 가르쳐서 험난한 세상, 변화무상한 세상을 헤쳐나갈 수 있는 능력을 키워주는 일이다.

일찍이 피타고라스는 "이 세상에서 가장 중요한 것이 무엇인가? 그것은 인생을 어떻게 살아가야할 것인가를 가르쳐주는 것이다." 라고 말했다.

02
위대함의 증언은 무엇인가?
- 위대함 -

진점규 교육타임스 편집장

　학교교육에서 학생들에게 강인한 정신력을 기르는 훈련 매우 중요하다. 학생들은 그 훈련을 통해서 자신과 싸워나가는 힘을 기르고, 어떤 어려움에 봉착했을 때 마음자세를 새롭게 갖게 하기 때문이다
　운동선수들이 영하 40도가 넘는 강추위 속에 바닷물에 뛰어 들어가는 가 하면 무거운 모래주머니를 들고 높은 계단을 오르내리게 하고, 또는 험난한 산악지대를 등정하는 등 여러가지 훈련은 체력강화도 중요하지만 극기 훈련을 통해서 강인한 정신력을 키우기 위함이다.
　사람은 강인한 정신력을 가졌을 때 어떠한 역경이나 시련을 극복하는 할 수 있는 힘이 생기고 신념을 확보할 수 있다. 그 신념이 성공인생으로 안내하는 동력을 만들어낸다.

흔히 사람들은 위대함에 대해서 말할 때 사회적으로 큰 업적을 남겼다거나 아니면 크게 출세했을 때 또는 경제적으로 큰 성공을 거뒀을 때 문득 나오는 말이 '참 위대한 일을 했어' 아니면 '그분은 참 위대한 사람이야' 하고 칭송하곤 한다. 물론 틀린 말은 아니다. 어떤 업적이나 결과에 대해서 칭송하고 존경하는 것은 당연한 일이다.

그러나 위대함이란 겉으로 들어나는 가시적인 느낌이나 결과보다는 열정으로 채워진 숭고한 마음의 자세 즉 '사람의 마음의 가짐'이다.

베토벤은 "위대함이란 어떠한 역경과 시련에 봉착하드래도 흔들리지 않는 마음가짐이다." 라고 말했다. 그는 17세 때 어머니를 잃었다. 28세 때는 청각장애자가 되었다. 음악을 전공하는 사람으로서 없어서는 안 될 청각을 잃어버린 베토벤은 32살 때 자살을 결심했다. 인생은 그에게 더 이상 의미가 없는 듯했다. 스스로 목숨을 끊으려는 순간 어머니의 모습이 떠올랐다. 그는 울음을 터트리고 유서를 찢어버렸다. 베토벤은 결심했다. 인류를 위해서 새로운 음악을 만들겠다고. 이 결심은 결국 독일을 대표하는 음악가이자 세계적인 악성으로 만들었다. 그는 청각자애를 딛고 일어서, 사람들의 영혼을 울리는 위대한 음악을 남길 수가 있었던 것이다.

진정한 위대함이란 무엇보다도 마음의 일이다. 확고함과 관대함으로 활기가 넘치며 시대에 뒤지거나 앞서는 것도 아니다. 행진할 수 있을 만큼만 앞서간다. 활동하는 존재에 꼭 필요한 것이기에 멈출 수가 없다.

리더는 희망가를 불러주는 사람

남극 탐험가 로버트 스콧 대령의 추도식 때 영국 왕은 바닥에 무릎을 꿇고 경의를 표했다. 그것은 일개 군인의 용기와 기백에 대한 존경을 넘어서 생명이 다하는 순간까지 '희망의 노래'를 불렀던 위대한 인간에 대한 존경의 표시였다.

1912년 1월 18일, 스콧은 아문젠에 이어 두 번째로 남극을 정복했다. 그는 돌아오는 길에 영하 42도의 추위와 식량 고갈 등으로 동사했다. 스콧의 일기에는 다음과 같은 글이 적혀 있었다.

이제 우리는 죽는다. 연료와 식량은 동이 났고 동상으로 몸을 움직일 수조차 없다. 절체절명의 상태다. 그러나 우리는 안일한 삶보다는 차라리 지금의 고통을 택할 것이다. 우리는 아직도 천막 속에서 '희망의 노래'를 부르고 있다.

더 이상 내딛을 곳 없는 막다른 골목에서, 벼랑 끝에서도 희망의 노래를 부르라. 리더는 희망을 주는 사람이다. 리더는 어렵고 힘든 삶의 고비를 넘을 때마다 '나는 지금 내 전기의 가장 어두운 부분을 쓰고 있다.'라고 생각하는 사람이다. 실패 없는 성공은 없다. 인생이란 두려움으로, 방어적으로 산 사람에게 승리의 면류관을 주지 않는다. 리더는 실패하고 불행한 무명 시절을 견뎌내는 사람에게 "잘 참고 있구나. 곧 웃으면서 이 힘든 시절을 이야기할 때가 올 거야!"라고 위로하고 격려해 줄줄 아는 사람이다.

토마스 칼라일은 어떤 사람인가?

그는 몇 년 동안 밤낮으로 수고하여 원고를 탈고했다. 잠시 산책을 다녀온 사이 그 원고가 휴지 뭉치인 줄 착각한 가정부가 몽땅 불에 태웠다. 몇 년의 수고가 한 줌의 재가 되었다. 그는 몇 날을 분노하고 좌절하면서 깊은 시름에 잠겨있었다.

그러던 어느 날 폭우로 무너져버린 담벼락을 쌓기 위해 새벽부터 벽돌공이 담을 쌓고 있었다. 한 장 한 장 쌓아가는 벽돌공의 손짓을 보는 순간 영감이 스쳤다.

그래 "지금부터 다시 써라!"

그는 다시 펜에 잉크를 묻혔다. 마치 피를 찍어 쓰듯 정성을 들렸다. 그 원고가 인류사에 빛나는 불후의 명작이 된 『프랑스혁명사』이다.

"위인의 생애는 인간의 위대한 힘을 증명하는 영원한 유물로 남는다. 사람은 죽어 없어지지만, 위인의 사상과 업적은 민족에게 영원한 발자취를 남긴다."라고 영국의 사상가 사무엘 스마일스는 말했다.

세상의 위대함이란 역경과 시련을 통해 일궈낸 위인들의 대서사시이다. 그들은 분명 실패의 가치를 아는 사람들이다. 그들은 어떠한 장애를 만났을 때 피하거나 물러서지 않았다. 오히려 장애물을 성공의 주춧돌로 삼았다. 약자는 장애물을 걸림돌이라고 생각하고 강자는 장애물을 디딤돌로 생각한다.

'영웅이란 해낼 수 있다'고 믿는 사람들이다.

03
역경과 시련
- 성공의 씨앗 -

진점규 교육타임스 편집장

    미국 로키산맥의 해발 3,000m 고지에는 수목한계선이란 게 있다. 여기서 자란 나무는 차갑고 매서운 바람이 불어와 곧게 자라지 못하고 무릎을 꿇고 있는 모습을 한 채 서 있다. 생존하기 위해 처절하게 적응하며 몸부림 친 결과다. 그런데 아이러니컬하게도 가장 소리공명이 잘되는 명품 바이올린은 바로 이와 같은 '무릎을 꿇은 나무'로 만들어진다고 한다.
    세상을 살면서 역경과 시련을 좋아하는 사람은 아무도 없을 것이다. 역경과 시련은 사람에게 육체적으로는 고통을 주고 정신적으로는 지치고 피곤하게 한다. 그러나 사람은 누구나 살아가면서 여러 가지 풍파를 견디며 살아간다. 때로는 삶에 지치서 쓰러지고 넘어질 때도 있지만 희망이라는 한 가닥 꿈이 있기에 다시 일어나 앞으로 나아간다.

우리는 주변에 수많은 역경과 시련 속에서 죽음의 밑바닥까지 추락했다가 다시 일어나 힘차게 인생을 꾸려나가는 사람들의 이야기를 듣기도 하고 목격도 한다.

사람도 '무릎을 꿇은 나무'처럼 역경과 시련을 통해서 내면이 단련되고 정신적은 성숙을 맛보게 된다. 어쩜 인간은 역경을 통해서 자신을 처음 만나게 된지도 모른다.

흔히 인생을 항해에 비유하곤 한다. 날씨가 좋고 순풍이 부는 날은 누구에게 키를 맡겨도 항해를 잘 할 수 있다. 그러나 그 반대의 경우다. 비람이 불고 격랑의 파도가 치고 폭풍우가 휘몰아칠 때 그때 항해의 기술이 나오고 선장의 진면목이 나타난다.

사람도 마찬가지다. 일이 잘 풀리고 어려움이 없을 때는 친구도 많이 찾아오고 여기저기서 초대도 받고 귀한 대접을 받다가도 어떤 일에 실패를 하고 어렵다는 소문이 나돌면 그때부터는 그 많던 친구도 보기 힘들어지고 전화 온 자체를 싫어하는 게 세상의 인심이다.

그래서 역경은 지혜는 주지만 부(富)는 주지 않는다는 말이 있다. 사람은 역경으로 슬퍼질 수도, 현명해 질수도, 친절해 질수도 있다. 보다 인간적인 사람으로 변화 될 수도 있지만 반대로 더욱 지독한 사람으로 변할 수도 있다.

그러나 역사의 위인들은 한결같이 역경과 시련 속에서도 흔들리지 않고 자신의 일을 묵묵히 개척한 사람들이다. 그들은 실패의 가치를 분명히 아는 사람들이다. 그들은 평범한 삶을 거부했다. 어떠한 시련과 역경이 닥쳐와도 그 시련과 맞서 싸워나갔다. 약자는 장애물을 걸림돌이라고 생각하고 강자는 장애물을 디딤돌로 생각했다.

다음은 역경과 시련에 대한 예화 한편을 소개하겠다.

미국에서 자기계발과 성공학의 대가로 불리는 나폴레온 힐의 할아버지는 노스캐롤라이나 주에서 마차를 만드는 사람이었다. 그는 자기 소유의 밭 중앙에 몇 그루의 상수리나무를 키워서 마차의 바퀴를 만들었다. 숲에서 나무를 잘라다 바퀴를 만들면 훨씬 편할 것이라 생각한 힐이 할아버지에게 직접 나무를 기르는 이유를 물었다.

"숲 속의 나무들은 서로 가리면서 비와 바람을 피하기 때문에 튼튼하지 않고 잘 부러진다. 하지만 밭에서 자란 상수리나무들은 기댈 곳이 없으니까 어떻게든 살아남기 위해서 버티다 보니 아주 튼튼해진단다. 상수리나무로 만든 마차 바퀴는 아주 무거운 짐을 실었을 때도 끄떡없지"

나폴레온 힐은 자서전에서 할아버지의 이 말이 인생에서 가장 큰 가르침이라고 회상했다. 고생을 하지 않는 사람은 자신의 능력을 제대로 알 수 없다. 뜨거운 불에서 무쇠가 만들어지고 역경이 강자를 탄생시키듯이, 성공을 위해 달려갈 때 역경이 성공을 도와주는 촉매제가 되기도 한다.

매서운 추위 속에서 자란 매화와 소나무가 더욱 향기롭고 푸르듯이 구리조각들이 용광로에 들어갔다 나오면 강철이되 듯이 빅토르 위고는 "하늘은 인간에게 고난을 내릴 때 지혜도 함께 준다"고 했다. 지혜가 있으면 고난을 두려워할 필요가 없다. 진주조개는 고통을 참아야 아름다운 진주를 만들 수 있다. 적극적이고 긍정적인 사고방식이야말로 성공의 주춧돌이다.

- 〈교육과 사색〉 발췌 -

하버드대학에는 '다른 사람보다 뛰어나고 싶으면 남보다 더 많은 고난을 견뎌라'라는 명언이 전해진다. 고난은 아픔과 상처와 피로를 동반 하지만 이를 견뎌낸 경험은 앞으로 큰일을 해낼 기반과 자신감이 됨을 시사하는 말이다.

일본의 유명 기업가 마쓰시타 고노스케가 바로 그 산증인이다.

그는 어린 시절 일찍이 아버지를 여의고 어려운 가정 형편에 일찌감치 학업을 중단하고 생업에 뛰어들 수밖에 없었다. 일자리를 찾아 고향을 떠나 오사카로 간 그가 첫 번째로 구한 일은 화로 가게의 뎃치(상점에서 기숙하면서 심부름을 하거나 일을 배우는 가장 낮은 단계) 일이었다. 한겨울을 습하고 냉한 실내에서 매일 찬물로 화로를 닦아야 했기에 그의 손은 여기저기 터지고 갈라져 항상 빨갛게 부어올라 있었지만 그는 이를 악물고 그 지독한 아픔을 참아냈다.

3개월 후, 주인의 사정으로 화로 가게가 문을 닫게 되자 그는 다시 자전거 가게에서 사환으로 일했다. 그곳에서 그는 매일 아침 다섯 시에 일어나 바닥을 쓸고 책상을 닦았으며,

청소가 끝난 후에는 자전거를 수리하거나 바퀴를 가는 등 온갖 잡일을 했다.

이랬던 그가 '마쓰타전기기구제작소'를 창업한 때는 1918년, 23세 때였다. 당시에도 팍팍한 형편이었지만, 그는 꾸준히 노력해 배선 기구, 전기다리미, 라디오 등의 신제품을 연달아 선보이는데 성공했다.

그런데 이런 그에게 또 한 번의 시련이 닥쳤다. 전쟁이 일어나 물가가 폭등하는 바람에 심각한 판매 부진에 시달려야 했던 것이다. 하지만 그는 시대를 탓하고 원망하는 대신 자신에게 말했다.

"겁낼 것 없어, 이런 시련 때문에 내가 점점 더 성공에 가까워질 수 있는 거니까."

판로를 뚫기 위해 그는 거의 매일 18시간씩 일했고, 하늘도 이러한 노력에 감동했는지 그의 사업은 조금씩 호전되기 시작했다. 하지만 또다시 제2차 세계대전이 일어나면서 일본은 경기침체기에 빠졌고, 마쓰시타는 100만 엔에 육박하는 거액을 빚지게 되었다. 제2차 세계대전 후에는 군수물자 생산을 통해 전쟁을 도왔다는 이유로 회사 경영이 묶이고 대대적인 인원 감축과 세금 1순위의 위기에 내몰리기도 했다. 이에 이의를 제기하기 위해 그는 50여 차례나 미군사령부를 찾아가 부당함을 호소했는데, 당시의 고생은 이루 말로 다할 수 없었다. 하지만 그는 그럼에도 마쓰시타전기산업을 유명 글로벌 기업으로 키워내며 '경영의 신'이라 칭송받게 되었다.

그렇다면 마쓰시타 고노스케가 성공할 수 있었던 이유는 무엇일까? 아마도 그의 인생 경험에서 이미 그 답을 얻었을 것이라 믿는다. 고난은 그를 강인한 의지를 지닌 사람으로 단련시켰고 그의 굳은 의지는 그를 점점 더 발전시키며 성공의 토대가 되었다. 그의 성공 스토리는 고난이 성장의 촉진제이자 우리를 움직이게 하는 엔진임을 다시 한 번 증명해주고 있다. 자고로 부싯돌은 세게 부딪힐수록 더욱 찬란한 불꽃을 만드는 법이다.

사람은 태어날 때부터 모든 것을 가진 사람은 없고, 모든 것을 가질 수 있는 사람도 없다.

'모래알'에서 '진주'가 되는 것이 모래알의 선택에 달렸듯이 사람도 마찬가지다. 자신의 잠재력을 끌어내 성공할 수 있느냐 없느냐는, 고난을 받아들이고 이를 이겨낼 준비가 되어 있느냐에 달렸다. 앞길이 온통 가시밭길이라 해도 주저앉지 말고 자신의 목표를 향해 나아가라. 그리고 흔들림 없이 걸어라.

리즈 머리는 불우한 가정에서 자랐다. 아버지는 술주정으로 틈만 나면 보호소를 들락거렸고, 어머니는 마약을 하다 에이즈에 감염되어 세상을 떠났다.

그녀에기 남은 가족이라고는 외할아버지가 전부였지만 외할아버지는 그녀를 거두기는커녕 습관적으로 폭력을 행사해 그녀를 길거리로 내몰았다. 하지만 가난과 고난으로 점철된 어린 시절도 그녀에게서 희망을 앗아가지는 못했다. 그녀는 자신의 처지를 원망하며 비뚤어지는 대신 새로운 삶을 갈망했고, 자신의 운명을 바꾸기 위한 첫걸음으로 대안학교에 들어가 공부를 했다. 하지만 여전히 돌아갈 집이 없던 그녀는 노숙을 해야 했고 끼니를 거르는 일도 다반사였다. 공부를 하면서 할 만한 일은 식당 설거지뿐이었고 설거지를 해 받는 돈을 그리 많지 않았기 때문이다.

사람들은 리즈 머리에 모두 부질없는 일이니 대학에 들어가는 헛꿈은 꾸지도 말라며 입을 모았지만 그녀는 포기하지 않았다. 피곤함에 온몸이 쑤셔도 그녀는 매일 공부를 게을리 하지 않았고, 그 결과 2년 만에 고등학교 4년 과정을 모두 마칠 수 있었다. 게다가 그녀는 각 과목 모두 A 이상의 성적을 받아 반 1등 졸업이라는 영예와 함께 하버드대 견학의 기회까지 얻었다. 하버드대 교정을 오가는 학생들에게서 남다름을 느낀 그녀는 반드시 그들과 같은 사람이 되겠다며 자신에게 다짐했다.

'노력해야지' 더 많이 노력해서 저 대학에 들어가고 말겠어!'

물론 그녀의 형편으로 하버드대의 학비를 댄다는 건 사실상 불가능한 일이었고 그리하여 그녀가 생각해낸 방법은 장학금을 받는 것이었다. 그날부터 모든 장학금 정보를 뒤져 〈뉴욕타임스〉에서 전액 장학금을 지원하고 있다는 사실을 발견한 그녀는 면접 때 입고 갈 옷 한 벌이 없어 친구에게 빌린 외투로 겨우 격식을 차려 면접을 볼 수 있었다. 몸에 맞지 않은 옷을 입어 어던가 엉성해 보이는 모습이었지만, 그녀의 진심 어린 이야기는 면접관들의 마음을 움직이기에 충분했다. 그렇게 리즈는 12,000달러의 장학금을 받아 하버드대에 입학할 기회를 쟁취했고 자신의 운명을 180도 바꿔놓았다.

빈곤과 각종 역경을 딛고 강한 의지력으로 인생을 바꾼 리즈 머리의 이야기는《길 위에서 하버드까지》라는 책으로도 출간되었고, 라이프타임 텔레비전에 의해 〈노숙자에서 하버드까지: 리즈머리의 이야기〉라는 영화로도 제작되었다.

번영과 평화는 비겁한 자를 기르고 역경은 대담한 자를 낳는다는 말이 있다.

위인들의 삶처럼 고난을 견뎌내고 이겨낸 사람은 성공을 맛볼 수 있다. 하지만 고난을 외면한 사람은 결코 성공할 수가 없다. 사람은 누구나 성공을 원한다. 고난을 원하는 사람은 아무도 없다. 그러나 우리는 고난을 존중해야 한다. 인재는 어려운 환경 속에서 만들어 진다. 사람은 역경과 시련의 극복을 통해서 위대해지기 때문이다.

04
목표는 인생의 새로운 의미를 부여한다
- 목표 -

진점규 교육타임스 편집장

　학교교육에서 중요한 것은 학생들에게 자신이 가야 할 목표를 정하는 것이다. 사람은 누구에게나 자신만의 특화된 전문분야가 있다. 자신의 약점을 강점으로 만들려고 애쓰지 말고 강점에 집중해야 효과가 있다. 무엇이든 열심히 잘하면 다 잘된다는 생각은 대단히 위험하다.
　우리사회의 그릇된 시각 중 하나는 공부 잘하는 사람이 정치, 경제, 예술, 무엇이든 잘한다고 착각하는 것이다. 한 분야에 탁월한 사람이라도 다른 분야에서는 아무리 노력해도 안 되는 경우가 분명히 있다. 목표를 세우는 것은 뜻을 세우고 방향을 정하는 것이다. 자신이 좋아하고 잘할 수 있다고 생각하는 분야에 정신을 집중하는 것이다.
　자신이 세운 목표에 집중에 집중을 하다보면 우주의 진리는 반드시 도움을 준다. 우리가 인생을 살면서 느낀 진리중 하나는 어떤 일에 몰입하다보면 자신도 모르게 주변에서 어떤 도움이 들어오고 생각지도 않았던 곳에서 도움을 주기도 한다. 세상의 이치는 내가 어떤 일에 최선을 다해서 몰입하다보며 반드시 끌어당김의 법칙이 찾아온다. 우리는 이것을 행운이라고 말한다. 행운이란 자신이 하는 일에 최선의 최선을 다하는 사람에게 '신(神)이 준 선물이다'라고 한다.

세상은 자신이 어디로 가고 있는지 알고 있는 사람에게 길을 열어준다

세계적인 바이올리니스트 정경화 이야기다. 그녀가 열두 살 때 줄리어드 예비학교에 입학하고 나서 엄마에게 보낸 첫 편지에 이렇게 썼다. "엄마 7년 후를 보세요" 그로부터 7년 후 정경화는 19살의 나이로 세계적으로 유명한 음악콩쿠르인 레벤츄리콩쿠르에서 1등 상을 받았다. 그녀는 엄마에게 말했다.

엄마 제가 미국에 와서 처음으로 보낸 편지 기억나세요? 그때 제가 약속했죠? 7년 후를 보라구요. 저는 7년 동안 그 약속을 한 번도 잊어버린 적이 없어요. 그 약속을 이루기 위해 얼마나 노력했는지 아세요?

열두 살에 품은 그 소망이 7년 동안 정경화를 한눈팔지 않도록 이끌어 준 것이다.

세계적인 성악가 조수미는 이렇게 말했다. "돌아보면 20대는 고스란히 노래에 바쳐졌다. 만 스무 살에 이탈리아로 유학을 떠났고 5년제의 산타 체칠

리아 음악원을 2년 만에 졸업했다. 그러자니 마음 편히 한 번도 쉬어본 기억이 없다. 졸업 전에 각종콩쿠르에서 입상하고 졸업과 동시에 정식으로 무대에 데뷔했다.

서른이 되기 전에 세계 5대 오페라극장에 서는 것이 나의 꿈이었다. 그 꿈은 이루어졌다"

인생은 꿈을 향해 도전하는 자의 몫이다. 바다를 항해하는 배가 풍랑을 만나고 칠흑 같은 어둠을 질주할 때 비로소 선장의 지혜와 노련미가 살아난다. 파도가 없는 바다에는 해초류도 살지 못하듯 인생에 있어서도 파도는 자신을 성장. 단련시키는 촉진제다. 인생의 성공은 풍랑 속에서 죽음과 맞서는 극기를 통해서만이 만날 수 있다.

생물학자이며 교육자인 데이비드 스타 조단은 "세상은 자신이 어디로 가고 있는지 알고 있는 사람에게 길을 열어준다"고 했다.

세상은 자신이 어디로 가고 있는지 알고 있는 사람에게 길을 열어준다.

나치 독일의 유태인 수용소에서 구사일생 살아남은 정신과 박사 빅터 프랭클은 저서 〈죽음의 수용소〉에서 자신이 살아남은 것은 삶의 목적이 분명했기 때문이라고 했다. 프랭클은 니체의 말을 자주 이용했다.

"살아야 할 이유를 아는 사람은 거의 어떠한 상태에서도 견뎌낼 수 있다."

"아우슈비츠의 강제수용소로 이송될 때 출판하려고 준비했던 원고를 몰수당하고 말았다. 원고를 다시 써야겠다는 강렬한 열망이 수용소의 혹독한 환경에서 살아남을 수 있게 도와주었다. 그런 상황에서 나는 원고를 다시쓰기위해 아이디어가 떠오르면 잊지 않으려고 종이쪼가리를 줍는 데로 메모하곤 했다."

수용소 안에서 "이제 삶에서 기대할 것은 아무것도 없어" 하고 말하는 사람은 모든 것을 상실하고 죽음에 이르게 되었다고 그는 증언하고 있다.

헬렌 켈러에게 누군가 말했다. "앞을 못 보니 얼마나 불편하십니까?"
"앞을 보지 못하는 것은 불행한 일입니다. 그러나 비전을 갖지 못한 사람은 장님보다 더 불쌍한 사람입니다. 나는 일생을 태양을 보고 살았습니다. 그래서 어둠을 볼 여가가 없습니다. 하느님께서는 나에게도 무언인가를 할 수 있는 능력을 주셨습니다. 저는 그 일을 하면서 열심히 살아가면 됩니다."

"위대한 목표가 위대한 인생을 만들어간다"는 말이 있다. 목표가 있는 인생은 행복하다
목표는 밤하늘에 나침반처럼 인생이란 항해에 길을 안내하는 희망의 내비게이션이다.

05
말에는
놀라운 마력(魔力)이 있다
- 언어(말) -

진점규 교육타임스 편집장

　지상의 언어는 자신만의 독특한 색깔을 갖고 있다. 어떤 언어는 보석처럼 빛나는 색깔을 하고 있는가하면, 어둡고 침침해서 보기에도 민망한 언어도 있다. 우리는 좋은 언어를 만나면 무지개를 보듯 웬 지 기분이 좋고 상쾌해 진다. 그리고 뭔가 잘 될 것만 같은 예감이 든다. 그게 바로 언어의 힘이다.

　러시아 속담에 '친절한 말 한마디가 석 달 겨울을 따뜻하게 해 준다'는 말이 있듯이 우리는 매일 만나는 주변사람들에게 건네는 인사말 속에도 상대를 즐겁게 해 주는 언어의 마력이 있다. "김 선생님 얼굴색이 좋은 것을 보니 요즘 좋은 일이 있는가 봐요." 라고 인사를 건넬 때 듣는 상대편에서는 웬 지 모르게 좋은 일이 있는 것만 같은 예감이 든다. 이처럼 언어에는 보이지 않는 힘이 있다. 긍정적인 말은 긍정을 끌어들이고 그 반대로 불편하고 부정적인 말을 한 사람에게는 부정적일만 생긴다. 나는 여태껏 부정적인 사고를 가진 사람이 성공한 사람은 단 한사람도 본적이 없다.

역사의 인물들은 한결같이 언어의 힘을 믿는 자들이다. 그들은 역경과 시련에 닥쳐올 때마다 선현들이 전해준 언어의 힘을 굳게 믿으며 자신에게 주어진 역경을 슬기롭게 헤쳐나간 자들이다. 또한 그들 온갖 시련을 극복하면서 토해낸 한 마디의 말이 명언(名言)으로 전해오고 있다. 명언을 읽는 것은 역사를 배우는 것이고, 지혜를 터득하는 것이다. 명언 속에는 선현들이 살아온 삶의 숨결이 고스란히 전해 내려오기 때문이다.

한 마디 말이 '인생을 변화 시키고, 세상을 변화 시킨다'는 말은 지나친 과언이 아니다.

"우리의 중요한 의무는 멀리 있는 것, 희미한 것을 보는 게 아니라
가까이 있는 분명한 것을 실천하는 것이다."
- 토마스 칼라일(영국, 역사학자) -

어느 평범한 청년의 운명을 바꿔놓은 이 명언은 아직도 많은 사람들에게 힘이 되는 길라잡이 역할을 하고 있다. 그 평범한 청년이 그 유명한 존스홉스 의과대학을 세운 윌리엄 오슬러이다. 그는 토마스 칼라일의 이 명언 한 마디를 가슴에 새기며 어떠한 역경과 시련 속에서도 굴하지 않고 자신의 꿈을 실천에 옮겼다.

이처럼 짧은 명언에는 한사람의 인생을 바꿔 놓을만한 힘이 있다.

위인들의 철학과 사상을 한 줄로 옮겨놓은 것이 명언이다. 우리는 우연히 읽은 짧은 한마디말 속에서 위안과 마음의 평정을 얻는다.

특히 청소년시절에는 자신이 좋아하고 인생의 목표가 되는 명언을 가슴에 새기면서 늘 주문을 외우듯이 암기하다보면 자신도 모르게 그렇게 행동하게 되고 닮아가게 된다. 이처럼 말에는 놀라운 마력이 있고, 그 마력이 성공인생으로 안내하는 밑거름이 된다

어느 대뇌학자는 뇌세포의 98퍼센트가 말의 지배를 받는다고 발표한 적이 있다.

"말은 행동을 유발하는 힘이 있다. 말하면 뇌에 박히고, 뇌는 신경을 지배하고, 신경은 행동을 지배하기 때문에 내가 말하는 것이 뇌에 전달되어 나의 행동을 이끌게 된다. '할 수 있다'고 말하면 할 수 있게 되고 '할 수 없다'고 말하면 할 수 없게 되는 것이다. 그래서 언행일치라고 한다. 그러므로 항상 적극적이고 긍정적인 말만 해야 한다. 말은 견인력을 넘어서 성취력이 있다." 고 말했다.

한 젊은 청년이 노만 빈센트 필 박사에게 찾아가 물었다.
"박사님 어떻게 하면 세일즈를 잘할 수 있을까요"
필 박사는 조그만 카드를 꺼내 청년에게 주면서 적게 했다.
"나는 훌륭한 세일즈 맨이다. 나는 세일즈 전문가다. 나는 모든 준비가 되어있다. 나는 프로다. 나는 내가 만나는 고객을 친구로 만든다. 나는 즉시 행동한다." 필 박사는 그 청년에게 그 카드를 갖고 다니면서 주문 외우듯이 반

복해서 외우라고 했다. 청년은 그 카드를 간직하고 다니면서 되풀이해 읽었다. 고객을 만나기 전에는 몇 번씩 되풀이해서 읽으면서 자기 자신에게 다짐했다. 이렇게 반복하는 동안 청년에게 기적이 일어났다.

자신에 대한 긍정적인 말이 그 청년을 유능한 세일즈맨으로 바꾸어 버린 것이다.

가수들은 노래 한 곡을 녹음하기 위해 수천 번의 연습을 한다고 한다. 그래서 대부분의 가수들은 그들이 부른 노래와 같이 인생을 살게 된다고 한다. 유행가〈해뜰날〉을 부른 송대관은 그 노래로 쨍하고 빛을 보았고, 〈돌아가는 삼각지〉를 부른 배호는 돌아가는 삼각지처럼 폐병으로 쓸쓸하게 돌아갔고, 〈산정의 여인〉을 부른 한경애는 노랫말처럼 한 평생 독신으로 살았다. 무하마드 알리는 경기를 할 때마다 꼭 명언을 남겼다. "나비처럼 날아서 벌처럼 쏜다.", "소련 전차처럼 쳐들어갔다가 프랑스 미꾸라지처럼 빠져나오겠다.", "일본군 진주만 기습처럼 하겠다."

그는 수많은 승리를 했고 나중에 이런 말을 했다. "내 승리의 반은 주먹이고, 반은 말에 있었다." 이처럼, 성공한 사람들은 항상 적극적이고 긍정적인 말만 하였다. 말에는 각인력, 견인력, 성취력이 있다. 그러므로 항상 적극적인 말, 긍정적인 말, 희망이 담긴 말만 해야 한다. 말은 마음의 소리이며, 창조의 소리, 실로 무한한 힘을 지닌 에너지이다.

- 〈절대긍정의 힘〉 발췌 -

사람이 하는 말 그 자체가 창조의 에너지인 것이다. 운명을 바꾸고 싶으면 말을 바꾸어라. 말을 단지 의사표현 수단으로만 생각하지 말고, 창조력을 발휘하는 위대한 능력으로서 이해하고 인식하면서 상황의 변화와 창조의 수단으로 사용해 나가는 것이다. "일체 모든 것이 마음먹기에 달렸다"는 부처님의 말씀처럼 우리의 인생은 우리가 생각하는 대로 된다.

　절대긍정만이 성공으로 가는 정신이다. 부정은 부정을 낳는다.

06
자신만의 좌우명을 정하라
- 좌우명 -

진점규 교육타임스 편집장

　당신의 좌우명은 무엇입니까? 언뜻 대답이 안 나올 수도 있다. 학창시절에 열심히 공부하겠다는 의지를 북돋기 위해서 명언을 종이에 써서 책상 위나 침대 머리 밭에 붙여놨던 것이 좌우명의 대부분일 것이다. 김영삼 대통령께서는 중학교 다닐 때 하숙집 책상위에 '미래의 대통령 김영삼'이라고 써서 붙여놓고 열심히 공부를 했다는 일화가 있다.

　좌우명은 학생시절만 있는 게 아니고 성인이 되어서도 자신의 나태와 타성에 젖은 것을 일깨우기 위해 마음의 새로운 각성을 갖기 위해 필요한 것이 좌우명이다. 사람은 언제든지 나태해질 수 있으며 자기약점에 발목 잡힐 수가 있다. 또한 어려움 앞에 위축되거나 유혹에 흔들릴 수 있으며 마음이 흐트러지거나 잘못된 길로 빠질 수 있다. 이렇듯 내면의 의지와 노력만으로는 스스로를 바로잡기가 어려울 때 바로 좌우명이 필요하다. 좌우명은 날카로운 죽비소리처럼 나사 풀린 정신을 일깨우며, 나약함을 극복하고 자신의 한계를 뛰어넘도록 독려한다. 또한 어두운 밤 등불처럼 우리가 바른 방향으로 나아갈 수 있도록 길을 비춰준다.

한 소년이 있었다. 그의 꿈은 자신도 행복하고 남도 행복하게 만드는 것이었다. 그러나 어떻게 해야 그런 사람이 될 수 있을지를 몰랐다. 그래서 소년은 마을에서 가장 현명하고 존경받는 현자에게 물었다. 현자는 미소를 지으며 말했다.

어린나이에 그토록 훌륭한 꿈과 목표를 갖다니, 참으로 기특하구나. 네게 해주고 싶은 말은 네 가지란다.

"첫째 '자신을 남처럼 생각하라'는 것이다".

소년은 잠시 생각을 하다가 말했다.

나 자신을 남처럼 생각하면 좋은 일이 생기거나 나쁜 일이 생겨도 좋고 나쁜 감정에 지나치게 빠지지않을 수 도 있다는 말씀이인가요?

현자는 웃으며 고개를 끄덕였다.

"두 번째는 남을 자신처럼 생각하라는 것이란다."

소년은 눈을 반짝이며 말했다. "그 말씀은 알겠습니다. 다른 사람을 자신처럼 생각하면 그 사람의 고통과 어려움을 깊이 이해하고 공감할 수 있으며, 진심으로 도욿 있겠지요. 물론 다른 사람이 기뻐할 때 나 역시 똑같은 기쁨을 느낄 테고 말이죠."

현자는 수염을 쓸어내리면서 소년을 기특하다는 듯 바라봤다.

"잘 아는 구나 세 번째는 '남을 남처럼 생각하라'다." 잠시 생각에 잠겼던 소년이 고개를 끄덕이며 말했다.

"그 말씀은 다른 사람을 존경하라는 뜻인가요? 자신의 기준을 남에게 요구하지 말고, 자기 뜻대로 남을 바꾸려 들지 말라는 가르침으로 들립니다."

현자는 큰소리로 웃었다.

"참으로 지혜로운 아이로구나!"

"네 번째는 '자신을 자신처럼 생각하라는 것'이다." 이 원칙들은 듣기에는 쉬운 것 같아도 실천하기가 결코 쉽지않지."

소년은 고민스러운 얼굴로 물었다. "그럼 어떻게 해야 잘 실천할 수 있을까요?"

"이 네 가지를 명심하고, 평생 좌우명으로 삼거라 그다음은 살면서 경험을 통해 확인하면 된다."

사람은 누구나 행복하기 위해서 존재한다. 행복하기 위해서는 자신을 수신하는 습관이 선행되었을 때 행복의 조건에 부합할 수 있다. 자신을 수신 못하고 관리 못하는 사람이 어떻게 행복할 수 있겠는가?

자신을 수신하기위해서는 성실함은 기본이고 그 바탕위에 통제하고, 절제하고, 근면하는 좋은 습관들이 몸에 배어 있어야한다. 그때 인생의 성공이라는 행운의 여신이 찾아오게 되어있다. 사람은 '습관이 인생을 만든다'는 말이 있다. 좋은 습관은 인생의 복을 부르고 행운을 부른다. 그러나 좋은 습관을 만들기가 말처럼 쉽지는 않다. 좋은 습관에는 자기희생이 따르고 성실한 인내가 함께 할 때만이 가능하다.

자신을 지키고 가꾸는 원칙을 준수하기 위해서는 좌우명이 필요하다. 작심삼일이라는 말이 있다. 처음에는 거창하게 계획을 세우고 평생 지킬 것처럼 마음의 각오를 했다가도 무너지고 만다. 그러다가 또 계획을 세우고 반복된 것이 인생이다.

좌우명을 정했으면 눈에 잘 띄는 곳에 두고 수시로 점검하면서 마음이 흐트러질 때나 어떤 유혹에 빠졌을 때 좌우명을 보면서 마음가짐을 바로 세울 수 있어야한다.

좌우명은 어두운 밤하늘에 북극성처럼 자신의 길을 안내하고 빛을 보내주는 마음의 등불이다.

한 마디의 명언을 읽고 평생토록 자신의 길을 개척하고 역경과 시련이 올 때는 그 명언을 생각하면서 묵묵히 인내하면서 위대한 업적을 이루어고 쌓았던 위인들이 참으로 많다.

당신은 괴롭고 힘들 때 또는 좌절의 늪에 빠져 허덕일 때 자신을 지켜줄 좌우명을 그대는 갖고 있는가?

07
자신감의 힘
- 자신감 -

진점규 교육타임스 편집장

    자신감은 성공인생을 안내하는 마음의 주춧돌이다. 역경과 시련에 직면했을 때 무너지지 않게 바로 세울 수 있고, 견뎌 내고 이겨내는 힘이다. 그 힘을 통해서 사람은 성숙한 인격체를 만들 수 있고 훌륭한 사람으로 거듭나게 된다.

    자신감은 자신을 사랑하는 사람만이 가질 수 있는 신념의 화신(化身)이다. 자신을 믿고 신뢰할 때 생기는 마음의 자세이다. 그 마음의 자세가 확고할 때 신념이 생기고 그 신념이 곧 자신감을 만든다. 자신감을 갖기까지는 인내와 노력 끈기가 없이는 결코 가질 수 없는 인생의 큰 자산이다.

    미국의 작가가 에머슨은 '자신감은 성공의 비결이다'라고 말했다. 사람은 누구나 뛰어난 존재이다. 다만 자신을 어떻게 인식하고 어떻게 능력을 발휘하여 자신을 쓰임새 있게 만드느냐의 차이가 있을 뿐이다. 자신을 보석이라고 생각하면 보석이 된다.

  동서고금을 막론하고 사람들의 실패의 원인을 살펴보면 대부분 그가 무능했기 때문이 아니라 자신감이 부족했기 때문임을 알 수 있다. 사람들은 일을 하기도 전에 안 될 것이라고 생각하기 때문에 '가능'을 불가능으로 바꾼다. 또한 자주 놀라고 당황하며 말과 행동이 거칠고 부자연스러운 것이 특징이다. 반면에 자신감이 넘치는 사람은 언제나 안정적이며 부드럽고 자연스러운 언행을 구사한다. 자신감 부족은 지능과 재능이 발휘되는 능력을 막는다. 반드시 자신의 능력을 믿어야한다. 자신감이 적으면 작은 성공을 거둘 것이고, 자신감이 크면 큰 성공을 거둘 것이다.

  옛날에 명망이 있는 대가가 노년에 접어들어 가장 뛰어난 제자를 찾고자 했다. 그는 평소 눈여겨보았던 제자를 불러 말했다. 나의 초가 다 타고 얼마 남지 않아 다른 초를 찾아 불씨를 옮겨야할 것 같구나 내 말뜻을 이해하겠느냐?
  제자가 말했다.
  "네 스승님의 빛나는 사상을 잘 이어갈 훌륭한 전수가가 필요하시다는 말씀이 아니십니까?"
  "다만...."
  대가는 느릿느릿 말을 이어갔다.
  "지혜뿐만이 아니라 확실한 신념과 남다른 용기를 지닌 사람이어야 할 텐데 ...여태껏 이런 적임자를 본적이 없구나."

"걱정 마십시오."

제자는 재빨리 스승을 안심시키며 최선을 다해 적임자를 찾아오겠노라고 말했다. 그 후 반년의 시간이 흐르고 대가는 병으로 몸져눕게 되었다. 세상과 이별할 날이 멀지 않는 상태였지만 그의 뒤를 이를 최고의 적임자는 아직 찾지 못한 상태였다. 제자는 매우 송구스러워 하며 스승에게 말했다.

"실망시켜드려 죄송합니다."

그러자 대가는 초연히 눈을 감으며 말했다.

"휴, 내가 실망한 것은 사실이지만 정작 네가 미안해야 할 사람은 내가 아니라 너 자신이다."

그는 한참 동안 말을 멈췄다가 겨우 말을 이었다. "원래 가장 훌륭한 적임자는 바로 너였다. 네가 너 자신을 믿으려하지 않았을 뿐...."

말을 채 끝마치지 못하고 대가는 그렇게 세상을 떠났고, 제자는 이를 뼈저리게 후회하며 이후 반평생을 자책 속에 보냈다.

이야기 속의 제자처럼 자신은 그 일을 할 수 없다고 단념하거나 포기해버리면 세상의 어떤 일도 할 수가 없다. 세상의 일이란 할 수 있다고 믿고 확신한 사람에게 기회가 온다.

옛날 말에 '밑져 봐야 본전이다'라는 말이 있다. 일이 잘 안 돼도 손해볼 일이 없다는 뜻이다. 어떠한 경우에도 자포자기는 금물이다. 더 이상 구제할 수 있는 길이 열리지 않는다. 어려움에 처하고 궁지에 몰렸을 때 대부분의 사람은 '이일은 안 돼, 괜히 하게 되면 손해만 보는 거야, 내 능력으로는 어려워, 자신을 위로하면서 슬그머니 물러서는 게 보통사람의 심리다. 사람은 누구나 일을 쉽고 편하게 하려고 하는 게 인간의 속성이다.

그러나 역사의 위인들의 삶의 궤적을 보면 그들은 한결같이 역경과 시련을 이겨내고 모진 풍파를 견뎌낸 사람들이다. 그들은 장애물이 올 때마다 그 장애물을 새로운 도전의 기회로 삼았고 해 낼 수 있다는 자신감으로 무장했다. 약자는 장애물을 걸림돌로 생각하고 강자는 장애물을 디딤돌로 삼았다. 영웅이란 '해낼 수 있다'고 믿는 사람들이다.

미국의 정치가 콘돌리자 라이스가 바로 그 좋은 예이다.
미국에 인종차별정책이 성행했던 1970년대, 버밍햄에 살던 흑인 소녀는 부모를 따라 워싱턴 백악관에 견학을 갔다가 피부색 때문에 문전박대를 당했다. 이 일은 그녀에게 마음의 상처를 안김과 동시에 그녀가 흑인의 사회적 위치를 깨닫는 계기가 되었다. 일부 사람들의 눈에 흑인은 열등하고 보잘 것 없는 존재였고, 흑인으로서 삶이란 불평등과 굴욕과 공포의 연속임을 알게 된 것이다. 하지만 그녀는 현실에 무릎을 꿇지 않았다. 그녀는 차분히 아버지에게 말했다.
"지금은 피부색 때문에 백악관에 들어갈 수 없지만, 언젠가는 저 곳에 제가 있을 거예요. 저는 제가 그만큼 뛰어나다고 믿으니까요."
지혜롭고 진보적이며 용감한 부모는 딸아이의 원대한 포부를 응원했다. 그는 부모의 교육을 통해 모든 사람은 평등하며 그 누구도 인종이 다르다는 이유로 멸시나 편애를 당해서는 안 된다는 사실, 자기 자신을 규정하는 것은 피부색이나 성별이 아닌 자신의 노력이라는 점
그리고 행복은 스스로 만들어가는 것임을 깨달았다.
'백인을 뛰어 넘겠다'는 목표를 실현하기위해 그녀는 수십 년을 하루처럼 보냈고 그렇게 다른 사람보다 몇 배의 노력을 쏟아 부어 열심히 지식을 쌓는

결과 남부럽지 않는 인재로 성장하였다. 26세 때 그녀는 이미 스탠퍼드대학교 강사로 교단에 섰고 1993년 스탠퍼드대학교 역사상 최연소이자 최초로 흑인교무주임이 되었다. 물론 그녀는 여기서 멈추지 않았다. 2000년 미국 대선 때 부시의 정책 참모로 그를 도왔고 결국 미국 국무장관에 임명되어 백악관 입성에 성공했다. 미국역사상 두 번째 여성 국무장관이자 해당직위를 담당한 첫 흑인여성이었다.

콘돌리자 라이스는 인종차별에 굴하지 않고 용감하게 자신을 시험했고 넘치는 투지와 결국 훌륭한 자아를 실현했다. 만약 그녀가 자신의 출신을 짐으로 여기고 자신을 그저 평범한 사람으로 치부했다면 그래서 자신의 다재다능함이 제대로 빛을 보지 못했다면 과연 그녀가 권력의 최고봉에 설 수 있었을까? 그 답은 모두가 알고 있으리라.

"지금은 피부색 때문에 백악관에 들어갈 수 없지만 언젠가는 저 곳에 제가 있을 거예요. 저는 제가 그만큼 뛰어나다고 믿으니까요."

라이스가 인종차별에 굴하지 않고 이런 말을 할 수 있었던 것은 그녀가 자신감을 가진 사람이었기 때문이다. 또한 훗날 미국국무장관으로 백악관에 입성해 전 세계가 주목하는 유능한 여성이 될 수 있었던 것은 자신감을 기반으로 하는 끊임없이 노력해 자신감이 가진 힘에 생명을 불어넣었기 때문이다.

자신을 믿어라 그리고 아낌없이 노력하라 그러면 아무리 보잘것없는 존재도 위대해질 수 있다. 자신감은 성공으로 가는 지름길이며 그 열쇠이다.

08
성공한 사람은 디테일에 강하다
- 디테일의 힘 -

진점규 교육타임스 편집장

성공한 사람들의 면면을 살펴보면 그들은 디테일에 강하다. 남들이 볼 때 대수롭지 않고 하찮은 일도 그들은 쉽게 넘기지 않는다. 디테일 하다는 것은 작고 보잘 것 없는 것 하나하나에도 세심한 주의를 기울이고 그 가치를 인정하는 정신이다. 세상의 모든 위대함이란 작은 것들에 대한 충실함으로 기원한다. 수학적으로 100-1=99가 정답이겠지만 사회생활에서는 100-1이 0혹은 마이너스가 될 수도 있다. 그래서 흔히 '1%의 실수가 100%의 실패를 낳을 수 있다'고 말하기도 한다. 사람은 완벽한 모습을 보여주기란 매우 어렵다. 작고 사소한 부분까지 모두 완벽해야하기 때문이다. 반대로 자신의 이미지를 망치기는 아주 쉽다. 작고 사소한 부분을 무시한 것만으로도 만회할 수 없는 심각한 타격을 입을 수 있기 때문이다.

다음은 작은 것의 진실에서 발췌한 내용 하나를 소개하겠다.

한 제약회사가 외자를 도입하여 생산규모를 확충하겠다는 야심찬 계획을 세웠다. 그들은 곧 독일의 유명제약회사인 바이엘 대표단을 생산 공장으로 초청하여 견학시키기로 했다. 귀빈실에서 간단한 인사를 나눈 다음 공장장은 독일에서 온 대표단을 안내하여 생산 공장을 둘러보았다. 그런데 대표단과 한참 공장을 둘러보던 공장장이 무심결에 바닥에 침을 뱉었다.

그 광경을 똑똑히 지켜본 바이엘 대표단은 그 자리에서 견학을 중단하고 그 제약회사와의 제휴계획을 전면 백지화했다. 제약회사의 특성상 공장장이 위생상 철저하게 위생적으로 관리되어야하는데 공장장이라는 사람이 아무 곳에나 침을 뱉는다면 근로자의 수준은 보나마나 일 것이라고 생각했던 것이다. 이렇게 비위생적인 공장에서 생산된 제품을 어떻게 믿을 수 있겠는가 하고 그들은 바로 돌아가 버렸다.

건설업계의 신화를 쓴 고(故) 정주영 현대그룹 회장이 현역시절 현장을 점검하는 일화는 유명하다. 그는 건설현장이든 모든 현장을 마무리할 때 정문에서부터 현장 전체를 빠짐없이 둘러보고 현장에 떨어진 나사못하나까지 '이것이 왜 여기 떨어졌나'를 점검하고 사고에 대비하여 미쳐 보이지 않는 구석까지 세심하게 검토했다. 그에게는 대충대충, 이정도면, 이쯤이면, 하는 말은 통하지 않았다. 거의 완벽에 가깝도록 검토한 후에도 혹시나 하고 한 번 더 점검하는 습관이 배어있다. 그리고 마지막에는 자신이 보아도 완벽하리만큼 깔끔하게 끝을 맺었다고 한다.

삼성의 이건희 회장 또한 매사에 꼼꼼하고 철두철미한 사람으로 소문이

난 사람이다. "그는 무슨 일을 하든지 간에 이 정도 준비했으면 되겠지 하는 안일한 생각을 가져서는 안 된다. 더 하고 싶어도 더 할 것이 없을 만큼 완벽하게 준비하는 습관을 길러야한다. 아무리 좋은 전략도 치밀한 계획과 준비 없이는 종이호랑이에 불과하다"고 말했다. 그는 해외에 법인을 세울 때나 공장 부지를 물색할 때 해당나라의 기후, 풍토, 습관, 문화 등 일반적으로 사업과 도통 관련이 없다고 생각되는 것까지 담당 사장에게 질문을 던졌다고 한다. 이건희 회장의 이런 생각과 치밀하고 분석적인 준비 때문에 전략회의나 사업보고 등에는 거의 완벽에 가깝도록 철두철미하게 준비를 해도 회장의 질문에 제대로 답을 못하는 경우가 적지 않았다고 한다. 이렇듯 성공한 사람의 대부분은 하나같이 디테일에 강하다는 공통점을 가지고 있다. 범인이 보기에는 역겨울만큼 하나하나에도 세심한 주의를 갖고 경계를 늦추지 않는다.

나폴레옹은 전쟁의 영웅이었다. 무패를 자랑하던 나폴레옹 군대가 이탈리아와 전투에서 패전한 일이 있었다. 나폴레옹은 중요한 작전을 수행하기 위해 각 부대에 집결명령을 내렸다. 명령이 하달된 시간에 모든 군대들이 집결하여 공격준비 태세를 갖추었다. 그런데 한 부대가 나타나지 않아 공격 타이밍을 놓쳐버렸다.

한 기병대가 늦게 도착한 바람에 승기를 잃은 나폴레옹은 화가 머리끝까지 치솟았다. 그래서 그 원인을 규명하라고 명령을 내렸다. 자초지종을 조사해본 결과, 그 기병대가 늦게 도착한 것은 1개 중대가 늦게 온 때문이었다. 그 중대가 늦게 온 것은 1개 소대가 늦게 온 때문이었다. 그리고 그 소대가 늦어진 것은 한 병사가 탄 말의 발굽에서 편자 못 하나가 빠져 나갔기 때문이었다. 그 병사는 말발굽에 편자 못 하나를 박고 오느라고 늦었다고 했다. 그러고 보면 무패를 자랑하던 나폴레옹의 패전은 바로 그 자그마한 편자 못 하나 때문이었던 것이다. 평소에 말발굽에 박을 편자 못 하나를 소홀히 한 실수가 국가의 운명을 그르친 회한으로 돌아오게 되었다.

 개인의 삶에도 무심코 지나친 작은 일 하나 때문에 큰 낭패를 보거나 뼈아픈 실패를 당하는 경우가 허다하다. 성공과 실패의 차이를 만들어 내는 엄청난 일들도 막상 그 과정을 들여다보면 어처구니없는 사소한 것 한두 가지 때문인 경우가 허다하다. 저수지의 방죽도 개미구멍으로 무너진다. 마라톤 선수를 더는 달려가지 못하도록 주저앉히는 것은 운동화에 들어간 작은 모래알 때문이다 이처럼 작은 것 하나가 치명적인 결과를 가져올 수 있다.
 디테일은 생활 속의 습관이다. '습관은 중독이다'라는 말이 있다. 사람의 행동 가운데 95%는 습관의 영향을 받고 그 습관 속에서 자질이 조금씩 길러진다. 처음에는 어색한 것도 시간이 지나면서 습관으로 굳어지고 몸에 배면 아주 자연스러워진다. 습관은 모자이크처럼 일상생활의 작은 부분들이 하나하나 쌓여 형성된다. 습관은 인생의 근본이 되는 기초로서 그 수준이 삶의 전체를 좌우한다. 디테일은 작은 것에 가치를 소홀히 여기지 않는 생활 속의 습관에서 비롯된다. 성공은 좋은 습관이 만들어낸 결과물이며 그 습관은 오랜 기간을 통해 배양된 디테일의 힘에서 온다.

09
절대긍정이 일궈낸 성공신화
- 긍정의 힘 -

진점규 교육타임스 편집장

　인류의 역사는 긍정의 힘에 의해 진화되었다고 해도 과언은 아닐 것이다. 역사의 위인들은 한결 같이 어떠한 역경이나 위기상황에 직면했을 때 내면에 잠재된 긍정의 힘을 발휘하여 역경을 이겨내고 위기를 극복하였다.
　콜럼버스가 태평양을 항해할 때의 일이다. 대륙을 떠난 배가 망망 대회를 항해한지 백 일 째 되는 날. 식량은 바닥이 보이고 식수도 고갈될 위기에 처해있었다. 선원들은 동요하기 시작했다. 누군가가 말했다. "콜럼버스가 우리를 속였다. 우리를 죽이기 위해 바다건너 땅이 있다고 속였다." 화가 난 선원들은 무기를 들고 선장실로 쳐들어갔다. 콜럼버스는 꽁꽁 묶인 채 선장실에서 끌어 나왔다. 바로 그때였다.
　바다위에 해초류가 보였다. 콜럼버스가 말했다. "여러분! 저 바다위에 떠

있는 해초류를 보셔요. 저것은 육지가 가까이 있다는 증거입니다. 며칠만 기다려보세요. 그래도 육지가 보이지 않으면 그때는 여러분이 나를 저 바다로 던져도 좋습니다."

범선은 바람을 타고 미지의 대륙을 향해 질주하였다. 그런 일이 있었던 이틀 후 멀리 구름위로 신기루 같은 대륙이 모습을 드러내기 시작했다. 선원들은 얼싸안고 춤을 추었고 '야호'를 외치며 감격했다. 콜럼버스가 바다를 항해할 때만해도 어떤 항해술이나 나침반도 없었던 시절이었다. 그는 미지의 세계에 대한 동경심과 모험심을 좋아했고 바다건너 어딘가에는 새로운 대륙이 있을 거라고 굳게 믿었다. 그의 탐험정신이 신대륙을 발견하였고 새로운 역사를 쓰게 만들었다. 역사 속 위인의 삶의 궤적을 추적해 보면 그들은 한결같이 어떠한 역경 속에서도 흔들리지 않는 위대한 정신의 소유자 들이었다.

"천재란 99%의 땀과 1%의 영감으로 만들어 진다"는 명언을 남긴 토마스 에디슨도 그의 천재성 못지않게 정신세계 또한 위대했다.

어느 날 그의 연구실에 화재가 났다. 화재는 옆 창고까지 번져서 그가 수십 년 동안 연구에 필요한 모든 실험도구들이 송두리째 불태워버렸고 현장은 잿더미로 변해버렸다. 망연자실한 그의 아내는 그 자리에서 넋을 잃고 쓰러져 흐느끼고 있었다. 그때 에디슨이 다가와 흐느끼는 아내를 향해 말한다.

"여보, 신은 우리를 절대로 버리지 않을 것이오. 우리 새롭게 다시 시작합시다." 잿더미로 변해버린 연구실을 바라보는 그의 눈빛 속에는 어떤 위대함에 도전하는 새로운 결의가 빛나고 있었다. 그 후 그는 어떤 시련 속에서도 좌절하지 않고 1,300개 넘는 발명품을 만들어 인류에 공헌하였다.

유대인 심리학자이면서 정신과 의사였던 빅터 프랭클은 1942년 9월 나치에게 체포되어 3년 동안 악명 높은 아우슈비츠 수용소에 수감되었다.

 그곳에 있는 동안 그는 눈앞에서 아버지와 어머니, 형제, 임신한 아내가 검은 연기로 사라지는 것을 보았다. 슬픔을 느낄 여유도 없었다. 오후가 되면 나치들이 막사 문을 밀치고 들어와 일렬로 선 유대인들 중에서 그날 처형자들을 골라냈다.

 빅터 프랭클은 순간순간 죽음으로 몰아가는 혹독한 환경 속에 있었지만 그 누구도 자기에게 빼앗지 못하는 것 하나가 있음을 자각했다. 그것은 어떤 경우에도 자신이 마음먹을 수 있는 자유였다. 그는 하루 종일 힘든 노동을 끝내고 곤죽이 된 몸으로 막사에 돌아왔지만, 잠시 허리를 펴고 노을로 물든 서편 하늘을 바라보며 "세상이 이렇게 아름다울 수도 있다니!"라고 감탄했다. 막사 주위에 피어난 작은 꽃들을 보면서 자연의 경이로움을 느꼈다. 비록 자신의 목숨은 나치 손에 달려 있었지만, 아무에게도 빼앗길 수 없는 정신적 자유는 그 자신에게 있었던 것이다.

 절망적인 상황에서도 자기의 태도를 결정할 수 있는 자유는 바로 나에게 있다. 절망에 발목을 잡혀 쓰러지지 마라. 환경의 영향에서 자유로운 사람은 어떤 역경이 닥치더라도 낙담하거나 좌절하지 않는다. 사람은 희망을 먹고 사는 존재이다. 절대희망으로 살아라.

 사람은 역경에 봉착했을 때 그 사람의 진면목이 나타난다. 잔잔한 바다에는 노련한 뱃사공이 나올 수 없듯 사람은 비바람 속에서 내적 성숙을 만들어 내고 새로운 힘을 갖는다. 성공한 사람의 대부분은 자신의 내적 힘을 믿었고 그 힘의 진정한 가치를 아는 사람들이다.

 교보문고 신창재 회장은 직원들에게 "맨손가락으로 나무에 구멍을 뚫어라" 그런 정신이 없으면 절대로 성공할 수 없다고 말한다. 대우종합기계 품

질명장 김규환씨는 "지금하고 있는 일에 최선을 다하는 자는 영화를 얻는다. 목숨 걸고 노력하면 안 되는 것이 없습니다. 목숨을 거십시오. 그러면 성공합니다." 그는 초등학교도 제대로 나올 수 없는 불우한 환경에서 태어나 대우 사환에서부터 시작하여 초정밀분야 1인자로 등극하기까지 드라마같은 삶을 살았다. 그의 삶은 인생역전이었다. 그는 오로지 할 수 있다는 마음 즉 긍정의 힘을 믿고 성공신화를 쓴 사람이다. 그는 제20대 국회에 새누리당 국회의원으로 당선된 입지전적인 인물이다.

요즘 젊은이들은 모든 일을 쉽게 결정하고 쉽게 포기해 버리는 냄비 근성이 있다. 그것은 그들의 정신세계가 그만큼 약하다는 증거이고 또한 힘들고 어려운 일은 하지 않으려는 무기력한 정신상태 때문이다. 그들에게 진정으로 필요한 것은 도전과 극기 그리고 어떤 역경에 봉착해도 포기하지 않는 하이에나근성이 성공을 일궈내는 절대적인 정신이다. 긍정의 힘이란 광부가 광맥을 발견하듯 희망의 빛으로 채워져 있는 마음상태이다. 긍정적 사고가 긍정의 힘을 만든다.

우리속담에 "마음에 품지 않는 복(福)은 절대로 현실로 나타나지 않는다"는 말이 있다. 우리의 마음은 하나의 주인을 섬기고 있다. 예를 들어 슬픈 생각이 들면 슬픈 생각이 주인이고, 기쁜 생각이 찾아오면 기쁜 생각이 주인이 된다. 우리는 긍정의 힘이 마음의 주인 되도록 노력해야 한다. 어떠한 부정적인 사고가 새 들어올 수 없도록 강력한 접착제로 봉인해야한다. 성공은 긍정의 효소가 숙성되고 발효된 결과이다 긍정의 힘이란 광부가 광맥을 발견하듯이 희망의 빛으로 채워진 마음의 상태이다. 세상의 위대함이란 긍정의 힘으로 창조된 열정의 산물이다.

10
인생을 최고로 사는 지혜
– 근면(勤勉). 성실 –

진점규 교육타임스 편집장

사람은 누구나 성공을 원한다. 실패해서 고통스럽게 살고 싶은 사람은 아무도 없을 것이다. 그러나 인생에서 성공하기 위해서는 반드시 지불해야할 원칙이 있다. 경제의 원칙도 투자 없이는 잉여가 생산되지 않듯이 인생에도 마찬가지다. 바로 다름 아닌 근면(勤勉)이 투자의 열쇠이다.

새뮤얼 스마일즈는 『인생을 최고로 사는 지혜』에서 지구촌에 성공한 500인의 사례담을 이야기하고 있다. 그중에는 기업가, 노동자, 기술자, 과학자, 발명가, 군인, 정치인, 예술가 등 모든 분야에서 가난과 역경을 이겨내고 성공한 이야기이다. 그들이 성공이라는 행운의 열쇠를 손에 넣게 되기까지는 그들의 공통분모에는 바로 근면이 있었다.

이 책은 서두에 '하늘은 스스로 돕는 자를 돕는다'라는 말로 시작한다. 다소 진부한 말로 들리지만 인류사(史)에서 빼놓을 수 없는 진리임에는 틀림이 없다. '행운이란 신이 인간에게 준 최고의 선물이다' 라고 했다. 최선에 최선을 다 하는 사람에게 신이 준 마지막 선물이 행운이라는 것이다.

사람들은 흔히 셰익스피어가 대문호 극작가 정도로만 알고 있다. 셰익스피어는 미천한 출신이었다. 열심히 일하는 노동자였다. 아버지는 도축업자였고 그는 젊은시절 양털을 빗는 일을 했다고 전해진다. 학교 수위를 거쳐 공증사무소 서기를 했다는 말도 있다. 그의 삶은 정말 '만인의 축소판'이라 할만하다. 한 해양 작가는 글속에 나오는 해양관련 용어를 보고 뱃사람이었을 거라고 주장했는가 하면, 어느 성직자는 역시 책 내용을 근거로 교구 목사였을 거라고 추론을 내 놓았다. 또 어떤 유명한 말 감정가는 그가 말 장수였던 게 분명하다고 주장한다. 어떤 의미에서 셰익스피어는 확실한 배우였다. 인생이라는 무대에서 수많은 배역을 맡으면서 다양한 체험과 관찰을 통해 놀라운 이야기를 수집할 수 있었으니 말이다. 어쨌던 그는 철저하게 공부한 학생이자 열심히 일하는 노동자였던 게 분명하며, 덕분에 그의 작품은 오늘날까지 인류에게 위대한 명작으로 남아있게 되었다는 것이다.

저자는 이밖에도 재단사출신으로 크게 성공한 미국의 제17대 대통령 앤드류존슨, 푸줏간 집 아들로 태어난 『로빈슨표류기』의 작가 다이얼 디포, 땜장이의 아들로 태어난 『천로역정』의 저자 존 번연, 누드화가의 대가 에티(william Etty)는 인쇄공출신, 위대한 물리학자 패러데이는 대장간 집 아들로 태어나 22세까지 제본공으로 일했지만 자신의 스승 험프리데이비를 능가하는 물리학자가 되었다 등 여러 가지 이야기를 풀어놓는다. 그리고 그들의 성공비결은 결국 역경 속에서 좌절하지 않고 끊임없이 노력하고 자신을 연마하면서 자신의 일에 근면 성실했다는 공통점을 말해주고 있다.

한국인들에게 가장 존경하는 인물이 누구냐고 물으면 백범 김구선생이 늘 손꼽힌다. 1876년 황해도 해주에서 몰락한 집안의 자손으로 태어나 가진 것 없고 배운 것도 없는 그가 어떻게 오늘날 이렇게 존경받는 정치적 지도자가 될 수 있었던 것일까.

어린 시절 백범 김구선생은 인근의 토착 양반들에게 멸시와 천대를 받았던 기억 때문에 열심히 공부하여 집안을 일으키고 싶어 했다. 그러나 17세 때 조선조 마지막 과거시험에 응시했던 그는 매관매직, 대리응시 등의 갖가지 부정이 만연해 있던 현실에 좌절하고 말았다. 이 시절 정직하게 공부해서 과거에 합격하는 것은 하늘에서 별을 따는 것처럼 어려운 일이었다.

과거 급제에 실패하고 낙심해 있던 백범에게 그의 아버지는 '마의상서'라는 관상학 책을 구해다 주며 공부를 하라고 권했다. 풍수공부와 관상학 공부를 하면 적어도 굶어 죽지는 않을 것이라는 현실적인 이유였다. 새로운 의욕으로 김구 선생은 석 달 동안 두문불출하고 풍수와 관상학 공부에 매진하였다. 관상학 이론을 접할 때 마다 거울을 앞에 놓고 자신의 얼굴을 비교해 가며 자신의 상을 살펴보았다.

그런데 그 자신의 얼굴엔 어디 한 곳도 귀격, 부격의 좋은 상은 없고, 천격, 빈격, 흉격 밖에 없었다. 거기다 3살 때 마마를 앓아 곰보여서 얼굴도 아주 천한 상이었다. 한마디로 거지 관상이었다. 백범일지를 보면 이때의 그의 실망감이 얼마나 큰지 잘 나타나 있다. "그러지 않아도 과거공부에 실망하여 비관해 하고 있는데 관상공부를 하고 나서는 그보다 더 큰 비탄에 빠지고 말았다. 살고 싶은 마음이 싹 없어졌다."

크게 낙심하고 있었을 때 마의상서 마지막 부분에 눈에 확 띄는 글귀가 있었다.

'상호불여신호, 신호불여심호(相好不如身好, 身好不如心好)' 얼굴 좋은 것이 몸 좋은 것만 못하고 몸 좋은 것이 마음 좋은 것만 못하다는 뜻이다.

이때 백범은 무릎을 치며 얼굴 좋은 사람보다 마음 좋은 사람이 되기로 결심한다. 외적 수양이 아닌 마음을 닦는 내적 수양에 힘써 사람구실 하겠다고 다짐한 것이다. 마음 좋은 사람이 되는 것은 잘 할 자신이 있었다.

그 후 백범은 1894년 18세의 어린 나이에 동학에 입교하고 이름도 창수로 개명하였다. 19세에 동학농민군의 선봉장이 되어 휘하에 수 백명의 부하 대원을 이끌기도 하였다. 이후의 삶은 우리가 아는 것처럼 민비를 시해한 일본 헌병을 때려 죽였고, 상해로 넘어가 임시정부 수반으로 있으면서 일평생을 대한민국 독립운동에 헌신하였다.

백범은 동시대의 또래들보다 집안이 좋은 것도, 많이 배운 것도, 돈이 많은 것도, 얼굴이 좋은 것은 아니었다. 그럼에도 불구하고 그가 동시대 사람들을 다 제치고 대한민국 최고의 존경받는 애국자가 될 수 있었던 것은, 마음이 중요성을 깨달았기 때문이다. 마음이 좋은 사람이 되어야겠다는 결심을 하고 이를 평생의 지침으로 삼아 노력하고 실천하였기 때문이었다.

결국 우리가 살아가는 동안에 중요한 것은 환경이나 조건 등의 외형적인 것 보다 자신의 마음을 어떻게 다스리고 내적수양에 힘쓰는가 하는 것일 것이다. 많은 젊은이들이 학벌과 경력, 외모 등 본인의 외적인 모습이 보잘 것 없다고 한탄하며 구직을 위해 스펙 쌓기에 열을 올리거나 성형수술까지 감행한다. 그러나 상호불여신호, 신호불여심호(相好不如身好, 身好不如心好), 본인의 열정이나 가능성을 확인하고 정진하기 위해 노력한다면 본인의 필

살기를 분명 찾을 수 있을 것이다. 백범 김구 선생의 삶을 통해 우리는 이 세상을 과연 어떤 자세로 살아가야 하는지에 대해 한번쯤 고민해봐야 할 것이다.

다음은 근면 성실에 대한 재미있는 이야기 한편을 소개하겠다.

어느 부잣집에서 일하는 사람을 구한다는 말에 한 사람이 찾아왔다. 부잣집 주인이 그 사람에게 물었다.

"자네가 가장 잘하는 일이 뭔가?"

그러자 그 사람이 자신 있게 대답했다.

"잠자는 걸 가장 잘합니다."

주인은 그 대답이 영 마음에 들지는 않았지만 마땅한 사람도 없고 그래도 사람은 성실해 보여서 그를 고용했다. 그런데 주인이 생각하는 것 보다 훨씬 부지런히 일을 잘했다.

그러던 어느 날이었다. 억수같이 비가 퍼붓고 유달리 천둥번개가 심한 밤중이었다. 여기저기 살펴보았지만, 집안은 깨끗이 정돈되어 있었다. 집안을 살피다가 그 사람을 보게 되었다. 억수같이 비가 퍼부었지만 그 사람은 낮 동안 힘을 다해 모든 일을 해 놓았기 때문에 손 볼 곳도 없었고, 천둥번개가 요란했지만 피곤해서 깊이 잠들 수 있었던 것이다. 그제야 주인은 잠자는 걸 제일 잘 한다고 한 말을 이해하게 되었다.

높이 나는 새가 멀리보고 새벽에 일찍 일어나는 새가 더 많은 먹이를 먹을 수 있듯이 성실한 사람이 성공하는 건 당연한 이치이다. 근면한 자에겐 모든 것이 쉽고, 나태한 자에게는 모든 것이 어렵기만 하다.

11
대인관계능력
- 소통과 공감 -

진점규 교육타임스 편집장

요즘 우리사회의 화두는 뭐니 뭐니 해도 소통일 것이다. 직장 동료 간의 소통, 학생과 교사 간의 소통, 세대 간의 소통, 정치인들의 소통(疏通), 우리가 아는 각양각색의 소통은 사회전반에 경쟁하듯 깔려있다. 특히 정치인들이 소통이란 말을 남발하듯이 많이 사용하고 있다.

소통이란 무엇인가. 내 의견을 상대방에게 전하는 능력이다. '소통이 된다.'는 뜻은 '말이 통한다.'는 의미이다. 즉 막혔던 하수구가 시원하게 뚫어지듯 서로에게 공간을 확보하는 통로이다. 소통은 상대를 존중하고 인정하는 바탕 속에서 교류가 형성되는 창의적인 의식이라고 할 수 있을 것이다. 그러나 현대사회에서 소통의 의미는 어떠한가. 모두가 앵무새처럼 자기말만 계속적으로 반복하여 남의 의견에 귀를 기울이지 않은 상황으로 변해가고 있다.

 소통은 대인관계의 필수 요건이다. '한국에서는 직장인들의 80%가 대인관계 때문에 고민하고 있다. 직장에서는 사원의 60%가 소통이 안 되는 분위기를 이직 사유로 꼽는다'는 통계가 발표된 적이 있다. 가족 관계에도 소통이 안 되면 문제가 발생한다.

 미국의 극작가 테네시 윌리엄스의 작품 '유리동물원'은 가족 간에도 소통 부재가 어떤 비극을 초래 하는가를 잘 나타내주고 있는 연극이다. 남편은 아내인 아만다와 대화가 통하지 않아 여행을 핑계로 집을 떠난다. 아만다는 혼자 가정을 꾸리며 아들 톰에게 끊임없이 생계의 부담을 지우고 장애인의 딸을 이해하지 못한 채 자신의 가치판단만을 받아들이도록 강요한다. 세 사람 모두 자신만의 공간에서 살아가는 인물들이다. 이 같은 가정 내의 소통부재는 경제적위기로 나타나 결국은 가족 모두가 지옥 같은 빈곤 속에서 살아가게 된다.

 소통이 안 되면 어떤 현상이 일어날까. 구성원 모두가 자신의 책임을 회피하게 된다. 나를 알아주는 사람이 없는데 열심히 일하면 무엇 하나 하는 생각이 지배하기 때문에 책임감이 없다. 부부간의 갈등도 소통의 부재에서 시작된다. 말이 통하지 않아 소통이 안 되면 가슴만 치게 되고 이것이 쌓이면 결국에는 화병이 되는 것이다.

 인간은 이성보다는 감정에 먼저 지배되는 동물이다. 인간관계에서는 자존심, 피해의식, 방어심리가 작용하기 때문에 이것이 소통의 장애요인이 된다.

따라서 커뮤니케이션 능력인 소통이야말로 가정에서는 행복을 좌우하는 키워드이며 사회에서는 성공의 무기로 인정되고 있다.

직장에서는 업무능력보다는 대인관계능력이 출세의 기준이 된다.

소통은 무엇인가. 나와 남이 다르다는 것을 인정하는 것이다. 즉 역지사지(易地思之)의 입장에서 상대를 바라볼 때 공감력이 형성되고 대화의 문은 열린다. 부모가 자신들의 의견만 옳다고 고집하면 자식들과도 소통이 안 된다. 옳은 소리를 하는데도 설득이 안 된다. 상대방의 의견을 경청하지 않고 무시하는 태도를 보이기 때문에 감정이 상해 대화가 안 되는 것이다.

인간관계에서는 뭐니 뭐니 해도 타인을 이해하고 배려하려는 마음 즉 공감능력이 확보하지 못하면 소통은 불가능하다.

영국의 철학자이며 문학사상가인 크르즈나릭은 『공감하는 능력』에서 "인간관계의 핵심이 공감이라고 주장하면서 다른 사람의 처지가 되어보면서 그들이 어떤 기분인지 무엇을 필요로 하는지를 이해하는 능력은 우리가 상대에게 반응하고 소통하며 삶과 삶 사이의 연대를 위해 필수적이라고 주장한다. 이는 인류의 공통의 본능적 특성이고 태어날 때부터 갖고 있고, 또 성장하면서 개발되는 것이라고 말했다.

공감이란 '상상력을 발휘해 다른 사람의 처지에 서보고, 다른 사람의 느낌과 시각을 이해하며, 그렇게 이해한 내용을 활용해 행동지침으로 삼는 기술이다'라고 정의할 수 있다. 이는 동정심과는 다르다. 어떤 이에 대해서 연민이나 불쌍한 마음을 가질 뿐 그 사람의 감정이나 시각을 이해하려는 노력은 담고 있지 않다고 말했다."

또한 저자는 "자신의 내면을 성찰하는 것도 중요한 작업이지만 동시에 관

심을 가져야할 것은

 자신 밖으로 나가 세상을 보고, 삶과 사람사이의 관계를 통해 내가 누구이고 어디에 서있는지를 확인하고 이해하는 작업이라고 주장한다. 이를 통해 나의 변화가 시작되고 더 나아가 나와 대화하는 상대의 변화가 오며 확산되면 사회의 변화까지 이어질 수 있다"고 말한다.

 대인관계는 공감과 소통을 통해 발현되는 삶의 자세이다. 우리는 그물망처럼 얽혀진 인간 네트워크 속에서 인간과 관계망을 형성하면서 살아가고 있다.
 타인과 관계를 맺는다는 것은 하나의 의식의 교류이다. 그 의식의 교류가 희로애락을 만들고 인생을 열어간다. 결국 좋은 대인관계는 공감과 소통이 공존했을 때 연출해내는 정신적 테크닉이다.
 사람은 누구나 자신의 입장에서 생각하고 말을 한다. 타인이 나와 다름을 인정할 때 소통이 가능하듯이 역지사지(易地思之)의 입장에서 타인을 이해하는 마음만 선행된다면 세상은 밝고 정이 넘치는 사회가 만들어 질 것이다. 대인관계는 인간관계의 꽃이며 삶의 에너지이다.

진점규 교육타임스 편집장, 명지대학교 예술대학원(석사), 교육신문사 편집장을 역임했고, 출판사 편집장으로 오랫동안 일하고 있다. 저서 『역사의 위대한 리더십』, 『리더십 교육스피치』 산문집 『지혜와 겸손』, 『언어의지평선』 외 15편의 저서가 있다.

12
좋은 습관은 성공의 열쇠
- 습관 -

김한호 문학박사

러시아의 교육자 우신스키는 "좋은 습관은 사람의 신경계에 존재하는 도덕적요소로, 이것을 끊임없이 개발하면 평생 그 이로움을 누릴 수 있다."고 말했다.

우리속담에도 '세 살 버릇이 여든 간다'는 말이 있다. 한번 길들여진 습관이 평생을 간다는 말이다. 그만큼 습관은 본능처럼 잠재의식으로 저장되며, 습관적인 행동은 무의식 중에 나타난다. 그렇기 때문에 습관은 자기가 원하는 변화를 이끌어내는 강력한 힘이며, 인생을 결정지우는 중요한 요소가 된다.

사람마다 얼굴이 다르듯이 습관도 각양각색이다. 사람은 성장하면서 의식적이든 무의식적이든 습관을 형성한다. 그 습관이 인생을 성공으로 이끄는 좋은 습관이냐, 아니면 인생을 실패로 이끄는 나쁜 습관이냐에 따라 인생이 달라진다. 그러므로 어릴 때부터 좋은 습관을 길러주는 것이 인성교육에서 무엇보다 중요하다.

우리가 매일 결정하는 무수한 선택들은 그때마다 생각해서 내린 결정처럼 보이지만, 실제로는 거의 인지하지 못하거나 의식하지 못하는 습관에 의한 것이 대부분이다. 습관은 자기 스스로가 만들지만 한번 형성된 습관은 자신의 삶을 지배하게 된다. 왜냐하면 우리가 반복적으로 하는 '행동의 40%'가 습관에 의한 것이기 때문이다.

과학자들은 습관이 형성되는 까닭은 우리 뇌가 활동을 절약할 방법을 끊임없이 찾기 때문이라고 한다. 어떤 자극도 주지 않고 가만히 내버려두면 뇌는 일상적으로 반복되는 거의 모든 일을 습관적으로 하게 된다. 그래서 군인이나 운동선수는 반복된 훈련을 통해서 설계된 습관을 몸에 익히도록 단련한다. 그러므로 우리가 어떤 사람이 되어야겠다고 생각하면 목표를 정하여 훈련하고 연습한 습관에 따라 성장할 수 있다.

모든 습관에는 '신호-반복 행동-보상'이란 신경학적 고리가 있다. 그러므로 습관의 고리를 알아내어 반복 행동을 찾아내야 한다. 습관은 '신호'를 통해서 '반복 행동'으로 나타나며 '보상'을 받으면 쾌락을 느끼며 뇌 활동이 급격하게 증가한다. 따라서 보상은 욕망에 의해 습관이 반복된다. 그래서 습관은 중독자 같은 반응을 보이기 때문에 반복적인 행동을 자극하는 '열망'이 무엇인지 알아내야 한다.

가령 술이나 도박을 하면 일시적인 쾌감을 느낀다거나, 일을 미루거나 게으름을 피우면 잠시 편안해지는 부정적인 보상이 따른다. 반면에 독서를 하면 지적 충족과 더불어 자아 성장을 할 수 있고, 운동을 하고 나면 상쾌함을 느끼면서 건강해진다는 긍정적인 열망이 생기게 된다.

그런데 왜 우리는 후회할 줄 알면서도 똑같은 잘못된 습관을 반복하는가? 나쁜 습관 때문에 좋지 못한 인성이 형성될 뿐만 아니라 성공의 기회마저 놓치는데 말이다. 더구나 올바른 생각이나 좋은 습관을 가지려고 노력하지 않고, 나쁜 습관을 지속적으로 반복하면서 자기 방식대로 사는 사람들은 더 이상 좋은 습관을 가질 수가 없다.

그렇기 때문에 과거의 나쁜 습관이나 술, 담배, 도박과 같이 중독된 습관을 버리고, 좋은 습관을 형성하기 위해서는 어떻게 해야 하는가? 그리고 자신의 잘못된 습관을 알면서 고치지 못하는 이유는 무엇 때문이며, 어떻게 고쳐야 하는가?

다음은 습관이 익숙해지면 어떤 결과가 나오는지 좋은 예를 하나 들어보겠다.

옛날에 아주 가난한 사람이 살았다. 어느 날 그는 바위를 황금으로 바꾸는 방법이 적힌 양피지 한 장을 발견했다.

이 방법에 따라 바위를 황금으로 바꾸려면 고대 이집트의 신비한 작은 돌이 필요했다. 이 돌은 흑해(黑海) 해변에 있으며 겉으로 보기에는 다른 돌과 별 차이가 없으나 만져보면 따뜻하다고 쓰여 있었다.

그는 무척 기뻐하며 즉시 간단하게 짐을 꾸려 길을 떠났다. 그리고 온갖 고생을 한 후, 1년 만에 마침내 흑해에 도착해서 정신없이 신비한 돌을 찾기 시작했다. 처음에 그는 보이는 돌이란 돌은 모두 집에 들고 만져본 다음 어떤 돌이 만져본 것인지, 또 어떤 돌이 만지지 않은 것인지 구분할 수 없다는 생각이 들었다. 그래서 이후부터는 만져봤을 때 따뜻함이 느껴지지 않은 돌은 바다로 던져 버리기로 했다.

하루 또 하루, 한 달 또 한 달이 흘렀다. 그렇게 1년이 흐른 후, 해변에 있는 수많은 돌이 바다에 버려졌다. 그리고 다시 몇 년 동안, 그는 눈에 보이는 돌을 모두 만져 봤지만 여전히 따뜻한 것을 찾지 못했다. 하지만 포기하지 않았으며 돌을 집어 들고, 잠시 만졌다가, 다시 바다에 버리는 과정을 쉴 새 없이 반복했다.

어느 날 아침, 그는 평소와 마찬가지로 일찍 일어나서 돌을 줍기 시작했다. 그러다가 무심코 돌 하나를 집어 든 순간, 따뜻함을 느꼈다! 그리고 평소처럼 아무 생각 없이 그 돌을 멀리 바다로 던져버렸다! 그가 자신의 잘못을 깨달았을 때는 이미 늦었다. 왜 이런 행동을 했을까? 바로 수년간 몸에 밴 습관 때문이었다. 이 불쌍한 사람은 주워든 돌을 만져보고, 바다에 던져 버리는 습관이 생겼고, 이 습관 탓에 오랫동안 찾아 헤맨 돌을 마침내 찾았음에도 무심코 바다로 던진 것이다. 이렇게 그는 커다란 부를 만들어줄 수 있는 돌을 허무하게 버리고 말았다.

위 예화에서처럼 습관은 몸에 밴 중독이다. 자신도 모르게 나오는 행동이다.

그렇다면 좋은 습관을 갖기 위해서는 무엇보다도 '목표'가 있어야 한다. 그리고 잘못된 습관을 고쳐야겠다는 '의지'가 있어야 한다. 잘못된 습관을 고치지 못하는 까닭은 습관화된 행동이 자기도 모르는 사이에 익숙해지면서 새로운 변화에 적응하려고 노력하지 않기 때문이다. 그래서 행동을 고치려고 해도 작심 3일에 그치고 마는 경우가 많다. 그러므로 습관화된 잘못된 행동을 바꾸려면 믿음의 의지를 갖고 좋은 습관을 집중하여 반복해야 한다. 연구결과 어떤 행동을 좋은 습관으로 바꾸기 위해서는 '66일간의 반복적인 행동'이 필요하다고 한다.

좋은 습관이 많아지면 그만큼 나쁜 습관을 줄일 수 있다. 우리 머릿속에는 습관 신경이 존재한다. 변화를 불러오는 습관은 '보상-긍정적 변화-성취의 기쁨'이라는 선순환 고리를 만든다. 그런데 잘못된 습관을 고칠 때 감정적이거나 스트레스를 받으면 기존의 습관으로 돌아가게 된다. 그러므로 좋은 기분을 유지하도록 하며, 스스로에게 의욕을 불러 넣어야 한다.

좋은 습관이 형성되면 인생이 바뀐다. 성공한 사람들은 동서고금을 통해서 훌륭한 사람들의 좋은 점을 본받으려고 노력했다. 이들은 예절 바르고 남을 배려하며, 정리정돈을 잘 하며 청결하고, 독서를 많이 하여 지식과 교양이 있으며, 꾸준히 운동을 하여 건강한 몸과 규칙적인 생활 습관 등이 생활화되어 있다. 그래서 좋은 습관이 몸에 밴 사람은 밝고 긍정적이며 건강한 에너지가 넘쳐 보인다.

성공하고 싶다면 성공한 사람들의 좋은 습관을 닮아야 한다. 성공한 사람들은 자신의 꿈을 실현하기 위해 목표를 향한 도전의식을 갖고 꾸준히 노력한 사람들이다. 또한 성공한 사람들은 어릴 때 부모로부터 좋은 습관을 교육받은 사람들이다. 그러므로 좋은 습관을 형성하는 인성교육은 가정교육이 무엇보다도 중요하다. 따라서 성공하기 위해서는 좋은 습관을 기르고 자신의 꿈을 실현하기 위해 꾸준히 노력해야 한다.

김한호 문학박사, 수필가, 문학평론가, 전 고등학교 교장(홍조 근정훈장), 저서 :『비 오는 날의 행복』외 8권, 세종문학상, 수필문학상, 공무원문학상, 전남문학상, 국제PEN광주문학상, 올해의 작품상, 아시아서석문학상 대상

13
자기암시의 예언적 효과
- 긍정의 힘 -

곽금주 서울대심리학과 교수

 인간은 무엇이든 할 수 있다. 잠재력을 가지고 있기 때문이다. 스스로의 잠재력을 깨닫지 못하는 것은 어찌 보면 큰 불행이라고 할 수 있다. 이로 인해 오만함이나 자만심을 가지 않을 수 있지만 동시에 쉽게 포기하고 쉽게 좌절하게 되기도 한다. 좌절의 경험은 인생에서 피할 수 없는 것 중 하나이다. 인생에서는 성공의 단 맛이 결코 오래 지속되지 않는다. 오히려 좌절과 실패가 더 자주 일어난다. 중요한 것은 그런 좌절에서 어떻게 일어서느냐는 것이다. 좌절에서 일어설 수 있는지 여부, 그것이 바로 경쟁력이다. 한 번의 실패로 인해 생긴 실패감은 종종 지속적으로 자신을 지배할 수도 있다. 스스로에게 "너는 안 돼" 라는 메시지를 계속 보내기 때문이다. 결국, 자기 안에 스스로 갇히고 만다. 이럴 때 자신의 잠재력을 믿는 것은 하나의 돌파구가 될 수 있다. 자신이 할 수 있다고 생각하고 계속 꿈꾸면서 추구하는 것, 바로 그 힘이 자기 암시, 자기 예언이다. 스스로에게 암시를 거는 것이다.

자기 암시, 심리학 용어로 자기 충족 암시(self fulfilling prophesy)란 1948년 로버트 머튼(Robert Merton) 교수에 의해 처음 소개된 개념이다. 이것은 상황에 대해 잘못된 판단이 잘못된 행동을 하게 하고 또 이 행동으로 인해 원래의 잘못된 생각이 확실해지고, 결국 자신이 잘못된 판단이 결국 그것과 일치되는 행동을 다시 그 생각을 현실화하게 되는 것을 말한다. 즉 우리는 우리가 믿는 대로 행동하기 때문에 우리의 믿음은 현실화된다.

예를 들어 오늘 저녁, 모르는 사람들이 많은 모임에 간다고 해보자. 이때 "이런 모임은 내게 잘 안 어울려, 내가 좋은 첫인상을 주지 못할 것 같아. 아무도 나한테 말을 걸지 않을 것 같아"라는 믿음을 가지고 있고 그 생각이 계속 머리를 떠나지 않는다면, 스스로 어색하고 불안하게 행동할 것이다. 그러면 이런 모습을 보는 주위 사람들 역시 내게 적극적으로 말을 붙이지 않게 된다. 그러면 결국, 스스로 "그것 봐. 나는 이런 모임과는 정말 어울리지 않지. 모르는 사람들과는 쉽게 친해지지 못해" 라고 원래 가졌던 믿음이 강화된다. 그런데 반대의 믿음을 가지고 있다면 어떨까? 모르는 사람들과도 쉽게 잘 친해질 수 있고, 그런 모임에서 나는 '그다지 어색하지 않다.'라고 믿고, 다른 사람들을 만나는 기대감으로 가게 된다면 말이다. 결국, 이러한 믿음으로 인해 활발하게 행동할 것이다. 모르는 사람들에게 먼저 적극적으로 말을 걸게 되고 이런 자신감 있고 상냥하고 친절한 모습에 다른 사람들도 쉽고 친절하게 다가올 것이다. 이런 경우에도 역시 "그래, 나는 새로운 모임이나 사람들과도 쉽게 친해지는 편이야"라고 원래 가졌던 자신에 대한 신념이 더 강화를 받게 된다. 결국 우리의 신념은 우리의 행동에 영향을 주게 된다.

또 그 행동을 보고 다른 사람들이 우리를 대하는 행동이 달라지며 결국 우리 자신에 대한 믿음은 더욱 강화되는 것이다. 이 때 부정적인 자기 암시는 계속 자신을 부정적인 악순환의 고리로 만들게 된다. 점차 더 자신감을 잃게 만들고 무기력감을 느끼게끔 만든다. 반면 긍정적인 자기 암시는 결국 스스로를 점점 능력 있는 사람으로 만들어 가는 원동력이 될 수 있다.

따라서 부정적인 것이 아니라 긍정적으로 "할 수 있다. 넌 된다."라고 되뇌는 것이 우리 일상에 큰 도움이 된다. 스스로 되뇌면서 자신의 미래 이미지도 계속 그려나가는 것이다. 돌이켜 보면 어릴 때는 되고 싶은 것도 많았고 무엇이든 될 수 있을 거라는 생각도 많이 했던 것 같다. 그러나 점차 나이가 들어가면서 이런 생각이 사라지게 된다. 대신 '지금, 이 나이에, 지금에 와서 뭐 별다른 미래가 있겠는가'라는 생각이 자리 잡게 된다. 늙음이란 바로 그런 것이다. 내 미래, 내 꿈이 사라질 때 10대도, 20대도 이미 늙은이다. 그러나 50이든 60이든 아직 뭔가 내 미래를 꿈꾸고 있고 뭔가 새로운 일이 일어날지 몰라, 설렘을 갖는다면 청년이다. 신체적인 나이, 생물학적인 나이가 중요한 것이 아니다.

바로 나 자신에 대해서, 내 주변에 대해서, 그리고 내 미래에 대해서 긍정적으로 생각하는 것이 중요하다. 확신이 없다고 하더라도, 설사 착각에 불과할지라도 착각을 가지는 것이다. 내가 다른 사람에 비해 뭔가 탁월한 거 같다는 착각, 내가 하는 일이 누가 시켜서 억지로 하는 것이 아니라 내가 좋아서 한다는 착각, 그러다 보면 내일, 혹은 더 먼 미래에는 무엇이든 잘 될 것이라는 낙관성, 바로 이것이 긍정착각(positive illusion)이다.

이러한 자기 암시 효과는 스스로를 변화시키는 데에만 머물지 않는다. 내

옆의 사람에 대한 긍정적 생각은 결국 상대를 변화시킨다. 이를 "피그말리온 효과(Pygmalion effect)"라고 한다. 이 용어는 심리학자 로젠탈과 제이콥스에 의해 처음 소개되었는데, 그리스 신화에 등장하는 피그말리온이라는 인물에서 유래되었다. 이 사람은 자신이 만든 조각과 사랑에 빠지게 되어 이 조각에게 갈라테이아라는 이름도 붙여주고 애지중지 보살핀다. 이런 정성이 쌓인 끝에 결국 갈라테이아는 사람이 되어서 서로 연인이 된다. 이 이야기는 1912년 조지 버나드 쇼에 의해 연극으로 만들어졌고 비슷한 주제로 1956년 마이 페어 레이디(my fair lady) 라는 제목으로 영화화되기도 했다.

아동을 대상으로 한, 미국 캘리포니아 리버사이드 대학교 심리학과 로젠탈(Rosenthal) 교수의 실험은 특히 유명하다. 초등학교 18개 반 학생들을 대상으로 지능검사를 실시한 뒤 성적과 무관하게 각 학급에서 무작위로 20%를 선발했다. 그리고 각 선생님들에게 이 아이들이 무척 뛰어난 능력을 가지고 있으며 앞으로 많은 향상을 보이게 될 것이라고 이야기해 주었다. 그러고 나서 학기 말에 성적을 알아본 결과 다른 학생에 비해서 이 학생들의 성적이 훨씬 더 향상되어 있었다. 성적 뿐 만이 아니었다. 이 학생들은 다른 여러 부분에서도 바람직한 것으로 평가되었다. 무엇이 이런 차이를 가져왔을까? 바로 선생님들이 가진 학생에 대한 기대 때문이다. 그 학생들에 대한 자기 암시적 효과인 것이다.

이 효과는 어린 아동들뿐 아니라 직장 생활을 하는 성인들에게서도 마찬가지로 나타났다. 상사가 부하직원들에게 긍정적 기대감을 가질 때 그 부하직원들의 성취도가 높게 향상되었다. 한 예로 이스라엘의 의약품 상자를 만드는 한 회사에, 수년 동안 직원들의 능력에 대해서 신뢰를 못하는 한 상사가 있었다. 그에게 새로운 팀을 만들게 됐다고 소개하면서 이 팀원들은 특별히 높은 능력을 가지고 있다고 이야기해준다. 이런 기대 유도의 결과, 상사는 이 새 팀에게 더 큰 기대감을 가지게 되었으며 결국, 이 팀들은 이제까지의 생산성 기록을 뛰어넘는 결과를 가져왔다.

이렇듯 긍정적인 암시와 예언은 자신을 긍정적인 방향으로 확신하고 믿게 만들어 가는 힘이 된다. 결국 스스로에게 잠재하고 있는 무한한 능력을 깨어나게 하고 그 능력을 발휘하게 하는 묘약인 것이다. 나 자신뿐 아니라 주변 사람들의 잠재능력 또한 끌어낼 수 있다니 이는 무척이나 강력한 묘약이다.

그렇다. 우리는 살아가면서 점차 자신감도 없어지고 실패와 좌절로 인해 점차 나약해져 간다. 어쩌면 그것이 인생인지 모른다. 그러나 실패와 좌절을 지레짐작하고 마는 자신의 생각과 믿음이 더욱 자신을 나약하게 만들어 가는 것이다. 지금이라도 무슨 일이든 다 잘 될 거라고 스스로에게 주문을 외워보자. 내가 꿈꾸는 바로 그 미래가 이루어질 수 있다고…. 그다음으로는 내 주변 사람들에게도 그런 기대를 가져보자. 고단한 인생이 한결 밝아질 것이다. 긍정의 힘은 바로 이렇게 자기 암시적 예언에서부터 시작되는 것이다.

곽금주 서울대학교 심리학과 교수, 심리학 박사, 한국인간발달학회 회장, 한국발달심리학회 회장, 한국심리학회 부회장, 1996년 미국청소년학회 '세계 젊은 학자의 상' 수상, EBS 다큐프라임아이의 사생활, TV 곽금주교수의 심리콘서트 진행 출연. 저서 『도대체, 사랑』외 다수가 있다.

제5장
글로벌시대, 지구촌의 자녀교육

01
유대인의 사브라 교육
- 이스라엘 -

문서영 신문사 기자, 작가

　유대인의 자녀교육의 특징을 드러내는 상징적인 단어는 '사브라' 이다. 이스라엘 사람들은 자녀들을 선인장의 꽃 열매인 '사브라' 라고 부른다. 이 선인장에는 사막의 어떤 악조건에도 꽃을 피우고 열매를 맺는 강인함과 억척스러움이 배어 있다. 사랑하는 자녀들을 '사브라' 라고 부를 때마다 부모는 자녀에게 다음과 같은 메시지를 담고 있다. "나는 사막에서 뿌리를 내리고 비한방울 오지 않는 악조건에서 살아남았다. 너라는 열매를 맺기까지 나는 인고의 세월을 견디어냈다. 그러니 너도 끝까지 살아 남거라 그리하여 또 다른 열매를 맺어라"
　유대민족이 위대한 역사를 만들어내는 저변에는 그들의 전통인 사브라 정신이 있다는 사실은 깊은 의미를 갖고 있다.

미국의 대표적인 시사 주간지 〈타임〉은 19세기의 대표적 인물로 미국의 발명가 토머스 에디슨(Thomas A. Edison)과 20세기의 인물로는 독일 물리학자 알베르트 아인슈타인(Albert Einstein)을 선정했다. 이 두 사람은 19세기와 20세기를 대표하는 천재이자 가장 위대한 인물이라는 사실 외에도 유대인이라는 공통점을 가지고 있다. 영국의 처칠은 '유대인은 세계에서 가장 뛰어난 인종'이라고 극찬한 바 있다.

지구상에서 유대인은 1,400만 정도로 세계 인구의 약 0.2%이며 이는 대한민국 인구의 1/4 정도에 불과하다. 그럼에도 불구하고 유대인이 세계에서 강력한 영향력을 행사한다는 것은 주지의 사실이다.

노벨상 수상자의 22%, 미국 아이비리그 학생의 30%, 교수진의 40%, 세계 500대 기업 경영진의 42%가 유대인인 것으로 알려져 있다. 미국 인구에서 유대인은 2%에 불과하지만 국민 소득의 15%를 차지한다. 이는 일반 미국인의 7배가 넘는 것을 의미한다. 또한 미국의 50대 기업 중 17개가 유대인에 의해 설립된 것으로 알려져 있다.

유대인이 이러한 기적을 이루어낼 수 있었던 원동력은 어디에 있었던 것일까? 이 질문에 대해서 가장 먼저 내놓을 수 있는 대답은 앞서 설명했듯이 사브라 정신이 깃든 '자녀 교육'에 있다. 유대인은 부모의 가장 큰 의무로 자녀의 개성과 소질을 찾아주는 것을 꼽는다. 유대인을 지칭하는 '헤브라이'라는 말의 어원은 '혼자서 다른 편에 서다'라는 뜻이다. 또한 『탈무드』에는 "사람이 한 방향으로 향하고 있다면 세계는 기울어지고 말 것이다"라는 가르침이 있다. 이 말은 모든 것이 똑같다면 세계는 중심을 잃고 만다는 뜻을 담고 있다.

그만큼 유대인은 남과 똑같은 평범함을 거부하며 개성을 중시하는 민족이라고 볼 수 있다. 그래서 그들은 자녀를 '남보다 뛰어나게'보다는 '남과 다른' 사람으로 키우고자 한다.

아이의 관심과 흥미가 무엇인지 파악하라 : 스티븐 스필버그

　스티븐 스필버그(Steven Allan Spielberg)는 어린 시절 조용한 아이였다. 스필버그는 컴퓨터 엔지니어인 아버지를 따라 자주 이사를 해야 했다. 체격도 작고 소심했을 뿐만 아니라 학교생활에 잘 적응하지 못했다. 캘리포니아 사라토가에서 중·고등학교를 다닌 스필버그는 학교에서 유일하게 유대인이었다. 그가 지나가면 아이들은 1센트짜리 동전을 던졌다.
　"더러운 유대인 저리 가!"
　그래서 스필버그는 학교 다니는 것을 몹시 싫어했다. 공부도 눈에 띄게 잘하는 편이 아니었으며 흥미를 느끼지도 못했다. 그런데 스필버그에게는 엉뚱한 호기심이 있었다. 소형 전자증폭장치인 트랜지스터로 라디오와 전자계산기를 만들 수 있다는 말을 듣고 자신에게도 라디오와 전자계산기 같은 신기한 능력이 생길 수 있다고 생각한 스필버그는 트랜지스터를 먹어버렸다. 놀란 부모는 부랴부랴 의사를 불렀고 겨우 그것을 토해낼 수 있었다. 이러한 엉뚱한 사건을 보며 그의 아버지는 아들의 상상력이 남다르다는 것을 눈치챘다. 스필버그의 열두 살 생일, 아버지는 생일 선물로 8mm 무비 카메라를 준다.
　"네 생일 선물이란다. 찍고 싶은 것이 있다면 마음껏 찍도록 해라."
　이때부터 스필버그는 카메라의 매력에 빠져 지내며 주변의 것들을 카메라로 담기 시작했다. 그리고 앞으로 영화감독이 되겠다고 마음먹었다.

인간은 각기 다른 인격을 가진 소우주 : 알베르트 아인슈타인

"당신의 자녀는 장차 어떤 일을 해도 성공할 수 없을 것으로 판단됨."

만약 담임선생님으로부터 이와 같은 말을 듣는다면 부모의 심정은 어떨까?

위의 말은 상대성이론의 창시자인 알베르트 아인슈타인(Albert Einstein)의 초등학교 성적표에 있는 문구이다. 선생님은 아인슈타인이 공부로써는 성공할 가능성이 없다고 언급할 정도였다. 담임선생님뿐만 아니라 교장선생님은 아인슈타인이 열 살 때 "너는 절대 나중에 어른 구실을 못할 거야"라며 가혹하게 말했다. 아인슈타인이 초등학교 시절 심각한 학습 지진아였다는 사실은 널리 알려졌다.

독일의 한 유대인 가정에서 태어난 아인슈타인의 잠재 능력을 끌어낸 것은 다름 아닌 어머니 파울리네였다. 어머니는 이런 아들의 모습에 실망하지 않고 "걱정할 것 없어. 남과 같아지면 결코 남보다 나은 훌륭한 사람이 될 수 없단다. 너는 남과 다르므로 훌륭한 사람이 될 거야"라며 격려했다.

어머니는 학교생활에 부적응하는 아들의 모습에 속상해하기보다 아들이 다른 아이들과는 다르다는 사실을 인정했다. 남과 다르기 때문에 그 점이 오히려 훌륭한 사람이 되는 장점이 될 것이라고 믿고 자녀에게 끝없는 용기를 주었던 어머니의 남과 다른 정신은 위대한 결과를 낳았다.

위의 사례에서 보듯이 어른은 아이의 가능성을 열어주어야 할 의무와 책임이 있다. 아이를 무조건 가르치기보다 아이가 좋아하고 잘하는 것을 찾을 수 있도록 안내해야 한다. 오랜 시간 지켜보면서 아이가 좋아하는 일이 무엇인지 함께 발견하고, 그 일을 잘할 수 있는 환경을 마련해주고 적극적인 지원도 아끼지 말아야 할 것이다.

02
아이들의 밤을 지켜라
- 핀란드 -

문서영 신문사 기자, 작가

과거 우리나라 사람들에게 핀란드에 대한 이미지를 떠올리라고 하면 자일리톨의 원료가 되는 비죽비죽 솟아있는 자작나무를 생각하곤 했다. 하지만 몇 년 사이 이러한 생각은 크게 변하였다. 이제 우리나라 사람들은 핀란드 하면 배우고 싶고 닮고 싶은 선진교육을 시행하고 있는 나라라고 말한다.

각 나라의 학력을 측정하는데 있어서 최고의 권위를 가지고 있는 PISA(학업 성취도 국제학력평가)에서는 각 나라에서 선발된 15세 청소년을 대상으로 읽기, 수학, 과학 등의 풀이 능력을 테스트 하는데, 단답형의 문제가 아닌 종합적인 사고력과 창의력을 요하는 문제로 구성되어 있다.

핀란드가 뛰어난 교육환경으로 세계의 주목을 받게 된 것은 바로 이 PISA에서 53개국 중에 2001년, 2003년, 2006년 연속 1위를 차지했기 때문이다.

교육에 막대한 투자를 하고 있는 미국의 시사주간지 〈US뉴스 앤 월드리포트〉에서는 교육 분야에서 미국이 가장 본받아야 할 나라로 핀란드를 꼽았다. 그리고 이러한 여세 때문인지 교육에 관심이 높은 일본과 우리나라에는 핀란드 교육 따라잡기 열풍이 불어왔다.

공부보다 자녀 수면에 더 관심

핀란드의 위와 같은 성과 뒤에는 우수한 교육 시스템이 자리하고 있다. 핀란드는 초등학교에서부터 대학교까지 모두 무상으로 교육한다. 학비만 무료인 것이 아니라 급식이나 준비물 등 공부를 하기 위한 부대비용까지 국가에서 모두 지원한다.

학교에서 많은 것을 해주기 때문에 다른 나라의 부모보다는 심적으로 편할지는 모른다. 하지만 대신 핀란드의 부모들은 학교에서는 관여할 수 없는 아이들의 수면습관에 지대한 관심을 쏟는다.

많이 알려진 이야기지만 핀란드의 부모들은 아기가 태어나면 생후 2년까지 밖에서 잠을 재운다고 한다.

영하 15도 밑으로 내려가지만 않으면 아기를 생후 2년까지 밖에서 재우는 이유는 차가운 곳에서 자야 아이의 두뇌가 활성화 되고 참을성이 길러지기 때문이라고 한다.

외부인의 입장에서 보면 이것은 단지 독특한 이 나라의 문화일 뿐이다. 하지만 자세히 들여다보면 핀란드 가정교육의 모태가 되는 사례이다. 핀란드의 가정에서는 아이가 잠을 잘 자야 올바르고 훌륭하게 자라난다고 생각한다.

얼마 전에 핀란드 아이들의 수면이 점점 불규칙해지고 있다는 사실이 핀란드 사회의 주요 쟁점으로 떠오른 적이 있었다. 이에 대한 해결방안으로 몇몇의 부모들은 아이들의 수면일기를 쓰기 시작했고 이제는 점차 확대되어 여러 가정에서 두루 시행되고 있다.

"어제는 몇 시에 잠들었니?"

"밤 11시쯤이요."

"잠은 어땠니? 푹 잤니?"

"그제보다 1시간이나 일찍 잤는데 더 피곤해요. 어제 저녁을 많이 먹어서 소화가 안 되어서 그랬던 것 같아요."

"그렇구나. 이제부터는 저녁식사에 무거운 음식은 피하도록 해야겠다."

핀란드의 부모들과 아이들이 아침에 나누는 일상적인 모습이다. 부모는 아이의 수면시간과 수면의 질 그리고 개선사항까지 꼼꼼히 체크를 하며 일기를 쓰는 것이다.

이렇게 핀란드의 가정에서는 아이에게 가장 좋은 영향을 주는 수면습관을 찾기 위해 노력한다. 그리고 아이 스스로도 이런 대화 속에서 수면의 중요성을 인식하게 된다.

공부시간은 짧지만 학업 성취도가 높은 나라, 핀란드

아이가 즐겁게 뛰어노는 것이 우수한 학업 성적의 이유라며 아이들에게 최대한의 자유를 주는 핀란드 사람들이 아이들의 수면에 주의를 기울이는 것은 당연한 일일지도 모른다. 아이가 잠을 잘 자야 다음날 마음껏 뛰어놀 수 있기 때문이다. 또한 핀란드에서는 집중력을 매우 중요시해서 집중력을 기르는 수업시간까지 따로 마련되어 있는데 휴식을 잘 취한 아이들의 집중력이 더 높은 것은 두 말 할 것도 없다.

 핀란드의 아이들은 오후3~4시면 학교를 마치고 집으로 돌아와 자신의 시간을 갖는다. 돌아와서 공부를 전혀 안 하는 것은 아니지만, 우리나라 아이들처럼 잠들기 전까지 공부에 치이는 일은 상상도 할 수 없다.

 하루 공부시간의 양으로만 따지면 우리 아이들이 핀란드의 아이들보다 2~3배는 더 많은 시간을 책상에 앉아 있다. 하지만 학업 성취도는 핀란드 아이들이 더 우수하다.

 아이들의 풍요로운 밤을 지키기 위해 많은 노력을 기울인 핀란드의 가정교육 덕분에 핀란드에서는 학교 수업시간에 졸거나 쉬는 시간에 책상에 엎드려있는 아이를 별로 볼 수 없다. 이곳의 아이들은 생기 넘치는 모습으로 즐겁게 공부를 하는 것이다.

03
어릴 때일수록 경제 개념을 심어줘라
- 미국 -

문서영 신문사 기자, 작가

　최근 미국의 어린이들을 대상으로 한 경제교육캠프가 붐을 일으키고 있다. 미국 최고의 금융 전문가들이 강의를 맡고 있는 이 캠프의 교육 내용은 주가지수, 기업합병, 주식, 채권, 투자신탁 등 우리나라의 어른들조차 어려운 내용들이다.
　어른들조차 이해하기 어려운 경제교육을 앞다투어 어린이들에게 가르치는 이유는 금융이나 경제에 대해 어려서부터 교육해야 성장한 후 경제의 흐름을 빨리 읽을 수 있다는 생각 때문이다.
　우리나라 부모들의 입장에서 보면 이러저러한 학원이다 과외로 바쁜 아이들에게 경제까지 공부시킬 필요가 있냐는 의문이 들 수도 있다. 또한 조기 경제교육이 부를 최고의 가치로 여기는 인간으로 성장시킬 수도 있다고 반대할 수도 있다.

그러나 경제교육을 단순히 부자가 되기 위한 교육이라고 생각할 수만은 없다. 오늘날 미국을 세계의 경제대국으로 만든 것은 어려서부터 자녀들에게 경제개념을 심어준 가정교육에서 비롯되었기 때문이다.

미국인들은 자신의 부가 곧 자녀들의 부라는 생각하지 않는다. 부모가 부자라도 자녀들은 스스로 노동을 통해 돈의 가치를 알아야 한다는 것이 미국인들의 생각이다. 따라서 아무리 부자라도 자녀들에게 어려서부터 경제 개념을 심어주는 일을 소홀히 하지 않는다.

록펠러와 워렌 버핏의 자녀 경제교육

'늑대와 함께 춤을'이라는 영화의 배경음악을 작곡한 피터 버핏이라는 작곡가는 세계 최고의 부자라고 불리는 워런 버핏의 막내아들이다.

워런 버핏은 아들에게 "너는 은장도를 가지고 태어났다"라고 말하며 아버지의 재산이 위험한 존재가 될 수 있음을 어린 시절부터 각성시켰다. 그는 아들에게 돈을 목적으로 추구할 것이 아니라 자신이 좋아하는 일을 찾을 것을 강조했다. 그의 아들은 미국의 명문 스탠퍼드대에 입학했다가 2년 만에 학교를 그만두고 부모의 도움에 기대지 않고 독립심을 바탕으로 혼자서 삶을 꾸려나갔으며 유명한 작곡가가 되었다.

워런 버핏의 아들인 피터 버핏은 20대 무렵에서야 아버지가 세계적 갑부라는 사실을 언론을 통해 알게 된다. 그 정도로 그의 가족은 많은 재산을 과시하지 않은 환경 속에서 살았다.

세계 2위의 부자라고 일컬어지는 워런 버핏의 자녀 교육은 많은 것을 시사한다. 그는 자녀에게 모범적인 부자의 상을 심어준 것으로도 유명하다. 점심은 항상 햄버거와 콜라 정도로 간단히 먹는다. 그의 저택은 1958년에 구매한 1층 규모의 낡은 저택이며 운전기사도 두지 않고 직접 운전해서 다닌다. 또한 그는 막대한 부를 자녀에게 물려주지 않고 자산의 85%인 370억 달러(약 39조 5,000만 원)를 사회에 기부하겠다고 밝혀 화제가 되었다.

세계 최고의 부자 중 한 사람인 록펠러 또한 마찬가지이다. 세계적 재벌이었지만 록펠러는 자녀들의 용돈을 결코 많이 주는 일이 없었다고 한다. 뉴욕 주 리치퍼드 출생으로서 뉴저지스탠더드석유회사를 설립, 미국뿐만 아니라 해외에도 유전과 정유소를 소유한 거대한 갑부였던 록펠러가 자녀들에게 준 용돈은 미국의 보통 가정에서 아이들이 받는 용돈과 비슷한 수준이었다.

록펠러가 자녀들의 용돈을 이처럼 제한한 이유는 자녀들에게 아버지의 재산은 자신과 무관하다는 것을 인지시키는 동시에 자녀들이 스스로를 특별한 인간으로 착각하지 않도록 하기 위해서였다. 아버지가 부자라고 해서 학교, 동네 친구들과 다른 존재로 인식하게 하고 싶지 않았던 것이다.

용돈은 스스로 벌어서 쓴다

미국의 부모들은 어려서부터 자녀들에게 노동의 중요성을 알게 한다. 그래서 미국의 어린이들은 용돈을 받기 위해서는 집안일을 돕거나 잔디를 손질해야 한다는 것을 알고 있다. 부모는 아이들이 일한 대가 이상의 넉넉한 돈을 주지도 않는다. 일한 것보다 많은 용돈을 주게 되면 자녀들이 돈의 소중함을 모르게 되기 때문이라고 생각하기 때문이다.

어려서부터 이러한 교육을 받은 미국의 청소년들은 부모가 자녀에게 재산을 물려주는 것이 당연하다거나 부모의 부가 자신의 부라는 인식도 없다.

부모가 부자라 해도 대부분의 미국 청소년들이 여름방학이 되면 아르바이트를 하는 것도 이 때문이다. 여름방학이 되기도 전에 이미 어떤 아르바이트로 돈을 벌 것인지 계획을 잡아놓고 실행하는 것은 미국 청소년들 사이에서는 특별한 일도 아니다. 집안의 잔디깎기, 애완견 돌보기 등 아르바이트를 하며, 저축을 해서 산다. 대학에 입학하기 전에 미리 자신의 돈으로 집을 구해놓는 청소년들도 있다. 등록금에서부터 용돈, 그리고 하숙비 까지 모두 마련해주는 우리나라와는 대조적일 수 밖에 없다.

가정에서 노동의 의미, 경제 활동을 통한 이득의 사회 환원 등을 배운 미국 아이들은 성인이 되면 경제전반에 대한 지식과 경험을 쌓아간다. 미국의 경제교육 붐이 무서운 것은 바로 기본적인 경제개념 위에 쌓인 지식이 앞으로 발휘할 저력 때문이다.

04
모든 아이는 천재성을 가지고 태어난다
- 독일 -

문서영 신문사 기자, 작가

학교에 가기 싫으면 가지 않아도 된다 : 칼 야스퍼스의 아버지

 칼 야스퍼스는 독일의 세계적 철학자로 하이데거와 함께 현대 실존철학을 대표하는 인물로 꼽힌다. 어린 시절 칼 야스퍼스는 상급반 진학이 겨우 가능할 정도로 학업 실적이 뛰어나질 못했다. 학교 수업에서 뛰어나지 못한 데다가 몸까지 약했던 그는 학교 가는 것이 싫었다. 어느 날 아버지는 야스퍼스를 불러 말했다.
 "학교에 가기 싫으면 학교에 가지 않아도 된다."
 법학을 전공했던 아버지는 자녀를 사회적인 보편화된 가치관이나 규격화된 틀로 평가하려고 하지 않았다. 그는 야스퍼스가 학교 성적이 뛰어나지 못하고 심신이 심약했지만 언젠가는 자신 속에 내재된 천재성을 발견할 수 있으리라 믿었다. 야스퍼스가 대학에 입학해서도 강의에 빠지는 날이 많았지만 그렇게 염려하지 않았다. 이러한 부모의 교육 방침은 야스퍼스가 위대한 철학자로 성장시키는 주요한 계기가 되었다.

교육의 참다운 목적은 천재성을 발견하는 것

'내 자식이 무엇을 가지고 태어났는지를 정확히 아는 것이 중요하다.'
'천재성은 누구나 가지고 태어난다. 교육의 참다운 목적은 이 천재성을 발견하고 개발하는 것이다.'
이것이 바로 독일의 교육 철학이다.
자녀의 IQ와 EQ의 높고 낮음이 아니라 관심 분야와 잠재력을 발견하는 것을 중시한다. 특히 독일인들은 어린 아이들의 영재성에 관심이 높다. 영재 발굴과 계발을 중시하는 것은 아이는 저마다의 재능을 가지고 태어난 천재이며 그 재능을 발견하는 데 동기부여 하는 것을 중시하기 때문이다.
이것은 비단 영재에만 해당하는 것이 아니라 모든 아이들이 그 대상이 된다. 그래서 일반 학교에서도 영재 프로그램이 시행되며 어린 시절부터 모든 어린이가 가진 천재성 발굴에 주력한다. 이러한 교육은 소수의 특정 어린이만을 주목하는 것이 아니라, 모든 아이들이 천재라는 교육철학에 기인한다.
그렇다면 어른들이 생각하기에 아이들은 어느 정도의 이해력을 가지고 있으며, 어느 정도 어려운 가르침을 이해하는 것일까? 그 대답을 가진 어린이 대학을 소개한다.

독일 남부에 위치한 튀빙엔 대학은 아무도 생각하지 못했던 강의를 하고 있다. 바로 10살 가량의 어린이들을 대상으로 강의를 열고 있는 것이다. 이른바 '어린이대학'이다.

500여명의 아이들이 북적이는 강의실은 그야말로 소음의 한가운데라고 할 수 있다. '슈베비셰 신문'과 '튀빙엔 대학'이 공동으로 개최해 방학기간 동안 매주 열고 있는 어린이 대학에는 보통 500~900여 명의 어린이들이 몰려들고 있다. 대학은 강의를 듣는 어린이들을 위해 어린이대학 학생증까지 마련하고 학생식당을 이용하도록 했다. 어린이들이 대학생 같은 대우를 받는 것이다.

강의 역시 실제 튀빙엔대학의 교수들이다. 교수들은 주로 어린이들이 관심 있어 하거나 궁금해 하는 주제를 가지고 강의를 한다. 그러나 강의 내용이 흥미 위주라거나 가볍다고 생각하면 오산이다.

"원래 대학생들에게 하던 강의에도 지금 어린이들에게 보여준 그림을 가지고 강의를 합니다. 다른 게 있다면 단지 강의에 조금 다른 단어들을 사용한다는 차이지요."

어린이 대학 강의에 참여한 광물학자의 말이다.

'인간은 왜 죽어야 하는가'라는 주제의 강의를 준비한 병리학 교수도 있다. 이 주제를 강의하기 위해 그는 평소 때보다 더 많은 시간을 준비했다. 그러나 아이들에겐 재미있는 시간들이었다. 해골을 보기도 했으며 현미경으로 세포를 관찰할 수 있었기 때문이다. 이 밖에도 부자와 가난한 사람이 있는 이유, 전쟁이 일어나는 이유 등에 대한 강의가 진행되고 아이들은 때로는 흥분하고 때로는 지루해하며 강의를 듣는다.

그러나 분명한 것은 아이들이 처음의 우려와는 달리 대학 강의에 매우 강한 흥미를 느끼고 있다는 것이다. 강의 내용을 모두 이해하는 것은 아니지만 강의를 들으며 자신의 미래를 상상하고 좀 더 많은 분야에 흥미를 가지게 된다. 교수들에게도 어린이 대학은 좋은 경험이다. 체계적인 지식이 없는 대상에게 강의 내용을 전달하기 위해서는 새로운 도전과 새로운 강의법에 도움이 되기 때문이다.

아이들에게 필요한 것은 지식을 배울 시기가 아니라 지식을 전달하는 방법이다. 또한 아이들에게 미래를 설계할 기회를 제공한다는 데 어린이 대학의 의미가 있다.

이처럼 독일에서는 어린이의 지식에 대해, 제한이 없다. 그것은 독일인들의 '모든 아이들은 천재성을 가지고 태어난다.'는 교육 철학에 기인한다.

독일 교육의 핵심은 한 마디로 아이들의 머릿속에 무엇인가를 담아야 한다는 생각이 아니라 아이들의 머릿속에 있는 것을 끄집어내는 것이 진정한 교육이며, 학습이라고 충고하고 있다.

05
역지사지와 타인 배려의 메이와쿠 교육
― 일본 ―

문서영 신문사 기자, 작가

남에게 폐를 끼치지 말라

"가정교육을 어떻게 받았기에 저렇게 질서정연하고 남을 잘 배려할까?"

전 세계에 큰 충격을 주었던 2011년 3월에 발생한 3.11 일본 대지진, 그리고 2016년 4월에 발생한 구마모토 지진 사태를 바라보며 많은 사람들은 놀라움과 안타까움을 금할 수 없었다. 그러면서도 세 시간 이상 줄을 기다려 물품을 사고 대중교통을 질서정연하게 이용하고, 물건을 살 뒷사람을 위해 자신이 필요한 물건만 사는 일본인의 모습에 감탄하기도 했다.

도로가 망가져서 차가 다니지 못했던 센다이 지역 도로에서 파란불을 기다려서 길을 건너는 사람들, 여진으로 땅이 흔들리는 와중에서도 빨간 신호

등에 정지선을 유지하는 사람들, 구조 대원들에게 구조되어 나오면서도 연신 "신세를 지게 되어서 미안하다."고 말하는 할머니 등등. 일본이 어떻게 지금의 선진국에 이르렀는지를 알 수 있는 일면이었다.

이처럼 일본 사람들은 자신이 당해서 싫은 것은 다른 사람에게도 하지 않는다. 그래서 발달한 것이 '메이와쿠((迷惑)'라는 덕목이다. 메이와쿠((迷惑)란 남에게 끼치는 폐를 뜻하는 일본말로 '남에게 폐를 끼치지 마라.'는 일본의 사회윤리의 핵심적 의미이다.

일본 여행을 다녀온 관광객들은 일본의 깨끗한 거리와 질서정연한 사람들의 모습을 보고 놀란다. 일본인들은 화장실이나 버스 정류장, 전철 등에서 '한 줄서기' '쓰레기 함부로 버리지 않기' '다른 사람에게 피해주지 않기'등은 어린 아이들 조차 당연하게 지켜야 할 사회 규범이다. 어린 아이라고 해서 공공장소에서 소리를 지른다거나 뛰어다니는 모습은 볼 수 없다.

무질서하거나 흐트러진 모습을 찾아볼 수 없을 정도로 정리정돈이 잘 되어 있는 나라 일본, 이러한 일본이 가능한 이유는 가정교육에 있다.

일본의 부모들은 배려, 정직, 친절, 청결, 책임, 예절, 단합 등을 자녀 교육의 덕목으로 삼고 교육한다. 일본의 성숙한 시민의식과 기업정신은 여기서 비롯된다.

일본인들은 청소기나 세탁기를 새벽이나 한밤 중에 사용하지 않는다. 가전제품에서 나는 소음이 이웃에게 피해를 줄 수 있다는 생각때문이다. 아주 작은 것이지만 다른 사람을 배려하는 예의가 깃들어 있다.

그 뿐만이 아니라 수많은 사람들이 오가는 공원은 언제나 깨끗하다. 아이들과 맑은 공기를 쐬러 산책을 나온 어머니, 업무 스트레스를 풀기 위해 잠시 나온 직장인들까지 다양한 사람들이 공원을 다녀가지만 쓰레기를 함부로 버리거나 꽃이나 나무를 꺾거나 잔디를 함부로 밟는 행동은 찾아볼 수 없다. 정기적으로 공원을 관리하고 청소하는 사람이 있어서 깨끗함이 유지되기 하지만 그들의 손길만으로 공원이 깨끗하게 유지되는 것은 아니다. 이것은 일본인들이 어릴 때부터 가정에서 '메이와쿠((迷惑)'를 교육받았기 때문이다.

이처럼 일본인들이 '메이와쿠((迷惑)' 덕목을 최우선으로 아이들에게 교육하는 이유는 일본인들이 대인관계를 중요시하는 사람들이기 때문이다. 일본인들은 자녀 교육을 내 아이만 잘 되기 위해 해야 하는 것이라고 생각하지 않는다. 아이가 커서 올바른 사회 구성원으로 자라게 하는 것이 자녀 교육이라고 생각하기 때문에 남을 위한 배려와 사회 구성원으로서 지켜야 할 예의범절을 최우선으로 가르친다.

올바른 사회 공동체 구성원으로서 갖춰야 할 시민의식 길러줘야

선진국이란 경제적 능력뿐만이 아니라 그 사회를 이루고 있는 국민들의 시민의식, 도덕적 가치관이 얼마나 성숙되어 있느냐도 포함된다는 사실을 일본 대지진 사태에서 느낄 수 있었다. 이러한 사회 전체의 질서의식과 도덕적 가치관을 형성하는 것은 사회의 기본단위인 가정이다.

학교나 사회에서 좋은 프로그램으로 아이를 가르치려 해도 가정교육이 제대로 밑받침되지 않으면 올바른 인격 형성은 이루어지지 않는다. 가정에서 부모로부터 어떠한 가치관을 배우고 어떤 행동을 보고 배웠느냐가 그 사람의 기본적인 품성을 형성하기 때문이다.

물론 일본의 자녀 교육이 정답은 아니다. 우리의 교육이 더 뛰어난 면도 있다. 일본인에 대해서 겉과 속이 다른 음흉한 사람들이라는 비판도 있고 남에게 폐를 끼치는 않고, 질서정연한 모습은 배울 건 배워야 한다는 목소리도 있다. 메이와쿠(迷惑) 문화의 본질에 대해서는 논란이 있기는 하지만 그러나 그들에게서 타산지석으로 삼을 것들이 있음을 생각해 보자.

06
노는 게 공부하는 것
- 프랑스 -

문서영 신문사 기자, 작가

성인과 위인들은 여행을 즐겼다

〈노트르담의 꼽추〉, 〈레 미제라블〉 등 위대한 문학작품 작품을 남긴 빅토르 위고는 프랑스를 대표하는 문학작가이다.

빅토르 위고는 어린 시절, 군인이었던 아버지의 부임지를 따라 수시로 이동했는데, 프랑스 파리, 이탈리아 나폴리와 엘바섬, 스페인 마드리드 등에서 여행하듯 살았다. 그러한 삶은 그에게 많은 영향을 주었는데, 특히 지적 기초를 쌓고 라틴 문학에 대한 관심을 갖는 계기가 되었다.

폴란드 출신의 프랑스 과학자인 퀴리부인은 딸 이렌느 부부까지 2대에 걸쳐 노벨상 공동 수상의 영광을 안은 대단한 가족이다. 이렇게 2대에 걸쳐 노벨상을 수상하게 된 데에는 퀴리부인의 독특한 자녀교육관에서 비롯되었다고 할 수 있다. 그녀는 프랑스인인 피에르 퀴리와 결혼하고 몇 가지 자녀교육 원칙을 세웠는데 대표적인 것이 '학교에서 공부하지 않아도 훌륭한 사람이 될 수 있다'와 '자연 속에서 탐구심을 갖도록 가르친다' 이다. 퀴리부인은 결혼식 후 남편과 함께 시골로 자전거 신혼여행을 떠난 것으로도 유명하다.

이처럼 우리가 아는 위대한 성인이나 과학자, 철학자, 예술가들은 여행을 즐긴 사람들이많았다. 예수, 공자, 석가, 그리고 고흐, 헤밍웨이, 앙들레 말로, 처칠 등이 대표적 여행가들이다. 이러한 여행은 그들의 삶과 철학, 예술 작품에 많은 영감과 내적 성장을 가져다 주었다. 그래서 여행은 단순히 노는 것이 아니라, 공부하는 것이자 체험하는 것이다.

여행과 체험을 통해 지식이 아닌 지혜를 가르친다

파리를 여름에 방문한 사람들은 텅 빈 도시에 놀라게 된다. 여름날, 프랑스의 도시를 장악하고 있는 것은 프랑스인들이 아니라 다른 나라에서 여행 온 사람들이다. 여름 기간 동안 파리의 프랑스인들은 어디로 사라진 것일까? 답은 여름휴가, 즉 바캉스를 떠난 것이다.

프랑스인들은 여름 휴가 기간이 되면 도시를 떠나 휴양지로 발걸음을 옮긴다. 여름 휴가는 프랑스인들에겐 일 년중 가장 큰 행사 중의 하나이다. 프랑스의 달력이나 일기장들이 9월로 시작해 다음 해 8월로 끝날 정도로 프랑스인들에게 여름 휴가는 한 해를 시작하고 끝내는 시작점이나 다름없이 여겨지고 있다.

비단 여름 휴가 때만이 아니다. 평소에도 프랑스인들은 여행이나 소풍을 즐긴다. 비가 많이 오고 우중충한 유럽의 다른 나라들보다 좋은 기후를 가진 프랑스인들은 주말이면 가족들과 함께 시골로 자주 나들이를 나간다.

이러한 국민성은 자녀 교육에도 영향을 미치고 있다. 그들은 우리나라 입시지옥처럼 목숨 걸고 공부하지 않는다. 그리고 아이들에게도 여행과 축제를 즐길 게 한다.

프랑스 초등학교의 점심시간은 12시부터 1시 45분까지로 길다. 이 시간 동안 아이들은 집으로 가서 부모님과 함께 점심식사를 하고, 다시 학교로 돌아온다. 그리고 수업도 일주일에 4일만 수업한다. 즉 월요일, 화요일, 목요일, 금요일에만 학교를 간다. 2달 간의 긴 방학동안 숙제도 없다. 프랑스에서는 아이들이 많은 지식을 채우는 데 목적을 두기 보다는 많은 것을 보여주고, 경험하게 하려는 데 초점을 둔다.

프랑스인들은 아이들이 여행을 가고 축제를 즐기는 것을 막지 않는다. 그 속에서 배울 것들이 많다고 생각하기 때문이다.

이는 학교나 유치원 교육에서도 해당된다. 프랑스의 학교와 유치원은 유난히 방문학습이 많고 수학여행 일정도 길다. 교실 안에서 배우는 교육보다는 아이들이 실제로 눈으로 보고 체험하게 하는 교육이 중요하다는 생각을 가지고 있고 이를 권장한다.

프랑스의 유치원 아이들 경우 해마다 보름 정도의 긴 수학여행을 간다. 주로 오래된 성을 수학 여행지로 삼는데 우리나라의 수학 여행처럼 노는 것을 목적으로 여기지 않는다. 수학여행 기간 동안에도 평상시와 같이 아침부터 오후까지 수업이 이루어지기 때문이다.

평소와 다른 것은 수업 내용이다. 수학여행지가 오래된 성인 경우 수업의 내용은 그에 맞게 성의 역사와 프랑스의 역사, 성이 건축된 당시의 역사적 사건과 인물들로 이루어진다. 뛰어난 건축물일 경우 건축 양식에 대해서도 배운다.

책에서 읽거나 사진으로 보는 것과 달리 현장에서 보고 듣게 되는 이러한 지식은 아이들에게 오래 기억되고 재미와 호기심, 지적 욕구를 발생케 한다.

프랑스인들은 아이들에게 미술 공부를 해라, 음악 공부를 해라는 말을 하기 보다는 아이들을 유명한 그림이 전시되어 있는 박물관이나 전시회장, 공연장, 체험장을 방문하게 함으로써 스스로 경험하고 공부하고 싶은 열정을 가지게 한다.

이러한 프랑스 아이들이 창의력과 예술적 감수성을 꽃피워 프랑스를 문화대국, 예술의 고향으로 만들어 나가고 있는 것이다.

실패와 친해지도록 키우자

실패와 극복이 아이를 크게 키운다 : 잭 웰치

세계적 기업 GE의 최고경영자이자 20년간 그 자리를 지켰던 잭 웰치는 고등학교 시절, 라이벌 고등학교와의 아이스하키 경기에서 지고 만다. 잭 웰치는 아이스하키팀 주장이었고 이 경기는 6연패 후 붙은 7번째 경기였기 때문에 매우 속상했다. 그는 하이스하키 스틱을 내던지고 화를 내며 라커룸으로 들어갔다.

이 모습을 본 어머니는 "너는 운동할 자격이 없구나. 지는 법을 알아야 이길 줄도 아는 법이란다."라고 말해주었다.

잭 웰치는 비즈니스라는 세계에서 여러 번 실패할 때마다 어머니의 말을 되새기며 다시 일어섰으며 세계적으로 인정받는 기업가가 될 수 있었다. 그는 "어머니는 나에게 승리의 기쁨뿐만 아니라 실패도 받아들여야 한다는 사실을 가르쳐 주셨다. 나의 리더십은 어머니에게 빚진 것이다."라고 말하고 있다.

실패가 성공의 구름판(도약대)이 된다 : 마이클 블룸버그

"만일 온종일 스키를 타면서 한 번도 넘어지지 않았다고 말하는 사람이 있다면 나는 그에게 다른 스키장에 도전해보라고 말한다."

이 말은 미국 뉴욕의 전 시장인 마이클 블룸버그(Michael Bloomberg)가 한 말이다. 블룸버그는 만성적으로 재정 적자에 시달리던 뉴욕의 재정을 해소하고 강도 높은 개혁을 시도하여 미국 대통령 후보에까지 올랐던 인물이다.

그는 젊은 시절 회사에 다닐 때 "성공을 하기 위해 화장실 가는 것도 참았다"라고 말할 정도로 회사생활을 열심히 했다. 그러나 회사 내 파벌 싸움에 휘말려 갑자기 해고 통보를 받고 만다. 하루 12시간씩, 일주일에 6일 동안 일한 15년 직장생활이 일방적 통보로 끝이 나고 만다. 그의 나이 서른아홉 살 때의 일이었다.

그러나 그는 좌절하지 않았다. 오히려 해고 통보를 좋은 기회라고 생각하고 회사를 창업하기로 한다. 투자자에게 필요한 금융 정보를 담은 단말기를 개발해 사업에 성공하여 세계 13위의 부자가 된다. 한 신문기사에서는 블룸버그에 대해 '해고 통보를 세계적 대부호의 발판으로 삼았다'고 분석하기도 했다.

막대한 부를 이룬 그에게 더 이상 추구할 도전이 없을 것만 같았다. 그러나 그는 거기서 안주하지 않았다. 새로운 영역인 행정가로의 도전을 시도한다. 미국 뉴욕 시장에 도전하기로 한 것.

그러나 뉴욕 시장으로의 도전도 쉽지만은 않았다. 등록 유권자의 68%가 민주당 당원이었기에 공화당 시장 후보인 그에게는 불리한 여건이었다. 게다가 선거 후반에 뛰어든 관계로 다른 후보들보다 준비도 부족했다. 모든 어려움을 딛고 그는 2001년 뉴욕 시장에 당선되고 이후 3선으로 연임하게 된다.

이러한 그의 강인한 정신에는 부모의 영향이 있었다. 그는 자서전에서 "어려서부터 부모님으로부터 열심히 일하는 정신과 한번 목표를 정하면 실패하더라도 낙담하지 않고 돌진하는 정신을 배웠다"며 이러한 성품이 성장 과정뿐만 아니라 사업을 할 때에도 내내 버팀목이 되어 주었다고 고백하고 있다.

실패는 성공의 어머니

우리나라 사람들은 달콤하고 화려한 성공에는 주목을 하지만 성공의 밑거름이 되는 실패에는 관심이 없는 편이다. 이것은 쉽게 성공하고 싶은 마음과 실패에 대한 잘못된 인식에서 비롯된다고 할 수 있다.

흔히 실패란 부정적인 실수이거나 무능력한 사람이 저지른 성공하지 못한 상태라고 여긴다. 그러나 실패는 일시적인 결과일 뿐이며 성공에 이르는 과정이자 원동력이라고 할 수 있다.

실패 속에 성공의 비결이 숨겨져 있다는 사실을 주목해야 한다. 성공한 사람들은 일찍이 실패를 학습하고, 경험함으로써, 이를 밑거름으로 하여 다시 시작하거나 대성공을 거두었다.

　목표 지향이고 위험에 대한 도전을 두려워하지 사람은 자연스럽게 실패에 노출될 가능성도 높은 편이다. 그러므로 실패를 두려워하지 않고 이를 잘 경험함으로써 실패를 자신의 자산으로 바꿔야 한다.

　단순히 실패를 경험하는 것에 그치지 말고, 실패를 지배할 줄 알아야 한다. 그래서 좌절감 속에서 쓰러지기보다는 실패의 원인을 찾고, 분석함으로써 스스로를 변화하고 성장시킬 필요가 있다.

　미국의 전설적인 야구선수이자 홈런왕인 베이비 루스는 1330번이나 스트라이크 아웃을 당하고 난 후에 714개의 홈런을 칠 수 있었음을 기억하자.

07
개개인의 능력에 따라 가르친다
- 영국 -

문서영 신문사 기자, 작가

하위권 아이가 입학 시험에 합격한 이유

 초등학교 성적이 하위권인 아이가 있었다. 부모는 아이를 영국으로 유학을 보내기로 결심한다. 아이는 짧은 유학 준비를 마치고, 영국의 중학교 입학시험을 치렀다. 영어, 수학, 그림그리기, 인터뷰 등 다양한 테스트를 거쳤다 유학 준비 기간이 짧아 영어는 거의 한 문제도 풀지 못했고 선생님과의 인터뷰 또한 꿀 먹은 벙어리 모양으로 아무 말도 하지 못했고 끝이 나고 말았다.
 아이는 입학시험이 끝난 후 풀이 죽어 나왔고, 부모는 입학시험에 떨어졌음을 직감했다.

그런데 며칠 후 날아온 시험 결과는 '합격'이었다. 영어 문제는 한 문제도 풀지 못했고 인터뷰에서도 거의 답변을 하지 못했지만, 그림 그리기에서 어린이의 의식이 높았다고 평가를 받아 합격한 것이었다. 그 그림은 아이의 사고력을 테스트하는 것이었는데, 아이가 부자가 되어 가난한 사람들에게 자신이 가진 것을 나눠주는 그림이었다.

이를 통해 한국의 부모는 영국의 학교가 단순히 지식을 원하는 건이 아니라 아이가 어떤 사고를 가지고 있으며, 어떻게 추리할 수 있느냐 하는 능력을 더 중시한다는 점을 알게 되었다.

아이의 입학이 결정된 후 교사 회의가 열렸다. 이 교사 회의를 통해 아이의 장단점, 그리고 잘하고 잘못하는 과목에 대해서 논의가 이뤄졌다. 영어, 역사 등의 교과목에서 성적이 뒤쳐졌던 한국 아이는 하루 2시간 정도는 정규수업 대신 보조교사에게 자신의 능력에 맞는 맞춤수업을 하도록 결정되었다.

아이들의 능력에 맞춰 진행되는 수업

영국에는 영어, 수학, 과학 등 과목에 맞추어 우열반이 편성된다. 그래서 모든 과목은 대학 수업처럼 교실을 이동하며 배운다. 우리나라의 경우 우열반에 대해 찬반 논란이 많다. 논란이 많은 이유는 상급반과 하급반으로 나눠 위화감을 조성하고 아이들을 성적 위주로 평가한다는 시각 때문이다.

그러나 영국인들은 우열반에 대해 불만을 표시하지 않는다. 영국부모들은 교사를 신뢰하기 때문이기도 하니만 우열반 시스템이 누가 상급반이고, 누가 하급반인지 구분이 안 가게끔 운영되기 때문이다.

예를 들어 상급반, 하급반이라던가, A반 B반이라던가 하는 식의 표현을 쓰지 않는다. 획일화되고 암기 위주의 공부가 아니기 때문에 아이들 또한 골고루 상급반에 들기도 어렵기 때문에 상급반과 하급반이 잘 드러나지 않는 장점도 있다.

역시 상급반 학생들이라고 하더라도, 학생들의 공부 과목은 다르다. 공립학교는 학생 수가 20명, 사립학교는 15명 정도에 불과하지만, 이 학생들 또한 각각 다른 역사 파트를 공부한다. 한 그룹은 고대 역사를, 또 다른 그룹은 현대사를, 영국으로 유학 온 한국 학생은 한국의 역사에 대해 공부할 수 있다.

영국의 부모들은 한국의 부모들 못지않게 자녀교육에 대한 열기가 높다. 몇 년 전 영국 부모들 사이에서 자녀가 성공하기 위해서는 중국어를 배워야 한다며, 중국어 배우기 열기가 높았다. 그래서 중국인 보모의 인기도 덩달아 상승했는데, 런던의 보통 부모들보다 중국인 보모는 50%가 더 비싼 시간당 보수를 받을 정도였다.

대학 입시 경쟁도 엄연히 존재한다. 그러나 우리나라처럼 온 가족의 희생과 전 사회의 관심이 높은 것은 아니다. 이를 반증하는 것이 영국 대학의 합격률이 95~100% 정도가 된다는 점이다. 이렇게 합격률이 높은 것은 가고 싶은 대학을 여러 곳을 선택할 수 있기 제도로 인해 이 중에서 최소 한 곳의 대학은 합격을 하기 때문이다.

변별력보다는 학생의 실력이 중요

　다음은 우리나라 한 학생이 영국의 명문 대학에 진학하기 위해 입학시험을 치렀을 때의 일이다. 시험 문제지와 함께 답안지를 받은 한국 유학생은 깜짝 놀라고 말았다. 답안지가 한 장이 아니라 공책같이 두꺼웠기 때문이다. 몇 십장의 답안지에 답을 채우려고 생각하니, 앞이 깜깜해져 왔다. 사지선다형 문제에 익숙했던 한국 학생은 당황하고 만다.

　그러나 문제지를 읽고 나서는 조금 안심하게 된다. 문제는 총 20문제로 이 중 자신 있는 3개만 골라서 논술식으로 답을 쓰면 되는 것이었다. 이처럼 영국은 우리나라처럼 문제를 모르면 틀리게 해서 학생의 변별력을 알아내는 것이 아니라 학생의 실력이 어디에 있는지를 자유롭게 검증하고 있다.

　'천재는 1%의 영감과 99%의 노력으로 만들어진다.' 우리가 잘 알고 있는 에디슨의 말이다. 영국의 교육은 에디슨의 말처럼 아이들이 공부를 잘하는지 못하는지 보다는 아이들이 얼마나 노력하고 학습에 열정을 가지고 있는지, 어떠한 재능을 가지고 있는가에 더 초점을 둔다고 볼 수 있다.

08
기초가 튼튼하면
배우는 건 시간 문제다
- 네덜란드 -

문서영 신문사 기자, 작가

　우리나라 대학에서 강의를 하고 있는 한 네덜란드인 교수가 시험 문제로 네덜란드의 시를 해석하라는 문제를 낸 적이 있다. 그는 개성 있는 해석과 풍부한 정서가 반영된 답을 제시한 학생들에게 모두 높은 점수를 주었다.

　그런데 시험이 끝난 후 많은 한국 학생들이 네덜란드인 교수를 찾아와서 "정답이 무엇입니까?"라고 질문을 해서 당황했다고 한다. 그는 한국 학생들이 한 가지 정답만을 알려고 공부할 뿐 총체적인 지식이나 이론을 정립하지 않는다며 우리의 교육 현실을 안타까워했다.

얼마나 많은 것을 배웠냐 보다 기초가 얼마나 튼튼한지가 중요

네덜란드 사람이라면 태어나서 나이가 들 때까지 귀에 못이 박히게 듣는 속담이 있다. '코스트 하트 포르 더 바트 애트(Kost gaat voor de baat uit)'라는 말이다. 어떠한 목표나 결실을 위해서는 그 과정에 드는 돈이나 시행착오에 따른 비용 등을 아까워하지 말라는 뜻으로, 이 말속에는 네덜란드인의 경제관, 인생관이 고스란히 녹아있다.

이 말처럼 네덜란드인들은 투자를 제일의 경제활동이라고 생각한다. 자신을 위해 열심히 투자하는 자만이 더 나은 미래를 만들 수 있으며 성공할 수 있다는 것이 그들의 생각이다.

이러한 투자는 자녀 교육관에서도 그대로 나타난다. 그들은 아이의 교육에 투자를 아끼지 않는다. 그렇다고 고액 과외를 시키거나 값비싼 옷을 입히는 것은 아니다. 아이들이 보다 넓은 세상과 많은 것을 접할 수 있도록 여행을 가거나 박물관, 공연장 등을 찾는다.

검소하기로 유명한 네덜란드인들이지만 유난히 여행을 많이 다니는 것은 아이들이 학교에서 배울 수 없는 소중한 경험들을 여행을 통해 얻길 바라는 마음 때문이다. 휴가 기간이 되면 네덜란드의 부모들은 평소에 알뜰하게 모아두었던 돈으로 인접해 있는 나라에 여행을 떠나거나 네덜란드 곳곳을 돌아다닌다. 여행을 통해 아이들은 어려서부터 부모와 정서적으로 교감하며 세상의 문물을 견학하게 된다.

또한 네덜란드 부모들이 중시하는 것이 바로 자녀의 기초교육이다. 아이들이 얼마나 많은 것을 배웠느냐도 중요하겠지만 그보다는 아이들이 얼마나 기초를 튼튼하게 알고 있느냐가 더 중요하다고 생각한다.

모든 것은 기초에서 출발하고 그 어떤 난해한 문제도 결국은 기초가 더하고 더해져 만들어진 문제라는 것이 네덜란드인들의 생각이다.

사실 아이들이 다른 아이보다 얼마나 빨리, 더 많은 것을 배웠느냐는 것은 그다지 중요하지 않다. 문제는 아이들이 기초를 얼마나 이해하고 그 원리를 파악하고 있는가 이다. 기초가 튼튼하면 보다 높은 단계나 복잡한 문제의 응용도 가능하고 문제를 총체적으로 파악하는 수준이 가능해지기 때문이다.

기초를 중시한 감독, 거스 히딩크

우리가 '기초'라는 단어를 떠올릴 때 생각나는 네덜란드인이 있다. 바로 2002년 월드컵 4강 신화의 주역인 거스 히딩크 감독이다.

거스 히딩크 감독은 우리나라 감독으로 부임하자마자 선수들의 기초 체력을 집중 훈련했다. 2001년 컨페더레이션스컵에서 프랑스 축구대표팀에 5:0으로 패한 후 오대영(5:0)이라는 치욕의 별명이 붙었지만 그러한 수모 앞에서도 그는 단순히 경기를 이기는 데 초점을 두지 않고 선수들이 기초를 닦고 경험을 쌓아 월드컵이라는 최종 목표에서 승리하는 데 목표를 두었다.

축구의 기본은 체력이다. 기초가 밑거름이 되지 않으면 움직임이 따라주지 않아서 원하는 기술 이뤄지기 어려울 뿐 아니라, 선수들 간의 팀워크도 구현할 수 없다. 그래서 히딩크는 선수들의 기초 훈련을 매우 중요시하였으며, 많은 시간을 체력 훈련에 할애했다. 훈련을 할 때에는 왜 이 이런 동작을 반복하는지를 설명했고, 새로운 전략을 짤 때는 선수들이 알아들을 때까지 여러 번 알려주었다고 한다.

이러한 배경에는 기초를 중시하는 그의 철학이 깔려 있다고 할 수 있다.

학문을 닦거나 공부를 할 때도 이 원리는 그대로 적용된다. 세계의 유명한 대학들이 기초학문을 중시하는 것도 이와 같은 요인에서 비롯된다. 기초를 이해하고 그 원리를 파악하면 응용 문제나 고차원의 문제도 풀 수 있기 때문이다.

2006년 〈뉴스위크〉가 발표한 세계 100대 대학 순위에 네덜란드 대학은 5곳이 올랐다. 반면 우리나라 대학은 한 곳도 선정되지 못했다. 네덜란드가 세계의 우수한 대학을 많이 보유하고 있는 경쟁력은 여러 가지 요인이 있겠지만, 기초를 충실히 하는 기본 교육에 원인이 있다고 볼 수 있다.

기초가 튼튼한 아이는 배움에도 재미를 느끼게 마련이다. 따라서 부모는 아이들이 기초를 제대로 알고 있는지에 더욱 신경을 써야 한다. 기초가 튼튼한 아이들은 지금은 조금 늦게 배울지는 모르지만 결국에는 앞서 나가게 될 것이다.

09
미술로 배우는 교육
- 프랑스 -

문서영 신문사 기자, 작가

저능아 피카소를 세계적 미술가로 키운 아버지

"네가 군인이 된다면 반드시 장군이 될 것이다. 그리고 만약 신부가 된다면 너는 아마 로마 교황도 할 수 있을 것이다."

이 말은 천재 미술가 파블로 피카소(Pablo Ruiz Picasso)의 아버지 돈 호세가 어린 피카소에게 했던 말이다.

피카소의 아버지는 언제나 피카소의 재능을 높이 평가했으며 아들의 잠재된 재능을 발휘할 수 있도록 노력하고 지원했다.

피카소는 알파벳 순서조차 기억하지 못할 정도로 저능아였다. 피카소는 글자와 숫자를 외우기를 어려워했고, 청소년기까지 글을 읽지 못했다. 열 살 때는 학교를 퇴학을 당했으며 가정교사에게 "신으로부터 버림받은 아이, 구제 못 할 아이"라는 소리까지 들을 정도였다.

아들의 이런 모습에 아버지는 불안해하거나 실망하지 않았다. 아버지는 아들이 가진 특별한 재능이 무언가는 있을 것이라고 생각하고 재능을 발견하고자 노력했다. 아들이 글을 읽지 못하고 학업 능력이 뛰어나지 못하다고 실망하지 않고 "네가 군인이 된다면 반드시 장군이 될 것이다. 그리고 만약 신부가 된다면 너는 아마 로마 교황도 할 수 있을 거야"라고 격려했다.

피카소는 다섯 살 때부터 그림을 그렸는데, 아버지는 아들의 미술 재능을 발견하고는 후원을 아끼지 않았다.

아버지가 미술 선생이었기에 집에는 붓과 물감, 그림 등이 곳곳에 놓여있었다. 피카소는 말을 하기 전부터 물감을 가지고 놀았다. 아버지는 피카소가 그림을 그릴 때 함께 그림을 그리며 놀아주었고 자신의 비싼 미술 도구를 아들이 마음대로 사용할 수 있도록 배려했다.

이처럼 위대한 예술가 피카소의 뒤에는 그를 끊임없이 격려하고 교육을 한 위대한 아버지가 있었다.

20세기 최고의 입체파 미술가로 꼽히는 피카소는 1881년 10월 스페인에서 태어났지만 프랑스에서 습작을 하며, 체류·정착하며 살았다. 그래서 주요 활동 무대는 프랑스였으며, 피카소미술관 또한 파리에 있는 것도 이러한 이유에서이다. 뿐만 아니라 러시아 태생의 화가인 마르크 샤갈은 프랑스로 귀화했으며, 우리가 익히 아는 르느와르, 모네 등등의 화가가 프랑스 출신이다.

테크닉보다는 창의성 위주의 미술교육

이처럼 예술가들이 프랑스와 연관되는 이유는 무엇일까? 프랑스는 세계가 인정하는 문화와 예술의 나라다. 이는 프랑스의 잘 보존된 문화유산의 혜택도 있지만 그보다는 프랑스 국민 전체가 가지고 있는 예술에 대한 자부심과 긍지 때문이다.

프랑스인들 중에 문화와 예술에 무관심한 사람을 찾기란 힘들다. 이러한 국민성은 세계적으로 유명한 작품이나 문화유산에 국한 된 것이 아니라 프랑스인들의 생활 전체에 깊숙이 자리 잡고 있다.

프랑스인들은 눈에 보이는 모든 것, 생활하는 모든 것들이 아름답고 창의적이어야만 한다고 생각한다. 매일 먹는 음식에서부터 공공기관의 건물 하나하나 까지 예술적이지 않으면 안 된다고 생각하는 사람들이 프랑스인들이다.

프랑스의 유치원의 경우 미술과 연관이 되지 않은 수업은 찾아보기가 힘들다. 그림을 그리는 기본적인 미술 수업을 비롯하여 글자를 익힐 때도 그림 그리기나 만들기 등을 통해 익히도록 하고 있다. 유치원에서는 미술과 연관된 수업이 전체 수업의 80%를 차지할 정도이다.

그들의 미술 수업은 우리가 생각하는 것 이상으로 매우 단순하다. 그리고 잘 그린 그림을 선정하거나, 찾으려고 노력하지 않는다.

"얘들아 여기 오렌지와 귤이 있단다. 이 색의 차이를 한번 보겠니?"

"이 토마토를 잘 보렴. 빛이 닿은 쪽과 안 닿은 쪽의 색은 어떠니?"

이처럼 어려서부터 색의 차이를 알게 하고, 감각을 익히게 하여 미술적 안목을 배양시키는 것도 프랑스 미술 교육의 특징이다.

그러나 프랑스의 미술 교육의 목적이 똑같이 만들거나 뛰어나게 그리는 것에 있지 않다. 그들은 아이들 각자의 주체성을 가진 그림을 그리도록 교육한다.

아이들에게 막연하게 나무를 그리라든가 집을 그리게 하는 것이 아니라 '우리 집 앞에 있는 나무', '내가 살고 싶은 집'등을 그리게 하여 아이들 각자 자신의 생각과 상상력으로 그리게 함으로써 개성과 창의력을 살리고 있다. 또한 테크닉적인 측면보다는 창의성과 상상력, 미적 감각을 키우는 데 초점을 둔다.

그 예로 프랑스인들은 중학교 과정까지 학생들에게 석고 데생을 시키지 않는다. 하나의 모델을 놓고 그대로 그리는 것에 중점을 둔 석고 데생은 사물을 보는 관점이나 생각을 획일화 시킬 뿐만 아니라 단순히 모방에 두고 판단하게 되는 우를 범하기 때문이다.

방송인으로 활동 중인 프랑스인 이다도시는 한 인터뷰에서 "한국에서 입시를 위한 미술학원이 많다는 것에 깜짝 놀랐다. 프랑스에서는 미술은 아이들의 창의력을 돕는 기초 교육이지 테크닉을 가르치지 않는다."라고 말한 바 있다. 그녀의 말처럼 프랑스에서는 미술학원을 찾아보기 어렵다. 미술 학교라는 것이 있지만, 우리나라처럼 그림을 그리기나 이론을 가르치는 것이 아니라 전시회 관람이나 문화유적지 방문 등의 프로그램을 위주로 한다.

이처럼 어려서부터 미술교육을 통해 길러진 예술성과 창의성은 오늘날의 프랑스를 문화 대국, 예술가들의 고향으로 만든 원동력이다.

10
음악은 모든 교육의 기본이다
- 독일 -

문서영 신문사 기자, 작가

연주 실력이 뛰어난 음악가가 있었다. 많은 부모들로부터 레슨 신청이 줄을 이을 정도였지만 이 음악가는 제자를 받지 않는 것으로 유명했다. 그런 그가 어느 날 한 명의 제자를 받아들이기로 한다. 더구나 무료로 레슨을 해주고 소중히 여기는 악기까지 사용하도록 허락했다.

이 사실을 들은 한국인이 그를 만나 이유를 물어봤다.

"그 학생의 재능이 그렇게 뛰어났나요? 단 한번 연주를 듣자마자 제자로 받아들이신 이유가 궁금하군요."

그러자 음악가가 대답했다.

"글쎄요, 재능 때문만은 아닙니다. 재능으로 친다면 내가 긴장할 만한 재능을 가진 아이들을 많이 봤습니다. 그러나 그 아이들은 모두 부모의 손에 억지로 끌려 온 아이들이었지요. 하지만 내가 제자로 받아들인 학생은 내 연주를 듣고 여기저기 수소문해 스스로 나를 찾아 온 아이였습니다. 재능은 그러한 열정을 가진 아이를 이길 수 없습니다. 열정을 가진 아이만이 평생 음악을 연주하며 살 수 있는 법이지요."

명곡의 나라, 독일

바하, 베토벤, 헨델, 슈만, 베버, 멘델스존, 바그너, 하이든, 모차르트, 슈베르트, 쿠나우, 카이저, 텔레만, 브람스 등등 헤아릴 수 없이 많은 음악가들을 배출한 독일이다. '독일에는 명곡(名曲)은 있으나 명화(名畵)는 없다.'라는 말이 있을 정도로 독일 사람들은 음악을 사랑하고 즐긴다. 맥주집에서 들려오는 합창 소리나 교회의 수준 높은 시민 합창단을 보면 독일인들의 음악 사랑이 어느 정도인지 알 수 있을 정도다.

이러한 독일인들의 음악 사랑은 교육에서 음악을 빼놓을 수 없는 부분으로 만들었다.

독일은 조기 음악교육이 잘 되어 있어 부모의 능력과는 상관없이 아이들에게 재능이 발견되면 필요한 음악교육을 받을 수 있다. 국가나 장학재단들이 나서서 대신 수업료를 내주기도 하고 악기도 대여해 준다. 중·고등학생이나 초등학생이 독일연방청소년 음악경연대회에 나가 우승을 하면 원하는 대학에서 실기를 지도받을 수 있는 제도도 마련되어 있다.

그러나 독일인들의 음악교육이 재능 있는 아이들에게만 국한되어 있는 것은 아니다. 아이들은 각 시(市)에서 운영하는 음악학교에서 운영하고 있는 음악교육반에 들어갈 수 있다. 독일의 음악학교라고 부르는 무직슐레는

30~100유로(우리나라 돈 약 37,600원~125,600원) 정도만 내면 음악교육을 받을 수 있으며, 악기도 집에 가져갈 수 있다. 그렇지 않은 일반 아이들 역시 가정에서 부모에게 음악의 기초를 배우는 등 소수의 엘리트 교육이 아니라 누구나 쉽게 접할 수 있도록 하고 있다.

이렇게 독일인들이 음악교육을 중시하는 것은 어린 시절 접한 음악은 감성 지수를 높이는 데 지대한 영향을 끼칠 뿐만 아니라 지능 향상, 사회성을 길러주는 데 도움이 된다고 생각하기 때문이다. 어린 아이들이 피아노를 배우면 머리가 좋아진다는 말은 손가락을 많이 움직이면 뇌에 자극을 많이 줘서 머리가 좋아진다는 이론에서 비롯되었다고 할 수 있는데, 이렇듯 아이들의 음악교육은 감성교육뿐만 아니라 두뇌발달에도 영향을 미친다.

또한 독일인들이 음악을 알고 사랑하는 것은 단순히 음악적 감각을 키워주는 데 그치는 것이 아니라 정신적으로 건강해질 뿐만 아니라 아이들의 인생을 풍요롭게 해준다는 믿기 때문이다. 그래서 독인 아이들은 어린 시절부터 음악과 함께 커나가도록 배려받고 있다.

음악교육의 힘, 아인슈타인

그 대표적인 예가 알베르트 아인슈타인이다. 독일의 울름에서 태어난 아인슈타인은 담임선생님이 포기할 정도로 책을 잘 읽을 줄 모르는 난독증에 심각한 낙제생이었다. 이러한 아인슈타인이 오늘날 위인으로 추앙받게 된 데에는 음악교육의 힘이 컸다. 그의 어머니는 아인슈타인이 여섯 살이 되었을 때 바이올린을 배우도록 했는데, 7년이 지날 무렵 모차르트 작품에 의해 음악이 가진 수학적 구조를 깨닫게 된다. 성인이 되어서도 아인슈타인은 연구가 잘 풀리지 않을 때에는 선택한 방법이 바로 음악을 듣는 방법이었다.

독일인들은 아이들에게 악기부터 가르치지는 않는다. 우선 아이들이 생활 속에서 음악을 부담 없이 즐길 수 있도록 음악이 흐르는 환경을 제공한다. 음악을 듣고 느낄 줄 아는 것이 악기를 다루는 것보다 훨씬 중요하다고 생각하기 때문이다.

음악학교에서도 처음부터 악기를 가르치지 않는다. 자신이 연주할 악기를 고르는 데에만 무려 2년이라는 시간을 투자할 정도이다. 음표의 형태를 손바닥으로 치며 발을 구르게 하고, 실로폰 등의 악기로 박자감각을 익히게 한 후 타악기 등을 실제로 만져 보고 소리를 내보게 하는 등 갖가지 악기를 충분히 느껴본 후 자신에게 맞는 악기를 고르게 하고 그때부터 본격적인 음악 수업에 들어가게 한다. 이 과정을 거치는 데에만 2년이 걸린다.

이러한 독인인들의 음악교육 덕분으로 독일의 아이들은 정서적으로 안정되어 매사에 자신감이 넘쳐난다.

11
위대한 어머니의 나라
- 러시아 -

문서영 신문사 기자, 작가

　러시아는 보통 오전 8시경에 해가 뜨며 오후 4시경이면 어두워지는데 연교차가 60℃를 넘을 정도로 상상을 초월할 정도로 몹시 춥다. 이러한 척박한 환경의 사회주의 국가이지만 위대한 위인과 예술가를 많이 탄생시킨 나라이기도 하다. 문학가로는 레오 톨스토이, 알렉산드르 푸쉬킨, 표도르 도스토예프스키, 안톤 체호프, 알렉산드르 솔제니친, 그리고 화가인 마르크 샤갈, '백조의 호수'와 '호두까기 인형'의 음악가 차이코프스키, 구글의 공동 창업자 세르게이 브린 등이 있다. 이처럼 무용, 음악, 문학, IT 등 다양한 분야에서 뛰어난 업적을 자랑한다.
　선진국이 아님에도 불구하고 뛰어난 인물을 많이 배출하게 된 데에는 교육, 문화, 역사 등 여러 가지 요인이 있지만 그 중 위대하고 현명한 어머니들이 많기 때문이라고 볼 수 있다.

아이 스스로 깨달을 시간을 줘라 : 블라디미르 레닌

러시아의 혁명가이자 정치가인 블라디미르 레닌(Vladimir Lenin)이 어린 시절 친척 집을 방문했을 때의 일이다. 친척 아이들과 함께 놀던 레닌이 고모가 아끼던 꽃병을 실수로 깨뜨리고 만다. 마침 보는 사람이 없었기에 레닌은 아무에게도 알리지 않았다. 잠시 후 고모가 이를 발견하고 누가 꽃병을 깼는지를 물었다. 아이들은 모두 자기가 깨지 않았다고 말한다. 레닌은 불안한 마음을 억누르며 "저……도 꽃병을 깨지 않았어요"라고 대답한다.

어머니는 아들의 불안한 언행을 통해 직감적으로 아들이 꽃병을 깼다는 것을 눈치챘다. 그러나 그 자리에서 아들을 추궁하지 않았다. 정확한 증거가 있지도 않을 뿐만 아니라 아들 스스로 잘못을 뉘우치게 하려는 마음에서였다.

몇 달이 지났을 무렵 잠자리에 들던 레닌이 어머니에게 말한다.

"엄마, 고모네 집에서 꽃병 깬 것 기억나세요?"

"응, 그래."

"제가……꽃병을 깨뜨렸어요. 용서해주세요. 그때는 무서워서 말을 할 수가 없었어요."

"네가 용기를 내어 말을 해주니 대견하구나. 엄마는 네가 스스로 말해주길 바랐단다. 앞으로는 어떤 일이 있어도 정직하고 용감해야 한다."

"네, 다시는 거짓말하지 않겠어요."

어머니가 가르쳐준 정직함은 레닌에게 많은 깨달음을 주었다. 1886년 아버지가 죽고 난 후 어머니는 혼자서 자녀들을 키우며 자녀들이 훌륭한 인간으로 성장하는 데 주력한 슬기로운 여성이었다. 그녀는 자녀의 잘못된 행동을 야단치기보다는 솔직한 용기를 불러일으켜 교육적 기회로 만들 수 있었다.

어머니의 집념이 자녀의 미래를 이끈다 : 마르크 샤갈

색채의 마술가로 불리며 피카소와 함께 20세기 최고의 미술가 중 한 사람으로 꼽히는 마르크 샤갈(Marc Chagall) 또한 러시아에서 태어났다.

샤갈이 미술가가 되는 데 결정적 기여를 한 사람은 어머니다. 아버지는 청어 창고에서 일했는데 일하는 것이 얼마나 힘이 들었던지 저녁 식탁에서 기도를 드리기도 전에 그대로 잠을 잘 정도였다. 어머니는 식품점을 차려 생계를 도왔다. 가게를 꾸려나가는 힘든 생활 중에도 여러 형제를 돌보며 샤갈을 격려하는 것을 잊지 않았다.

"너는 그림 그리기에 재능이 뛰어나구나. 더 노력한다면 위대한 화가가 될 거야."

"아들아, 오늘 학교에서는 무엇을 배웠니? 무엇을 배우는 게 재미있었니?"

샤갈은 그림 그리기에 남다른 재능을 보였다. 어머니는 아들의 재능을 발견하고 일찍부터 미술 공부를 시켰다. 당시 러시아에서 중등학교에 진학한다는 것은 극소수의 귀족들에게만 가능한 일이었지만 어머니는 아들의 재능을 살리기 위해 온갖 노력을 쏟아 아들을 학교에 입학시키기에 이른다.

샤갈은 가난한 집안 형편 탓에 또래보다 늦게 초등학교에 다녔다. 그렇지만 예술 작품은 다른 미술가의 작품가는 달리 슬픔, 우울, 힘듦 같은 어두운 감정이 보이질 않는다. 어린아이가 그림을 그린 것처럼 동화와 같은 세계를 순수한 마음으로 그리고 있다. '신랑 신부', '날아다니는 사람들', '환상적인 동물들' 등 그의 작품이 화려한 색채와 자유로운 상상력이 가능하게 된 데에는 사랑과 격려를 준 어머니 덕분이었다.

샤갈은 "예술은 어딘가에 속해야 한다. 예술가란 어머니의 앞치마 끈에 묶여 있다. 인간적으로 형식적으로 어머니의 친밀함에 사로잡혀 있는 것이다. 형식은 학술적인 가르침에서 나오는 것이 아니라 이러한 소속됨으로부터 나온다"라고 말함으로써 그의 예술 세계에 어머니가 끼친 영향을 언급하고 있다.

수필가 피천득 선생은 "내게 좋은 점이 있다면 엄마한테서 받은 것이요, 내가 많은 결점을 지닌 것은 엄마를 일찍 잃어버려 그 사랑 속에서 자라나지 못했기 때문이다"라고 했다. 레닌과 샤갈의 사례는 위인에게는 훌륭한 부모가 있음을 다시 한 번 알려주는 동시에 사회주의와 민주주의 등 사회 체제에 상관없이 동서고금을 막론하고 어머니가 자녀에게 많은 영향력을 미친다는 것을 알게 해준다.

12
전문성 있는
미래 리더를 키운다
- 영국 -

문서영 신문사 기자, 작가

영국에서 자란 아이들에게 "반에서 누가 공부를 잘하니?"라고 물으면, 아이들은 이렇게 대답한다고 한다.

"수학은 토마스가 잘하고요, 달리기는 제임스가 잘해요. 그림은 우리 반에 있는 엘리자베스가 전교에서 제일 잘 그려요. 그리고 노래는요……."

아이들의 이 대답을 들으면 영국의 교육은 성적 위주의 교육이 아니라 다방면의 교육을 중히 여긴다는 것을 알 수 있다.

대학 진학률이 낮은 나라, 영국

유럽의 나라들 중 가장 대학 진학률이 낮은 나라, 고등학생이 대학에 진학하는 비율이 30%도 안 되는 나라, 그 나라가 바로 영국이다. 이렇게 대학 진학률이 낮은 것은 대학에 진학하고, 진학하지 않고는 그 사람이 살아가는 데 크게 영향을 받지 않기 때문이다.

영국의 학교들은 공립학교, 사립학교, 특수 공립학교인 그래머스쿨(Grammer School) 등으로 나눠지는데, 사립학교에 진학하지 않는 한, 대학교까지 정부가 전액 지원한다. 사립학교는 그 유형이 다양하고 교육비가 비싼 특징이 있다. 그래서 영국에는 유명한 사립학교들이 많다.

그 중 하나가 바로 1572년에 개교한 해로우 스쿨(Harrow School)이다. 영국 수상을 지낸 처칠, 시인 바이런을 비롯하여 후세인 전 요르단 국왕, 네루 전 인도 수상도 이곳의 학생으로, 이튼 스쿨과 함께 영국의 2대 명문으로 꼽힌다. 해로우 스쿨이 일부 귀족 자제들을 위한 학교라는 비판도 있지만 여전히 해로우 스쿨은 학부모들이 자녀 교육을 시키고 싶은 학교이기도 하다.

해로우 스쿨이 자녀들 교육의 최상 학교 중 하나로 꼽히는 이유는 리더를 배출한다는 해로우 스쿨의 교육 방침과 무관하지 않다.

"학생들이 스스로 생각하고 깨우치게 해주는 게 해로우 스쿨의 교육방식이다."라는 말처럼 이곳의 수업은 모두 연구 위주로 진행되어 학생들이 스스로 공부하고 사고의 범위를 넓히도록 하고 있다.

또한 해로우 스쿨은 학생에게 학교 공부만 하라고 강요하지 않는다. 학생들이 각 분야 리더가 되기 위해서는 다양한 경험을 쌓아야하기 때문이다.

이를 위해 해로우 스쿨은 학생들에게 2~3개의 스포츠 및 예술 활동을 장려하고 있다. 학생들이 원하기만 하면 언제든지 스포츠를 즐길 수 있도록 학교 내에 테니스장, 수영장, 승마장을 비롯해 럭비구장과 골프코스까지 마련해 놓고 있을 정도다. 천연 잔디구장만 8개에 인조 잔디가 2개 등 해로우 스쿨의 스포츠 관련 시설은 매우 방대하다. 그래서 학교 투어를 하는 데에만 하루를 소모해야 할 도이다.

해로우 스쿨이 많은 방대한 시설을 갖춘 것은 "성공한 인생에 이르는 길은 한 가지가 아니다. 우리는 학생들에게 한 가지 길을 권유하지 않는다. 학생에게 적합하지 않는 것을 학교가 판단하고 배제하기보다는 학생 스스로 선택하게 하며 학생만의 독특한 강점과 재능을 강화시켜줌으로써 각 분야의 리더가 되도록 하는 것이 중요하다."라는 교육 방침 때문이다.

이 같은 교육 환경은 학생들에게 한 가지만을 잘해서는 리더가 될 수 없다는 인식을 가지게 한다. 공부는 스스로 하는 것이고 공부만큼 예술과 스포츠 등 다양한 방면에 관심을 가지고 경험하는 것이 중요하다는 것을 해로우 학생들은 알고 있다.

이러한 해로우의 교육 방침이야말로 해로우를 세계적으로 유명하게 만든 요인이라고 할 수 있다. 그리고 21세기 들어 영국의 문화강국으로 우뚝 설 수 있었던 밑거름이 되고 있다.

숙제는 NO, 다양한 과외활동 중시 OK

비단 해로우 스쿨뿐만이 아니다. 영국 학교에서 체육은 필수 과목으로, 의무적으로 하루에 2시간 정도는 체력을 단련해야 한다. 그리고 비가 많이 내리고 우울한 영국 날씨를 고려해서 실내외, 주야간을 가리지 않고 할 수 있는 운동경기 시설들이 학교에 다양하게 갖춰져 있다.

한달 반 정도의 방학 기간 동안 학교 숙제라고는 책 두어 권 정도 읽어오라는 것이 고작이다. 숙제가 적은 이유 또한 청소년기의 아이들이 숙제나 학업에만 매달리지 말고 많은 것을 경험하라는 의도이다. 학과 공부 외에 다양한 과외활동을 중시함으로써, 체력 향상과 정서 발달을 중시한다.

영국인들은 아이를 리더로 키우기 위해서 많은 경험을 해야 함을 강조한다. 그래서 생태공원이나 실험장들을 방문하게 함으로써 아이들 스스로 경험하고 공부하고 싶은 열정을 가지게 한다. 그래서 식물원이나 생태공원에 '들어가지 마시오', '손대지 마시오'와 같은 금지어가 쓰인 푯말을 자주 보기 힘들다.

다양한 경험을 한 아이들일수록 선택의 폭이 넓어지고 사고의 깊이가 생기며 재능을 발견할 기회를 많이 가지게 된다. 여러 과목을 골고루 접하고, 이를 경험하고 성취감을 느껴갈 수 있다면 아이 스스로 공부가 재미있어질 것이며, 행복감도 느낄 것이다.

우리가 배우고자 하는 모든 것들은 혼자 따로 독립되어 있는 것이 아니라 다른 분야와 유기적인 관계를 맺고 있으므로 아이가 골고루 경험하도록 하는 것이 바람직하다. 아이들의 학습능력을 키워줄 때에도 특정 지식을 가르치는 것도 중요하지만 넓은 안목과 시야를 가지도록 도와줘야 할 것이다.

13
교육 유토피아(Edu-topia)
- 스칸디나비아 -

문서영 신문사 기자, 작가

　음악가 베토벤은 궁중 소프라노 가수 출신인 아버지와 궁중 요리사였던 어머니 사이에서 태어났다. 베토벤이 세계적인 음악가가 될 수 있었던 것은 음악가였던 아버지 때문이 아니라 어머니 덕분이었다. 그의 어머니는 음악에 대해서는 잘 몰랐지만 베토벤의 여린 감성을 어루만져 주었고 아버지로부터 받은 상처를 달래주었다.
　베토벤의 아버지는 성격이 비뚤어지고 괴팍한 술주정뱅이였다. 그는 네 살밖에 되지 않았던 베토벤에게 매일 8시간씩 악기 연주를 시켰으며 음을 잘못 치기라도 하면 가차 없이 매를 들곤 하였다. 베토벤은 이러한 혹독한 훈련에 지쳐 음악을 포기하기에 이른다. 베토벤이 술주정뱅이 아버지로부터 견디며 위대한 음악가가 될 수 있었던 것은 어머니 때문이다.

어머니는 아들을 데리고 산책을 다녔다. 울창한 숲으로 데리고 가서, 자주 대화를 나누었다. 자연과의 교감과 어머니와의 대화는 베토벤의 오감을 키워주었고 음악 창작의 밑거름이 되어 주었다.

이처럼 산책은 정서를 안정시키고 감성을 자극하는 좋은 교육 요건을 갖추고 있다. 이러한 산책을 통해 정서적 교감을 교육에 잘 활용하고 있는 나라가 스칸디나비아 국가들이다.

스칸디나비아 국가란 북유럽의 스칸디나비아반도 국가들 스웨덴, 덴마크, 노르웨이, 핀란드 등 국가들을 통틀어 일컫는다. 이들은 엄격한 훈육적 부모가 아니라 자녀와의 정서적 유대와 교감을 중시하고 아이의 자율성을 존중하는데, 이러한 북유럽 국가의 생활, 문화, 교육을 추구하는 부모들을 스칸디 맘, 스칸디 대디 라고 부른다.

가정은 자녀 교육의 중심이다

몇 년 정도 해외 파견 근무를 통해 높은 보수와 성공적인 출세가 보장된다면 이를 거절할 직장인은 많지 않을 것이다. 그런데 높은 보수와 장밋빛 미래에도 불구하고 가족과 함께 할 수 없다는 이유로, 가족이 반대한다는 이유로 이러한 기회를 기꺼이 거절하는 사람들이 바로 스칸디나비아 부모들이다. 그들은 그만큼 가족과 함께 한다는 것을 중시하며 가정이 모든 것의 중심이 된다.

스칸디나비아 교육은 우리처럼 학교가 중심이 아니라 가정이 중심이 된다.

스칸디나비아 부모들은 유치원과 학교가 아이의 성장을 돕는 기관이지만, 이곳이 중심이라고 생각하지 않는다. 자녀 교육의 중심은 가정이라고 생각한다.

자녀의 최초의 교육자는 부모이며, 가정은 올바른 교육을 펼칠 수 있는 교육의 장이라 생각한다. 아이들은 독서, 놀이, 요리, 놀이, 친구를 사귀는 것, 그리고 생활의 크고 작은 규칙 등 대부분을 아버지와 어머니에게서 배운다.

그렇기 때문에 학교에서는 교과 과정에 대한 부담감이 적고 자율성을 중시한다. 일례로 스웨덴의 경우 획일화된 교과서가 없으며 교사의 재량에 따라 교재를 만들거나 선택할 수 있다.

스칸디나비아 부모는 자녀에게 엄격하기 보다는 많은 것을 교감하는 것을 중시한다.

그래서 스칸디나비아 부모들은 많은 시간을 자녀와 보내는데 특히 산책하기와 독서 활동을 즐긴다. 이렇게 자녀와 많은 시간을 보내려면 부모에게도 많은 시간이 주어져야 하는데 직장인의 휴가가 한 달정도 되는 데다가, 근무시간의 80% 정도만 일하는 파트타임 제도, 자녀가 8살이 될 때까지 근무시간의 25%를 줄일 수 있는 탄력근무제도 등이 잘 정착되어 있어 아이들이 부모와 함께 할 시간이 많아지게 된다.

또한 '스칸디 대디'라는 말이 유행할 정도로 아버지가 적극 육아에 참여한다.

스칸디 아버지들은 우리나라의 아버지들처럼 늦게까지 야근하거나 직장을 마치고 동료들과 어울려 술 한 잔을 하느라 늦는 일이 거의 없다. 그들은 자신의 가정으로 곧장 돌아가 가족과 시간을 보낸다.

어렸을 때부터 아빠와 많은 시간을 보낸 스칸디나비아 아이들이 느낄 행복감과 자존감은 그 무엇과도 비교할 수 없으며 이런 아이들이 자라서 북유럽의 행복하고 윤택한 사회를 주도하는 순환관계가 나타난다.

무엇보다 스칸디 부모들은 현재에 충실하다.

그들은 돈을 많이 번 다음에, 아이가 대학에 들어간 다음의 세계에 집중하는 것이 아니라 지금 이 순간, 아이들과 보내는 것을 매우 중시한다. 성공과 부가 보장되더라도 가족이 떨어져 사는 것을 싫어한다. 그래서 그들은 우리나라의 기러기 부모, 기러기 아빠를 이해할 수 없다.

스칸디 부모들이 가족과 함께 하는 것과 현재의 행복을 우선시한다면 우리는 지금은 좀 힘들고 희생하더라도 미래에 가족이 잘 살고 자녀가 잘 되는 것을 중시하는 것이 큰 차이점이라고 할 수 있다.

사회복지제도를 통한 교육 이상향 실현

스칸디나비아식 교육이 우리와 가장 다른 점은 사회복지제도가 잘 되어 있다는 점이다. 그러므로 스칸디나비아 국가의 국민들은 아둥바둥 살 필요도 없다.

일례로 스웨덴은 거의 무상교육에 가깝다. 19살이 될 때까지 무상 교육이며 대학도 무상교육이기 때문에 등록금을 낼 필요가 없다. 여기서 끝이 아니라 교육 보조금까지 준다. 이 돈으로 아이들은 부모에게 손을 벌리지 않고 스스로 생활해 나간다. 교육 보조금은 나중에 갚아야하는데 모두 갚는 것이 아니라 2/3만 취업 후 천천히 갚으면 된다.

어린이집과 유치원의 경우 약 8%정도만 부모가 부담하고 나머지는 나라에서 부담한다. 어린이집 한 달 비용이 우리 돈으로 약 19만 원 정도인데 매월 16만 원 정도의 육아수당이 나오기 때문에 이 비용으로 감당할 수 있다.

스칸디나비아 교육을 연구하다 보면 북유럽이 사람답게 살기 좋은 나라, 아이들의 행복이 보장되는 나라라는 느낌을 지울 수 없다. 자녀를 둔 부모라면 여건만 된다면 당장 북유럽으로 떠나고 싶어진다.

14
자유와 평등이 있는 행복 교육
- 덴마크 -

문서영 신문사 기자, 작가

　작문 수업시간. 선생님이 주제를 말하자 아이들은 글짓기를 하기 위해 흩어진다. 한 아이는 글을 쓰기 위해 교실 밖으로 나가고 한 아이는 유리 창틀에 앉고 한 아이는 바닥에 엎드린다.
　또 다른 수업시간. 3~4명의 아이들은 도서관에서 공부하고 3~4명은 학교 밖에서 자료조사를 하고 3~4명은 인터넷으로 공부하고 나머지 10~12명 정도의 아이들은 교실에 앉아 공부를 하고 있다. 이들은 모두 같은 반 아이들이지만 한 교실에서 수업을 받지 않는다.
　위의 모습이 바로 덴마크의 공립기초학교의 풍경이다. 공립기초학교란 우리나라의 초등학교와 중학교에 해당(제1학년~제9학년)하는 교육기관이다. 만약 우리나라에서 수업시간에 선생님에게 아무런 말 없이 학생이 교실 밖으로 나가버리거나 바닥에 엎드려 있다면 선생님은 어떻게 말할까? 똑바로 앉으라거나 수업시간에 왜 말 없이 나가느냐고 꾸짖지 않을까? 학생이 자료조사를 위해 일주일 이상 출석하지 않는다면 학교에서는 이를 어떻게 받아들일 수 있을까?

 자유교육의 나라 덴마크에서는 이러한 것이 문제되지 않는다. 그냥 앉아서 선생님의 가르침을 듣는 것이 중요한 것이 아니라 아이들의 자율성과 흥미를 끌어올리는 것을 중시하기 때문이다.

전 세계에서 가장 행복한 나라, 덴마크

 여러분은 덴마크하면 무엇이 떠오르는가? 동화 작가 안데르센, 장난감 레고, 칼스버그 맥주 등등 몇 가지 정도가 떠오를 것이다. 그런데 최근 덴마크는 우리나라 사람들이 가장 관심을 갖는 나라가 되었다. 그 이유는 2014년, 2016년 UN이 조사한 행복지수 1위의 나라, 세계에서 가장 투명한 나라 1위(2015년 국제투명성기구), 기업하기 가장 좋은 나라(2014년 포브스지)로 뽑혔기 때문이다. 뿐만 아니라 사회복지제도를 잘 정착시켜 국민이 행복한 나라, 아이들의 교육 천국으로도 일컬어진다.

 덴마크가 교육의 천국으로 불리는 데에는 학벌과 직업의 차별이 없기 때문이다. 이들은 평등을 신조로 하기 때문에 경쟁하거나 비교하지 않는다. 그래서 생겨난 법칙이 '얀테의 법칙'인데 '얀테(Jante)'란 '보통 사람'이라는 뜻으로 덴마크 사람들은 '당신이 남들보다 똑똑하다거나 더 낫다고 생각하지 마라'고 강조하며 겸손과 평등을 강조한다. 그래서 소수의 엘리트 교육이 아니라 다수의 평범한 시민을 육성하는 것을 목표로 한다.

남을 따라하는 것이 아니라 적게 벌더라도 내 기준으로 살며, 가족과 친밀하게 사는 것을 중시한다. 그래서 평범한 일상에서 느끼는 소박한 행복과 편안함을 강조하는데 이를 '휘게(Hygge)'라고 부른다. '휘게'란 편안하고 느긋하게 지내다, 사랑하는 사람과 어울린다는 의미를 가지고 있다.

우리나라처럼 대학교를 졸업하는 것이 전부가 아닌, 입시 시험에 억매이지 않아도 되며, 방과후 수업을 통해 마음껏 재능 계발과 취미활동을 할 수 있다.

우리의 방과후학교와 비슷한 옴돔스쿨의 경우 보통 공립기초학교에서 10킬로 이내에 설치하여 아이들이 학교와 가까운 곳에서 음악, 미술, 체육 등을 무료로 배울 수 있다. 비싼 레슨비 때문에 학원에 다니는 것을 부담스러워하거나 경제적 부담 때문에 예체능 계열 진학을 포기해야 하는 우리의 현실과는 대조적이다.

교육의 주체는 학부모, 교사, 학생

성적 대신 재능과 인성에 대해 교사가 종합적으로 판단하기 때문에 아이들은 성적이 낮을까봐 걱정하는 일은 드물다. 수업시간에도 정답을 강요하지 않기 때문에 틀릴까봐 조마조마하거나 스트레스를 받는 일이 적다. 선생님은 정답을 가르쳐주는 사람이 아니라 여러 가지 문제를 내어 그것을 풀어 아이들의 학습 의욕을 높이는 멘토의 역할을 수행할 뿐이다. 그러므로 교과서에 연연하기 보다는 아이들의 그룹활동과 토론, 선생님의 수업자료에 더 많이 의존한다.

그래서 우리나라처럼 선생님의 비중이 높지 않다. 일례로 학교마다 있는 학교위원회는 학부모·교사·학생 대표로 구성되는데 학부모의 수가 가장 많은 비중을 차지한다. 교장과 교감도 회의에 참석할 수 있으나 투표권은 없다. 이곳에서는 수업 일수, 학교 행사, 과목 등등 다양한 문제들을 논의하며 심지어 학교 예산도 승인한다.

또한 학교를 설립하기가 까다롭지 않아서, 누구나 일정 기준만 갖고 있으면 학교를 세울 수 있다. 그래서 인문계와 실업계, 예술계 등 몇몇 유형의 학교만 존재하는 것이 아니라, 다양한 형태의 학교가 존재하므로 아이들이 학교가 적성에 맞지 않아서 중도에 그만 두거나 억지로 학교에 다니는 경우가 적은 편이다.

덴마크 교육은 교육 선구자인 크리스튼 콜이 말한 대로 "나는 아이들이 음식을 제대로 먹는지를 확인하기 위해 아이들의 입에 음식을 강제로 넣고 토하게 하는 일을 결코 하지 않겠다"라는 말로 대변된다.

한 마디로 자유와 평등에 기초를 두고 아이들의 행복과 평등한 시민 육성에 중점을 둔다고 할 수 있다. 이것이 교육 천국, 덴마크의 힘이라고 할 수 있다. 이러한 교육의 힘이 오늘날 덴마크를 전 세계에서 가장 행복한 나라로 만든 밑거름이 되었다.

15
아이를 강하게 키워라
-스파르타-

문서영 신문사 기자, 작가

"스파르타 교육을 받았어."
"어제는 스파르타식으로 훈련을 받았어."

우리는 엄격하고 강한 교육을 흔히 '스파르타 교육'이라고 부른다. 스타르타 교육이라는 말은 고대 그리스의 도시국가인 스파르타에서 유래되었다.
고대 그리스에는 무려 200개의 도시국가(폴리스)가 존재했다. 이중 대표적 도시국가가 바로 아네테와 스파르타였는데 스파르타는 정치, 경제, 예술 등 다양한 분야 중 특히 교육 분야가 유명했다.

귀한 자녀일수록 엄하게 교육하라

아테네 교육이 자율적이고 교양을 갖춘 민주적 인간을 육성하는데 중점을 둔 반면 스파르타는 부강한 국가 건설을 목표로 하여 아이들을 강하게 키우는 것을 목표로 했다.

스파르타에서는 자녀를 부모의 소유물이나 각 가정의 개별적 자녀가 아니라 나라의 미래를 책임질 공동의 인재로 인식했다. 이렇게 인식하게 된 데에는 무려 200개 도시국가들이 경쟁하던 당시의 시대 상황이 한몫을 했다.

그래서 스파르타에서는 자기 자식을 귀하다고 예뻐하기 보다는 엄하게 키웠으며, 대신 다른집 아이는 자기 자녀처럼 우대해 주었다. 무엇보다 아이들이 어긋나지 않도록 키우는 데 초점을 두었으며 나 혼자 잘났다고 생각하도록 키우기 보다는 다른 사람과의 연대 의식을 강조했으며 국가를 위해 헌신하는 것을 중요시 여겼다. 자녀가 잘못했을 때 엄하게 훈육하거나 매를 드는 것을 서슴지 않았으며, 다른 집 아이가 잘못했을 때도 자기 자식을 대하듯 꾸짖었다.

내 아이가 소중한 만큼 다른 집 아이도 미래를 위한 인재며, 공부를 잘하느냐 못하느냐는 개인차가 있을 수 있지만 사회질서를 지키는 데는 개인차가 있을 수 없기 때문이라고 생각했기 때문이다.

스파르타 부모에게 자녀가 소중하거나 예쁘지 않았던 것은 아니다. 그러나 '귀한 자식일수록 매로 키워라'는 우리의 속담처럼 그들은 자녀와 국가의 미래를 위해 엄하게 교육했던 것이다.

스파르타에서는 공부보다 건강한 신체와 단련을 중시했다. 그리고 화려하고 사치스러운 생활보다는 소박한 생활 방식을 아이들에게 가르쳤다. 그래서 아이들을 춥게 키웠는데, 감기에 걸릴까 봐 두꺼운 옷을 챙겨주거나 여러 벌 옷을 마련하여 보호하는 일은 없었다.

여자아이들을 집에만 머무르게 한 아테네와 달리 스파르타에서 여자아이는 옷을 만들거나 자수를 놓거나 하는 등의 여성적인 일은 하지 않고 음식을 골고루 섭취하고 남자아이들처럼 각종 운동으로 단련하게 했다.

스파르타 교육은 단지 멀고 먼, 고대국가의 옛날 이야기가 아니다. 우리가 선진국이라고 부르는 많은 국가들도 언뜻 자유롭게 아이를 키우는 것처럼 보이지만 그 이면에는 엄격히 키우고 있다. '자유의 나라'라고 불리는 프랑스, 그리고 현재 유럽을 이끌고 있는 독일도 아이가 잘못했을 때 철저히 교육한다.

선진국일수록 교육에 엄격하다

'파리의 개는 짖지 않고 어린이들은 울지 않는다.'
이는 프랑스 부모들의 엄격한 자녀 교육을 두고 하는 말이다. 세계에서 가장 자유를 사랑하는 나라라고 일컬어지는 프랑스인들. 프랑스의 부모들은 평소에는 한없이 부드럽고 자녀들에게 친구같은 존재이지만 아이들이 질서를 지키지 않거나 잘못을 저질렀을 때에는 엄격하다.

아이들의 인격은 존중하지만 기본적인 예의와 질서를 지키지 않을 때에는 용서가 없다. 심지어 공원이나 길거리에서 자녀를 때리는 부모들도 볼 수 있을 정도다. 무조건 아이를 달래기에 급급하거나 아직 어리다는 이유로 공공장소에서 타인에게 불편을 끼쳐도 내버려두는 우리나라 부모들과는 정반대의 모습이다.

그들은 아무리 어린 아이라고 하더라도 자녀의 지나친 요구를 받아들여주질 않는다. 예를 들어 식탁에서 어른이 음식에 손을 대기 전에 아이가 먼저 손을 대었을 때에도 엄하게 나무란다. 이처럼 프랑스인들이 자녀교육에 대해 엄격한 이유는 자녀교육의 우선 책임자는 부모라고 생각하기 때문이다.

또한 프랑스인들이 아이들에게 다른 사람들과 '함께 살기(vivre ensemble)'에 대해 우선적으로 가르친다. '함께 살기(vivre ensemble)'는 3세 이상의 어린이라면 대부분 공립유치원에 다니는 프랑스 어린이들을 가르치기 위해 프랑스 교육부가 작성한 교육 강령에서 첫 번째를 차지하고 있는 항목이다.

독일유치원에서 잠깐 교사로 일한 적이 있는 어느 주부는 한 동료 교사가 2살 정도의 아이에게 다 큰 어른에게 말하듯이 15분 이상 따져가며 꾸짖는 것을 보고 깜짝 놀랐다고 한다. 더욱 놀라운 것은 그 아이 또한 울지도 떼쓰지도 않으면서 선생님의 눈을 쳐다보고 이야기를 들었다는 것이다.

부모들은 말한다.

"아직 어린데 뭘 알겠어."

"크면 안 그러겠지."

그러나 아이는 어리지만 섬세하며 똑똑하다. 어릴 때일수록 부모의 지침은 더욱 자녀에게 명확하게 와 닿는다. 아이가 어릴 때일수록 삶의 규칙들에 대해 가르쳐 주어야 한다.

16
한 명의 낙오자도 없다
- 네덜란드 -

문서영 신문사 기자, 작가

왜 철학자들은 네덜란드로 갔을까?

'내일 지구의 종말이 와도 한 그루의 사과나무를 심겠다'는 명언을 남긴 철학자 스피노자(Benedict de Spinoza). 스피노자는 평생 권력과 거리를 두며 자유인으로 살아갔다.

그의 아버지는 네덜란드에서 '스피노자상회'를 운영하는 부유한 상인이었다. 덕분에 스피노자는 풍족한 어린 시절을 보냈으나 특이하게도 아버지가 남긴 유산을 물려받지 않았다.

그는 암스테르담에서 안경알을 세공하면서 자신의 철학 이론을 세워나갔다. 1673년 그의 천재성을 안타깝게 여긴 하이델베르크대에서 철학 교수직을 제안했지만 사상의 자유와 철학 연구를 위해 교수직을 거절한다. 이후 남은 생애 동안도 안경알을 갈며 살다가 죽었다. 그는 렌즈를 가공하면서 나오는 유릿가루로 인해 폐질환에 걸려 44세라는 이른 나이에 사망했다.

스피노자는 아버지의 재산도 상속받지 않았으며 결혼도 하지 않았다. 그리고 교수라는 직업도 거부했으며 명망 있는 철학자로 살 기회가 있었음에도 거부하며 살았다.

'나는 생각한다, 고로 나는 존재한다'로 유명한 데카르트는 프랑스 태생이지만 네덜란드에서 오랜 기간 머물며 연구하고 공부했다.

데카르트는 네덜란드, 헝가리, 프랑스, 독일 등 유럽 여러 나라를 떠돌아다녔다. 유럽 곳곳을 떠돌다가 32세 무렵 그가 정착하기로 결심한 나라도 바로 네덜란드이다.

이처럼 유명한 철학자들이 자신의 태어난 나라를 떠나 네덜란드에서 머문 것은 굳이 학문의 자유 때문으로 분석되고 있다. 이러한 학문의 자유는 아이들의 교육에도 많은 영향을 끼치고 있다.

《먼 나라 이웃나라》의 저자 이원복 교수 또한 우리가 여행가야 할 나라로 네덜란드를 우선 꼽고 있을 정도이다.

평범하게 행동하라, 그걸로 충분히 특별하다

학기 중 숙제가 없는 나라, 방학 숙제는 단 하나, 그 숙제는 바로 '재미있게 노는 것.'

이 나라가 바로 네덜란드이다. 네덜란드에서는 아이들에게 공부를 강요하지 않는다. 그래서 네덜란드는 아이들이 행복한 나라이다.

2007년 유엔아동기금에서 유럽과 북미 지역의 21개국 회원국 20만 명 이상 어린이들의 생활 여건과 만족도에 대해 조사한 바가 있다. 이중 네덜란드 어린이들이 가장 행복 지수가 높은 것으로 나타났다. 또 2008년 세계보건기구(WHO) 보고서에서는 네덜란드 어린이가 부모와의 유대 관계에서 최고인 것으로 나타났다. 2009년 영국 아동기아 활동단체가 유럽 아동들의 행복에 대한 발표에서 네덜란드는 또 한 번 1위에 선정되었다.

이처럼 네덜란드 아이들이 행복 지수가 높은 데에는 엘리트교육이 아닌 평등교육 위주의 정책이 한몫을 하고 있다.

'Doe maar gewoon, dat is get genoeg.'

네덜란드인이라면 누구나 아는 이 말은 '평범하게 행동하라, 그걸로 충분히 특별하다.'는 뜻을 가지고 있다.

이 말은 네덜란드인들이 각자의 개성이나 창의성을 무시하는 것이 아니다. 네덜란드인들은 모든 사람이 다른 개성과 재능을 가진 것은 너무나 당연한 일이므로 따로 거론할 필요가 없다고 생각할 뿐이다.

네덜란드인들의 이러한 생각은 교육에도 반영되고 있다. 아이들이 각각 다른 개성을 가지고 있다는 기본적인 인식이 바탕이 되어 네덜란드인들에게 아이들은 특별한 재능을 가진 존재인 동시에 평범한 아이들이 된다.

그래서 네덜란드의 교육은 엘리트 교육이 아닌 평등교육이다. 네덜란드의 교육은 아이들이 단 한 명의 낙오자도 없이 만드는데 중점이 맞춰져 있다. 그래서 가정교육 또한 학교 성적이 우수한 소수의 엘리트 교육이 아니라 아이가 능력과 개성을 찾는 데 목표를 두고 있다.

이를 위해 네덜란드의 초등학교는 과목별로 여러 단계를 나눠 아이의 능력에 맞게 학습하고 아이가 수업을 따라오지 못할 경우에는 이해할 때까지 계속 반복한다. 그 날 배웠던 내용을 이해하지 못했을 경우 방과후 보충수업이 실시된다.

특이한 점은 방과 후 보충수업이 공부에만 집중되어 있지 않다는 것이다. 수학이나 역사 등의 공부 외에도 아이들 스스로 음악이 부족하다 싶으면 음악실에서 노래를 한다든지 다른 아이들에 비해 달리기를 못한다고 생각하면 운동장에서 힘껏 달리기 연습을 한다.

네덜란드 아이들은 가방을 가지고 다니지 않으며 학교 사물함에 필기도구와 교과서들을 두고 다닌다. 학교에 도착해 사물함에 들어있는 책들을 그날 시간표에 맞게 꺼내고 집으로 돌아 갈 때는 다시 사물함에 넣는다. 그야말로 학교에서 받는 수업이 전부인 셈이다. 나머지 시간은 아이들이 좋아하는 책을 보거나 운동을 하거나 텔레비전을 보면서 지낸다.

이러한 네덜란드의 교육은 아이들에게 자유를 가르치고 창조와 책임의식을 기르게 한다. 공부를 벗어나 많은 경험과 흥미거리를 아이들에게 갖게 하고 자유를 주는 것이야말로 네덜란드인들이 생각하는 평등 교육이다.

17
유머는 인생의 큰 자산
- 오스트리아 -

문서영 신문사 기자, 작가

만약 엄청난 재산을 갖고 있었지만 갑자기 남편이 죽고, 인플레이션으로 인해 그 돈이 아무런 소용이 없게 되고 설상가상 오랜기간 병마(病魔)에 시달리게 된다면 어떻게 살아갈 수 있을까?

어떤 이는 이러한 경제 정책을 편 국가와 정치가들을 비난하며 하루하루를 보낼 것이고 어떤 이는 속상해하며 자신의 운명을 탓할 것이다. 그런데 이러한 힘든 여건에도 불구하고 인생의 쓰라린 기억을 유머로 극복한 위트 있는 할머니가 있다. 그 여인이 바로 피터 드러커(Peter Ferdinand Drucker)의 할머니이다.

피터 드러커를 키운 유쾌한 할머니

　현대 경영학을 창시한 학자로 유명한 피터 드러커는 오스트리아에서 태어났다. 피터 드러커의 자서전에 의하면 "피터 드러커를 다방면에 박식한 르네상스 지식으로 키운 사람은 할머니라고 해도 과언이 아니다"라고 분석하고 있다.

　할머니는 할아버지가 일찍 세상을 떠난 후 40대부터 미망인으로 살았다. 이후 오랜 시간 동안 병마와 가난에 시달렸지만 할머니는 특유의 유쾌함을 잃지 않았다.

　남편이 사망한 후 할머니는 엄청난 재산을 물려받았지만 오스트리아의 인플레이션에 의해 휴짓조각이 되어 하루아침에 가난을 경험하고 만다. 중년의 미망인 여자에게는 더욱 막막한 생활이었다.

　생전에 피터 드러커의 할아버지는 여자를 좋아하는 바람둥이였다. 열일곱 살 무렵, 피터 드러커가 할머니에게 물었다.

　"할머니, 할아버지가 바람을 피워도 화가 나지 않았나요?"

　그러자 할머니는 빙그레 웃으며 말했다.

　"당연히 화가 났지. 하지만 내가 결혼 후 여자를 만나지 않는 남자를 만나려고 했다면 결혼 자체를 할 수 없었을 게다. 그런 남자가 어디에 있는지 몰랐거든."

　할머니는 집을 치과의사에게 임대를 주었는데, 할머니와 치과의사와 임대 문제로 몇 년을 싸웠고 결국 소송까지 가는 큰 싸움을 벌였다. 아이러니한 것은 할머니는 그러한 싸움의 과정에서도 그 치과의사에게 가서 치아 진료를 받았다.

그러한 할머니를 이상했게 여긴 피터 드러커가 할머니에게 물었다.

"왜 그 치과의사에게 가서 치료를 받으시나요? 다른 치과의사들도 많은데?"

"나는 평범하고 멍청한 여자에 불과하지만 그가 유능한 의사라는 걸 안단다."

"그 의사가 유능하다는 걸 어떻게 알죠?"

"그 사람이 유능하지 않다면 우리 집을 두 개 층이나 임대할 수 없겠지? 또 멀리 갈 필요도 없고 가까이서 진료를 받을 수 있잖니? 가장 중요한 것은 내 치아는 임대계약에 포함된 게 아니니까 서로의 싸움과는 별개의 문제란다."

할머니는 이렇게 명쾌하게 정리했다.

유머와 위트의 음악가, 하이든

또다른 오스트라아인인 교향곡의 아버지 하이든도 유머의 대가로 불리운다. 베토벤, 모차르트 등 다른 고전음악가들과 달리 그의 음악은 유쾌하고 유머러스한 것이 특징이다.

하이든과 악사들이 에스테르학치 후작에게 고용되어 그의 별궁에 머물며 연주하고 있을 때였다. 그들은 몇 달의 기간동안 가족과 떨어져 작곡과 연주를 하며 지내야 했다. 그런데 약속한 기간이 지났음에도 불구하고 후작은 이들에게 집으로 돌아가라는 명령을 내리지 않았다. 악사들의 불만이 높아질 무렵 하이든은 유머있게 이 위기를 넘길 방법을 생각하게 된다. 그는 새롭게 '고별 교향곡'이라는 작품을 만들어 후작에게 연주했는데, 이 작품은 중간쯤 갑자기 박자가 느리게 흐른다. 이때 연주자들이 하나, 둘씩 자리를 뜨기 시작한다. 맨 마지막에 바이올린 두 대만 연주를 하다가 바이올린 연주자도 사라지면서 음악도 끝이 난다.

하이든이 집으로 돌아가고 싶다는 마음을 이렇게 위트 있게 표현하자 후작도 이를 눈치 채게 되었고 이들은 무사히 집으로 돌아가게 되었다고 한다.

만약 하이든이 후작에게 "왜 약속을 지키지 않느냐?", "악단의 원성이 높으니 집으로 돌아가겠다"고 말했다면 집으로 갈 수 있을지는 몰라도 후작과의 관계는 소원해졌을 것이다.

우리가 아이들에게 가르쳐야 할 것은 지식만이 아니다. 인생을 살아가는 데 필요한 지혜도 필요하다. 그러한 지혜 중의 하나가 바로 유머가 아닐까 싶다.

유교 질서가 오랫동안 지배했던 우리나라는 유머에 대해서 경박하다거나 경솔하다는 등 가볍게 여기는 경향이 있다. 그러나 긴 인생에서 내가 원하는 대로 살 수도 없으며 쓰라린 실패와 고난을 맛보기 마련이다. 이때 받아들이고 극복할 수 있는 지혜가 필요한데, 유머야말로 중요한 요소로 작용한다. 어려운 상황을 한 걸음 물러나 바라볼 수도 있고 삶의 여유와 창조정신도 키울 수 있기 때문이다.

히브리어에서는 지혜와 농담을 똑같이 '호프마'라고 부른다. 수준 높은 유머는 수준 높은 지성에서 나오기 때문이다.

18
숙제가 많은 나라
- 캐나다 -

문서영 신문사 기자, 작가

캐나다는 발달된 사회보장제도를 운영하고 있으며 정치적으로도 매우 안정되어 있는 나라다. 또한 이웃 나라인 미국과는 달리 총기 사용이 법으로 금지되어 있고 범죄율이 낮다. 어떤 사람들은 캐나다인들이 울창한 산림을 보고 자라 마음이 여유롭고 남을 배려하는 심성을 가졌다고 말하기도 한다.

분명한 건 캐나다가 정치, 경제, 사회, 문화를 비롯한 다양한 면에서 안정되어 있다는 사실이다. UN에서 선정한 세계에서 가장 살기 좋은 곳에 여러 번 선정이 되기도 한 캐나다, 그들의 교육이 궁금해지는 것은 당연하다.

캐나다의 힘, 교육의 천국

'교육의 천국'이라 불리는 캐나다는 복합민족이자 이중언어 국가이다. 그럼에도 불구하고 '통일 후 단결된 국가'로서 굳건히 발전되고 있는 힘은 바로 다양성을 인정하는 캐나다의 교육 체제에서 나온다고 할 수 있다.

교육에 대한 자부심이 강하며 그만큼 교육의 비중이 높은 캐나다는 교육 분야에 GNP의 약 8%를 투자하고 있으며, 1인 교육비는 OECD 국가들 중 최고 수준을 자랑한다. 캐나다의 교육 제도는 가능한 한 많은 사람에게 폭넓은 교육의 기회를 제공하는 것을 목표로 한다.

교육의 목표와 방법은 전적으로 지방 정부인 주정부 관할 하에 이루어지며, 주정부 산하 자치단체들은 지역적·역사적·문화적 특성을 살리는 선에서 교육 내용도 조금씩 다르다. 일반적으로 초등학교, 중학교육까지는 의무교육으로 중등교육 과정을 수료해야만 고등교육과정에 진학할 수가 있다. 공립학교의 한 반 정원은 20명 정도이며 정부의 재정적 지원 하에 수업료와 학용품은 무료로 제공한다. 반면 사립학교는 일정한 학비를 내야 하는데, 학비가 비싼 편이다. 유학생은 공립학교든 사립학교든 모두 학비를 지불해야 한다.

또한 같은 반 친구라고 하더라도 공부하는 내용이 다르다. 교사 중심의 수동적인 가르침의 우리나라와 달리 수준에 맞게 소그룹별로 수업이 진행되는데, 하나의 그룹에서는 동화책 읽기 수업을 한다면, 다른 그룹에서는 낱말 수업을 진행한다. 같은 반이라고 하더라도 배우는 방법은 다양한 셈이다. 때로는 자기 수준에 맞게 시간표에 맞게 교실을 찾아가며 수업을 듣는 학교도 있다. 한 마디로 캐나다 교육은 평등 교육이 아닌 아이들마다 다르게 수업함으로써 이를 통해 교육 효과를 높이고 있다.

정답만을 요구하는 숙제가 아닌 다양한 형식의 숙제들

캐나다는 학교 숙제가 많기로 유명하다. 캐나다 통계청에 따르면 72%의 아이들이 숙제로 인해 스트레스를 받고 있을 정도로 숙제가 많은 편이다. 10대들은 방과후의 시간을 대부분 숙제 하는 것으로 보낸다. 학기 중에는 시험 외에도 많은 리포트와 프로젝트 준비로 정신없이 지내게 된다.

그래서 한 학부모가 숙제 금지 소송을 걸 정도로 캐나다 학생들뿐만 아니라 부모들, 온 가족이 숙제때문에 스트레스를 받기도 한다. 캐나다에서 숙제가 많은 이유는 숙제를 해나가면서 저절로 학습 능력을 쌓을 수 있다고 보기 때문이다.

숙제는 많지만 아이들에게 참고서를 권장하지 않는다. 이러한 배경에는 캐나다의 책값, 특히 교재 가격이 비싼 이유도 있지만 아이들이 참고서를 사용할 경우 스스로 해답을 찾아내려는 노력을 포기하고 정답이 적혀있는 참고서의 답만을 유일하게 생각하는 폐단때문이다.

캐나다의 한 고등학교 사회 교과목의 학습 주제는 한국의 환경오염이었다. 이 주제가 무려 한 학기 동안 계속되었다. 단순히 한국의 환경오염의 수치를 배운 것이 아님이 분명하다. 환경오염을 공부하기 위해 먼저 한국의 산업이 어떻게 발전했는지 알아보고 그에 따른 환경오염의 변화를 조사함은 물론 한국 정부의 환경정책의 변화, 민간단체의 활동 등을 공부한다. 환경오염이란 주제 아래 한국의 정치, 경제, 사회, 문화 전반을 모두 익히는 것이다.

　캐나다의 아이들은 참고서나 인터넷만으로 할 수 있는 숙제가 없다. 도서관, 관련 기관 등을 이용해 자료를 찾고 스스로 탐구한다. 정해진 답을 보고 베끼는 것이 아니라 스스로 답을 만들어 나간다.

　이러한 교육을 통해 캐나다의 아이들은 스스로 공부하는 방법을 익히며 독립적인 조사 기술을 발달시켜 미래의 교육과 직업의 기초를 탄탄히 다지게 된다. 참고서를 거의 사용하지 않기 때문에 학교에서 나눠주는 자료들을 꼬박꼬박 챙겨 모아 놓는 것도 캐나다 아이들의 특징이라 하겠다.

　캐나다 교육의 또 다른 특징은 읽기와 쓰기를 매우 중요하게 생각한다는 것이다. 읽기를 통해 아이들의 사고의 영역을 높이고 쓰기를 통해 자신의 생각과 느낌을 적당한 언어로 논리 있게 표현하도록 교육한다.

　책 읽는 습관과 에세이 학습이 그 대표적인 예이다. 글을 잘 쓰려면 책을 많이 읽어 다양한 지식과 경험을 쌓아야 하는 것은 당연하다. 캐나다인들은 읽기와 쓰기 학습이 아이들의 생각을 깊게 하고 올바른 인격체로 성숙시킨다고 믿고 있다.

　학교 숙제로 시사 문제도 자주 등장한다. 학생들에게 정치, 사회, 환경, 문화 등 다양한 분야의 시사 문제를 숙제로 내줌으로써 아이들이 사회 전반에 관심을 기울이도록 한다.

19
운동만큼 즐거운 학습은 없다
- 일본 -

문서영 신문사 기자, 작가

'박태환만 기다리는 한국…초·중·고마다 수영장 있는 일본.'
'수영장 있는 초등교 일본 98%, 한국 1%.'
이것은 지난 2016년 리우올림픽 무렵 신문 기사의 제목 글이다.
2016년 리우올림픽에서 우리는 수영에 박태환 선수에 많은 기대를 걸었다. 그러나 박태환 선수는 여러 가지 사정으로 아쉽게도 올림픽에서 좋은 결과를 얻지 못했다. 반면 일본은 하기노 고스케 선수가 남자 개인혼영 400m 결승에서 금메달을 땄으며 카네토 리에가 수영 여자 평영 200m에서 금메달을 목에 걸었다.
우리가 노메달에 그친 수영에서 일본은 금메달 2개, 은메달 2개, 동메달 3개의 놀라운 성적을 거두었다.

대한민국이 양궁, 사격 등 일부 효자종목에 기대어 선전한 반면 일본은 수영, 싱크로나이즈드 스위밍(동메달 1개), 육상(은메달), 레슬링(은메달 1개), 카누(동메달 1개), 탁구(동메달 2개), 테니스(동메달 1개), 역도(동메달 1개)에서 골고루 메달을 수확했다. 뿐만 아니라 육상, 수영 등 기초 종목에서만 모두 12개의 메달을 기록했다.

그러자 우리나라 언론에서는 '박태환만 기다리는 한국…초·중·고마다 수영장 있는 일본'이라는 대조적 제목으로 특정선수만 의존하는 우리의 엘리트 교육 현실을 꼬집었다.

어린 시절은 지식보다는 살아갈 기초를 배우는 시기

'건강과 정신 단련'

일본인들이 아이들 교육에서 매우 중요하게 생각하고 민감하게 반응하는 부분이다. 지진이나 태풍 등의 자연 재해가 많은 나라인 일본의 환경이 강한 정신력과 체력을 요구했고 교육에까지 영향을 미친 것이라고 볼 수 있다. 또 하나는 어린 시절은 지식을 배우는 단계가 아니라 살아갈 기초를 배우는 시기라는, 그들의 교육 철학과도 관련이 깊다. 그렇기 때문에 어린 자녀의 머릿속에 무언가를 가득 채우기 보다는 오히려 세상을 살아가기 위한 큰 그릇으로 만드는 것이 더 중요하다고 여긴다.

일본인들이 아이들의 건강과 정신력 함양을 위해 하는 일상적인 일들 중 하나는 걷기 장려와 반바지 입히기가 대표적이다. 유치원에 아이들을 보낼 때도 대부분의 일본인들은 아이들을 걸어 다니게 한다. 걷기를 통해 아이의 체력을 단련시키는 것은 물론 자립심을 키워주기 위해서다.

또한 일본인들은 아이들을 춥게 키운다. 아이가 감기에 들까봐 두꺼운 옷, 목도리, 장갑 등을 챙겨주는 일은 겨울에도 흔하지 않다. 일본인들은 오히려 아이들의 옷을 얇게 입힌다. 한겨울에도 아이들에게 반바지를 입히는 것이 보통이다. 겨울에 반바지를 입히면 처음에는 아이가 추워할지도 모르지만 시간이 흐를수록 육체가 적응해 감기에도 잘 걸리지 않는다고 생각하는 것이다.

이러한 일본인들의 건강한 아이, 강한 아이 만들기는 교육에서도 계속된다. 부모들이 참가하지 못하게 하는 극기 훈련이 유치원에서 행해지고 건강진단의 날에는 아이의 종합건강진단이 이루어진다.

위생 관념 역시 일본인들의 건강교육에 빠지지 않는 항목이다. 아이들이 외출에서 돌아오거나 식사 전에는 반드시 손을 씻게 한다. 식사 후에 양치질 하는 것도 절대 빼놓지 않는다.

어지간히 아프지 않으면 학교에 보내는 것이 당연하다고 생각하는 우리나라 부모들과는 달리 일본인들은 감기만 걸려도 유치원이나 학교에 보내지 않는다. 다른 아이들에게 전염시킬 우려 때문이다.

유치원과 초등학교에 수영장 시설 갖춰

강한 정신력은 건강에서 시작되고 건강은 운동에서 비롯된다는 생각을 가진 일본인들은 어려서부터 아이들에게 운동을 시킨다. 그렇다고 아이들에게 무조건 운동을 하라고 강요하는 것이 아니라 아이들이 좋아하는 놀이를 운동으로 연결시킨다.

일례로 일본의 거의 모든 유치원과 초등학교에는 수영장 시설이 갖추어져 있다. 비닐 풀장을 만들어 사용하는 유치원도 많다. 이곳에서 아이들은 물장구를 치며 놀거나 친구들과 장난을 치기도 하고 요구르트 병이나 장난감 같은 것들을 가지고 놀기도 한다. 놀이는 교사가 개발하기도하지만 아이들 스스로 놀이를 만들어 내는 것이 대부분이다. 수영을 할 수 없는 추운 시기가 올 때까지 아이들은 거의 매일 수영장에서 놀이를 하면서 체력을 기른다.

흙을 가지고 노는 일도 일본 아이들이 좋아하는 놀이다. 이를 위해 유치원이나 학교 운동장에는 흙 놀이 장소가 마련되어 있다. 흙 위에서 맨발로 뛰어보기도 하고 친구들과 성을 쌓기도 하고 두더지 굴을 만들기도 하면서 건강과 협동심을 함께 기른다.

그래서 실내에서 노는 일본의 아이들은 찾기 힘들 정도이며 보육시설이나 유치원 시설 내부에 학습에 대한 자료는 찾기 어렵다. 우리의 유아기 아이들이 초등학교 준비를 위한 학습과 다양한 활동을 병행한다면, 일본의 유아기 아이들은 놀이를 통한 신체의 발달을 중시한다고 볼 수 있다.

건강은 사람의 가장 커다란 재산이다. 지식을 채우는 것이 아니라, 인생을 살아가는 기초가 되는 체력을 기른 일본의 아이들은 어쩌면 가장 큰 재산을 물려받고 있는 지도 모른다.

문서영 신문기자, 작가, 자녀교육 및 어린이 전문 작가, 대학과 대학원에서 국어국문학과를 졸업한 뒤 유아 및 어린이 관련 신문과 잡지사에서 기자로 활동했다. 주요 저서로는 『세계의 자녀 교육』, 『아이를 변화시키는 유대인 부모의 대화법』, 『당돌하게 다르게 후츠파로 키워라』, 『3세에서 7세 교육이 아이의 평생을 결정한다』, 『우리 아이 유치원 갈 때』등이 있다.

제6장
한국 교육의 희망과 부활

01
꿈과 끼를 키워가도록
돕는 사회 인프라 구축

박남기 광주교육대학교 교수

요즘 학생들에게 꿈이 무엇이냐고 물으면 주로 연예인이 되고 싶다거나 스포츠 선수가 되고 싶다고 한다. 내 아이와 아이 친구들 일부도 K-Pop Dance 학원, 혹은 K-Pop 노래 학원을 한 두 번은 다녀보았다. 무한경쟁 승자독식의 실력주의가 극한으로 치닫고 있는 상황에서는 예체능 쪽으로 꿈과 끼를 살리고자 노력하는 아이들의 90 퍼센트는 사회에 나가 최저생계비도 벌기가 어려운 것이 현실이다. (참고로 배우 탤런트. 10명중 9명은 한 달에 60만원도 못 번다) 열정은 있지만 재능이 보통인 아이가 있다면 어떻게 조언해야 할까? 이러한 현실을 뻔히 알면서도 네가 하고 싶은 것을 해라, 네 꿈을 찾아가라, 열심히 하면 된다고 이야기하는 것이 옳을까? 그리하여 상위 10 프로에 들지 못해 최저생계비도 벌지 못하며 좌절할 때 그것은 열심히 하지 않은 네 탓이라고 이야기하는 것이 옳을까? 그렇다고 하여 "네 꿈과 끼를 살려라. 그러면 최저생계비도 못 버는 내일이 기다릴 것이다."라고 이야기해주야 할 것인가?

집념과 끈기가 성공을 좌우한다는 책 '그릿 (Grit) '에 대한 서평(타임즈 게재)을 보면 다음과 같은 글이 있다. "누구나 열심히 노력하면 세계적인 수준에 도달할 수 있다고 아이에게 이야기하는 사람은 아동학대죄로 감옥에 쳐 넣어야 한다." 좀 극단적인 말이기는 하지만 잠시 멈추어 생각해볼 필요가 있다. 노력의 중요성을 간과하자는 의미는 아니다. 해당 분야에서 성공할만한 탁월한 재능을 가지고 있지 않은 아이에게 누구나 열심히만 하면 그 분야에서 최고가 될 수 있다고 이야기하는 것은 자칫 아이를 속이는 것이 될 수도 있다는 의미이다. 아이들의 진로지도를 하는 학부모, 선생님, 기타 담당자들이 직면하는 가장 어려운 대목이다. 아이가 관심을 가지고 열심히 기르고자 하는 기술이나 역량을 필요로 하는 일자리가 제한적이라면, 너무나 많은 사람들이 그 길을 향해 가고 있어서 그 역량을 기르더라도 최고가 되지 않으면 연예계나 체육계처럼 최저생계비도 벌기도 어려운 상황이라면 아이에게 어떻게 조언을 해야 할까?

상당수 아이들은 스타들의 화려함에 끌려 그 길을 동경하고 때로는 그 길을 시도하기도 한다. 열정이 없으면 두어 달 혹은 1년여 시간을 지내고 난 후 포기하게 된다. 하지만 그 이후에도 자기가 좋아서 지속적으로 그 길을 걷는 아이들도 있다. 이들은 열정과 어느 정도의 재능을 가지고 있다고 보아야 할 것이다. 그 길을 걸을 때 행복해지는 사람에게는 그 길을 걷도록 도와주는 것이 부모와 우리 사회가 할 수 있는 역할이다. 실제로 스타들만 가지고 세계수준의 영화나 드라마, 그리고 K-pop을 만들 수 있는 것은 아니다. 어려움에도 불구하고 좋아서 그 길을 가고 있는 수많은 사람들이 스타와 함께 쏟은 열정과 노력의 결실로 세계 수준의 영화와 드라마 그리고 음악이 만들어진다. 또한 탄탄한 실력의 저변 인력이 충분할 때 그 중에서 최고의 스타도 탄생된다. 따라서 그 길을 걸을 때 행복한 아이들이라면 그 길을 가도록 돕는 것이 좋을 것 같다.

꿈 찾는 길목에서 국가와 사회의 역할

한편의 작품의 완성은 스타가 아닌 수많은 출연진과 제작진이 필요하다. 그런데 왜 스타에게는 엄청난 돈을 지불하면서 이들에게는 최저생계비에 못 미치는 돈을 지급하는 것일까?

그 이유는 최고의 스타에게 의존할 수밖에 없는 이 분야의 속성으로 인해 나타나는 자연스러운 현상이다. 스타가 흥행 여부와 작품의 수익률을 거의 결정하는 현실에서 투자자는 전체 출연진이나 스탭들의 인건비를 올려주는 것보다는 스타를 끌어오는 데 예산을 쏟을 수밖에 없다. 그 결과 스타를 제외한 나머지 사람들은 제작 과정에 기여한 것에 비해 훨씬 낮은 임금을 받게 된다.

그렇다면 우리 아이들이 미래에 대한 커다란 두려움 없이 자기가 원하는 길을 걸을 수 있게 돕기 위해 우리가 할 수 있는 것은 무엇일까? 그중 하나는 기본생활비 보장일 것이다. 이 제도가 생긴다면 꿈을 찾아 떠나는 자녀의 뒷모습이 불안하게만 다가오지는 않을 것이다. 그리고 꿈을 향해 나아가는 청소년들도 생계유지에 대한 불안감을 어느 정도 떨치고 더욱 열심히 그 길을 갈 수 있지 않을까 싶다.

이는 근로의욕고취형 복지사회 즉, 신실력주의사회가 구현되어야 가능할 것이다. 이 제도는 이 길을 걷고자 하는 사람들만을 위해 필요한 것은 아니다. 한류의 관점에서 보면 재능 있는 사람들이 좌절하거나 포기하지 않고 꿈을 키워가도록 도울 때 세계 수준의 작품이 만들어지게 되어 한류 열풍을 이어갈 수 있기 때문이다.

문제는 필요한 재원을 마련하는 것이다. 적정한 범위에서 소득을 공유할 수 있도록 국가가 개입하는 제도가 바로 고소득에 대한 소득세를 인상하는 것이다. 이러한 관점에서 보면 2016년 12월 우리 국회가 5억 원을 초과하는 소득에 대해서는 소득세율을 기존 38%에서 40%로 인상한 것은 바람직하다. 세입이 6천억 정도 늘어날 것으로 전망된다고 한다. 유럽 쪽 복지국가의 소득세율이나 비근로 소득세율에 비하면 아직도 상당히 낮은 수준이다. 하지만 소득세 인상에 대한 저항과 부작용도 만만치 않다. 더 높이기 위해서는 고소득층의 공감대 유도와 세금 사용의 투명성 확보가 관건이다.

스타 연예인들 중에 큰 기부를 하는 사람들이 상당수 있다. 이들이 큰돈을 번 것은 함께 한 다른 사람들의 덕이므로 이들이 외부 기부만이 아니라 제작과정에 참여한 다른 사람들의 최저 생계비에도 관심을 갖도록 하는 것은 꿈과 끼를 가지고 도전하는 젊은이들에게 용기와 희망을 주는 미덕이고 진정한 예술의 가치가 어디에 있는 가를 보여는 좋은 사례로 남을 것이다.

02
미래교육과 신실력주의 사회 구축

박남기 광주교육대학교 교수

실력주의와 학벌에 대한 오해

우리 사회의 빈부격차는 경제협력개발기구(OECD) 국가 중에서 2위이고, 계층 간의 갈등도 심화되고 있다. 또한 고등학교 졸업자 수는 줄어든다는데 대입 전쟁은 약화될 기미를 보이지 않는다. 그러다보니 박근혜 정부가 내걸고 있는 행복교육은 공허한 구호가 되고 있다. 이러한 문제를 완화시키기 위해 대입제도를 바꾸고, '학벌타파를 통한 능력주의 사회 구현'이라는 구호 아래 다양한 보완책을 내놓아도 백약이 무효하다. 이러한 문제의 뿌리는 무엇이며, 해결책은 있는 것일까?

우리 사회가 착각하고 있는 것이 있다. 실력(능력+노력)주의사회(meritocracy)가 구현되면 학교교육이 정상화되고, 대입경쟁도 완화되며,

우리가 꿈꾸는 보다 정의롭고 바람직한 사회가 될 것이라고 믿는 것, 학교가 경쟁심을 조장하고 있다는 믿음이 바로 그것이다. 그러나 현실은 반대로 가고 있다. 실력주의가 극으로 치달은 결과 빈익빈 부익부 현상은 더욱 심화되고 있다. 실력주의사회가 우리가 바라는 사회인가?

옥스팜의 보고서에 따르면 세계 부유층 85명의 재산이 세계인구 절반의 재산과 동일하다고 했다. 이 현상은 실력주의 사회가 극단으로 치달고 있는 사례이다. 아울러 대기업과 중소기업 사이 및 정규직과 비정규직 사이의 임금차이가 너무 큰 노동시장의 이중화 및 분단 구조 등 양극화가 심각한 수준이다.

실력에 따른 보상의 차이가 점점 더 커지는 실력주의가 보완되지 않는 한 실력 판단의 잣대인 학력 혹은 또 다른 이름의 학력을 향한 경쟁은 더욱 심화될 수밖에 없다. 마이클 영에 따르면 지금 우리사회에 나타나고 있는 과도한 경쟁, 교육전쟁, 학벌, 사회 양극화 등은 실력주의가 제대로 구현되지 않아 나타난 것이 아니라 역으로 과도한 실력주의가 가져온 폐해이다 라고 말했다.

만일 개인의 실력을 공정하고 타당하게 측정할 수 있고, 거기에 따라 대학, 직장, 재화수준이 결정된다고 할 때 그 사회가 어떤 모습을 하게 될까를 상상해보면 마이클 영의 주장이 설득력을 갖는다. 그러한 실력주의사회에 사는 개인들은 사회가 실력의 잣대 삼고 있는 그 무엇을 획득하기 위해 치열한 경쟁을 할 수 밖에 없을 것이다. 더구나 승자가 거의 모든 것을 독식하고, 패배한 사람은 생존권마저 위협을 받는다면 그 경쟁은 전쟁처럼 치열하게 될 것이다.

우리나라의 경우에는 객관적인 시험을 통해 공채하는 경우를 제외하고는 대부분의 직장이 졸업한 대학과 학과를 실력의 잣대로 삼다보니 해당 대학과 학과를 향한 경쟁이 극단으로 치닫게 되었다. 즉, 학교가 경쟁을 조장한 것이 아니라 학교가 실력주의 사회의 극심한 경쟁의 장으로 사용된 것이다. 우리 사회의 노동시장 분단화 및 양극화 실상을 경험하고 있는 학부모들은 훗날 자녀가 1부 리그에 편입할 수 있도록 하기 위해 자녀교육에 최선을 다할 수밖에 없다. 노동시장의 양극화가 완화되지 않는 한 교육전쟁을 피할 수 없을 것이다.

만일 학교가 경쟁을 조장한다는 가정 하에 아이들에게 경쟁 없는 교육을 시킨 후 극단의 경쟁이 이루어지고 있는 실력주의 사회로 내보내면 그 아이들은 숲속에서는 행복할 수 있지만 사회에서는 불행해지는 타잔과 비슷하게 될 것이다. 학벌이라는 것도 실력을 갖춘 학생들이 지속적으로 특정한 대학과 학과로 몰리게 된 결과 그들이 세력을 형성하여 만들어졌다. 현 정부가 주장하듯이 학벌을 타파하면 실력주의 사회가 구현되는 것이 아니라 역으로 실력주의 사회가 타파되어야 학벌이 타파되는 것이다.

신실력주의 사회 구축

실력주의를 포기하지 않는 한 실력주의사회가 만드는 그림자를 없앨 수 없다. 하나의 대안은 신실력주의사회를 구축하는 것이다. 신실력주의사회는 실력과 대학 및 직업 배분 사이의 연결 고리는 유지하되, 직업과 보상 사이의 연결 고리는 줄이는 사회이다. 누진소득세, 저소득층 조세감면제도, 내실 있는 실업수당 제도, 상속세, 기부문화 확산 등을 통해 근로의욕은 유지시키면서도 직업 간 사회적 재화 분배 차이를 줄이는 제도적 · 사회 문화적 보완장치가 마련된 '근로의욕 고취형 복지사회'가 바로 신실력주의 사회이다.

신실력주의 사회가 되어 누구나 어느 정도 인간다운 생활을 할 권리가 보장된다면 부모들은 자녀를 무작정 입시경쟁에 몰아넣지 않을 것이고, 학생들도 자유롭게 자신의 적성을 찾아 원하는 공부를 하게 될 것이다.

그리고 실력을 갖추기 위해 노력하는 주위 친구들을 시기하거나 경쟁상대로 삼는 것이 아니라 그들이 실력을 통해 더 많은 사회적 재화를 창출하도록 장려할 것이다.

실력주의사회라는 나무에서는 과도한 타인과의 경쟁, 교육전쟁, 학벌, 학교교육 파행, 갈등, 사회 양극화라는 열매가 열리는 반면 신실력주의사회라는 나무에서는 최고가 되기 위한 자신과의 경쟁, 학교 교육정상화, 상생, 공존사회라는 열매가 맺힐 것이다. 그런데 우리사회는 극단적인 실력주의사회를 향해 나아가고 있다. 이러한 상황 속에서 학교가 할 수 있는 것은 무엇일까? 이에 대한 답의 일부는 학교혁신에서 찾을 수도 있을 것이다.

교육개혁의 지향점

신실력주의사회를 구축하기 위해 교육이 할 수 있는 역할은 사회구성원들의 공감대 형성이다. 이를 위해 학교에서는 유치원에서부터 학생들에게 '상생의 씨'를 뿌리는 것이다. 그 씨앗이 발아 되어 그들의 마음속에 '공감과 상생'의 마음을 갖게 하는 일이다. 훗날 자신이 획득한 사회적 재화 중에서 자신의 노력이 아닌 신에게서 받은 능력에 상응하는 부분은 사회로 환원하도록 교육시키는 것, 서로의 노력을 인정하고 차이를 인내하도록 하는 것이다. 그리고 희생과 봉사 그리고 나눔의 정신을 가진 사회지도자를 배출하는 데 더 노력해야 한다. 신실력주의사회 구축에 관심을 갖고 사회가 한 발씩 앞으로 나아가며, 교육계도 학교 교육을 향한 경쟁의 원인을 제대로 파악하고, 그 문제를 완화하기 위해 학교가 할 수 있는 역할을 바로 깨달을 때 교육적으로 바람직하다고 제안되는 각종 교육개혁(혁신)안도 목표를 달성할 수 있을 것이다.

박남기 광주교육대학교, 교수, 서울대학교 대학원 교육학 석사, 美 피츠버그대학교 박사, 광주교육대학교 제5대 총장 역임, 현재 피츠버그대학교 객원교수, 유네스코지속 발전교육 한국위원회 위원, 교육과학기술부 초등교육발전 위원회 위원장, 한국고등교육학회 국제교류위원장

03
인격 있는 지식과
인간성 있는 과학의 미래 교육 지향

이현청 한양대학교 석좌교수

  1900년대 초 인도 수상인 간디는 리더들이 해서는 안 될 일곱 가지 원칙을 제시했다. 일곱 가지의 이 원칙들은 다 우리의 삶과 교육에 관련되어 있지만 그 중 "인간성 없는 과학"과 "인격 없는 지식"은 우리 교육현장에서 귀담아 새겨들어야 할 교훈이다.

  우리 교육현장을 되돌아볼 때 인간을 위한 과학발달도 많았지만 때로는 인간성이 없는 상업주의적인 욕망의 수단으로 활용되는 경우도 있고 진정으로 지식을 습득해 지혜를 얻고 이 지혜를 바탕으로 인격을 기르는 교육보다는 한정된 목적을 위한 수단적 지식에 치중되어 자칫 인격 없는 지식이 될 가능성을 가지고 있는 경우도 많다.

  기술이 급격히 발전하면 할수록 융합적 기술이 활성화되면 될수록 상업주의나 경쟁원리에 빠져 자칫 인간성 있는 과학 발전과 인격 있는 지식 그 자체에 대한 목적을 잃어버리는 경우가 많다. 과학과 지식은 인간을 위해 필요한 것이고 인간의 삶의 가치를 위해 필요한 것이며 종국에는 우리 삶 자체의 질을 높이는데 필요하다. 그러나 인간성 없는 과학과 인격 없는 지식은 이러한 목적과는 상반되는 결과를 초래하고 오직 인간의 욕망을 충족하기 위한 것이나 상업주의적인 이득을 취하기 위한 수단으로 전락할 수도 있기 때문이다.

제4차 산업사회의 도래는 "인격 없는 지식"에 의한 "인간성 없는 과학"을 발전시킬 가능성이 있는 시대이다. 이 점에서 미래학자들은 제4차 산업사회가 가져다줄 인간 소외와 인간의 정체성 상실, 그리고 양극화 등에 대해 우려하고 있다. 양심과 인격이 빠진 지식은 결코 산 지식이 될 수 없고 윤리와 인간성이 배제된 과학은 인류를 위한 진정한 과학이 아니라 인간에게 유해한 결과를 초래할 수도 있기 때문이다.

우리는 지금 제4차 산업혁명이 급격히 확산되는 교육 환경속에 살아갈 수밖에 없는 상황에 놓여있다. 인공지능형 로봇이 인간대체화 할 수 있는 상황으로 변하고 인간 또한 증강현실과(AR) 가상현실(VR)에 따라 반 기계화 할 가능성마저 있어 이러한 인간의 존엄성에 대한 염려가 확대되고 있는 것을 부인할 수 없다. 더구나 급격한 총체적인 변화는 우리 삶 전체를 바꿔놓을 것이고 이러한 환경의 총체적 변화 속에 우리 인류는 삶을 영위해야 할 것이다.

이러한 환경의 변화는 새로운 인재상을 요구하고 새로운 교육의 틀이 필요하다는 것을 자각하게 한다. 한마디로 제4차 산업혁명에서 간디 수상이 지적했던 이러한 위험요소를 최소화하기 위해서는 무엇보다 인간의 정체성을 확립하고 인간성을 되찾는 교육이 최우선 과제가 되어야 한다는 의미이다. 제4차 산업사회의 도래에 따라 인공지능(AI)이 인간의 많은 능력을 초월하는 시기가 2030년으로 예측하고 있고 이미 취업지망생을 AI면접관이 면접을 하는가 하면 AI교사와 의사, 그리고 약사까지 등장하였다. 이뿐만 아니라 하이퍼루프(hyperloop)기술은 시속 1200km의 튜브 열차와 탄환 열차를 내년에 실용화할 단계에 이르렀다.

서울에서 부산까지 15분 내외에 도착할 수 있다는 것이 현실이 되었다. 우리 인간의 삶도 125세까지 살 수 있고 구글에서는 이미 인간 500세 프로젝트를 시행하여 연구 중에 있다.

이러한 시대에 우리 교육은 아직도 상급 학교 입시의 틀 속에 갇혀있고 암기 위주 입시 교육에 매몰되어 있다. 인간성 회복을 위한 교육, 인간의 본질을 찾는 교육, 더불어 살 수 있는 섬김의 교육, 그리고 직업 생태계의 급격한 변화에 대비하는 능력 등의 측면에서 볼 때 우리 교육은 지금 위기라 볼 수밖에 없다.

앞으로 우리 교육은 단순한 지식 암기의 교육이나 내일을 준비하는 교육이 아니라 현재 곧, 적응해야 하는 융합 창의성 교육이 주가 되어야 하며 빅데이터와 AI의 발전은 가공할 정도의 총체적 삶의 변화를 가져다 줄 것이라는 것을 주목해야 한다.

이러한 급격한 변화는 내일을 준비하는 인재양성의 준비교육을 불가능하게 만들 것이고 소수의 창조적 인재가 주도하는 새로운 변화의 세기가 될 것으로 보여진다. 이때 대다수는 적응과 활용 능력에 치중해야 할 처지에 놓이게 된다.

이 점에서 영국을 비롯한 선진국들은 코딩 교육과 소프트웨어(SW)교육을 강조하고 있고 지식 습득과 같은 교육은 인공지능의 심층 학습에 의해 인간 능력보다 훨씬 능가할 것이므로 필요성이 감소될 것이다. 이러한 변화를 볼 때 우리 교육이 왜 변해야 하는지를 쉽게 알 수 있다.

새로운 인재상에 필요한 능력은 종합적 문제해결능력, 창의적 융합 능력, 통찰력, 호기심, 도전정신, 협력하는 협동 정신, 도덕성 그리고 함께하는 삶의 자세 등이라 볼 수 있다. 이미 이스라엘이나 북유럽에서 시행하고 있는 것과 같은 교육의 틀이 필요한 때이다.

학습방법의 대변혁은 물론이려니와 교육과정 또한 통합적 융합 교육과정으로 변화될 필요가 있다.

학습도 학습자 중심의 혁신적 체제로 변화할 것이며 교사의 역할과 학생들의 역할 또한 달라질 것이다. 학습방법의 대혁명은 기존의 집체 교육적 접근으로는 한계에 봉착할 수밖에 없기 때문이다.

학교교육이 학습자의 학습자원센터역할로 변화할 가능성도 있고 교사는 학습촉매자나 학습보조자의 역할로 변화될 가능성마저 있기 때문이다. 교육은 삶의 과정에서 직면하고 있는 문제를 해결하는 지혜를 습득하는 일이다. 뿐만 아니라 인간이 갖춰야할 인간다움 그리고 더불어 함께 사는 협동심과 도덕적 태도 등이 중요하다 할 수 있다.

제4차 산업혁명에서는 이러한 인재상을 요구하는 시대적 변환기이다. 우리 교육이 급격히 변화하여 준비할 수 없이 빠른 변화가 일어나는 세기에 그 변화를 따라잡을 수 없는 준비교육에만 매몰되고 창의적이고 문제해결능력을 갖춘 인재를 요구하는 시대에 암기에 의한 입시 인간형 교육에만 치중한다면 세계적인 경쟁력을 갖춘 인재를 양성하는데는 매우 한계가 있을 것이다. 이제는 교육이 세상을 바꿀 때 이다.

세상이 교육을 바꿔왔던 지금까지의 우리 교육은 제자리에 서야 하고 이러한 교육을 통해 제4차 산업혁명시대가 요구하는 새로운 인재양성의 선구자적 역할을 시행해야 할 때이다. 교육은 그 궁국적 목적이 사람을 새롭게 하고 새로운 생각과 새로운 가치와 새로운 태도를 형성하는 일이기 때문이다.

특히 제4차 산업혁명시대의 사회에서 벽 없는 학문 사회이고 벽 없는 기술의 사회이기 때문이다. 그 중심에는 언제나 사람다운 사람이 있을 때 성숙된 제4차 산업혁명 시대의 사회가 될 것이기 때문이다.

04
좋은 교사가 희망의 미래를 창조한다

이현청 한양대학교 석좌교수

「가르칠 수 있는 용기」의 저자 파커.J.파머는 좋은 교사는 자신의 자아와 학교, 학생을 생명의 그물 속으로 한 데 촘촘히 엮는 교사요, 유대감을 만들어내는 교사라고 말한다. 이런 교사의 가르침은 마음에 감동을 주고 그 감동으로 하여 마음을 열게 하며, 심지어 마음을 깨뜨리기까지 하여 새 사람으로 만든다고 말하고 있다.

이 점에서 좋은 교사는 학생과 더불어 배움과 삶이 요구하는 공동체의 옷감을 짜는 사람과 같은 것이다. 단순히 가르치는 테크닉의 소유자가 아니라 교육에 대한 열정과 진지함과 교육 그 자체를 사랑하는 교육자들이다.

한 마디로 좋은 교사가 지닌 능력의 비밀은 인간을 변화시키는 확신에 찬 열정과 학생에 대한 관심과 미래를 바라보는 비전을 가진 분들이라는 의미이다.

좋은 교사가 미래를 창조하는 이유도 여기에 있다. 탈무드에 보면 '나는 나의 스승들에게서 많은 것을 배웠지만 내가 벗 삼은 친구들에게서 더 많은 것을 배웠고, 내 제자들에게서는 훨씬 더 많은 것을 배웠다.'라고 가르치고 있다. 좋은 교사는 이처럼 제자를 단순한 피교육자로 인식하는 것이 아니라 또 다른 가르침을 얻을 수 있는 대상으로 여김으로써 진정한 '반려교육(Co-Learner Learning)'의 동반자로 생각하는 분들이다.

흔히 공교육 기관의 교사의 대비하여 사교육 기관의 강사(교사)들을 비교하는 말을 자주 듣는다. 그러나 그 관점은 입시 위주 교육의 틀 속에서 누가 더 암기 위주 교육을 시키는 기법이 나은가의 비교일 뿐, 훌륭한 가르침을 주는 교사의 비교와는 전혀 다르다.

훌륭한 교사에게는 과거를 통해 지혜를 가르치는 안목과 현재를 통해 문제 해결을 하는 능력을 키우는 전문성, 그리고 창조적 사고와 비전을 통해 미래를 보는 혜안이 있는 분들이다. 이 점에서 지식과 지혜와 지성을 갖춘 교사들이다.

교사가 미래를 창조할 수 있는 것은 지식만으로 되는 게 아니고 지혜와 지성 그리고 인품까지 함께 할 때 가능한 일이다. 요즘은 제4차 산업혁명의 시대이다. 제3차 산업혁명까지는 기술과 활용할 정보의 혁명이었다면 제4차 산업혁명의 핵심은 전반적 패러다임의 혁명이고 인간 혁명이고, 이를 위한 교육 혁명의 시대이다. Deep Learning이나 Machine Learning 등 지식 습득과 지식 활용의 부분은 대부분 AI의 몫이고, 일부 지혜 또한 AI 몫이다.

그러나 통합적 사고와 통합적 안목과 통찰력을 갖춘 비전은 미래를 창조할 수 있는 덕목이고 이 덕목은 훌륭한 교사들의 덕목이기도 하다. 훌륭한 교사는 지식전달자가 아니요, 지혜의 촉매자이고 지성의 모델링 대상이다.

훌륭한 교사가 미래를 창조할 수 있는 일은 단순히 학습하는 데 있는 게 아니고 끊임없이 사유하고 열정을 사랑으로 승화시키고 창조적 사고와 통합적 문제해결 능력을 갖춘 인간을 길러낼 때 가능하다.

설리반 선생이 헬렌켈러를 기적의 여인으로, 세계적 인물로 양성할 수 있었던 것은 그녀가 사랑으로, 인내로, 학습의 동반자로 헌신한 훌륭한 교사였기에 가능했다. 이것은 한 인간을 통해 미래를 창조한 케이스일 수 있다. 미래를 창조하는 눈은 가능성을 찾아내는 눈과 그 가능성을 미래에 접목하는 눈 그리고 미래에 대한 가능성을 읽는 능력이 함께 할 때 가능하다.

이 점에서 훌륭한 교사는 끊임없이 자기를 계발해 나가야할 것이고 인접 과학에 대한 끝없는 독서와 자기 사유와 섬김을 실천하는 노력이 필요한 것이다.

제자들을 보는 눈, 제자에게 숨어 있는 잠재적 가능성(꿈, 끼)을 찾는 눈, 제자들의 마음을 읽는 눈 그리고 제자들의 아픔을 듣는 귀, 제자들이 소망하는 것을 통해 미래를 창조하는 전문성을 가질 때 훌륭한 교사요, 이 훌륭한 교사는 미래를 창조하는 창조자가 되는 것이다.

미래를 창조하는 것은 쉬운 일이 아니다. 미래는 예측하기 힘들뿐더러 제4차 산업사회와 같은 총체적 패러다임 전환의 혁명적 시기에는 더더구나 간단한 일이 아니다. 교사가 할 수 있는 미래 창조는 오직 미래형 인재를 기르는 일이요, 미래를 짊어지고 나갈 세계인을 기르는 데서 출발한다. 창조자들은 언제나 외롭다.

창조자들은 포기하지도 않는다. 그리고 창조자들은 많은 간접 경험과 독서를 통해서 지혜의 숲을 만들고 그 지혜의 숲을 통해 새로운 미래를 창조하는 것이다. 우리나라에서 노벨상 수상자가 나오지 않은 것도, 톨스토이나 아인슈타인이나 스티브 잡스와 같은 사람이 나오지 않는 것도, 테레사 수녀와 같은 사람이 나오지 않는 것도, 훌륭한 교사가 탄생할 수 있는 풍토가 조성되어 있지 않은 이유이고 입시의 틀에 얽매인 교육 현장의 아픈 모습이기도 하다. 그러나 교육은 무엇을 어떻게 뿌리느냐에 따라 열매를 맺게 됩니다. 이 점에서 사랑 위에 서는 교사, 끈기 있는 교사, 비전을 세워가는 교사 이들이 훌륭한 교사들이고 이 교사들은 분명 미래를 창조할 수 있는 주역들이 될 수 있을 것이다.

이현청 한양대학교 석좌교수, 美남일리노이대 철학박사, 버클리대 미시건대 연구원, 사우스캐롤리이나대, 부산대 교수,상명대·호남대총장, 한국대학교총장연합회 회장, 한국글로벌교육포럼, 한국비교교육학회회장엮임, UNESCO 세계의장,OECD이사, 호주대학평가위원, 아태지역고등교육협력기구의장, 국무총리실자문위원,감사원 자문위원장 역임,대통령 자문위원역임, 세계100대 교육자선정(영국 캠브리지대학 IBC선정) 세계3대인명사전 모두 등재, 21세기 위대한 사상가 1,000명(미국ABI선정) 저서 『왜 대학은 사라지는가』외 다수가 있다.

05
교사의 소명의식과 자아존중감

정종민 성균관대학교 겸임교수

오래 전 교직이 별로 인기 없을 때에는 이곳저곳 취직을 위해 노력하다가 뜻대로 되지 않으면 '선생이나 하지 뭐' 하는 생각으로 교단에 들어온 경우도 많았다. 하지만 지금은 교육대학이나 사범대학을 나와 교사임용시험(임고)에 합격하려면 몇 십대 일의 경쟁률을 뚫어야 할 정도로 실력이 있어야 교사가 될 수 있다.

임용되기가 어렵다는 점 외에도 교직은 안정적이고 인간을 변화시킨다는 특별한 사명감이 있어서, 교직을 선택한 사람들의 마음가짐과 자긍심은 일반 직장인들과는 남다른 것이 사실이다. 따라서 교사로서의 첫발을 내디뎠을 때 대부분의 교사들은 소명의식과 자아존중감이 높은 편이다.

그런데 최근 조사에 의하면 교직에 어렵게 입문한 20~30대 젊은 교사 절반가량은 정년까지 교직을 이어갈 뜻이 없는 것으로 나타나 충격을 주고 있다. 이 조사는 얼마 전 한 교사가 운영하는 SNS계정(페이스북)에서 1996년에서 1980년 사이 태어난 교사 4,655명(남성 829명·여성 3,826명)을 대상으로 진행됐다. 결과를 보면 응답자의 47%는 '정년까지 교직에 있을 생각이 없다'고 답변했다. 이유로는 '직장에 대한 회의감'과 '교사를 바라보는 사회의 시선', '체력적인 측면', '학생들과 세대 차이' 등이 꼽혔다. '가장 스트레스를 주는 사람'에 대해서는 학부모(39%), 학생(24%), 교장·교감 등 관리자(17%), 교육청·교육부 등 행정기관(8%) 등의 답변이 나왔다.

교사의 교수·학습은 학생을 대상으로 하고, 학생은 학부모가 없으면 태어날 수 없다. 따라서 교사가 가장 많이 소통하고 가까워야 할 대상은 학생과 학부모이다. 그런데, 이들이 교사들에게 가장 많은 스트레스를 주는 사람들이라는데 문제의 심각성이 있다.

초임교사 때 높았던 소명의식과 자아존중감이 점점 낮아져 절반가량의 교사가 정년까지 교직을 이어갈 뜻이 없는 것으로 나타난 상황에서, 교사의 소명의식과 자아존중감에 대한 깊은 성찰이 필요하다.

미국의 긍정심리학자 소냐 류보머스키에 따르면, 사람들이 자신이 하고 있는 일을 바라보는 관점에는 세 가지가 있다고 한다.

첫째, 자신의 일을 직무(job)로 보는 사람으로, 이 경우 일을 하는 가장 큰 목적은 금전적인 보상이고, 일을 통해 취미생활 같은 자신이 필요한 활동을 할 수 있는 돈을 버는 것이다.

둘째, 경력과정(career)으로 보는 사람으로, 이 경우는 권력과 명성, 출세를 위해 일을 하며, 사회적 지위, 외부의 인정 등 외적 조건을 기준으로 그 성취 정도에 따라 자존감이 유지된다.

셋째, 소명(calling)으로 보는 사람으로, 자신의 일에 특별한 의미와 가치가 있다고 여기고, 일에서 삶의 만족과 즐거움을 얻으며, 일을 통해 다른 사람을 돕고 세상을 더 살기 좋은 곳으로 만든다는 신념을 가지고 있다.

그런데 이 세 가지 관점은 각각 나름의 이유가 있으며, 옳고 그름을 단정적으로 말하기는 어렵다. 또한 서로 분리되어 있는 게 아니라 상대적이기도 하다. 즉, 하나의 관점을 가지면 다른 관점을 무시하는 것이 아니라, 다른 관점도 중요하지만 자신이 가지고 있는 관점을 '가장' 중요하게 여긴다는 의미다. 예를 들어, 자신이 하는 일에 소명의식을 가진 사람들도 돈을 많이 벌고 높은 지위로 올라가는 것이 중요하다고 생각한다.

결국 우리는 일에 대해 직무, 경력과정, 소명의 관점을 모두 가지고 있어서 일을 하면서 벌어들이는 금전적 수입, 지위 향상, 일의 의미를 모두 고려하지만 이중에 어떤 것을 '가장' 중요하게 여기느냐는 사람마다 다르다는 뜻이다. 연구에 의하면 일에 대해 어떤 관점을 가지느냐에 따라 일을 하는 태도와 행동이 달라지고, 성과와 행복도 달라진다고 한다.

소명의식은 내면에 귀를 기울이며 자신의 진실한 욕구와 끌림을 이해하고, 일을 통해 자신에게 중요한 의미와 목적을 추구하며, 주변에 선하고 긍정적인 영향력을 끼치려는 태도를 갖는 것이다.

소명이라는 말은 원래 종교적인 용어였다. 즉, 신으로부터 '부름을 받았다'(called)는 의미로 목사, 신부, 승려 등 종교적인 활동을 하라는 특별한 부름과 관련되어 사용되었다. 하지만 최근에는 범위가 확대되어 종교가 없더라도 자신의 일에 소명의식을 갖는 경우가 점점 늘어나고 있다. 우리 모두가 누구든지 진지하고 깊은 성찰을 통해 "아, 나는 이런 일을 해야겠구나, 나는 이런 일에 끌리는구나." 하는 내적인 욕구 혹은 끌림을 따르는 것이 중요하게 된 것이다.

사람들마다 자신의 일을 바라보는 시각이 다르기 때문에 소명의식을 반드시 가지라고 강요할 수는 없다. 그러나 소명의식을 가지고 일할 때 가장 큰 혜택을 받는 것은 자기 자신이다. 그리고 그 시작은 자신이 좋아하는 일, 잘할 수 있는 일, 의미 있는 일, 가치 있는 일을 찾고 열정을 쏟는 것이다.

소명의식과 함께 생각해 보아야 것은 자아존중감이다. 자아존중감 즉, 자존감 (self-esteem)은 자신에 대한 긍정적인 마인드다. 상황에 따라 변하지 않는 자신에 대한 믿음이고, 실패와 성공을 객관적으로 받아들일 수 있는 능력이다. 어떤 상황에서도 자신을 신뢰하고 존중하는 힘이다. 스스로를 존중하고 신뢰하며 자기 스스로에게 당당한 마음이다. 대체로 자존감이 높은 사람은 누가 시키지 않아도 대부분의 일을 스스로 해결하며, 지금 하고 있는 일에 대한 책임감이 강하고 만족도가 높다.

자존감을 높이기 위해서는 절대적인 기준에 따라 자기 모습을 객관적으로 바라볼 수 있어야 한다. 자기의 강점만 아니라 약점도 있는 그대로 인정하고 자기 강점을 극대화하고 약점을 보완할 수 있도록 끊임없이 노력해야 한다.

교육은 사회와 국가를 유지 발전시키는 처음이자 마지막이다. 교육이 그 역할을 다하지 못하면 사회는 더 이상 지탱되기 어려워진다. 이 중요한 교육을 이끌고 있는 주체가 교사이고, 교사가 그 역할을 다하기 위해서는 소명의식과 자아존중감을 잃지 말아야 한다.

좋은 선생님 없이 좋은 교육은 절대 불가능하다는 동서고금의 진리 앞에서, 정년까지 교직에 봉직할 생각이 없다는 젊은 교사들의 소명의식과 자아존중감을 회복시키기 위해서는 학부모, 지역사회, 국가가 스승 존경의 풍토를 조성해야 한다. 이와 함께 무너진 교권(敎權)을 바로 세우는 출발점은 교사 자신의 소명의식과 자아존중임을 마음속 깊이 새겨야 한다. 우리 선생님들 모두가 다시 한 번 소명의식 채찍으로 스스로를 일으켜 세울 때 교육의 미래는 한층 밝아질 것이다.

06
우분투(UBUNTU)를 실천하는 공동체 교육

정종민 성균관대학교 겸임교수

어떤 인류학자가 아프리카 한 부족의 아이들에게 게임을 제안했다. 그는 근처 나무에 아이들이 좋아하는 음식을 매달아 놓고 먼저 도착한 사람이 그것을 먹을 수 있다고 말하고 '시작'을 외쳤다. 그런데 아이들은 각자 뛰어가지 않고 모두 손을 잡고 가서 그것을 함께 먹었다. 인류학자는 아이들에게 물었다. "1명이 먼저 가면 다 차지할 수 있는데 왜 함께 뛰어 갔지?" 그러자 아이들은 "우분트(UBUTU)"라고 외치며 이렇게 말했다. "다른 사람이 모두 슬픈데 어째서 한 명만 행복해질 수 있나요?" '우분트'는 반투족 말로 "네가 있기에 내가 있다(I am because you are)"라는 뜻으로 타계한 넬슨 만델라 대통령이 자주 강조해 널리 알려지기 시작했다. 지인이 카카오톡을 통해 보내준 내용의 글이다. 많은 학자들이 앞으로 우리 아이들이 살아갈 미래에는 세계화, 다문화, 지구촌 시대가 더 넓게 펼쳐진다고 전망하고 있다. 따라서 지금보다 더 다양하고 복잡하여 더불어 사는 공존의 가치가 더욱 중요해 질 전망이다. 교육의 궁극적인 목적이 아이들에게 미래를 살아갈 수 있는 힘을 키워주는 것이라면 더불어 사는 능력을 길러주는 것이야 말로 우리 교육의 최우선 과제이다.

첫째, 공존지수를 높이는 교육이 이루어져야 한다. 공존지수란 다른 사람과 더불어 살아가는 능력을 재는 지수이며, 2009년 국제교육협의회(IEA)가 우리의 중학교 제2학년에 해당하는 세계 학생 14만여 명을 설문 조사한 '국제 시민의식 교육연구(ICCS)'에서 더불어 사는 능력을 의미하는 사회적 상호작용 역량 지표를 계산한 결과, 한국 청소년은 36개국 중 35위로 매우 저조하게 나타났다. 인간은 기본적으로 혼자 살 수 없고, 미래사회는 개인의 능력보다 공동의 능력이 요구되기 때문에 공존능력이 더욱 필요하다. 우리 아이들이 건전한 민주시민으로 더불어 사는 삶을 영위할 수 있도록 공존지수를 높이는 교육이 이루어져야 한다.

둘째, 경쟁교육에서 협력교육으로 전환되어야 한다. 사람들이 가진 잠재능력이 서로 다르고 다양한데도 우리는 공정이라는 이름으로 한 줄 세우기 경쟁교육을 하고 있다. 지식보다 기능, 창의성, 도덕성, 감성이 더 필요한 영역에서도 지적 능력으로 한 줄을 세워 우열을 가리고 있는 것이다. 이러한 한 줄 세우기 경쟁교육은 믿음보다는 불신, 평화보다는 불안, 공존보다는 미움의 마음을 싹트게 한다. 이제는 한 줄 세우기 경쟁교육에서 벗어나 타고난 잠재능력에 따른 여러 줄 세우기 협력교육으로 더불어 살아가는 삶을 열어

주어야 한다. 김연아와 박태환이 경쟁하는 경기는 없다. 특기에 따라 다른 길을 가지만 서로 도우면서 살아가는 것이다. 진정한 경쟁은 다른 사람과 하는 것이 아니라 내 자신이 지난 번의 나보다 더 발전하는 것이다.

셋째, 역지사지(易地思之) 체험교육으로 남의 입장에서 생각하고 행동해 보는 능력을 길러주어야 한다. 차를 타고 푸른 시골길을 달리는 여행자의 입장에서 보면 모든 것이 아름답고, 논밭에서 일하고 있는 농부의 모습도 한 폭의 그림처럼 평화롭게 보인다. 언젠가는 시골에서 농작물을 가꾸면서 한가로운 전원생활을 즐기고픈 욕망도 생긴다. 그러나 뙤약볕 아래서 일을 하고 있는 농부도 같은 생각을 하고 있을까? 한 번 곰곰히 생각해 볼 일이다. 여행자와 농부의 입장은 서로 다를 수 있고, 입장이 바뀌면 생각과 행동이 바뀌는 것이 인간이다. 단 몇 시간만이라도 구슬땀을 흘리며 일을 해보는 농촌체험, 두 눈을 안대로 가리고 생활해보는 장애체험, 다문화 친구의 어려움을 함께 겪어보는 다문화체험 등에 참여하게 해보자. 실제적인 역지사지 체험활동을 통해 농촌 친구, 장애 친구, 다문화 친구 등 남의 입장에서 생각하고 행동해 보는 능력을 길러주어야 한다.

넷째, 소통과 공감의 교육이 이루어져야 한다. 서로 다른 사람들이 원만한 관계를 유지하면서 살아가기 위해 가장 필요한 것은 소통과 공감이다. 소통과 공감은 서로 다른 너와 내가 공존할 수 있는 첫걸음이다. 자기와 비슷한 사람을 만나 소통하고 공감하는 것에서 벗어나 나와 다른 사람에게도 친밀감을 느끼는 적극적인 소통과 공감의 교육이 이루어져야 한다. 우선적으로 학교의 구성원인 학생, 학부모, 교직원, 지역사회 인사 간의 상호 소통과 공감이 원활하게 이루어질 수 있는 방안을 찾고, 그 능력을 길러주어야 한다.

다섯째, 봉사활동을 통해 다른 사람과 더불어 사는 행복감을 느끼도록 해주어야 한다. 봉사활동은 처음에는 '자선 혹은 배품의 의미를 지닌 자원봉사'로 시작되었으나, 근래에는 '나눔으로서 행복을 주고받는 호혜적인 의미'로 변화되었다. 고아원, 양로원, 꽃동네 등의 봉사활동을 통해 나눔으로서 되돌아오는 더불어 사는 행복감을 느낄 수 있도록 해주어야 한다.

여섯째, 생각을 크게 갖고 이웃을 확대하는 교육이 이루어져야 한다. 한 사람이 평생 동안 진정으로 사랑하며 사는 사람은 과연 몇 명이나 될까? 부모님·아내·자식·친구·동료 등 필연적으로 좋아하는 사람을 빼고 나면 아마도 대부분 10명이 넘지 않을 것이다. 물론 단 한사람의 사랑하는 사람을 위한 삶도 의미는 있다. 하지만 사랑하는 사람이 더욱 살기 좋은 세상을 만들고, 지구촌 모든 사람을 이웃으로 여기는 큰 생각과 이웃을 확대하는 교육이 이루어져야 한다.

'나는, 곧 우리'라는 더불어 살아가는 품성은 소통하고 공감하며, 입장 바꿔 생각해 보는 공동체 안에서 길러질 수 있다. 학교는 사회공동체, 국가공동체의 출발지이다. 학교에서 소통과 공감, 역지사지(易地思之) 체험교육을 통해 더불어 살아가는 능력을 길러 주어야 한다. 자연생태계가 서로 다른 모습으로 조화를 이루어 아름다움을 보여주듯, 우리들 또한 모습, 생각, 처지 등이 달라도 있는 그대로 서로 인정하고 다름을 틀림과 차별이 아닌 조화와 공존으로 생각할 때, 아름답고 행복한 사회를 만들 수 있다. 우리 아이들에게 남의 삶을 좀 더 풍요롭게 만들어 남이 행복할 때, 자신도 더불어 행복할 수 있음을 인식하는 공존지수를 높여주어야 한다. 더불어 사는 능력은 지식 교육만으로 길러지는 게 아니라 창의적 체험활동과 사회 참여 활동, 다양한 공동체 활동 등을 통해 함양될 수 있다. 아이들에게 더불어 사는 능력을 키워줄 수 있도록 우리 모두의 지혜를 모아보자. 꽤 오래된 한 오렌지주스 TV 광고 중에 '따봉(TA BOM)'이라는 포르투갈어가 나온 적이 있었다. '아주 좋다'라는 의미로 최고라고 엄지손가락을 치켜세운 광고였는데 한동안 유행했던 것으로 기억된다. 이제 반가운 사람을 만날 때마다 "우분투!, 당신 있어 내가 있다."라는 유행어를 만들어 보자.

정종민 성균관대학교 겸임교수, 고려대학교 교육대학원 졸업, 경기 가평교육지원청 교수학습과장, 경기도교육청 장학관, 성남교육지원청 교수학습국장, 경기 여주교육지원청 교육장을 역임, 제3회 백범청백리상, 제28회 남강교육상, 제28회 경기사도대상 수상, 저서로는 「아이들의 이름을 불러주자」, 「0.3초의 기적」, 「방과후학교 교육 개론(공저)」이 있다.

07
"Think different"를 지향하는 교육

<u>전재학</u> 인천세원고등학교 교감

"Stay Hungry, Stay Foolish." 이것은 애플을 일약 세계적 기업으로 키운 고(故) 스티브 잡스가 2005년 세계적 명문 스텐포드 대학 졸업식에서 남긴 유명한 연설이다. 본인이 입양아 출신으로 대학을 중퇴하며 힘든 삶을 살았음을 고백하며, 항상 배고프고 목마른 듯이 부족함을 느끼고 이것을 메꾸기 위해 노력하라고 역설한 것이다. 그는 바로 '호랑이는 죽어서 가죽을 남기고 사람은 죽어서 이름을 남긴다(虎死留皮 人死留名)'는 말의 산증인이기도 하다. 비슷한 맥락에서 그가 광고에 남긴 또 다른 말 'Think different'는 오늘날의 청소년 교육에 매우 의미심장한 격려와 응원의 메시지가 되고 있다. 정상적인 문법 Think differently를 파괴하면서까지 주장한 그의 말은 '다른 방식으로 생각하라'가 아닌 '다른 것을 생각하라'는 것이었다.

그의 생각을 좀 더 구체적으로 살펴보자. 최근에 우리는 '워라벨'을 자주 말한다. 일(work)과 삶(life)의 균형(balance)을 일컫는 이 말은 지나치게 일에 치우쳐 사는 현대인의 삶을 탈피하자는 의미이기도 하다. 매우 공감이 되는 말이다. 하지만 요즘 학계에서는 일과 삶이 시간이라는 측면에서의 균형보다는 의미라는 다른 측면에서 조화를 이루는 것을 추구하고자 한다. 이것을 가장 잘 보여준 사람이 바로 위의 스티브 잡스였다. 그는 "여러분의 삶은 한정되어 있으니 다른 사람의 삶을 살면서 여러분의 삶을 낭비하지 마세요"라고 말했다. 이것은 애플이 "열정을 가진 사람들이 세상을 더 좋게 바꿀 수 있다는 믿음"을 핵심가치로 추구하는 것과 맥락을 같이 한다. 이처럼 그는 사람들의 혼을 빼놓을 만큼 훌륭한 제품을 만듦으로써 삶의 방식을 바꾸어 우주에 흔적을 남기는 것을 선호했고 그의 비전을 공유하고 그의 열정에 감동한 사람들은 그와 함께 기꺼이 동참함으로써 위대한 결과를 보여주었다. 이를 반영하듯이 국내 기업 중에도 SK는 기업의 사회적 책임을 오랫동안 지속적으로 실현해 오면서 최근엔 직원과 백 번을 만나겠다는 그룹 회장의 철학을 공개했고, 현대자동차 역시 최근에 타운홀 미팅 방식으로 직원과의 소통을 실시하고 있다. 더 나아가 두 기업 공히 대규모 공개 채용에서 소규모 상시 채용으로 바꾸어 일과 삶의 의미를 조화롭게 하려는 회사의 핵심가치를 보여주고 있다.

우리는 자기의 전문 분야에서 훌륭하게 성공을 거둔 사람들을 주목하고 있다. 일찍이 성공의 대표적인 인물로 손꼽히는 아인슈타인, 간디, 피카소 등은 말할 것 없고 만델라, 오바마, 스티브 잡스 등도 자신이 세상을 바꿀 수 있다고 믿을 만큼 열정으로 일관된 삶을 살았다. 그들은 가치의 전환을 실현시킨 인물들이다. 세상 사람들에게 던진 그들의 이야기는 동기부여를 넘어 삶의 의미를 숙고하게 만들었다. 그들은 각자 상대성 이론이란 엄청난 과학의 발견, 비폭력 사상, 현대 미술의 새로운 가치, 용서와 화합의 국민통합, 최초 흑인 대통령으로 유색인의 삶에 남긴 희망, 불굴의 민주투사이자 햇빛정책으로 한민족의 화합을 이룸으로써 세상은 그들을 주목했다. 이는 마치 '피아노 치는 대통령' '시를 쓰는 과학자' '뮤지컬하는 의사'처럼 독자성과 융화성으로 자신의 특성을 가꾼 '선한 이단아'들이며 세상은 이들에게 아낌없는 박수와 응원을 보냈다. 역시 세계사적으로 Think different를 실현한 역사의 증인들이다.

우리의 학교현장으로 시선을 돌려보자. 학교의 공터를 이용하여 틈틈이 텃밭을 가꾸는 자율동아리 학생들이 있다. 그들 중에 감자와 열무를 심으며 농사의 기초를 이해하면서 중국의 화훼산업에 도전장을 내겠다는 학생이 있다. 2019년 21조 5000억의 사교육비를 지출한 사교육 공화국에서 방과 후에 대부분의 학생들이 학원으로 몰려가는 상황에서도 "저는 그렇게 안 하고 싶습니다."고 선언하면서 묵묵히 면학실을 지키며 자기주도적 학습에 익숙한 학생도 있다. 모두가 정해진 길 마냥 무의식적으로 찾아가는 대학진학을 포기하고 새롭게 자기의 삶을 개척하겠다는 학생도 있다. 중도에 대학공부를 포기하고 자신의 진정한 삶을 찾겠다고 선언한 대학생도 있다. 이들은 분명 또 다른 '선한 이단아'들이다. 그들의 용기에 박수를 보내며 아낌 없이 응원하는 것은 단지 측은지심의 발동이 아니다. 이들은 'Think different', 즉 다른 면을 생각함으로써 남들이 정해 놓은 길이 아닌 자신의 길을 가겠다는 용기의 주인공이기 때문이다.

우리는 전직 KBS 아나운서였던 손미나 씨를 기억한다. 그는 〈내가 가는 길이 꽃길이다〉라는 책에서 밝히기를 당시 잘 나가던 9시 뉴스 앵커를 진행하던 중에 과감하게 일주일 넘게 휴가를 얻어 몰디브로 여행을 갔다. 거기서 만난 이탈리아 여의사와의 긴 대화를 통해 자신의 인생 이야기에 정작 자신의 이야기가 없음을 깨닫고는 결단을 내려 인생의 진로를 바꾸었다. 현재는 여행 작가, 소설가로 활동하며 사람들의 인생 디자인을 돕는 회사를 운영하고 있다. 이 또한 다른 것을 생각에 옮겨 자신의 운명을 바꾼 사례이다. 세상은 이렇게 자신의 이야기를 쓰는 삶의 주인공을 기억하고 그들에게 찬사와 격려를 보낸다. 성공의 결과를 뛰어 넘어 그들이 도전하는 삶 그 자체에 세상은 감동하고 있는 것이다.

교육의 가치는 다양성을 추구하는 것에 두어야 한다. 이를 통해 배우는 학생들에게 스스로 자신의 삶을 개척하려는 용기와 지혜를 고취해야 한다. 오직 상급학교 진학에만 매몰된 지금의 학교 교육은 분명 잘못된 길을 가고 있다. 다행히 최근엔 고교학점제를 운영하면서 학생들에게 교과 선택의 폭을 넓혀 주기도 한다. 이로써 학생들은 진정으로 배우고 싶고, 알고 싶고, 해보고 싶은 것을 찾아 자신의 꿈을 키우고 적성을 계발할 기회를 얻을 수 있다. 이제 우리 교육도 학생들 스스로 'Think different'의 사고를 추구하며 자신의 삶을 적극적으로 개척하고 그럼으로써 삶의 의미와 가치를 판단하는 소중한 기회를 제공하는 것을 무엇보다 우선적으로 지향할 수 있기를 바란다.

08
지족(知足)과 지지(知止) 그리고 교사의 양심

전재학 인천세원고등학교 교감

　우리가 세상을 살면서 분별력이 성장하여 무엇을 하더라도 만인의 지탄을 벗어날 수 있고 또한 유치한 사건·사고에 연루됨이 없이 성숙하고 고상한 품위를 유지할 수 있는 것은 언제쯤일까? 물론 사람에 따라서 천양지차 일 거다. 일찍이 공자는 나이 마흔에 비로소 지족(知足)과 지지(知止)의 의미를 알았다고 전해진다. 이는〈노자〉에 등장하는 것으로 '지족불욕, 지지불태, 가이장구(知足不辱 知止不殆 可以長久)'에서 보듯이 '만족할 줄 아는 사람은 부끄러운 일을 당하지 않고, 적당할 때 그칠 줄을 아는 사람은 위태로운 일을 당하지 않으며, 그리하여 영원한 삶을 살게 된다'는 것이다.

　언뜻 보면 불혹(不惑)의 나이에 이르러서야 비로소 자신의 앞가림을 할 줄 알고, 나아가 세상의 이치를 깨달았다는 것이니 참으로 인간으로서의 수신(修身) 과정이 지난하다 하겠다. 왜냐하면 당시 나이 마흔은 오늘날의 40세와는 성숙미의 차이에서 크게 다르기 때문이다. 과거와는 달리 지금은 소위 '인생 100세 시대'라고 하지 않는가? 따라서 현대의 마흔이라는 나이는 아직은 갈 길이 먼 설익은 상태로 그만큼 위태롭기도 하다.

이것을 증명이라도 하듯이 얼마 전에 세상의 민심을 자극하는 사건이 연이어 학교에서 발생했다. 충북 모 중학교에서 교사와 학생의 성관계 기사는 교육·경찰·법조계는 물론 일반 검색어까지 숨 막힐 지경이었다. 경찰의 '혐의 없음' 처리도 기가 막힐 일이었다. "형법상 미성년자 강간죄(13세 미만)가 아니며 강압적 성관계와 무관하다"는 벌칙 조항 밖이었기 때문이다. 그 후 교육당국은 자체징계 의결로 매듭을 진 것으로 들려온다. "사랑한 사이인데 무슨 문제냐?"고 사건을 마무리하기에는 의아하고 해괴할 뿐이다. 비슷한 시기에 수도권에서는 고등학교 기혼의 기간제 교사와 학생과의 성관계로 또 한 번 언론에 오르내렸다. 역시 교육당국은 야단법석을 떨며 각급 학교를 대상으로 실태 조사에 나섰다. 이들은 공통으로 마흔 이전의 설익은 교사들이었다.

어디 그뿐이랴. 부끄러운 비윤리적 상황이 사제(師弟)의 질서를 흔들고 있다. 작년 한 해 학교현장을 들썩이게 했던 '스쿨미투'는 어떤가? 해야 할 말, 하지 말아야 할 말을 분별하지 못하는 유아적 행동은 용납하기 어려운 수치스러운 일이었다. 하늘의 뜻 인줄 알고 날뛴다는 나이 50의 지천명 세대도 마찬가지였던 것이다. 그들 소수 교사들의 일탈에 교육현장은 힘이 빠져있고 고독한 교권은 버겁고 위상은 심히 흔들리고 있다. 이를 바라보는 세상의 민심은 냉혹하다. 이제 교직은 존경은커녕 추락한 자존감에 수치심까지 가중되었다. 그렇게 교직은 세상으로부터 등한시되어 가고 있다. 여기엔 어떤 변명이나 이유가 먹힐 리 없다. 교원인 필자 역시 교단에 선 이래 가장 뒤통수가 따가워 힘들게 지내기는 마찬가지다.

필자는 얼마 전에도 현 재직교의 10년 전 졸업생의 학부모로부터 전화 한 통을 받았다. 사연인 즉 "우리 아이가 동아리에 가입하려고 담당교사를 찾아 갔는데 '생긴 게 마음에 안 들어. 다음에 와'라는 교사의 말에 따라 다음에 찾아갔더니 '이미 다 찼어.'라고 말하며 거부하는 바람에 마음에 큰 상처를 입고 응어리진 채 살아가고 있는 자녀가 안쓰러워 대신 교사의 사과를 받고 싶다"는 것이었다. 참으로 기가 막힌 사연이었다. 10년의 세월동안 학생은 얼마나 고통스러웠을까? 현재 일부 교사들의 생활은 내 공간, 내 시간, 내 취향, 내 만족만 전부이고 이를 바라보는 학생도 미래 직업의 안정성을 운운하며 소위 철밥통의 꿈에 도전하려고 혈안이다. 그러니 교단에 선 교사들의 주변에는 늘 악플 공세가 넘친다. 입으로는 '백년지대계'를 외치면서 망신살이 뻗치니 이를 어쩌랴 싶다.

농부의 발자국 소리를 듣고 자라는 곡식처럼 아이들은 교사의 손길에 따라 자랄 수도 멈추기도 한다. 교사는 제2의 부모라고 말한다. 하지만 요즘은 글쎄다. 조금만 힘들어도 학기 중에 휴직신청을 하거나 계약 기간이 끝나기도 전에 다른 학교와 새로운 계약을 위해 언제든 재직교를 떠나려 하는 교사의 양심을 이제는 어이없이 자주 목격한다. 육아휴직 1년 내지 3년 후, 교단으로 돌아온 젊은 교사는 짧은 기간 동안 고속으로 변화된 현장에서 인내의 한계를 운운하며 교사의 자세를 쉽게 포기한다. 이것뿐만이 아니다. 학생들의 교육지체와 학력부진 모두를 아이들 탓으로 몰아가고 정작 교사 자신의 헛발질은 모르고 지내는 경우가 태반이다.

'즐거운 교실·밀도 있는 수업·솔선수범'등은 바로 선생님들이 품어야할 자성의 회초리다. '조금 더 가까이, 조금만 더 멀리'를 확연하게 구분하여 전문직의 위상을 갖추어야 한다. 학생의 인성보다 교사가 먼저여야 한다. 스승 존경은 결코 구걸하고 강요해서 얻어질 수 없다. 양심으로 무장한 근본이야말로 바로 참 교권임을 잊지 말자.

09
한국 교육은 진정으로 사람을 지향하고 있는가?

전재학 인천세원고등학교 교감

"사람 위에 사람 없고 사람 밑에 사람 없다", "사람 나고 돈 났지, 돈 나고 사람 났냐?", "사람이 먼저다", "꽃보다 사람이 아름다워!" (……). 이 모든 말의 공통점은 무엇일까? 그렇다. 사람이 그 무엇보다 소중하고 최우선임을 강조한다. 사람을 생각의 중심에 둔 현대판 인본주의의 슬로건이다. 이는 널리 인간을 이롭게 한다는 우리 민족의 홍익인간(弘益人間) 사상의 DNA를 담고 있다. 교육이 세대를 잇고 인류의 발전을 지향하는 것임을 목표로 할 때 사람이 사람을 길러 내는 교육이야말로 무거운 책임과 사명을 띠게 된다. 그렇다면 이런 인간중심 사상을 기저로 오늘날 우리 교육은 얼마나 사람을 지향하고 있는가?

뉴욕 타임즈(NYT)가 베스트셀러 작가로 선정한 더글라스 우드와 존 무스가 그림을 그린 《잃어버린 진실 한 조각》이란 그림 동화책 속으로 들어가 보자. 아주 오래전에 '진실'이 땅에 떨어져 두 조각이 났다. 여러 동물들이 진실 한 조각을 발견했다. 그런데 동물들은 모두 그것을 다시 버렸다. 왜냐면 부서지고 조각난 것, 그것은 완전한 것이 아니니까. 그런데 어느 날 한 남자가 그 진실 조각을 발견했다. 거기에는 "당신은 소중합니다."라고 적혀 있었다. 남자는 너무나 행복했고 그걸 자신의 집단들에게 보여주었다. 그러나 사람들은 많은 이들을 행복하게 한 그 진실 조각을 갖기 위해 서로 다투었다. 땅 위에 고통이 계속되자 한 소녀가 세상을 바꾸려고 길을 나섰다. 그리고 세상의 고통은 불완전한 진실 때문임을 깨달았다. 소녀는 사람들이 모르고 있던 나머지 진실 한 조각을 찾아 돌아왔다. 두 개의 조각은 딱 맞아떨어졌고 비로소 진실은 완전해졌다. 다른 쪽에 적힌 진실은 바로 "그리고 그들 역시 소중합니다."라는 것이었다.

이 동화는 무엇을 의미하는가? 그것은 우리는 자기가 소중하다는 사실에만 치중한 나머지 다른 사람 또한 소중한 존재임을 헤아리지 못한다는 것이다. 그래서 남들보다 잘나야 한다고 교육받으며 공부 못하는 아이와는 어울리지 말라, 가난한 자와는 가까이하지 말라, 생각이 다른 사람과는 함께 하지 말라, 부모가 어떤 직업을 가진 자와는 어울리지 말라 등 재산이나 지위에서 자기보다 못한 사람은 멸시하고 함부로 대해도 되는 것처럼 여긴다. 아주 잘못된 생각이다. 성적이나 재산, 지위는 높고 낮음, 많고 적음이 있을지 몰라도 사람은 그렇지 않다.

《천년의 수업》의 저자 김헌은 프랑스 유학의 경험을 말한다. 프랑스에서는 인문학이든 자연과학이든 박사 과정을 공부한 상당수가 학위를 딴 뒤에 중등학교 교사로 간다. 그리고 자신의 학문 세계를 발전시키면서 다음 세대를 가르친다. 모두가 그것을 당연시한다. 프랑스의 중등교사들은 단순히 정해진 교과 과정을 따라가지 않는다. 충분히 자율성을 가지고 학생들에게 필요하다고 생각하는 교육을 한다. 예컨대 프랑스어 시간에 정해진 교과서가 없다. 교사들이 프랑스 문학이나 철학 작품 같은 것을 자유롭게 선택하고 주제를 정해 일 년 동안 학생들을 가르친다. 저자는 프랑스 초등학교의 자녀교육 사례를 든다. 어느 해 담임교사는 무엇을 가르칠 것인지 설명했는데, 상식과 편견을 깨는 획기적인 방식이었다. "저는 1년 동안 아이들과 함께 시간을 공부하려 합니다."라고 목표를 소개했다. 그리고 1년 동안 시계 보는 법과 시간을 계산하는 법으로 산수를 가르쳤고, 달의 변화로 시간을 가늠하는 음력과 그것의 맹점과 함께 양력의 개념을 소개하면서 과학과 역사를 가르쳤다. 계절의 변화를 살피면서 지구의 공전도 이야기했다. 계절에 맞는 노래와 시를 감상했고, 타임머신과 같이 시간 여행을 하는 작품으로 상상력을 자극했다. 시간을 그림으로 표현하기도 했고 자기 시간표를 관리하는 법도 연습하면서 그렇게 1년을 꾸려갔다. 결국 이런 교육은 무엇을 의도하는가? 그 핵심은 학생들이 스스로 자기 생각을 만들어내도록 교육한다는 점이다. 즉, 철저히 사람을 지향하는 교육이다. 그 과정에서 교사는 자율성과 권위를 갖고 가르친다. 이런 교육이 한국인에게 멋져 보이는 것은 당연하다. 교사도 그렇고 그런 교육을 보장하는 프랑스도 그렇다.

한국 교육이 프랑스에 비해 잘못됐다고 말하는 것은 아니다. 우리에게 무엇이 문제이고 그들의 교육방식과 교육철학에서 시사점을 찾아 우리가 가야 할 바람직한 방향을 수립하자는 것이다. 세계적인 교육학자 켄 로빈슨(Ken Robinson)은 "지금의 교육 시스템은 이미 망가진 모델"이라며 "개선이 아니라 혁신이 필요하다"고 강조한다. 우리는 통념을 깨는 국민의 깨어있는 의식이 필요하다. 이것이 안 되면 아무리 교육개혁을 시도해도 밑 빠진 독에 물 붓기다. 일례로 지난 해 '교육의 공정성'만을 중시해 수능 40% 이상 반영하는 정시 전형을 발표한 정부는 교육과정을 천편일률적으로 가르친 뒤 하나의 답만을 찾고 학생들을 성적으로 줄 세우는 그런 교육을 하라는 것이다. 그뿐이랴. 우리 교육은 아직도 평균주의(平均主義)를 맹신하여 평균보다 뒤처진 학생들에게 너무나 냉정한 교육, 다른 가능성과 다양한 능력에 대해선 잔인할 정도로 인색한 교육, 학생들이 입시 준비를 하느라 실제 상황이란 삶과 연계한 경험중심 교육은 무시하고 교실에만 몰입된 교육을 반복할 뿐이다.

세상이 어떤 식으로 변하든 결코 변하지 않는 것이 있다. 과학이든 기술이든 그것을 만드는 주체는 인간이고 그것의 혜택을 누리는 존재도 인간이다. 결국 교육은 사람을 만들어 내는 시스템이 아닌 사람 그 자체에 투자해야 한다. 이것은 한 사람 한 사람의 개성과 가치를 존중하는 방식과 상통한다. 인도의 철학자 지두 크리슈나무르티(Jiddu Krishnamurti)는 "한 인간이 자신의 삶을 온전하게 살 수 있도록 돕는 것이 교육이 해야 할 일"이라 강조했다. 그러려면 학생의 다양성이 존중되고 학생이 주도하는 경험중심의 교육으로 나가야 한다. 이에 우리는 다시금 홍익인간의 사상으로 사람다운 사람이 되도록 돕고, 인간이 최고의 목적으로 대우받는 교육을 정착시켜야 한다. 이것이 진정으로 사람을 지향하는 교육임을 명심하자.

전재학 인천세원고등학교 교감, 한국외국어대학교 교육대학원 영어교육학 석사, 고등학교 교사로 생각하는 학생을 육성하기위한 사도를 추구함, 『카톨릭다이제스트』 『학도네』 학교신문 등에 기고하여 아름다운 인간 더불어 사는 사회를 지향함 신문, 잡지 칼럼리스트 〈교육과 사색〉 전문위원, 〈교육타임스〉 편집위원

10
'세계화 4.0시대'와 공감교육

한병선 문학박사, 교육평론가

최근 들어 '세계화 4.0'이란 말이 심심치 않게 등장한다. 제4차 산업혁명 시대가 도래하면서 새로운 지구촌을 지배하는 사회구조로 4.0 세계화가 등장했다는 의미다. 세계화 1.0이라는 평평한 지구로부터 출발한 세계화가 인공지능, 모든 사물을 인터넷으로 연결하는 사물인터넷(IoT), 가상화폐 등 새로운 세상으로 빠르게 진화되고 있음을 잘 나타내준다.

제네바 외교개발대학원 리처드 볼드윈 교수에 의하면, 세계화는 1.0, 2.0, 3.0, 4.0으로 이어져 왔다. 1.0은 제1차 세계대전 이전의 세계화다. 하지만 이 시기는 대공황, 공산주의와 파시즘의 등장으로 막을 내렸다. 2.0은 세계무역기구(WTO), 국제통화기금(IMF) 등이 주도적으로 이끈 세계화다. 3.0은 기업이 이끌었고 저렴한 생산비를 찾아 국제적으로 이동이 활발했던 세계화다. 현재는 세계화 4.0 시대로 진입하고 있다. 글로벌 프리랜싱

(freelancing) 플랫폼, 첨단 통신기술, 컴퓨터에 의한 통역 등 각종 디지털 기술 발달로 인해 서비스업의 지리적인 한계가 사라지는 세상이다.

또 다른 분석도 있다. '세계는 평평하다'의 저자 토마스 프리드만((Thomas L. Friedman)에 의하면, 국가에 의한 1.0세계화, 기업에 의한 2.0세계화, 개인이 주도하는 3.0세계화로 정의한다. 볼드윈이든, 프리드만이든 결국 세계화란 기술의 진화, 아이디어와 사람, 상품의 이동이 만들어내는 지구적인 현상을 의미한다. 4차 산업혁명을 이끌고 있는 기술들은 비즈니스 방식, 경쟁방식, 개인의 삶을 송두리째 바꿔놓으면서 새로운 세계적인 현상, 세계화 4.0을 만들어내고 있다.

우리나라에서도 에어비엔비, 구글, 유튜브, 인스타그램 등 가상의 플랫폼 위에서 경제활동이 이루어지고 있다. 전 세계적으로 같은 것들을 공유하고 개인적인 생각들을 표현한다. 과거에는 전혀 상상할 수 없었던 아이디어들이다. 이렇듯 지금까지와는 전혀 다른 세상이 우리 곁에 다가왔지만 우리의 생각과 마음은 이를 따라가지 못하고 있다. 기술의 급속한 진화, 즉 4.0 시대가 왔지만 사회는 이런 변화를 받아들일 준비가 아직 안됐다는 것이다.

4.0세계화에서 보듯 우리의 삶은 항상 기술지향적(technology-oriented)으로 진화한다. 이런 상황에서 인간소외는 커다란 문제가 된다. 볼드윈과 프리드만이 세계화의 마지막에는 '사람', 즉 개개인의 문제가 있다고 말한 것도 이런 이유다. 4.0시대는 좋든 싫든 디지털 기기에 접속해야만 생존이 가능한 사회다. 그래서일까. 세계적인 뇌 연구자 매리언 울프의 지적은 매우 의미가 크다. 그는 '순간 접속의 시대'를 살아가는 우리의 뇌가 인류의 가장 기적적인 발명품인 독서하기를 잊어버릴지도 모른다고 우려한다는 점에서다.

미국의 법학자 마사 누스바움에 의하면, 자유와 정의가 조화를 이루는 사회가 되려면 개개인이 '사랑의 역량'을 갖춰야 한다. 더 정확히 말하면, 신이 사라져 버린 현대사회에서 종교를 대신해 문학이 '시민종교'로서 그 역할을 떠맡는다는 것이다. 이런 점에서 독서는 매우 중요한 역할을 한다. 문학은 더욱 그렇다. 우리가 흔히 말하는 철학이 외적 권위에 기대지 않고 스스로 생각하기를 촉발한다면, 문학은 우리가 무엇을 어떻게 느끼면서 살아가는지를 알려주기 때문이다.

예컨대 같은 일이라도 사람에 따라 감정상황이 다를 수밖에 없다. 문학을 읽는 것은 또 인간 마음에 실제 영향을 미친다. 세계관에 변화를 가져오고, 주의를 다른 곳으로 돌리게 하며, 타자에 대한 감수성을 달리하는데 영향을 준다. 인지심리학자 레이먼드 마와 키스 오틀리의 연구에 의하면, 소설을 자주 읽는 사람과 그렇지 않은 사람은 감정상태가 다르다고 말한다. 소설을 자주 읽는 사람은 남의 마음을 잘 이해하고 남의 이야기에 쉽게 공명하며 남의 관점에서 세상을 볼 줄 안다. 소설 읽기가 공감 능력을 높여준다는 것이다.

아이들도 마찬가지다. 이야기를 많이 읽은 아이일수록 남의 마음을 잘 이해하는 등 사회성이 좋아진다. 문학을 읽음으로써 우리는 자기 안에 더 많은 이질성을 공존시키고, 자신을 더 많은 것에 공감하는 존재로 다듬는다. 자신의 공통 감각을 타자에 열어 둔 채 끝없이 단련하는 개인들의 집합일 때, 자유와 민주의 공동체는 공화와 공존의 공동체로 성숙할 수 있다. 즉 문학읽기를 통해 괜찮은 시민양성에 기여할 수 있다는 의미가 될 수도 있다.

기술과 정보에 능한 전문가만 있고 문학을 읽는 시민이 없다고 생각해보라. 사회는 사익 추구의 검투장이 된다는 것은 불을 보듯 뻔하다. 많은 철학자, 사상가들도 모두 문학에 심취했다. 자유롭고 평등한 시민 공동체에 반드시 우애, 즉 공적 감정이 필요함을 알았기 때문일 것이다. 문학서를 읽음으로써 얼마나 많은 이들이 다른 사람의 기쁨과 슬픔을 자기 이야기로 받아들일 수 있느냐에 따라 시민 사회의 성패는 갈린다. 이기(利己)적 존재인 인간을 이타(利他)적 존재로 바꾸는 힘이 문학에 있다. 문학이 없다면 이타적 시민도 없다는 논리다.

사실 하루하루 생각 없이 되는대로 살다보면 살면 인생은 길을 잃는다. 재미를 좇아 모두가 멋대로 살면 사회는 붕괴한다. 인생엔 정법이 없고 사회엔 정해진 모양이 없지만, 항상 그런 생각으로 허무와 싸울 수는 없는 일이다. 문학을 읽는다는 것은 의미를 찾는 인간의 행동을 촉진시키는 일이다. 또한 문학을 읽는다는 것은 낯선 언어를 수용하고, 낯선 감정을 습득하는 일이다. 미국의 작가 조이스 캐럴 오츠의 말처럼 문학을 읽을 때 우리는 비로소 "비자발적으로 다른 사람의 피부, 다른 사람의 목소리, 다른 사람의 영혼 속으로 미끄러져 들어간다." 는 말의 의미를 음미하게 된다. 기술집약적으로 진화하는 세계화 4.0시대에 독서가 왜 필요한지에 대한 근원적인 이유이다.

11
교육자의 소명의식과 현실인식

한병선 문학박사, 교육평론가

최근 교육자(교원)들의 자질을 의심하게 만드는 일들이 빈발하고 있다. 그런가 하면 교사들에 대한 학생들의 불경도 늘고 있다. 이런 현상들은 사회적 가치관의 변화와 밀접한 관련성을 갖는다. 특히 교직관에 대한 가치관의 변화가 크게 영향을 미친 결과다. 1970-1980년대 산업화 과정을 거치면서 이런 가치관의 변화가 급격하게 이루어졌다. 이를 반영하듯 전교조 출범과 동시에 교사도 노동자라는 인식이 크게 힘을 얻기 시작한 것도 바로 이때다.

일을 보는 관점은 다양하다. 단순하게는 밥벌이의 수단으로 볼 수도 있고, 한 발 더 나아가 자기성취의 관점이나 소명으로까지 볼 수도 있다. 흔히 말하는 노동적 관점과 성직적 관점이 그것이다. 미국의 사회학자 로버트 벨리가 일을 '직업(job)', '경력(career)', '소명(calling)'으로 분류한 것도 이런 맥락이다.

그에 의하면 직업으로의 일은 노동을 함으로써 얻을 수 있는 물질적 보상에만 관심을 갖는 경우에 해당한다. 대게의 경우 목구멍이 포도청이란 생각으로 일을 하는 사람들이다. 경력으로써의 일은 자신의 이력을 쌓는데 주력하는 사람이다. 이들의 특징은 조직 내에서 승진을 가장 우선순위에 놓는다. 승진이라는 구체적인 보상을 통해 자신이 하는 일에 대한 가치를 느낀다. 조직의 발전보다는 자신의 거취와 발전이 먼저라는 생각을 한다. 소명의식으로써의 일은 일을 하는 그 자체가 곧 삶이며 생활로 여기는 경우다. 이들에게 일은 승진이나 생활의 수단이 아닌 자신의 즐거움이며 이를 통해 성취감을 느끼는 사람들이다. 이들에게는 금전적 보상이 적어도, 조직 내에서 인정받을 수 있는 지위를 확보하지 못했어도 자신이 하는 일 자체에서 행복을 느낀다.

우리사회에서 교직은 산업화 이전까지만 해도 성직관으로 인식되었다. 교사들이 성스러운 일을 한다는 인식이었다. 하지만 산업화 과정을 거치면서 교직사회 내부의 인식도 크게 달라졌다. 여전히 성직관을 고수하는 관점도 있지만, 노동직 관점으로 변화하는 양상을 보이고 있다. 이와는 별도로 로버트 벨리의 분류처럼 소명으로 생각하는 경우도 있다.

성직관은 가장 오래된 인식으로 전통적으로 '군사부일체(君師父一體)' 의식, 즉 임금과 부모님, 그리고 스승은 하나라는 의식에서 비롯되었다. 이런 이유로 교사들은 왕이나 부모님의 권위처럼 그 권위가 유지되어야 한다고 생각한다. 이런 이유로 교사와 학생의 관계를 인격적 관계가 아닌 수직적인 관계로 생각하는 경우가 많다. 그 결과 아이들의 인권보다는 교권이 가장 우선이라고 생각한다. 마치 교사와 학생과의 관계를 19세기 독일의 입헌군주제처럼 군주와 시민의 관계로 인식하기도 한다. "19세기 교사들이 20세기 교실에서 21세기 아이들을 가르치고 있다"는 말은 바로 이런 사실을 잘 나타내준다. 사제관계를 '특별 권력관계'나 '특별 신분관계'로 보는 셈이다.

　노동자관은 1980년대 후반 전국교직원노동조합이 출범하면서 급격히 확산된 노동관으로 현재 교육현장의 대세적인 인식이라고 해도 과언은 아니다. 교사들도 교사이기 전에 한사람의 노동자라는 생각이다. 가장 큰 특징은 아이들을 가르치는 것은 성직수행도, 소명도 아닌 노동활동 자체로 보는 경우다. 비교적 젊은 교사들을 중심으로 이런 인식들이 두드러진다. 이런 인식은 나아가 사회적 현상에 영향을 미친다. 예컨대 유치원법 개정을 앞두고 나타난 유치원 경영자들이나 일부 교사들의 인식, 즉 교육을 경제적 이익을 극대화하기 위한 수단으로 보았다는 사실은 대표적이다.

　좌고우면(左顧右眄)하지 않고 오로지 학생들만을 바라보며 자신의 직분을 수행해가는 교사들도 많다. 가르치는 일을 주어진 소명으로 여기고 아이들을 만나는 교사들이다. 현장에서 자신의 일에 최선을 다하고 있지만 이들의 모습은 잘 드러나지는 않는다. 아이들을 위해 묵묵히 헌신하는 교사, 힘들고 아파하는 하는 아이들을 끌어안고 함께 가는 교사, 아이들의 언 발을 따뜻한 손으로 감싸 녹여주는 교사, 이들이야 말로 소명에 의해 자신의 직분을 수행하는 교사들이다. 이런 교사들이 많아질수록 우리교육과 교직사회가 발전하게 된다는 사실은 말할 필요도 없다.

　옛말에 "선생 X은 개도 먹지 않는다"고 했다. 학생들을 가르치는데 얼마나 힘들고 마음고생이 심했으면 개도 먹지 않겠는가. 흔히 속이 두엄자리가 된다는 말도 한다. 참고, 참고 또 참아서 어찌 할 수 없을 때 쓰는 말이다. 이리 튀고 저리 튀는 럭비공 같은 아이들을 가르친 다는 것이 얼마나 힘든 일인가. 그럼에도 묵묵히 자기 소명을 다하는 교사들이 여전히 현장에 많이 있다는 것은 한국 교육의 희망일 것이다. 이런 모습을 통해 우리교육이 여전히 희망이 있다는 사실은 분명하다.

당연한 이야기지만 사람들은 일을 통해 자신들의 생계를 유지하며 발전한다. 교사들에게만 끝없는 헌신과 희생을 강요할 수는 없다. 또 강요해서도 안 된다. 문제는 극단으로 치우쳤을 때의 일이다. 성직관만을 고수한다고 생각해보라. 특별 권력관계나, 특별 신분관계라는 수직적인 분위기 속에서 학생들이 자유롭게 창의적인 학습활동을 할 수 있겠는가. 지나치게 노동직 관점만을 고수한다고 생각해보라. 교사들이 금전적인 대가만을 좇아간다면 교육현장은 노동운동의 현장이 될 것이다.

현대사회에서 경제활동은 가장 중요한 사회적 활동이다. 교직에 종사한다고 이슬만 먹고 살 수는 없다. 중요한 것은 어떤 일을 하던 그 기반은 소명의식이 되어야 한다는 점이다. 이러한 숭고한 인식이 바탕이 된다면 자신이 하는 일에서 삶의 가장 궁극적인 목표인 행복과 보람을 얻을 수 있다. 이런 가운데서 생계가 유지될 수 있으며 자신이 하는 일에 대한 보람을 찾을 수 있기 때문이다.

12
코로나19 사태,
위기상황을 극복하는 공동체의식

한병선 교육평론가, 문학박사

 중국 우한에서 발생한 코로나19 바이러스가 전 세계를 뒤흔들고 있다. 3월말 현재 약 40만명이 감염될 것으로 예상하고 있다. 급기야 세계보건기구(WHO)도 전 세계 대유행을 의미하는 팬데믹(pandemic)을 선언했다. 물적 교류는 물론 인적 교류, 국가 내 이동금지로 이미 35개국 10억명이 갇힌 상태다. 과거 신종플루나 메르스 사태와는 상황이 완전히 다르다. 메르스가 병원 내 감염이었다면 코로나19 바이러스는 지역사회 전파로 확산되고 있기 때문에 브레이크를 걸 수 있는 방법도 마땅치 않다. 당장 치료제나 예방백신이 있는 것도 아니다. 그 만큼 전 세계적으로 두렵고 공포가 크다.
 인간의 역사는 위험과의 싸움이라고 해도 과언이 아니다. 과거의 위험은 주로 전쟁, 자연재해와 역병이었다. 이런 자연재해와 역병을 통해 많은 사람들이 목숨을 잃었다. 인구학자 멜서스가 인구수의 자연조절을 이야기한 것도 이런 맥락에서 나온 것이다. 그에 의하면 자연재해, 전염병, 전쟁은 자연적 인구조절의 3대 요소다. 하지만 오늘날 상황은 크게 달라졌다. 자연재해와 전쟁은 예측이 가능해졌고 인간의 의지와 노력에 의해 어느 정도 예방이 가능하다. 문제는 바이러스에 의한 전염성이 큰 예측불가의 전염병이다. 전염병은 문명의 발달과 함께 지구촌으로 순식간에 확산될 수밖에 없다. 실제로 이번 코로나19 사태의 경우, 미국 컬럼비아 대학 연구팀은 코로나19 바이러스 데이터베이스와 인구통계자료를 바탕으로 제2차 세계대전 이후 최대 희생자가 나올 수 있다고 경고했다. 너나 나나 할 것 없이 모두가 위험에 노출되어 있는 셈이다.

인간은 항상 위험을 두려워하는 존재다. 그래서 위험은 위험하다. 위험은 자기 스스로가 직면하고 있는 상황을 통제할 수 없을 때 비롯되는 자연스러운 원초적인 감정이다. 위험은 특정 집단이나 특정 국가, 지역에 국한 되는 것은 아니다. 위험은 초국가적이며 계급을 초월하는 문제다. 세계의 연결망이 촘촘해질수록 어느 개인도 그 위험을 피해가기는 어렵다. 현재 우리의 상황도 그렇다. 작년 중국 우한에서 처음 코로나 바이러스 환자가 나왔을 때만 해도 어느 누가 현재와 같은 파장을 낳게 되리라고 생각했겠는가. 개인의 삶에까지 이렇게 영향을 미치리라고 상상이나 했겠는가.

사회의 위험성이 커지는 만큼 그 위험에 대처하는 일은 중요한 문제다. 하지만 유감스럽게도 위험사회에서 개인의 힘만으로 위험에 대처하는 것은 쉽지 않은 일이다. 어느 개인이 원전 폭발의 재앙에서 자신을 스스로 지킬 수 있겠는가. 누가 전염병의 공포로부터 개인적 자유를 마음껏 누릴 수 있겠는가. 그럼에도 스스로의 힘으로 극복하기 어려운 위험을 줄일 수 있는 가장 효과적인 방법은 공동체 의식의 공유다. 공동체 의식이야말로 위험사회를 극복할 수 있는 가장 훌륭한 예방 백신 역할을 하기 때문이다.

대구와 경북지역에 코로나 바이러스 환자가 폭발적으로 증가하기 시작했을 때, 우리 사회가 보여준 공동체 의식은 대표적인 사례다. 하루에도 바이러스 감염 확진자가 수 백 명씩 발생하는 상황에서 많은 사람들이 공동체 의식을 발휘했다. 매우 극적인 모습이었다. 일부는 정부 보조를 받는 어려운 상황에서도 위험 극복에 도움이 될 수 있도록 성금을 보냈다. 초등학교 학생은 저금통을 털어 절대적으로 부족한 마스크를 살 수 있도록 작은 힘을 보탰다. 의료봉사를 위해 많은 자원봉사자들과 의료진들이 몰려들었다. 이 중에는 갓 결혼한 신혼의 간호사도 있었다. 일부 단체에서는 불철주야 손수 만든 마스크를 보냈다. 전 세계적으로 발생한 사재기 현상도 전혀 발생하지 않았다. 이를 두고 세계 언론들은 한국을 극찬했다.

위기가 기회라는 말이 있다. 익숙한 고통이라고 해도 덜 아픈 것은 아니다. 지금의 위기가 그냥 위기로 끝난다면 아무런 의미가 없다. 이번 코로나19 사태는 우리 사회의 기존질서를 상당부분 바꾸어 놓을 것이다. 사람들 간의 비대면(untact) 접촉이나 재택근무는 더욱 확대될 것이다. 인공지능이 결합된 다양한 소비활동도 이루어질 것이다. 이런 모든 변화들을 반면교사로 삼아 우리의 자산으로 삼는 것이 중요하다. 우리는 늘 그래왔다. 아직도 코로나 바이러스 문제가 해결되지 않은 상황에서 방역망을 제대로 정비하고 백신을 개발하는 일도 중요하다.

하지만 더욱 중요한 것은 지금보다 공동체 의식을 더 공고히 하는 일이다. 지금의 경우에서도 보듯, 우리는 세계가 놀랄 정도의 높은 국민의식과 어려움을 극복하는 공동체 의식을 보여주고 있다. 위기를 통해 우리는 '공동체

의식'이라는 새로운 발명품을 다시 찾아냈다고 말할 수 있을 정도다. 우리가 위험사회에 살고 있는 이상 공동체 의식은 아무리 강조해도 지나치지 않다는 의미다.

한 국가의 역량은 단순히 국토면적이나 자원의 보유량에 국한되는 문제만은 아니다. 다양한 요소들이 복합적으로 작용하지만, 가장 중요한 요소는 역시 공동체 의식이다. 공동체 의식의 강약에 따라 한 국가의 잠재적 역량은 크게 달라진다. 우리가 지금까지 그래왔듯이, 사회적 어려움이 있을 때마다 이를 극복해 온 것은 너나 할 것 없이 협력하는 공동체 의식이 기반이 되었다. 이런 점에서 우리가 이번 코로나19 사태를 통해 다시 한 번 배워야 할 것은 공동체 의식의 중요성이다. 더하여, 우리 모두가 공동체 의식을 새로운 발명품으로 인식한다면 어떨까. 누가 뭐래도 개인이 감당할 수 없는 위험을 공동체 의식으로 극복할 수 있다는 점에서다.

한병선 문학박사, 교육평론가, 성신여대에서 문학박사학위 취득했다. 미국 괌대학(UOG)에서 객원연구원을 지냈다. 2007년에는 한국언론재단의 〈신문 방송〉에 의해 한국의대표적인 오피니언리더로 선정되었다. 강원대, 경희대, 동아대, 성신여대 등에서 10여 년 동안 학생들을 가르쳤으며 현재는 지방 5개신문사 공동 칼럼니스트 〈교육과 사색〉 논설위원, 교육평론가로 활동 중이다.

제7장
한국 교육의 개혁·혁신과 방향 제안

01
나라 먹여 살릴 인재가
쏟아지는 대입제도로 바꾸자
- 대입 수시, 정시 통합하고 「창의인재전형」으로만 선발하자 -

최진규 충남 서령고등학교 교사

지난 해, 대학수학능력시험 때도 연례행사처럼 감독관으로 차출되어 긴장 속에 하루를 보내야 했다. 재학생은 십 이년, 졸업생은 그 이상의 기간을 여섯 시간 남짓 치러지는 시험에 인생을 걸어야 한다. 만약 컨디션 조절에 실패해 시험을 망치면 마치 인생이 멈춘 듯 좌절에 빠지고 불확실한 미래와 마주해야 한다. 그러니 시험을 치르는 당사자나 이를 지켜보는 학부모의 마음은 풍전등화처럼 위태로울 수밖에 없다.

대한민국에서는 사회적 희소가치를 배분하는 기준이 사실상 서열화된 대학에 의해 결정되기 때문에 그 문을 열기 위한 경쟁은 그만큼 치열할 수밖에 없다. 그래서 대입이 인쟁양성이라는 대의(大義)에도 불구하고 공정가치에 매몰되어 주입식 교육에 의한 암기력 테스트에 수 십년째 매몰될 수밖에 없었음은 주지의 사실이다. 결국 성적에 따라 한 줄로 세우는 방식의 대입은 지식의 창의적 활용이라는 본질에서 벗어나 모방형 암기를 통한 수동적 대응으로 일관하여 사교육 창궐과 국가 경쟁력 퇴보라는 고질적 병증(病症)을 키우고 있다.

문제는 컴퓨터와 인터넷에 기반한 인공지능(AI)의 발달로 굳이 머릿속에 암기하지 않아도 되는 지식을 대학입시에서 요구하고 있다는 것이다. 모방형 지식이 아무런 제약없이 습득할 수 있었던 고도성장기(1980년대 전후)의 교육평가시스템이 지적재산권 보호라는 지식 자본화의 시대에 접어들어서도 변하지 않고 있다. 학교에서 치러지는 내신성적과 관련된 각종 교과시험 그리고 대학수학능력시험(수능)도 사실상 암기형 지식의 수용에 다름아니다. 초·중·고 교육이 대학입시에 영향을 받고 있고 국가 간의 치열한 글로벌 경쟁도 대학입시에 기반한 인재양성 시스템에 좌우되는 현실을 감안하면 아쉬움이 클 수밖에 없다.

지난 해 수능 한국사 과목을 보면 암기형 지식의 폐단을 단적으로 보여주는 문항이 있다. 뗀석기 유물을 고르라는 〈1번〉은 다섯 개의 선지 중에서 돌로 만든 도끼를 하나만 제시하고 나머지는 금속으로 만든 사례를 들었다. 발문의 석기(石器)라는 말 자체에 이미 돌이라는 의미가 담겨있어 사실상 답을 알려준 셈이나 다름없다. 3점짜리 고난도 문제인 〈20번〉은 보기의 연설이 유엔 가입 및 한반도 비핵화를 다룬 내용으로 다섯 개의 선지 가운데 하나만 빼고 나머지는 현대사와 관련이 없어 중학생도 풀 수 있을 정도였다.

마음만 먹으면 포털에서 얼마든지 찾아볼 수 있는 지식을 아직도 대학 진학의 중요한 변별 요소로 활용하고 있는 대입제도의 현주소를 볼 때, 왜 대한민국이 학술 분야 노벨상 수상자가 없는지 그 이유를 알 수 있다. 인공지능(AI)이 일상에 깊숙이 들어와 있는 상황에 비춰보면 머릿속에 암기한 지식을 저장해 둘 필요도 없고 또 그런 지식이 활용될 가치도 매우 희박하다. 글로벌 경쟁의 승자는 결국 창의적 아이디어에 있다. 그런 점에서 모방형 인재가 아닌 창조형 인재를 양성하는 대입 시스템으로의 변화가 필요하다.

창의적 대입제도로의 전환을 위해선 현재의 대입 수시와 정시 전형의 통합이 필요하다. 수능을 자격고사화하여 암기형 문제풀이식 교육을 최소화하고 학교의 내신성적은 창의형 수행평가의 비중을 80% 정도로 높이고 암기형 지필평가는 20% 정도로 낮춰야 한다. 현재의 수시 학생부 교과와 종합전형을 '창의인재전형'으로 통합하되 학교생활기록부의 창의적체험활동 가운데 '봉사활동'을 '창의활동'으로 변경하고 '수상기록'을 창의성을 장려하는 '아이디어 기록'으로 바꿔야 한다.

전형 단계도 학교생활기록부와 창의활동소개서를 받아 일정 배수로 변별하고 최종 합격은 창의면접으로 마무리하면 간단하다. 이렇게 되면 초·중·고 교육이 창의적 발상과 아이디어를 중시하는 방향으로 교육활동이 이루어질 수밖에 없고 암기위주의 교육은 당연히 설 자리를 잃을 것이다. 또한 학생은 학교교육에 충실할 수밖에 없고 학부모들은 자녀의 창의성을 기르기 위해 독서 환경을 조성하고 대화의 물꼬를 트며 다양한 경험을 심어주려 할 것이다.

2025학년도에는 현 정부에서 추진하는 고교학점제가 전국 모든 고교에 전면적으로 도입된다. 학습의 주체인 학생들이 진로에 맞춰 대학처럼 과목을 선택해서 배울 수 있는 시스템으로 바뀌는 것이다. 학생들은 자신의 관심과 흥미에 맞는 과목을 공부함으로써 지식의 효용성이 그만큼 높아지게 된다. 그런데 문제는 고교학점제와 상극(相克)인 수능의 비중이 점점 높아지고 있다는 사실이다. 수능은 일제고사로 당연히 줄세우기식 암기 위주의 지식을 평가하기 때문에 고교학점제의 취지인 과목 선택의 취지를 상쇄할 수밖에 없다. 물과 기름처럼 상극인 두 제도가 섞이면 대학입시는 지금보다 훨씬 더 큰 혼란에 빠질 것이 자명하다.

고교학점제의 도입은 공교육 정상화로 가는 디딤돌이라 할 수 있다. 문제는 교육에 있어 가장 중요한 것은 바로 교육평가(시험)시스템이다. 아무리 좋은 옷이 있어도 옷걸이가 시원치 않으면 옷이 갖고 있는 고유의 맵시를 드러낼 수 없는 것처럼 고교학점제의 성공을 위해서는 수능의 비중을 확 줄이고 대신 학교 평가의 비중을 높이되 변별적 기능은 창의성에 중점을 둬야 한다. 많은 책을 읽고 다양한 경험을 쌓으며 그렇게 얻은 지식을 다양한 상황에 적용할 수 있고 또 무한한 상상력을 통하여 새로운 아이디어를 적극적으로 제시하는 학생이 원하는 대학에 갈 수 있도록 우대해야 한다. 또한 학교 수업에 충실하고 동료를 존중하며 협력적 과정을 통하여 공동의 가치를 실현할 수 있는 시스템도 갖춰야 한다.

대한민국의 성장을 견인할 인재의 씨를 말리는 현행 대입제도는 반드시 고쳐야 한다. 마이크로소프트의 빌게이츠, 테슬라의 일론 머스크, 페이스북의 마크 저커버그, 애플의 스티브 잡스 같은 창의적 인재는 결국 대입 시스템 혁신에서 나오는 것이다. 두뇌활동이 가장 왕성한 시기에 엉뚱한 아니 다소 괴짜라고 여겨질 정도의 새로운 생각과 아이디어를 쏟아내는 청소년들이 원하는 대학에 진학할 수 있는 대입 제도가 필요하다. 그것만이 주변 열강에 둘러싸인 대한민국이 당당하게 가슴을 펴고 세계를 주름잡는 강대국이 될 수 있는 유일한 길이다. 갓 잡은 생선처럼 생동감 넘치는 아이디어가

파닥이는 교실의 모습은 생각 그 자체만으로도 가슴을 설레게 한다.

최진규 충남 서령고등학교 교사, 전 한국교육신문 논설위원, 전 EBS 교육방송 강사, 전 TBS 기적의 TV, 상담받고 대학가자 패널, 교육관련 30여권의 전문도서 저술

02
포스트 코로나 시대
온라인·원격수업 콘텐츠 개발 운영

공일영 경기 송탄고등학교 교사

　글로벌 전략연구소(GSI)-국제 포럼 2020에서 마이크로소프트사의 아태지역 고등교육산업 솔루션 담당 알렉산드로 파파스피리디스(Alexandros Papaspyridis) 이사는 "COVID-19로 뉴노멀 시대가 도래했다. 이전의 시대로 돌아갈 수는 없다. 교육계에선 온라인 강의 경험을 데이터로 축적하는 기회로 삼아야 한다."라고 말했다.

　2020학년도는 전세계에 불어닥친 COVID-19 바이러스의 확산으로 모든 일상이 비대면 온라인 체계로 급변했다. 혹자는 COVID-19 이전과 이후의 시대를 구분하기도 한다. 예상은 하고 있었지만 급격하게 찾아온 온라인 교육 환경에 초반 교육계는 당혹감을 감추지 못하고 우왕좌왕한 것이 사실이다. 온라인 환경에 대비한 중장기적 대안을 제시하지 못하고 현장의 의견이 반영되지 못한 2주짜리 땜질식 처방으로 학교 현장에서는 수시 교육과정을 운영하듯 하루짜리 교육과정을 작성해 울며 겨자 먹기로 버텨왔다.

온라인 원격 수업 초반의 콘텐츠들은 대부분 교과서를 제작한 출판사의 강의 자료나 EBS에서 제작한 콘텐츠를 들어주고 학생들은 재택에서 시청하는 단방향(일방향) 수업이었다. 그 결과 디지털 기기에서 자동으로 재생되어 나오는 영상물을 시청하는 수준에서 학생들의 적극적인 수업 참여를 이끌어내는 것은 쉽지 않았으며 학력 저하를 우려하는 목소리와 불만이 곳곳에서 터져 나왔다. 부랴부랴 교육 당국은 실시간 쌍방향 수업의 비중을 확대할 것을 교육 현장에 요청하고 쌍방향 수업에 필요한 기자재들을 제공하기 위해 엄청난 예산을 투입했다. 2021학년도에도 무선인터넷망 구축이라든지 태블릿 PC 보급 등이 확대되고 있어 하드웨어적인 부분은 갈길이 멀지만 발걸음은 떼었다.

문제는 소프트웨어에 해당하는 다양한 콘텐츠의 개발이다.

등교수업이 원격수업으로 바뀌면서 학교 현장에서는 저작권 침해가 없는 콘텐츠를 찾느라 바빴다. 수업하는 장면을 영상으로 촬영하여 학생들에게 전송하는 사례들도 나왔지만 이마저도 인터넷 속도와 대용량 파일로 인해 원활하게 진행되지 못하였으며 효과적으로 운영할 플랫폼 마저 부족했다. 2020학년도가 끝날 즈음부터 어느정도 교사 자신의 콘텐츠가 만들어지고 있고 비교적 원활한 쌍방향 수업이 진행되고 있다.

그렇다면 어떠한 콘텐츠가 필요한 것인가?

온라인이라는 특성상 오프라인 수업에서처럼 다양한 교육 활동이 이루어지기는 쉽지 않다. 가장 좋은 콘텐츠는 각 교실과 학생 개인에 맞는 맞춤형 콘텐츠이다. 그런 콘텐츠를 만들기 위해서는 교사는 수업에만 집중할 수 있는 환경이 제공되어야 한다.

  온라인 수업으로 전환되면서 교사들의 할 일은 배가 되었다.

  오프라인 수업에서의 활동들을 온라인상에서 요구하는 목소리가 높고 온라인 수업 도구를 활용하는데 익숙하지 않은 상황에서 효과적인 콘텐츠를 생산해내는 것은 쉽지 않지만 교사들의 열정과 노력으로 온라인 수업 만족도는 많이 높아졌다. 하지만 아직도 학력격차 양극화, 중위권 학생들의 몰락 등 해결해야 할 과제들이 남아있다. 따라서 개별 교실과 학생에 맞는 최적의 수업 콘텐츠를 제공하기 위해 몇 가지를 제안해 본다.

  첫째, 교육 활동에 저해되는 저작권 문제의 해결이다.

  수업 중에는 다양한 자료가 활용되는데 일선 학교 교사들은 저작권 문제를 신경쓰다 보면 자료 활용에 제한이 따를 수 있다. 오프라인 공간이 아닌 온라인 공간에서는 정보의 유출로 인해 저작권 문제에 더욱 예민한 것이 사실이다. 글자 폰트 하나를 사용하더라도 여러 고민을 해야하니 결국은 기본 폰트만 사용하게 되고 매력적인 자료 제작이 어려워진다. 정부와 사회가 나서서 이부분은 함께 고민하고 해결해야 한다.

  둘째, 교육 당국의 다양한 콘텐츠 개발과 보급이다.

  음식 재료가 그 음식 맛을 결정하게 된다. 최상의 재료로 음식을 만들게 되면 맛없는 음식이 나올 수 없다. 수업도 마찬가지로 다양한 콘텐츠가 제공되면 교육 현장에서 교사들은 다양하고 맛있는 음식을 만들 수 있는 것이다. 그 음식을 맛있게 먹는 학생들의 만족도는 높아질 것이 분명하다.

셋째, 교육당국이 도식적 사고의 틀을 버려야 한다.

한 번도 경험해보지 못한 상황에서 기존의 사고와 규정의 틀 안에서는 발전이 없다. 새로 시도해보는 수업 콘텐츠를 활용하여 온라인 수업을 진행하는 과정에는 시행착오가 있을 수 있다. 이를 용인하지 못하고 오프라인적인 사고의 틀에 가두어 놓는다면 교사의 활동은 위축되고 결국 단순한 영상 시청의 수업이 될 수 밖에 없다.

마지막으로, 일선 교육(학교) 현장을 믿고 교육 활동과 운영을 맡겨야 한다.

COVID-19라는 초유의 사태에서도 대한민국 교사는 밤을 지새우며 수업 자료를 개발하고, 플랫폼 활용법을 익히며 자신의 학생들에게 최적화된 온라인 수업 도구를 직접 배우고 연습하여 수업에 적용해 왔다. 그렇기 때문에 교사들이 마음껏 준비하고 시도해볼 수 있는 환경이 되어야 하며 간섭과 규제가 아닌 신뢰와 관용이 필요한 것이다.

포스트 코로나 시대에 온라인·원격수업에 필요한 콘텐츠 개발은 단위 학교 현장의 교사들에게 교육과정의 자율성을 허용해주고 다양한 수업 요리를 가능하게 할 기본 재료를 제공하여 교사를 신뢰하고 기다려주면 대한민국의 모든 교사들은 자신의 소임을 다해 문제를 해결하고 멋진 수업을 만들어 낼 것이다.

참쌤스쿨에서 강조하는 "교사가 최고의 콘텐츠다."라는 말로 글을 마무리한다.

공일영 경기 송탄고등학교 교사, 한국교원대학교 교육대학원 역사교육 전공 졸업, 청소년역사문화연구소 소장, 한국스마트교육학회 이사, 교육부 디지털교과서 활용교육 선도교사, 엄마아빠사용설명서(부모자녀와의 소통), 미래가 두려운 너에게(청소년자기계발서) 외 3권, 현재) 한국교육신문에 칼럼을 쓰고 있다.

03
디지털 시대의 에듀테크(Edu-tech) 활성화와 교원의 역할

이완기 충남 논산 채운초등학교 교사

　우리는 정보로 가공된 지식과 자료 따위가 사회 구조나 습관, 인간의 가치관 따위에 큰 영향을 미치는 디지털 시대를 살아가고 있다. 디지털 시대에 인터넷은 지식의 생산과 소비를 시공간의 제한을 건너뛰어 연결한다. 지식 생산과 소비의 직접적인 연결은 지식의 순환 속도를 빠르게 만들고 지식의 생애 주기를 단축시키는 한편 새로운 지식에 대한 요구를 확대시킨다.

　최근 코로나가 세계적으로 유행하면서 비대면·원격사회로의 환경변화는 교육에도 실감형 교육을 위한 가상·혼합현실 기술, AI·빅데이터 기반 맞춤형 학습 기술, 온라인수업용 대용량 통신기술로의 전환을 시도하고 있다. 2020년 글로벌의 대세로 떠오른 신교육법으로 떠오르고 있는 것이 에듀테크이다. 교육과 기술을 융합한 제4차 산업혁명시대의 핫 키워드 에듀테크는 점점 우리생활에 깊이 파고들고 있다. 특히 학교에서도 원격수업이 적극적으로 이루어지면서 "에듀테크"에 대해 더 많이 알고 구현하고자 하는 움직임이 확대되고 있다.

한 학기에 걸친 온라인수업 덕분에 학습자의 기기 조작 능력은 상당한 격차를 줄였지만, 여전히 기기 접근성과 과제 해결 능력에서는 학습자 간 수준 차이가 급격하게 벌어지는 것을 확인하였다. 교사들이 원격수업용으로 부적합하다고 판정했던 e학습터에 대해 학생들은 선호하는 경향을 보였다. 우수학생은 혼자서 빨리 보고 과제를 해결할 수 있었던 것이고, 부진학생은 틀어놓기만 하고 과제를 대충 제출할 수 있었기 때문이다. 모두 화상을 하지 않는 것에 대해서는 만족감을 나타냈다. 교사는 교실에서 벌어지는 상호작용을 어떻게 하면 온라인수업 상황에서 확대할지 고민을 하기 시작했다. 이후로의 온라인수업은 상호작용에 초점을 두고 변화가 일어날 것이다.

교사와 학생 간의 유의미한 학습대화가 이뤄지려면 온라인상에서 서로의 얼굴이 확인 가능하고, 학습자의 의견이 수업 중 제시되며 이에 대해 교수자가 피드백을 할 수 있어야 한다. 구글 클래스룸과 행아웃 meet, ma팀즈, zoom 등 화상기반 프로그램은 기능적으로 문제가 없어 보인다. 그러나 이런 기능에 도달하기 위한 각 학생의 여건에는 수많은 제약이 있다. 특히 돌봄 공백 상태인 아이들과 적절한 학습경험을 제공받지 못하는 아이들은 현재의 시국에서 수업에 온전히 참여하려면, 온라인학습에 필요한 기술환경과 여건이 충분히 마련되어야 한다.

교수학습관리시스템(LMS)은 학생에게 학습참여의 주도권을 주어 능동적인 학습을 촉진하며 학생 사이의 상호작용과 토론을 증진시켜 활발한 상호작용을 통해 유의미한 학습이 일어나게 한다. 학습관리시스템은 학습자의 메타인지, 동기조절, 행동조절과 같이 학습의 전반적인 활동을 관리해주는 시스템으로써 개별화 교육을 지원하고 학습의 주도권과 선택권을 학습자에게 주어 참여형 학습이 일어나게 하며 교사의 운영 전략과 실천이 동반될 때 더욱 효과적으로 운영될 것이다.

현재 운영되고 있는 학습관리시스템은 2008년 전 세계 누구에게나 무로로 제공한다는 취지로 서비스를 시작한 칸아카데미(Khan Academy), 구글에서 교육용으로 제공하는 구글 클래스룸(Google Classroom), 태블릿 PC를 활용한 수업에서 교사의 수업 자료를 효과적으로 학생에게 전달하고 학생과 실시간으로 소통할 수 있는 교육전용 어플리케이션인 애플 클래스룸(Apple Classroom) 등이 있다.

온라인학습의 플랫폼을 하나의 지역단위가 아닌 단위학교 학생만이 사용할 수 있는 서버 확충과 내부 LMS를 개발해 나가는 것이 바람직하다. 교육에 전념해야 할 교사들이, 낯선 민간 에듀테크 플랫폼을 연구, 공부하고 교육에 적용하는데 시간을 낭비할 필요는 없다. 현장을 가장 잘 아는 교사의 생각 없이 만든 민간 에듀테크는 한계가 있다. 업체들은 컴퓨터를 잘 다루고, 활용해왔던 교사들의 의견이 주를 이룰 뿐 현장의 수많은 교사들과는 결이 다른 생각이 전달될 가능성이 크다. 현장의 분위기를 보다 공식적인 경로로 수집하고 전달하는 구조가 필요하다.

온라인학습이 진행되며 독서교육은 뒷전으로 밀렸다. 학교도서관 및 지역의 공공도서관은 코로나 상황이 나아질 때까지 잠정 운영되지 않았다. 온라인 도서관이라는 불리며 학생들이 직접 도서관에 가지 않고도 스마트폰이나 컴퓨터 등의 전자 기기를 통해 책을 읽을 수 있는 환경이 필요하게 되었다. 미디어의 발달로 많은 전자 도서관들이 생겨나고, 활발히 이용되고 있다. 이러한 내용이 학생, 학부모들에게 홍보되지 않고 있다.

　코로나19로 온라인수업이 진행되는 지금, 과연 음악과 미술, 그리고 체육 수업을 가능하게 한 노력은 무엇이 있을까? 경기도교육청의 예술편지 〈집에서 맞나는 예술·놀이·배움〉은 초등 4교시로 이루어져 온라인수업에 활용할 수 있는 여러 팁과 사례, 컨텐츠를 활용 방법 등을 담고 있다. 이것은 예술로 행복을 담는 온라인수업에 어려움을 겪는 교사들에게 조금이나마 도움일 될 것이다.

　포스트 코로나19 시대의 변화된 문화예술교육을 준비하며 유튜브 전시와 라이브 콘서트를 언제, 어디에서든 휴대전화로 쉽게 찾아보는 온라인 공연과 전시가 많아진다면 문화적 소통의 기회가 넓어질 것이다.

　원격수업을 위한 스마트 기기 지원, 정부와 민간의 콘텐츠 개발 협력, 플랫폼이 갖추어 줘야 하고 주요 교육 사이트의 사용 요금이 낮아져야 한다. 또한 에듀테크에 인공지능(AI) 서비스가 도입되어야 하고, 교과서 내용을 지원해주는 수준에 맞는 콘텐츠, 학부모-학생-교사를 효율적, 유기적으로 이어주는 스마트한 알림장 서비스 등도 필요하다.

이완기 충남 논산 채운초등학교 교사. 공주교육대학교 교육대학원 컴퓨터교육과 석사. 충남교육청 장학자료 개발위원. 충남부여교육지원청 자료개발편집위원. 충남논산계룡교육지원청 장학자료 개발위원. 각종 교원연수 강사. 정보처리기사 1급. 코딩교육 전문가

04
교육은 희망의
사다리가 되어야 한다

이현청 한양대학교 석좌교수

〈미국 정신의 종언(The Closing of American Mind)〉의 저자이기도 한 블룸 교수는 교육은 인간을 살릴 수도 있고 패망하도록 할 수도 있다는 말을 한 바 있다. 교육은 희망이 될 수도 있고 이 희망과 꿈을 좌절시킬 수 있는 소지도 있다는 의미이다.

우리나라 교육에서 지금껏 교육은 곧 희망이라고 하는 신념에는 변함이 없고 교육을 통해서 꿈을 꾸고 그 꿈을 이루고 그 이룬 꿈을 통해 삶을 행복하게 살 수 있다고 하는 교육에 대한 굳은 신념은 변함이 없었다. 이러한 교육에 대한 신화는 오랜 역사 속에서 한 번도 변함이 없이 자식농사가 최고이고 자식농사는 교육을 통해서 이룰 수 있다고 하는 신념이었다.

그러나 근래에 들어서는 이러한 교육에 대한 생각들이 다소 변화되고 있는 것을 부인할 수 없다. '개천에서 용이 난다'는 신화도 깨어졌고, 교육이 사회 상승이동의 사다리가 된다는 생각도 바뀌어져가고 있다. 그 이유는 특정 지역, 특정 학교, 특정 계층의 교육 세습에서 비롯된 절망감의 표출이라고 볼 수 있다.

그럼에도 수능만 되면 비행기도 뜨지 않고 온 가족이 온 사회가 온 언론이 매달려 수능에 대한 기대를 저버리지 않고 있는 것 또한 이율배반적인 사회 현상이라고 볼 수 있다. '과연 교육이 희망의 사다리가 되고 있는가, 아니면 그 반대인가?' 라는 논의는 접어두고라도, '교육 이외의 희망과 꿈을 키울 수 있는 방법이 무엇인가' 하는 질문에 대해서는 아무도 선뜻 대답할 수 없는 것 또한 우리 사회의 현실이기도 하다. 역으로 말하면 교육은 그나마 사회계층이동의 도구이기도 하고, 개인의 성장과 발전을 위한 유일한 통로이기도 하며 부모가 자식을 통해 자기가 이루지 못한 꿈을 실현할 수 있는 대리만족의 유일한 수단이기도 하다.

이 점에서 교육은 아직도 희망의 사다리임에는 틀림이 없다. 요근래 들어 제4차 산업혁명이 확산되고 이러한 제4차 산업혁명의 파고는 AI가 인간을 능가하는 시대를 목전에 두고 있는 현실 속에서 교육의 패러다임과 틀 그리고 교육의 역할과 기능에 대한 논의가 진지하게 이루어지고 있고 이 과정에서 과연 교육이, 특히 학교교육이, 희망의 사다리가 되고 있는지에 대한 많은 논란이 일고 있다. 비록 교육의 방법과 내용과 과정이 인공지능형 패러다임으로 바뀐다 해도 교육은 교육일 뿐이고 교육은 유일한 인간의 희망을 심는 도구임에는 틀림이 없다.

얼마 전, 스탠포드 대학의 후버연구소에서 세계의 석학들을 모아 인공지능시대의 미래에 대한 조망을 한 적이 있는데, 이들의 진단 중의 하나는 스펙과 명문학교 졸업장이 필요 없는 시대가 되었다고 진단을 하면서 제4차 산업사회의 인재가 필요로 하는 덕목은 창의성과 협동정신 그리고 호기심으로써 학위 없는 사회, 스펙 없는 사회, 학교 없는 사회 등을 제시한 바 있다. 이러한 예견에도 불구하고 그들은 '교육이 필요 없다'는 진단은 한 적이 없다. 한마디로 교육은, 인간을 바꾸고 인간을 성장시키고 인간을 계발하는 유일한 수단임에는 틀림이 없다는 것이다.

인공지능시대에 학교교육의 패러다임이 총체적으로 바뀔 필요가 있는 시점임에는 틀림이 없지만 그래도 교육은 희망의 사다리임을 부인할 수는 없을 것이다. 왜 교육이 희망의 사다리인가. 첫째는 무지를 유지(有知)로 전환시키는 유일한 수단이기 때문이다. 둘째는 한계는 있으나 사회계층 상승이동과 사회이동의 유일한 수단이기 때문이다. 셋째는 인간에 내재되어 있는 잠재능력을 계발(개발)하는 가소성의 기제이기 때문이다. 넷째는 교육은 지식을 습득하게 하여 지혜를 늘리는 방법이기 때문이다. 다섯째는 교육을 통해 자아실현의 욕구를 충족시켜 나갈 수 있는 사다리이기 때문이다. 여섯째, 교육은 더불어 사는 가치와 규범과 윤리를 습득하고 생활화하는 수단이기 때문이다.

이외에도 여러 가지 이유에서 교육은 희망의 사다리라는 점을 부인할 수는 없다. 교육이 없는 사회는 죽은 사회이고 교육이 희망이 되지 않는 사회는 절망의 사회이며 교육이 사회를 밝히는 빛이 되지 못한 사회는 어둠의 사회라는 것을 우리는 잊지 않고 있다.

이것은 한계가 있고 상황이 변하였지만 그래도 희망의 사다리로 붙잡을 수 있는 것은 교육뿐이라는 것을 의미하는 바이다. 더구나 제4차 산업혁명시대와 제5차 산업혁명시대의 교육은 방법과 과정과 내용이 바뀐다 할지라도 인간에게 희망을 심어주는 유일한 사다리가 된다는 점임을 부인할 수 없는 일이다. 이스라엘 민족이 수천 년 동안 세계를 떠돌며 수모를 당할 때에도 그들은 교육을 포기한 적이 없다. 그래서 이스라엘 민족의 후예들은 아직도 노벨상을 휩쓸고 있고 각 영역에서 지도자로서 활약하고 있는 것이다.

이스라엘 민족에게는 '침략을 당했을 때에도 교육만 포기하지 않으면 우리 민족은 시간이 걸려도 끝내 승리할 수 있다'는 신념을 버리지 않았다. 이처럼 우리에게도 교육은 희망의 사다리라는 점을 저버려서는 안 된다. 교육은 인간의 삶 속에서 태어나서부터 죽을 때까지 녹아 숨 쉬는 자기 발견의 여정과 관련돼있기 때문이다.

교육은 꿈의 사다리이고 상승의 사다리이고 자기발전의 사다리이고 인간과 인간을 연결하는 사다리이고 절망과 고통과 좌절과 아픔을 딛고 일어설 수 있는 종합 사다리이다. 이점에서 교육은 개인이나 국가가 일구어야할 첫 번째 희망의 빛임에는 틀림이 없다. 그래서 OECD국가들은 우리나라를 교육을 통해 강국이 된 '교육기적의 나라'라고 부르는 이유이기도 하다.

이현청 한양대학교 석좌교수, 美남일리노이대 철학박사, 버클리대 미시건대 연구원, 사우스캐롤라이나대, 부산대 교수, 상명대·호남대총장, 한국대학교총장연합회 회장, 한국글로벌교육포럼, 한국비교교육학회장역임, UNESCO 세계의장, OECD이사, 호주대학평가위원, 아태지역고등교육협력기구의장, 국무총리실자문위원, 감사원 자문위원장역임, 대통령 자문위원역임, 세계100대 교육자선정(영국 캠브리지대학 IBC선정) 세계3대인명사전 모두 등재, 21세기 위대한 사상가 1,000명(미국ABI선정) 저서 『왜 대학은 사라지는가』외 다수가 있다.

05
교육 자주성과
교원 자율성의 올곧은 보장

박은종 공주대학교 겸임교수

약 80억 지구촌 가족들이 함께 사는 현대 사회는 세계화 시대, 제4차 산업혁명시대, 그리고 에듀테크(Edu-tech) 시대로 명명된다. 즉 세계와 사회의 모든 것들이 종횡(縱橫)을 망라해 유기적으로 다방향으로 연계돼 역동적으로 작용하는 열린 사회이다.

세계보건기구(WHO)가 팬데믹(pandemic)으로 지정한 코로나19 대란으로 전 세계가 블랙홀에 빠져 정치·경제·사회·문화·교육 등 전 영역이 멈춰 섰고, 지구촌인들은 평범한 일상을 잃었다. 그런 가운데 사회적 거리두기와 비대면 일상화로 사색과 성찰, 독서, 집밥, 가족 유대, 택배 등이 급증해 새로운 정형표준(new normal)으로 자리 잡았다.

사실 코로나19 대란이 지구촌과 우리 사회에 주는 무언의 메시지는 교육의 자주성과 교원들의 자율성 보장이다. 세계적 대재앙, 국가 대란을 맞아 교육과 교원들이 흔들림 없이 해야 할 일을 스스로 찾아 올곧게 수행해야 한다는 교훈이다. '위기를 넘어 함께 하는 교육'이라는 슬로건처럼 교육과 교원들이 앞장서 얽히고설킨 난국을 극복해야 한다는 가르침이다.

일찍이 영국의 사회학자 번스타인(B. Bernstein)은 교육의 자주성은 민주주의를 꽃 피우는 밑거름이고, 교원의 자율성은 창의적 교육의 등불이라고 갈파했다. 따라서 교육의 자주성과 교원들의 자율성은 교육이 미래 인재 육성이라는 본질에 충실토록 지원하고, 교원들이 보람과 긍지로 창의적인 교육과정을 구안해 가르치며, 학생들이 행복희망의 나래를 마음껏 펼치며 함께 미래를 열어가는 교육의 자양분이자 활력소이다.

교육의 자주성과 교원의 자율성은 헌법 제31조 제4항, 교육기본법 제6조 제1항, 그리고 교직윤리헌장 '우리의 다짐' 제4항 등에 명확하게 규정돼 있다. 즉 법령과 규정에 따라 교육과 교원들은 자주성, 자율성, 전문성, 정치적 중립성을 오롯이 보장받고 있다. 따라서 교육과 교원들은 정파이념진영 등에 벗어나 오직 국민 교육과 미래 인재 양성이라는 백년지대계(百年之大計)에 충실해야 한다. 교육의 정치 팬덤 지향은 절대적 금물이다.

미래 교육은 정치·이념·진영 등에서 독립해 국민통합과 미래 인재 육성이라는 본령에 충실해야 한다. 교육이 오롯이 제자리를 잡고 국가와 국민의 미래를 열어가야 한다. 교육의 문제를 '정치·경제의 논리'가 아닌 '교육의 논리'로 반듯하게 풀어야 한다. 이 시대 교육이 시대정신인 공정과 정의를 실현하고, 미래 인재 육성이라는 시대적 소명 위에 명징(明澄)하게 바로 서야 한다.

무릇 교육의 자주성과 교원의 자율성은 해야 할 것과 하지 말아야 할 것을 스스로 취사선택해 해야 할 것을 아주 올곧게 실행하는 자율적 정화과정(淨化過程)이다. 교육의 자주성과 교원의 자율성은 말 그대로 진솔하고 순수하게 법령과 원칙, 그리고 상식에 바로 설 때 보장되는 것이다. 최근 우리 사회와 교육의 시대정신인 공정·정의·신뢰 등이 바로 교육의 자주성, 교원들의 자율성 보장과 일맥상통하는 것이다.

교육의 자주성 보장 차원에서 우선 주무 부처인 교육부가 오롯이 바로 서야 한다. 하지만, 최근 교육부가 중심을 잡지 못하고 정치적 여론에 따라 흔들리는 사례가 빈번했다. 가령 대입개편 논의에서 교육부가 중심을 잡지 못하고 우왕좌왕하여 국민들의 불안을 가중시켰다. 교육부가 대입개편 논의의 공을 국가교육회의로 넘겼고, 국가교육회의는 다시 대입개편특별위원회에, 대입특위는 다시 공론화위원회에 넘겨 하청에 재하청을 줬다는 비판을 받았다. 대통령 취임 첫 해에 수능 절대평가 전환을 주장하다가 반대 여론에 부딪혀 철회하고, 2020년 조국 전 법무부 장관 사태 즈음에 대입정시 40% 이상 확대를 대통령이 천명한 것 등이 그 연장선이다. 국가교육회의가 확대 개편돼 곧 출범할 대통령 직속 국가교육위원회도 얼마나 자율성을 담보하느냐에 그 성패가 갈릴 것이다. 국가교육위원회가 백년지대계 교육정책의 산실로 자리 매김하려면 교육부 옥상옥(屋上屋)이라는 인식을 타파한 명실상부한 자주성과 자율성을 담보하는 게 우선 관건이다.

교육정책은 숙의(Deliberation)와 동의(agree)가 핵심 두 축이다. 교육은 국가 백년지대계로서 국가 정책과 국민생활과 직결된다. 따라서 숙고를 통해 신중하게 접근해야 하고 나아가 사회적 합의와 국민적 동의가 필수적이다. 미래 인재 양성의 바탕인 교육정책의 입안수립과 실행 등의 과정에서 일방적 밀어붙이기, 발목잡기 등이 사라져야 한다. 교육정책은 민주성, 자주성, 자율성 등이 성패의 가늠자인 것이다.

교육의 자주성과 교원들의 자율성에 터한 대한민국 미래 교육은 희망 사다리 교육, 개천에서 용 나는 교육, 유리천장 깨는 교육을 지향해야 한다. 부모 찬스가 자녀의 학력과 소득으로 대물림되지 않는 사회, 모든 사람들이 꿈을 향해 마음껏 도전할 수 있는 국가, 땀 흘려 성실하게 노력한 사람이 인정 보상받는 세상을 지향해야 한다. 사회 전반에 걸쳐서 '기회는 평등하게, 과정은 공정하게, 결과는 정의롭게'가 오롯이 구현돼야 한다. 미래 교육은 시대정신인 희망, 행복, 배려, 포용 등 소중한 가치를 실현해야 한다. 소위 내로남불·아시타비(我是他非)가 아니라, 공정·정의·신뢰를 교육의 반석 위에 바로 세워야 한다.

세계보건기구(WHO)와 많은 방역·의료전문가들은 한결같이 코로나19 이후에 바로 또 다른 신종 바이러스 감염병이 창궐해 제2의 팬데믹이 도래할 것이라고 경고하고 있다. 일부에서는 중세 유럽을 붕괴시킨 흑사병(페스트)처럼 미래 인류의 멸망은 전쟁이 아니라, 감염병에 의해 초래될 것이라고 주장한다. 실제 14세기 유라시아 대륙에 흑사병이 창궐해 중세 유럽 봉건제도를 무너뜨렸고, 천연두는 서로마제국 멸망과 17세기 대항해 시대를 열었다. 미래 사회에서도 코로나19 대란 같은 감염병이 21세기 문명의 대전환을 촉발시킬 가능성이 농후하다.

많은 사람들은 포스트(post) 코로나19에는 세상이 상전벽해(桑田碧海)하고, 지구촌 인류의 일상이 크게 달라질 것이라고 전망하고 있다. 일부 학자들은 미래의 역사는 코로나19 전후로 양분될 것이라고 단정하기도 한다. 모름지기 미래 사회는 전자상거래배달쇼핑 증가, 모임행사 간소화, 재택근무

확대, 화상회의면접토론회 급증, 무관중(관객) 경기공연, 혼합교육(blended learning), 온라인·원격교육에듀테크 등이 일상화될 것으로 전망된다.

한편, 독일의 사회학자 울리히 벡(U. Beck)이 주장한 '현대 위험사회'가 머지않아 현실화할 우려가 있다. 따라서 미래 삶의 안전판으로써 행복한 동행과 교육의 자주성이 더욱 강조되고 있다. 미래의 희망 교육은 타인에 대한 배려와 생각하는 힘을 기르는 교육, 더불어 사는 삶의 참 의미를 실행하는 교육을 지향해야 한다. '생각의 샘터'를 통한 '영혼이 있는 교육', '울림이 있는 교육'은 교육의 자주성자율성에 터한 행복교육에서 발현된다.

이제 한국의 미래 교육은 유비무환(有備無患)의 자세로 비대면(untact) 일상화와 새로운 표준정형화(new normal)에 대처해야 한다. 그린 스마트 스쿨, 디지털 스마트 교육, 미래 테크놀로지 교육 등 미래 신교육 패러다임과 한국판 교육 뉴딜정책도 준비해야 한다. 장기적으로 9월 신학년제 공론화, 국가교육위원회 출범, 온라인·원격교육의 시스템·인프라 구축, 미래 교육혁신 등도 추진해야 한다. 우리는 이러한 미래 사회의 변혁이 교육의 자주성, 교원들의 자율성의 터전 위에서 오롯이 서고 그 바탕 위에서 올곧게 실현된다는 점을 유념해야 한다.

박은종 공주대학교 겸임교수, 사회학 박사, 한국사회과교육연구회 회장, 각종 교원공무원전문직 시험출제위원, 교육부교육정책자문위원, 한국교총교육정책전문위원, 충남교육청 장학사, 교육연구사, 통일교육위원 민주평통자문위원, 충남대 교육연구소 교육연구관, 국정교과서 편찬위원, 한국교육신문·주간교육신문 논설위원,, 공주교대, 동신대, 성신여대, 청운대, 홍익대. 중앙소방학교 외래교수, 저서 『한국교육의 지평과 미래비전탐구』 외 40여권

06
교직의 위기 극복 그리고 보람과 행복

김광섭 교육타임스 논설위원

　세상에는 많은 직업이 있다. 교사는 일상적으로 수업을 통하여 학생들의 영혼에 생기를 불어 넣는 일을 하기에 수업의 전문가로 자칭한다. 그래서 스승의 역사도 매우 깊다. 많은 사람들이 스승이라고 자처하고 나섰다. 옛날 유명한 철학자들은 모두가 그 시대의 훌륭한 교사였다. 그들 뒤에는 따라다니는 사람들이 많이 생겼는데, 대표적인 사람이 예수이고, 공자이고, 석가모니이다. 시대의 변화에 따라 많은 스승들이 존재하였고 영향력을 미쳤다.
　오늘날 훌륭한 성인으로 추앙받은 그들은 모두 갔지만 그들의 정신은 지금도 살아있고 이를 따르고자 하는 사람들은 아직도 줄을 잇고 있다. 직업상 교사와 의사는 차이점도 많지만 비슷한 점이 많다. 인간의 삶에 가장 중요한 건강은 변함없이 행복추구의 가장 기초가 되는 요소이다. 따라서, 의사는 행복한 삶을 추구하는데 필수적인 건강 지키기를 본질로 환자를 상대하며 정확한 진단과 이에 대한 처방으로 승부를 건다. 동의보감을 쓴 허준의 삶이 그렇고 밀림에서 일생을 바친 슈바이처가 그런 사람이다. 이 시대의 선생님들 역시 행복 추구를 위하여 보다 더 좋은 교육을 향유할 학생을 대상으로 수업을 하는 것으로 승부를 건다. 그러므로 보다 질 높은 교육을 위해 학생 수준 파악과 그들과의 소통에 노력을 경주하며 적절하고 필요한 교재로 아이들의 변화를 꾀한다.

의사나 교사 모두 본질에 충실하기 위하여 전문적 지식을 필요로 한다. 이를 위해 의사는 지속적인 임상 연구를 하여 치료 활동을 잘 하면 명의가 되고, 교사는 좋은 수업연구 실천으로 잘 가르치면 명교사가 되는 것이다. 두 직업이 모두 전문성을 바탕으로 하기에 남이 하라고 하여 하는 것이 아니라 자신이 알아서 수행하여야 성과가 오르는 일이다. 그러나 한 가지 차이가 있다면 의사의 치료는 얼마간의 시간이 흐르면 그 효과가 나타나기에 다른 사람의 입에 올라 명의라는 칭호가 붙는 선전효과가 나타나 소문이 나게 되지만 교사의 교육행위는 금방 나타나지 않기에 효과성을 판단하기가 어려운 성격을 지니고 있다.

일상적으로 우리는 가르치면 학습한다는 믿음을 가지고 있다. 국민정신교육을 하면 국민정신이 살아나고, 경제교육을 하면 경제가 잘 돌아가고, 청렴교육을 하면 공직사회가 청렴해진다는 믿음이다. 그런데 실제로 세상은 그렇게 돌아가지 않고 있다. 한국 정치, 경제사에서 이러한 일들은 비일비재하였다. 1980년대 가장 부패한 권력이 청렴을 강조하여 그 결과를 학교에서는 매주 보고하는 시대가 있었는데 그런 정권은 순식간에 무너지고 말았다. 비양심적인 일들이 점철된 순간들이었다.

역사상 유럽에서 페스트가 발병하여 의사도 직업적으로 위기가 닥쳤던 역사가 있다. 그러나 묵묵히 연구에 연구를 거듭하는 엄청난 노력을 경주하여 위기를 잘 극복한 것이다. 그런 전통을 가지고 있기에 의사들은 지금도 계속 학회에 참석하여 새로운 지식과 기술을 습득한다. 대부분의 진료실에 가면 담당의사가 어느 학회에 참석하여 연수하였다는 인증서를 볼 수 있다. 이는 바로 자신이 어떤 학습에 참여하였는가를 보여주는 증거품으로 환자에게도 안심을 주는 역할을 한다.

이 시대 교육과 교직은 일대 위기를 맞고 있다 해도 과언은 아닐 것이다. 학생이 선생님을 향하여 폭력을 휘두르는 세상이 되었다. 극히 일부라지만 학부모들의 행패도 자주 학교현장에서 일어나고 있으니 말이다. 그리고 학교에 대한 신뢰가 학원이나 과외 선생님에게 밀려 그 신뢰도가 낮다는 것은 이제 세상이 다 알고 있다.

그러므로 제도권 공교육 학교의 선생님들도 교직을 통하여 행복한 삶을 추구하고자 하는 수업연구를 통하여 수업을 단련하고 학생들의 성취 의욕을 북돋울 필요성과 기술적인 능력이 절실히 요구되고 있다. 특히 변하고 있는 아이들의 문화와 심리를 파악하고 그들의 삶에 동참하면서 무엇이 그들의 마음에 응어리로 남아있는가를 찾는 노력이 필요한 시점이다. 이러한 연속적이고 아이들을 향한 열정적인 교육활동을 실천한 교사들에 의하여 분명히 학교는 새롭게 변화할 것이다. 학생들의 학습에 변화를 일으키는 선생님들의 수업이 학생들을 행복하게 하고 선생님 자신도 행복해졌다는 경험을 한 적이 있다.

의사가 치료를 통하여 환자의 생명을 구함으로 직업의 묘미를 느끼듯이, 선생님도 가르침을 통하여 아이들의 변화를 이끌어 내는 것이 최고의 희열이다. 그러나 이러한 일이 결코 하루아침에 이루어지는 것은 결코 아니다.

보다 넓게 그리고 깊게 세상을 살펴보면서 가르치는 자로서의 위치가 현재 어떤 평가를 받고 있는지 귀 기울이지 않으면 들려오지 않을 것이다. 아직도 우리 교육현장은 이성만 발휘하기를 원하며 아이들의 감정은 무시하거나 억압하지 않고 있는가 되돌아 볼 일이다. 학생과 아이들의 인성문제는 결국 어른인 부모나 교사의 부적절한 개입의 결과로 야기된 경우 가 많다는 것이 다.

어머니가 있어도 아이는 TV만 보거나 게임기에 취해 혼자 시간을 보내고 어른과 함께한 시간은 거의 없는 실정이 다. 그 결과 어른의 존재가 찾아보기 힘들다. 따라서 아이들이 성 숙한 어른으로부터 인성과 이성의 조화를 배울 기회가 적어졌다. 그래서 더욱 교사의 역할이 중요한 시기인 것 같다. 하지만 교사도 많은 아이들을 지도하다보면 지치기 마련이다. 하지만 아이들이나 학부모는 항상 지치지 않고 열심히 가르쳐주길 원하는 마음으로 가득 차 있다. 그래서 선생님은 더욱 힘든 것이다.

현실이 힘들수록 여유를 찾아야 한다. 평소 아이들과의 수업과 일상을 통하여 아이들 을 이해하고 감정을 나누는 '상호작용'이 우선되어야 한다. 조금이라도 시 간을 내어 같이 걸으면서 이야기를 나누는 것은 아이들이 인정받는 시간으로 양질의 경험이 될 수 있다. 이때 아이들에게는 그 선생님에 대한 좋은 마일리지가 축적되는 좋은 기회가 될 것이다. 이와같은 길이 교육의 형식화를 파괴하는 길이다.

우리나라 교육이 유달리 형식화되는 이유는 교육에만 관심을 집중하고 학습자의 학습에 눈을 돌리지 않기 때문이며, 학습이 일어나지 않는데도 교육만 행하면 학습이 이루어지는 것으로 간주되는 발상에서 탈피하는 일이다. 나와 지금 만나는 아이들 하나하나의 눈빛을 응시하면서 변화를 확인하고 어떻게 작동되는가를 유심히 살펴보는 노력을 게을리 하여서는 안 될 것이다. 인간의 육신이 건강하기 위하여 좋은 음식과 운동이 필수인 것처럼 학생들의 영혼이 성숙하기 위해서는 따스한 햇빛과 같은 스승의 격려와 응원은 한 개인의 성장은 물론 이 사회를 지탱하는 대들보이자 밑바탕이 될 것이라 믿는다.

07
스마트 사회에 대응하는 교사의 역할

김광섭 교육타임스 논설위원

　인공지능 기술의 급격한 발전으로 지난 세기와 다른 21세기를 실감하고 있다. 이같은 엄청난 변화의 물결에 대하여 우리는 '제4차 산업혁명'이라 부르면서, 이러한 변화의 소용돌이 속에서도 우리교육은 거의 교실을 중심으로 교사가 주도적으로 하는 작업이었다. 평가는 본래 목적, 목표 달성을 측정하는 것인데 입시 결과를 측정하는 시험은 거의 선택형 중심으로 학생 개개인들의 생각이 살아날 여유를 배제한 상태였다. 그러나 어느덧 네모난 교실 안으로 디지털 세상이 들어왔다. 이런 변화는 감히 혁명적이라 할 수 있다. 최첨단 기계와 시스템으로 장식된 스마트 교실은 새로운 교육 혁명을 예고하고 있다. 이러한 변화에 걸맞게 적응하려면 지식 선도자인 교사도 이제 인식의 창을 넓혀 세상 밖으로 나가 세상과 폭넓게 교류해야 한다.

무엇보다도 디지털 세대는 더 이상 교실 안에만 머무르지 않는다. 스마트 교육을 통해 닫혀진 공간은 파괴되어 전 세계는 좁아지고, 배움의 중심인 학교의 개념은 전 세계를 무대로 더욱 넓어지고 있다. 그 결과 교육은 시간과 공간의 제약을 뛰어넘어 국가간 교실간의 벽을 허물어 새로운 가능성을 열어주는 역할을 할 것이다.

스마트 교육으로 학교는 어떻게 변하고 있을까! 한국의 한 초등학교는 매주 호주의 아이들과 수업을 함께 받는다. 한국-호주 간 화상수업은 교실과 교실을 연결하는 문화교류의 장이 되고 있다. 민족주의 중심의 이데올로기를 가르치는 장이 무너지고 있다. 그런가 하면 일본의 한 특수학교에서는 정보통신 기술을 이용해 아이들의 자립심을 길러준다. 이처럼 공간의 벽, 장애의 벽도 서서히 사라져 간다. 육지와 수백 km 떨어진 섬에서도, 사교육의 기회가 적은 아이들도 이제는 원어민 선생님에게 영어수업을 들을 수 있게 됐다. 장애와 지리적인 여건을 뛰어넘어 누구에게나 열린 교육! 스마트 교육은 단순한 기술 도입 이상의 의미를 지닌다.

스마트 교육 환경은 날이 갈수록 진화되고 있다. 새롭게 진화해 가는 스마트 도시는 더욱 이를 가속화 시키는 좋은 인프라가 될 것이다. 따라서 이러한 시대를 이끌어가고 이를 실현할 21세기는 교사 혁명이 필요하다. 그 변화의 중심인 교사들의 역할이 달라져야 한다. 무엇보다 학생들이 새로운 것에 도전하고 창조하는 촉매제 역할을 감당해야 한다. 이를 위해 스스로의 자발적인 모임을 통해 스마트 수업을 공유하고, 기술적인 새 기법을 익히는 교사들도 점차 늘어나고 있다. 이처럼 디지털 세대의 학습방법을 연구하려는 교사들의 노력이 존중되어야 한다. 이제 교사의 역할은 가르치는 주체에서, 무궁무진한 세상의 안내자이자 수업의 설계자로 변화하지 않으면 안 될 시점이 된 것이다. 아무리 발전된 기술이 있어도 교사가 관심이 없고 수업에 적용하고자 하는 노력을 안 한다면 무용지물이 될 것이다. 나아가 소통은 교육의 핵심요소로 자리잡고 있다. 교사와 학생이 배움을 찾아 IT로 소통한다. 필자도 필요할 때는 학생과 카톡이나 문자 메시지를 활용한다. 지금은 대학생이 되었지만 끈끈하게 이 연결망은 끊어지지 않고 있다.

이처럼 시대가 변하면서 교사와 학생 간 소통의 도구, 그리고 창구도 변화가 필요하다. 디지털 세대 아이들은 온라인에서 자기들의 속마음을 보다 쉽게 털어놓는다. 수업시간에도 필요하면 교육용 SNS를 이용해 보다 많은 아이들에게 피드백을 받고, 학교를 마친 후에도 온라인 교실은 언제나 열려 있다. IT와 교육의 만남을 통하여 새로운 학습의 틀을 창조하여야 할 시점이다.

우리가 살아온 과거가 지식을 소유하는 시대였다면, 이제는 지식을 공유하는 시대가 된 것이다. 이러한 시대 변천에 따른 지식이 자산이 된 사회에서 교사의 역할과 바람직한 교사상 역시 변화를 맞이하게 되었다. 따라서 누구나 갖고 있는 지식이 아닌 자기만의 지식을 축적할 필요성이 높아졌다.

한편, 지식의 폭발적 증가로 이 세상 모든 것을 가르치는 시대가 아니다. 교육의 패러다임은 교육자 중심에서 학습자 중심으로 변화되고 있으며, 교사와 학생 간의 심리적 관계, 인성교육 중요성이 더욱 강조되고 있다. 그래서 현대의 교사는 어디로 가야 할지 갈 길을 모르고 헤매는 것을 알려 주는 안내자, 모르는 것을 가르쳐 주는 교수, 학생들이 닮고 싶어 하는 롤모델, 어려운 문제의 해결에 조언을 해 주는 상담자, 재미있는 이야기를 해주는 이야기꾼이요, 학생들의 관찰자는 물로 평가자의 역할 등 다양한 역할을 수행하는 시대로 가고 있다.

시간과 공간의 벽을 허문 시대에 배움은 일상이 되어가고 있다. 하지만 아직도 갇힌 자기의 세계만을 살고 있는 교사는 시대의 변화를 제대로 감지하지 못하고 있는 경우도 허다하다. 또한, 일상적으로 교사들은 지도한 것에 대하여 충분한 반성적 활동이 이루어짐이 없이 습관화된 자기 방식에 따라 다시 되풀이된 지도를 하는 것이 일상적인 교실의 모습이라면 너무나 불행한 시간이다. 교사 자신은 말할 것도 없지만 이런 선생님을 만난 아이들도 불행하기 그지없을 것이다. 이같은 일상을 깨지 않으면 자신과 만난 학생들의 성장이란 기대하기 어려운 일 아니겠는가? 그래서 꾸준히 자기의 지도방법이 아이들에게 잘 들어맞는가. 또 지도방식이 좋은 결과를 가져오고 있는가를 확인하는 노력을 게을리 하면 항상 뒤떨어진 방식으로 자신의 업을 수행하게 될 것이다. 그래서 교사에게 '배움에 도전하는 용기와 사색'의 시간이 필요한 것이다.

사색은 우주와 자연의 섭리를 몸으로 느끼는 성숙의 시간이다. 이같은 내적 성장을 통해서 위대한 자신의 발견이 가능하다. 배움은 일차적으로 가치 있는 정보의 입수에서 시작된다. 그리고 그에 대한 공감대가 이루어지는 과정을 거치면서 '아! 이거구나'하는 가슴을 치는 충격이 없이는 오래 묵은 습관을 바꾸기란 거의 어려운 속성을 지니고 있다. 더군다나 교사에겐 더욱 그러하다. 대학을 졸업하고 바로 교직에 입직하여 풋내기 초년생이 되어도 타인들이 선생님이라고 부르는 것도 한 요인이 될 수 있다. 때문에 교사가 성장을 위해서는 끊임없이 배움의 창을 열어 놓고 새로운 공기를 마시는 시간을 놓치지 말아야 한다.

현재대로 누가 봐도 만족스런 결과를 창출하고 있다고 자신이 서면 이를 다른 사람들과 함께 공유가 필요하다. 그렇기에 좋은 수업을 하기 위해서는 다른 교사와 수업교류, 참관, 성찰적인 배움에 대한 지속적인 노력이 더욱 필요한 시대이다.

김광섭 전 순천동산여자중학교 교장, 전남교육청 장학사, 주일 후쿠오카 한국교육원 원장, 광양여자중학교 교장역임, 교육부 교육과정심의회 운영위원 역임, 현)교육과사색 논설위원

08
자유학기(학년)제의 운영 현실과 개선 방향

이우진 경기 양진중학교 교사

  그 동안 자유학기(학년)제는 학생들에게 과정중심평가, 토론실습 위주의 학생 참여형 수업 그리고 학생중심의 진로체험운영으로 학생들에게 긍정적인 피드백을 제공하였고, 교사에게는 교수학습 방법의 개선으로 교실수업의 놀라운 변화를 가져왔다. 뿐만 아니라 학부모에게는 다양한 수업방법 및 학습평가의 개선으로 교육만족도가 매우 높게 나타났다. 그 결과 자유학기제는 교육적으로 좋은 결실을 맺었지만 중학교 1년(한 학기) 동안 시험을 보지 않는 자유학년(학기)제로 인하여 사교육의 수요가 크게 증가하는 등 몇 가지 문제점이 발생하였다.
  실제로 중학교 제1학년 학생들은 자유학년제로 인하여 시험에 대한 부담감은 예전보다 크게 줄었지만 학습공백과 학습정체로 인하여 자신의 교과 실력과 학습수준을 제대로 점검하고 확인할 기회가 거의 없었다. 그 결과 학생들은 불안한 마음에 학원에서 시행하는 자체 모의평가를 통해 자신의 실력과 수준을 확인하면서 동시에 다음 학기에 배울 내용을 학원에서 선행학습을 하게 되었다.

최근 3년 동안 자유학년제를 직접 기획하고 운영하면서 느낀 점은 자유학년제가 취지와 목적은 아주 우수하지만 중학교 제1학년 학생에게 시험을 보지 않을 경우에 학습공백으로 인하여 사교육의 수요가 더욱 증가할 가능성이 아주 많다는 점이다. 실제로 자유학년제로 인하여 갈수록 학생들의 기초학력 실력이 꾸준하게 하락하고 있고, 이와 더불어 학생들의 사교육에 대한 수요는 학부모의 경제적인 배경에 따라 격차가 더욱 벌어지고 있다.

그렇다면 교과수업 개선과 학생들의 꿈과 끼를 찾는 다양한 진로체험 운영으로 효과적인 자유학년제가 정착되기 위해서는 어떻게 준비해야 할까?

첫째, 자유학년제가 안정적이고 지속적으로 운영될 수 있도록 예산지원이 꾸준하게 지원되어야 한다. 왜냐하면 해가 갈수록 교육청에서 내려오는 자유학년제 예산이 크게 줄어들고 있으며 현재 대부분의 농어촌 학교는 진로체험학습의 시설과 장소가 턱없이 부족하기 때문이다. 이것을 보완하는 방법은 대학교사회기관공공기관대기업과 업무협약을 맺어 지역사회의 인적물적 자원을 적극 활용해야 한다. 특히 사회적인 인프라가 절대 부족한 농어촌 학교에서는 교육기부를 활성화하여 외부강사 및 실습기자재 확보, 양질의 진로체험프로그램을 제공받을 수 있도록 노력해야 한다.

그래서 중학교 자유학년제 프로그램에 참여하는 공공기관과 대기업에게 참여를 권장하는 세제혜택 혹은 인센티브를 준다면 교육청의 예산을 줄일 수 있는 좋은 대체방안이 될 수도 있다. 특히 우리나라가 자유학년제의 롤

모델로 삼았던 아일랜드는 전환학년제를 사회적, 제도적으로 정착시키는데 이미 수십 년이 걸렸고 그 동안 국가, 사회, 기업, 학교에서 전 방위적으로 전환학년제의 안정적인 정착을 위해 다함께 노력해왔기 때문이다. 이를 위해 교육지원청에서도 자유학년제 진로교육 체험프로그램에 대한 아낌없는 예산지원, 진로체험 프로그램 진행에 필요한 사회적인 안전망 구축, 진로체험 버스비 지원 등 선행 작업도 꼭 필요하다.

둘째, 학습공백 및 학력저하, 학력격차를 예방하기 위해 기초학력보장 프로그램을 대폭 강화해야 한다. 이를 위해 임용고시 합격 대기자를 활용하여 수업시간에 기초학력 협력강사로 적극 활용하고, 교직과정 이수자 및 사범대생을 활용하여 대학생 멘토링 프로그램을 운영한다. 그래서 1:1 멘토링을 통해 개별학생의 학습수준을 확인하고 성장시키는 구체적인 방법이 마련되어야 한다.

셋째, 자유학년제의 교육적인 효과를 높이고 자유학년제 시행 시기의 적절성을 감안하여 현재 중학교 제1학년에서 1년 동안 운영하고 있는 자유학년제를 제3학년 2학기로 변경하여 진로집중학기로 운영할 필요가 있다. 알다시피 현재 중학교 제1학년은 초등학교 6년 동안 지필평가를 실시하지 않고 진학하여 중학교 제1학년 1년 동안에도 지필평가를 실시하지 않아 기초학력이 크게 떨어졌다. 그래서 제3학년 2학기에 진로집중학기로 한 학기만 운영하면 학습공백을 최소화하여 학력저하를 사전에 예방할 수 있고, 나아가 사교육비를 대폭 줄일 수도 있다. 알다시피 중학교 제3학년은 진로탐색과 진로의식이 보다 성숙되는 시기이고, 동시에 미래역량을 높이며 자기주도 학습능력을 키우기에 최적화된 시기이기 때문에 제3학년 2학기에 학생들의 진로와 적성에 따라 다양한 진로를 탐색하고 체험할 수 있도록 자유학년제를 한 학기로 변경해야 한다.

우리는 흔히 중학교 학생들은 꿈이 없다고 말한다. 자기 자신에 대해 잘 모르고, 자신이 무엇을 잘하고, 무엇에 소질과 적성이 있는지 잘 모르고 졸업하는 경우가 아주 많다. 바로 자유학년제 수업은 학생들이 시험부담에서 벗어나 창의성과 바람직한 인성, 사회성을 함양하여 자기 자신을 조금씩 알아가는 과정이고, 그러한 과정 속에서 진정한 자아를 찾고 자신을 탐색하며 자기 자신을 알아가는 매우 뜻깊고 소중한 시간이다.

그러한 의미에서 자유학년제가 우리나라 교육을 대대적으로 혁신할 수 있는 좋은 기회이자 밑거름이 될 수 있다고 생각한다. 따라서 앞으로 자유학년제가 학교현장에서 성공적으로 안착되기 위해서는 대학교, 교육(지원)청, 지역사회, 공공기관 그리고 민간기업과 사회단체 등의 적극적인 도움이 필요하고, 교육부에서는 입시위주 교육의 대개혁이 필요하며 교육청에서는 자유학년제에 대한 장기적인 안목을 갖고 구체적인 청사진을 제시해야 한다.

앞으로 자유학년제가 학교현장에서 성공적으로 정착되기 위해서는 학교시험보다는 학생의 다양한 소질과 재능 발견, 꿈과 끼를 살리는 행복한 학교를 만들고, 나아가 사회적인 관심과 교육청의 지속적인 예산지원이 필요하다. 그러한 의미에서 미래의 자유학년제는 학생들의 핵심역량인 창의적 사고능력, 공동체능력, 의사소통능력 그리고 바람직한 인성과 사회성을 함양하는 방향으로 적극 추진되어야 한다.

09
창의적 체험활동의
창의성·다양성 있는 운영 방향

이우진 경기 양진중학교 교사

  2015 개정교육과정에서 담고 있는 창의적 체험활동은 크게 4가지 영역으로 나뉘어져 있다. 그것은 바로 자율활동, 동아리활동, 봉사활동, 진로활동 영역이다. 단위학교에는 주로 4가지 영역을 중심으로 교육과정에서 제시한 법정시수를 지키면서 학교 안팎의 다양한 장소에서 주말, 공휴일 및 방학 등의 기간을 활용하여 창의적 체험활동을 전면적으로 시행하고 있다.

  하지만 단위학교에서 이루어지고 있는 대부분의 창의적 체험활동은 체험 중심이 아닌 단순 강의, 지식전달 위주, 딱딱한 이론중심으로 이루어져 있다. 사실 대부분의 고등학교에서는 현재 입시위주의 교육으로 인하여 창의적 체험활동시간에 실제 체험보다는 학생상담 혹은 자기 주도 학습이 암암리에 진행되고 있는 실정이다. 정말로 심각한 상황이 아닐 수 없다.

그렇다면 앞으로의 창의적 체험활동은 어떻게 변화되어야 할 것인가? 우선 교사 위주의 강의식 교육이 아닌 학생들이 실제적으로 수업에 참여하는 체험학습 교육프로그램으로 대폭 강화되어야 한다. 왜냐하면 요즘 학생들은 더 이상 교실의 책상에 가만히 앉아서 교육받기를 싫어하고 밖으로 나가 실제로 보고 듣고 맛보며 느끼는 현장체험학습을 매우 좋아하기 때문이다. 따라서 앞으로 창의적 체험활동도 제4차 산업이 도래하는 지금의 시대 흐름에 따라 교육활동도 대대적으로 변화되어야 한다.

알다시피 우리가 살고 있는 지금의 시대는 인공지능(AI), 사물인터넷(IoT), 제4차 산업이 도래하고 있고 앞으로 제4차 산업이 일상에서 보편화되는 시간이 될 것이다. 그러한 의미에서 2015 개정 교육과정에서 강조하고 있는 미래사회가 요구하는 핵심역량인 창의성, 문제해결능력, 자기 주도학습, 그리고 바람직한 인성과 사회성을 함양해야 한다. 이와 더불어 다른 사람을 배려하고 함께 나누며 서로 다른 의견이 있어도 서로 타협하고 공감할 수 있는 인성교육 및 전인교육을 기를 수 있도록 변화되어야 한다.

그러한 의미에서 이론보다는 체험중심, 교사중심보다는 학생중심의 창의적 체험활동으로 변화되어야 하고, 이를 실천하기 위해서는 교육과정 내에서 동아리활동, 학교스포츠클럽활동, 자유학년제, 안전교육 그리고 진로활동 등을 연계해야 한다. 또한, 학생들의 발달수준에 따라 교육과정을 달리하여 단위학교의 여건과 특색에 맞게 자율적으로 창의적 체험활동을 편성할 수 있도록 자율적인 권한이 주어져야 한다.

그렇다면 우리가 창의적 체험활동의 창의성, 다양성 있는 운영 방향을 위해서는 어떠한 노력을 기울여야 할까? 우선 기존의 딱딱하고 지루한 강의위주와 이론중심의 체험활동을 지양해야 한다. 알다시피 요즘 학생들은 인터넷 게임과 스마트폰이 대중화되어 과 몰입으로 인해 집중력이 떨어져서 책상에 오랫동안 앉아서 조용히 수업을 듣는 것을 무척 싫어한다. 따라서 학생들의 실제 생활과 연계된 재미있는 주제, 흥미 그리고 관심 있는 주제 등을 창의적 체험활동 시간에 접목시킨다면 다양성과 창의성을 동시에 추구할 수 있을 것이다.

다음으로는 창의적 체험활동 시간에 학생들의 다양한 꿈과 소질, 진로와 적성을 최적의 시기에 계발시켜 줄 수 있도록 토론과 토의학습, 프로젝트 학습 등 창의적 체험활동 시간도 학생들이 참여하는 학생중심, 체험중심 그리고 활동중심으로 재편(개편)할 필요가 있다. 이를 위한 바람직한 해결책으로는 단위학교의 여건과 상황에 따라 학생들의 사전 수요조사를 통하여 학생들이 자신들의 학교 주변에 위치한 문화, 역사, 직업, 생태 등에 관해 관심을 가질 수 있도록 지속적으로 안내하고 지도할 필요가 있다.

마지막으로 계기교육, 역사교육, 진로교육, 통일교육, 환경교육, 인성교육, 독서교육 등을 활성화시키고, 지역 내에 위치한 교육생태계 자원을 활성화시키기 위해 교육생태계 자원지도를 적극 개발할 필요가 있다. 이미 전국적으로 자유학년제와 고교학점제 그리고 혁신교육지구 사업이 보편화되면서 더 이상 학교 안에서만 창의적 체험활동을 진행하는 시기는 지났다. 교과 시간을 넘어서 더 이상 책상에 가만히 앉아서 창의적 체험활동을 실시하는 것이 아니라 학교 텃밭과 학교정원을 활용하고 교육과정 안에서 필요할 경우에는 창의적 체험활동 시간에 학교 인근에 위치한 도서관, 청소년 체험처(몽실학교), 수목원, 시민공원, 주민 센터, 관공서 등을 적극 활용해야 한다. 그래서 창의적 체험활동 시간에 학생들이 다양한 체험을 할 수 있도록 업무협약과 더불어 주변 학습공원 및 교육생태계 자원을 적극 활용해야 한다.

따라서 창의적 체험활동의 창의성, 다양성을 높일 수 있는 방안은 학교 주변의 가장 가까운 곳에서 찾아야 한다. 최근 저출산으로 인하여 학생 수가 급감하면서 학교 밖으로 나갈 수 있는 여건은 점점 좋아지고 있다. 그 결과 학교 인근에 위치한 마을 주변에서 창의적 체험활동 시간에 활용할 수 있는 마을생태계 자원과 자연학습공원은 우리 주변에는 아주 많다.

앞으로 우리의 학생들이 살아가는 시대는 인공지능(AI)과 사물인터넷(IoT)이 보편화되는 제4차 산업의 시대가 될 것이다. 따라서 우리는 창의적 체험활동 시간에 다른 사람들과 더불어 살아가는 삶, 생각하는 힘, 자기주도학습능력 그리고 문제해결능력을 키워서 제4차 산업혁명시대에 필요한 창의·융합형 미래 인재를 키울 수 있도록 서서히 준비해야 한다.

뿐만 아니라 우리가 다함께 살고 있는 지구는 더 이상 재생할 수 없는 운명공동체이기 때문에 창의적 체험활동 시간에 지속적인 환경교육 및 다양한 환경체험프로그램 통해 자라나는 청소년들에게 올바른 가치관을 심어주고, 자연환경을 소중히 여기는 마음을 심어줘야 한다. 그래서 일상생활 속에서 환경보전을 실천하도록 유도하기 위해 각종 사회단체와 지자체, 교육부와 교육청 그리고 정부에서도 다양한 지원 대책을 마련해야 한다.

이우진 경기 양진중학교 교사, 호서대학교 교육대학원(일반사회교육학과졸업), 〈2017년 경기자유학기제 교사연구회 우수사례발표〉, 〈안성혁신지구 자율동아리운영회 우수사례발표〉, 2019년 중학교 자유학기제 확대발전기여 교육부장관상, 2020년 혁신교육지구 운영기여공로 경기도교육감상, 특기사항 2009~2020년 최근 12년간 한국교육신문 칼럼 30회 이상 연재

10
교사의 본업은 수업,
그 열정을 수업에 쏟아야!

이재환 전북 영선중학교 교사

　전국 17개 시·도 교육청 통계에 의하면 2021학년도 중등 교사임용시험(임고)평균 경쟁률(전국 전 교과목 기준)이 8.02 대 1로 집계되었다. 18세 이상이면 학력에 제한 없이 누구나 응시가 가능한 공무원 시험과는 달리 교원 임용시험은 해당 과목의 2급 정교사 자격증을 소지한 사람만이 응시할 수 있다. 따라서 중등학교 2급 정교사 자격증을 소지하고 시험에 응시한 수험생 8명 중 겨우 1명만이 통과하는 시험이다. 비유하자면 바늘구멍을 뚫어야 하는 어려운 시험으로, 그야말로 임용고시 대란의 현 상황을 말해준다. 교육부는 학령인구 감소를 이유로 신규 임용 인원을 줄이고 있고, 일부 지역의 경우 수년째 특정 교과목의 교원은 선발조차 하지 않고 있다. 상황이 이렇다 보니 자연스럽게 수험기간이 길어지고 있고 그에 따라 임고 장수생이 늘어나 사회적으로 큰 손실이 생길 수밖에 없다. 하지만 이렇게 어려운 관문을 뚫고 교직에 들어오면 학생들을 가르치는 일에 몰두할 수 있을 것이라는 기대와는 달리 여러 행정업무로 인해 교사 본연의 정체성에 혼란을 느끼기도 한다. 즉 가르치는 일보다 여러 행정업무가 우선시되고 있는 학교 현장의 현실적인 문제에 직면하게 되는 것이다.

해가 바뀔수록 빠르게 변해가는 사회에 적응하고, 교육 수요자의 요구에 부응하기 위한 교사의 업무 부담은 나날이 가중되고 있다. 지난 몇 년간 교원업무 경감을 위해 각 시·도교육청은 단위학교에 행정실무사를 배치하고 업무전담팀을 구성하는 등 여러 노력을 기울였지만, 여전히 그 효과는 미비하다. 특히 2020년에는 유례없는 코로나바이러스 감염증-19(COVID-19) 사태로 그동안 한 번도 경험해보지 못한 여러가지 일이 학교 현장을 혼란에 빠뜨렸고 교사들을 힘들게 했다. 코로나 19의 장기화로 등교수업과 원격수업을 병행하면서 수업 준비 시간은 평소보다 최소 2배 이상 늘었다. 컴퓨터 조작이 서툴고 온라인 콘텐츠를 거의 접해보지 못한 일부 교사들의 고충은 더욱더 심했다. 게다가 학교 방역 활동까지 수행해야 하는 상황이 길게 이어졌다. 수업 준비와 업무 이외에도 여러 민원과 소송 및 학생생활지도로 매우 피로해졌다. 그래서 이를 회피하기 위해 새 학기 담임 배정과 업무 분담 과정에서 갈등을 빚어내는 모습을 쉽게 찾아볼 수 있다. 따라서 '잡무는 줄이는 게 아니라 없애는 게 답'이라는 말처럼 현장 교사들이 수업과 교육 활동에 몰두할 수 있도록 대폭적인 행정적인 지원과 함께 담임 교사의 처우 개선이 시급히 이뤄져야 한다. 이러한 제도적인 노력 이외에도 교사 개개인은 수업 개선에 주안점을 두고 끊임없이 수업 준비에 노력을 기울여야 한다. 혼자서 하기 힘든 부분은 수업 혁신 공동체를 조직하여 동료 선생님의 도움을 받는 것도 좋은 방법이다. 수업 장학이 그 대표적 사례이다. 수업 장학은 교사들이 학습자에 대한 이해와 교수 학습에 대한 이해를 넓히도록 돕고 교수에 활용되는 기술과 지식을 확장해나가도록 하여 교사의 전문성 신장에 도움을 준다. 과거에는 교사의 수업 스킬에 주안점을 두었지만, 학습자의 수업 태도와 변화에 의미를 두어 실질적인 장학이 되게 하는 것이 중요하다.

전라북도교육청에서는 수업에 대해 고민하는 교사들의 진지하고 담담한 대화모임이라는 뜻의 '수업 진담(眞譚) 프로젝트'를 운영하고 있다. 수업 진담 프로젝트는 교과별 네트워크 모임을 통해 참여 교사들의 수업 전문성 신장을 돕는 교사 자발적인 수업 성장 지원 프로젝트이다. 참여 교사들은 교과별로 아이디어를 도출하는 해커톤(hackathon) 활동을 월 1회 실시해 학생 참여형 수업과 과정 중심 평가를 함께 만들고 실천한다. 또 분과별 해커톤 활동으로 산출된 자료를 수집 정리하면 개인 수업의 데이터베이스를 구축할 수 있다. 이러한 활동은 집단지성과 공동사고를 발현하여 교사 수업 전문성 신장에 많은 도움이 된다. 필자도 지난 1년간 수업 진담 프로젝트를 경험하면서 수업 개선의 효과와 함께 수업 반성의 기회를 얻기도 했다. 내가 미처 생각하지 못했던 나의 문제점을 발견하고 더 많은 아이디어를 통해 교직 생활에 동기유발이 되기도 했다. 또 하나 소개할 수업 공동체는 '지리쌤 테이블'이다. 여러 교육 인프라와 관심이 수도권으로 집중되고 있는 현실을 감안하여 호남 지역 선생님들의 성장을 위해 2019년 호남 지역을 기반으로 하여 지리쌤 테이블을 조직하였다. 분기별로 1번씩 모여 수업사례발표, 수행평가 공유, 교과 관련 도서 리뷰, 기타 학교생활 고민 나누기를 통해 수업 전문성에 노력을 기울이고 있다.

　교사는 수업으로 성장해야 하고 수업으로 평가받아야 한다. 그리고 온 열정을 수업에 쏟을 때 건전한 학교 공동체 구성원으로 성장할 수 있다고 생각한다. 교육청(교육지원청) 업무지원의 확대로 교사의 행정업무를 경감하고, 교사 스스로도 수업 장학과 학습 공동체를 통한 지속적인 노력을 기울여 아이들 곁에서 수업과 생활교육에 최선을 다할 수 있는 여건이 조성되길 기대해 본다.

11
수단이 아닌 목적으로 채워지는 창의적 체험활동

이재환 전북 영선중학교 교사

교육부는 '공교육 정상화'를 위한 핵심과제로서 창의 융합적 인재 양성을 목표로 2015년 9월 23일, '2015 개정 교육과정'을 고시하였다. 문·이과 통합교육과정 (통합사회, 통합과학), 중학교 자유학기제 시행, SW(software) 수업 강화를 주요 내용으로 삼고 있는 2015 개정 교육과정은 제1차 교육과정 이래 대한민국의 10번째 국가 교육과정이 되었다.

2015 개정 교육과정은 교과(군)와 창의적 체험활동으로 편성되어 있고, 그중 창의적 체험활동은 자율 활동, 동아리 활동, 봉사활동, 진로 활동의 4개 영역으로 구성된 교과 이외의 활동을 말한다. 여기에 독서 활동, 수상 경력 등을 포함하여 '교과 영역'과 비교해서 '비교과 영역'이라고 부르기도 한

다. 현재 학교 현장에서는 학생의 발달 단계와 교육적 요구 등을 고려하여 학교 급별, 학년(군)별, 학기별로 영역 및 활동을 선택하여 창의적 체험활동을 운영하고 있다. 창의적 체험활동은 대학 입시 수시 전형의 일종으로서 교과 성적과 함께 '학생부종합전형(학종)'에 포함되는 내용으로 학생과 학부모에게 잘 알려져 있다. 학생부종합전형은 학생의 학업역량뿐만 아니라 협업과 소통, 자기 주도 역량을 창의적 체험활동을 통해 평가하기 위해 도입되었고, 창의 융합적 인재 육성을 위한 기반이기도 하다.

한 때, 학교는 수능과 내신을 위한 입시 경쟁의 수단으로 전락하여 학생들이 학원을 가기 전 들러 잠자는 곳이라는 오명을 받았다. 따라서 교과뿐만 아니라 창의적 체험활동으로 평가 영역을 확대하여 학생의 가능성과 창의성, 인성을 평가하자는 의견이 대두되었다. 그 대안으로 2008년 '입학사정관제'가 도입되었지만, 그 취지가 무색하게 부모가 개입하여 스펙을 쌓기 위한 사교육 경쟁으로 변질되어 금수저 전형이라는 비판을 받았다. 따라서 이러한 문제점을 보완하여 학교 내 활동을 중심으로 학생의 능력을 정량적정성적으로 평가하는 전형이 학생부종합전형이다. 학생들은 자율 활동, 동아리 활동, 봉사활동, 진로 활동을 통해 교과 이외의 다양한 경험을 해보고 관심 분야에 노력을 기울임으로써 진로 탐색에 많은 도움을 받을 수 있고 더불어 의사결정능력, 문제해결능력, 협동능력을 기를 수 있게 되었다.

과학고를 준비하고 있는 한 학생이 나에게 질문을 해왔다. "선생님 이번 지리 그리기 대회에 나가려고 하는데 반드시 그림을 잘 그려야 수상할 수 있나요?" 나는 학생에게 "과학고를 준비하면서도 다양한 교과를 경험하는 너의 모습이 멋지구나"라고 얘기해주었다. 그러자 그 학생은 "그런 의미보다는, 시간 있을 때 스펙을 하나라도 더 늘리면 과학고 입시에 도움이 되겠죠?"라고 대답했다.

 2015 개정 교육과정 총론에 의하면 창의적 체험활동은 학생들이 건전하고 다양한 집단 활동에 자발적으로 참여하여 나눔과 배려를 실천함으로써 공동체 의식을 함양하고 개인의 소질과 잠재력을 계발·신장하여 창의적인 삶의 태도를 기르는 것을 목표로 하고 있다. 실제로 필자가 근무하는 학교 현장에서 학생들은 자신의 꿈을 이루기 위해 교과 학습은 물론 창의적 체험활동에도 적극적으로 참여하고 있다. 특히 학급 실장, 동아리 부장의 지위를 놓고 경쟁이 치열할 정도이다. 하지만 대다수 학생에게는 이러한 활동의 목적이 활동 그 자체보다 입시의 수단으로 이용되는 사례를 자주 찾아볼 수 있다. 학생들이 스펙에 집착하는 이유 중 하나는 스펙은 자신을 빛나게 해주고, 자신의 능력을 입증하는 수단으로 믿고 있기 때문이다. 스펙은 자신의 경험과 연계되어 그 가치를 발현할 수 있을 때 진정한 의미가 있다. 하지만 아무리 뛰어난 스펙을 가졌다 할지라도 본인의 생활과 관계가 없다면 결코 그 가치를 드러낼 수 없다. 독서 활동으로 예를 들어보자. 아무리 다양한 책으로 생활기록부의 내용이 가득 차 있더라도 독서의 경험과 깨달음이 본인의 생활과 결부되어 있지 않다면 독서라는 행위는 무의미하고 결코 자신의 것이 될 수 없다. 봉사활동도 마찬가지이다. 생활기록부의 이수 시간을 채우기 위한 맹목적인 봉사활동이라면 기록에 불과할 뿐 이후 자신의 성장과 연계시킬 수 없다. 따라서 학교에서 창의적 체험활동이 입시의 수단이 아닌 목적으로 채워지는 것이 매우 중요하다. 왜냐하면, 창의적 체험활동은 학생들

의 자발적이고 자율적인 참여의 기반하에 이루어질 때 그 가치를 발현할 수 있기 때문이다.

창의적 체험활동은 학교와 교사에게 자율권이 부여된 영역이다. 따라서 어떻게 운영하느냐에 따라 그 과정과 결과가 달라진다. 학생들은 교사가 생각한 것 이상으로 뛰어난 잠재력과 능력을 지니고 있다. 교과 지식을 전달하는 것도 중요하지만 학생들이 마음껏 꿈과 끼를 발현할 수 있는 환경을 제공하는 것이 앞으로 학교와 교사가 해야 할 일이 아닌가 생각해본다.

이재환 전북 영선중학교 교사, 2015 개정 교육과정 중학교 사회 교과서 검정위원, 2015 개정 교육과정 중학교 사회 디지털 교과서 검정심의회 연구위원, 방송통신중학교 사회 교과 내용검토교사, 전라북도 학력 진단평가 출제위원, e학습터 배움e나눔e 콘텐츠 개발 위원, 교육부 지식샘터 교사 지원단, 2021학년도 기초학력 진단평가 온라인 기준설정 위원, 2015 개정교육과정 고등학교 여행지리 심의위원, 전북 E스쿨 운영 교사위원, 사이버 어울림 원격연수 콘텐츠 개발 위원, EBS 클립뱅크 동영상 콘텐츠 검수위원, 대한민국 독도상 수상, 부총리 겸 교육부 장관상 4회 수상

제8장
한국 사회의 교원 문화 성찰

01
신세대 교사가
미래교육을 사랑하는 길

박현지 대구신당초등학교 교사

내가 교사가 되어 첫 출근을 하던 날, 엄마는 내게 이렇게 말했다. "애가 애를 가르치러 가네!"

내가 처음 맡은 아이들은 5학년이었다. 3월, 조금은 낯설게 몇 마디 인사를 주고 받아보니 나는 단번에 이 친구들이 나와 아주 잘 맞겠다는 걸 직감했다. 우리는 모두 목소리가 컸고 밖에 나가 노는 것을 좋아했으며 때론 한없이 소심했다. 나와 비슷했기 때문에 아이들을 더 잘 이해할 수 있었다. 복도에서 뛰어 다니는 것도, 사소한 일로 친구들과 다툼이 생기는 것도 모두가 나라고 생각하면 그럴 수 있겠다는 생각이 들었다. 그러다보니 아이들과 갈등을 빚을 일이 없게 됐다.

표출된 행동의 이유를 묻기 전에 아이들마다의 속마음을 눈치챌 수 있음에, 그래서 아이에게 본의 아닌 상처를 주지 않을 수 있음에 감사했다. 공감할 수 있는 경험을 가지고 있어서 아이들이 나와 똑같은 실수를 하지 않도록 미리부터 다독여 줄 수 있다는 것이 참 뿌듯했다. 내가 정신연령이 낮은 것인지, 아이들이 높은 것인지 그건 별로 중요하지 않았다. 그저 우린 닮았고, 그래서 잘 맞고, 함께하는 시간이 즐거웠다. 그걸로 충분했다.

내가 아이들에게 화를 내지 않는다고 했을 때 선배 교사로부터 많은 걱정과 우려를 받았다. 아이들은 분명 나를 무시할 것이고, 점차 말을 듣지 않게 될 것이고, 결국 내가 울게 될 것이라는 이야기를 들었다. 나는 고개를 끄덕였지만 한편으론 의문이 들었다. '그렇게 화를 낼 일이 있었던가?' 아이들과 나 사이엔 언성을 높일 일이 없었다. 다만 서로를 잘 모른다면 답답함과 불안함에 격하게 묻고 따졌을지도 모를 일들은 있었다. 하지만 우리는 서로 동기화가 되어 있었고 나는 아이들이 이유 없는 행동을 보이지 않음을 분명히 알고 있었다. 무언가 불편하거나 불만족스러운 상황에서 나에게 어떤 신호를 보내는 것이라는 걸 알았다. 나는 그 신호를 받고 그것을 해소할 수 있는, 다시 편안한 상태로 돌아올 수 있는 약간의 여유를 제공해 줄 뿐이다. 그러면 서로 얼굴 붉힐 일이 없다.

참된 교사란 뭘까? 훌륭한 교사는 어떤 사람일까? 공부를 쉽고 재밌게 가르쳐 주는 사람인지, 정서적 의지가 되는 사람인지 아직 나는 스스로 명확한 정의를 내리지 못했다. 보편적으로는 지식과 인품 두 가지를 모두 가진 교사라고 할 수 있을 것 같기도 하다. 경험이 적은 나는 지금 우쭐해져 있을지도 모른다. 순한 아이들을 만나서, 황당하고 억울한 일들을 겪어보지 않아서 이상적인 말만 풀어놓는다고 생각하는 사람도 분명 있을 것이다. 하지만 적어도 나와 시간을 보낸 아이들은 내가 이런 나이기 때문에 존경스럽다고, 감사하다고 이야기 했다. 나는 앞으로도 지금 내가 걷고 있는 교육의 길을 그대로 걸어갈 것이다. 아이들이 인정해 주었으니 나도 확신을 가져도 될 것이라고 생각하기 때문이다.

나는 젊은 초보 교사다. 이제 겨우 몇 발을 떼었을 뿐인. 내가 참되고 훌륭한 교사로서 떳떳이 자립하기까지 얼마만큼의 시간이 걸릴지는 모른다. 시간이 흐른 뒤엔 지금보다 더 나은 모습일 것만은 확실하다. 하지만 이건 내 생각일 뿐, 매우 주관적인 관점이다. 타인의 인식과 생각이 어떻든 교사로서 내 스스로의 감상과 관련 있을 뿐이다. 거꾸로 말하자면 내가 나 자신을 어떻게 평가하든 아이들은 이런 나를 좋아한다는 것이다. 우리 반 모두는 내가 준비한 수업에 눈을 반짝이고 내가 건네는 말 한 마디에 웃고 행복해 한다. 아이들의 반응은 나를 한층 신나게 만들고 더 나은 나를 위해 노력하게 만든다. 내게 있어 교육을 사랑하는 길은 이렇듯 눈높이를 맞춘 관계 맺음부터 시작한다. 싫었던 무언가를 좋아하게 되는 데에는 작지만 특별한 계기, 단 하나만 필요할 뿐이다. 아이들이 나로 인해 학교를, 공부를 나아가 세상의 아름다움을 사랑하고 누리게 되었으면 좋겠다. 그렇듯 아이들의 변화에 은근한 계기가 되는 것이 교사로서 내 목표이다.

언젠가 누군가가 나에게 '친구 같은 선생님'이라고 했다. 나는 그 말이 참 좋았고 그렇게 불리움에 너무나 기뻤다. 내가 어렸을 적 경험했던 무섭고 엄하게 잘잘못을 따지며 혼을 내는 선생님이 아니라, 늘 가까이에서 응원하고 격려하며 함께 있으면 즐거운 그런 존재로 있을 수 있다는 사실이 교사로서 나를 빛나게 만들었다. 나는 매일 매일 내가 아이들에게 비춰지는 모습을 가꾸려고 더욱더 노력한다. 아이들이 그런 나를 닮아가는 모습이 좋고 행복하다. 나를 따르고 의지하면서 친근하게 다가오는 아이들이 사랑스럽고 고맙다.

  나는 '우리'라는 말을 무척이나 좋아한다. 우리 학교, 우리 아이들, 우리 선생님 등, 나와 누군가 어떤 하나로 연결이 되어 있다는 안정감이 나를 편안하게 만든다. 가족, 친구, 공동체, 소속감… 사랑으로, 애정으로 돈독하게 형성된 관계가 너무나 좋다. 앞으로 내가 가꾸어갈 교실도 이런 따뜻한 풍경이 되길 바란다.

  나는 대한민국의 자랑스러운 젊은 교사다. 우리 반 아이들처럼 공부하는 것보다 노는 것을 더 좋아한다. 때때로 방청소를 한참이나 미루기도 한다. 나는 아직 내가 정신적으로 완전히 성숙하지 않았다고 생각하며 부족한 부분도 적지 않다고 느낀다. 나는 아직 더 알아야 할 것이 많은 교사다. 완벽하진 않지만 완벽을 준비하는 교사다. 나는 사랑하는 아이들과 함께 있을 때, 그들 앞에서 만큼은 완전한 교사가 된다.

02
행복한 사제동행(師弟同行)과 교직의 보람

박현지 대구신당초등학교 교사

　나는 1년 한 학년의 과정을 마무리하고 헤어짐을 앞둔 아이들과 항상 롤링페이퍼를 주고받는다. 서로가 서로를 잊지 않도록, 당시의 감정과 추억을 오랫동안 간직할 수 있도록, 그리고 마음 속 깊이 담아둔 말을 꺼내 아름다운 이별을 경험할 수 있는 보물이 되길 바라며, 지난 겨울, 아이들이 마음을 담아 정성스레 써준 모든 편지가 너무나 좋았지만 그 중 특히나 인상 깊은 메시지가 하나 있었다. '저를 이해해 주셔서 감사합니다.' 이 말을 나는 평생 잊을 수 없을 것이다. 문제아라고 낙인찍혀 온 K군이 쓴 것이라 내게는 더 의미가 있었다.
　설렘과 어색함이 공존하던 신학기, 문득 한 아이가 자꾸만 눈에 밟히고 있단 걸 느꼈다. 그해 3월 신학기가 오기 전 동료 선생님이 했던 말이 생각났다. "K군 올해 선생님 반이던데 조심해요." 그렇다. 나도 모르게 눈길이 가던 K군은 작년까지 친구들과, 여러 선생님들과 적지 않은 문제를 일으켰던 아이였다. 시간이 흐를수록 학급 친구들이 K군을 탓하는 일이 많아졌고, 수업 시간에 아무 것도 하지 않는 모습들을 자주 볼 수 있었다.

답답한 마음이 없었다면 거짓말이겠지만 그렇다고 억지로 무언가를 강요하고 싶지도 않았다. 그냥 나는 K군이 궁금해졌다. '무언가 이유가 있겠지. 속으론 깊은 생각이 있을 거야.'하고 조금 더 기다리고, 조금 더 격려해 줄 뿐이었다. K군을 향한 믿음이 있었기에 그저 생각할 자유와 고민할 여유를 충분히 주고 싶었다. K군과 보내는 시간이 쌓일수록 믿음은 확신으로 바뀌었지만, 누군가 나를 향해 '방임'이라고 한다면 반박할 자신은 없었다.

그러던 어느 날, 우리 반 여학생이 내게 이런 말을 건넸다. "작년 같았으면 K군 매일 혼났을 텐데 올해는 선생님을 잘 만나서 K군이 열심히 해요." 나는 소리 내어 웃었다. 내가 눈치 챈 K군의 변화가 나만의 착각이 아니었다니! 여전히 독특한 말을 많이 하고 남들보다 오랜 시간이 걸리지만, 하려고 하는 의지와 적극성이 눈에 띄게 늘어났음을 우리 반 모두가 느끼고 있었던 것이다. K군은 수업 시간에 아무 것도 하지 않는 게 아니었다.

생각이 깊어 스스로가 만족할 만한 대답을 찾는데 오랜 시간이 걸릴 뿐이었다. 느긋한 기다림 끝엔 깜짝 놀랄 만큼 새롭고 재미있는 의견을 잔뜩 이야기 해 주곤 했다. 화가 많아 친구들과 자주 다툰 것도 아니었다. 남들보다 주변을 많이 살피고 세심한 주의를 기울이는 편이라 자신이 공들여 세운 탑이 무너지는 것이 싫었을 뿐이다.

내가 화를 내지 않으니 우리 반 아이들도 K군에게 짜증을 내는 일이 적어졌다. 조금씩 더 조심하고 배려하려고 했다. 함께 기다려주고 격려해주고 도와줬다. 그러다보니 자신감과 용기가 생긴 K군도 우리에게 달라진 모습을 보여줬다. 걱정하고 조심할 문제는 하나도 없었다. K군은 못된 아이가 아니었다.

　내 이야기를 들은 또 다른 선생님은 이런 이야기를 해 주셨다. "선생님의 관심과 사랑이 있는데 그 누가 방임이라고 하겠어요. 오히려 현장에선 기다림이 가장 어려운 건데 선생님은 믿음 하나로 그걸 실천한 거잖아요. 가장 불안한 것도 두려운 것도 선생님이었을 텐데. 누구 말마따나 K군은 선생님을 만나 참 다행이네요." 이 말을 듣고 나는 새삼 교육자로서의 소명과 책임에 대해 생각해 보게 됐다. 아이를 변화시키는 것. 결코 내 기준에서가 아니라, 아이 스스로 무언가 깨닫고 변화할 수 있는 발판이 되어 주는 것이 교사의 역할이 아닐까. 그러기 위해선 서로 간 신뢰와 인내의 시간이 반드시 필요하다는 것을 나는 알고 있다. 그리고 그보다도 먼저 아이의 본심을 믿어줄 필요가 있다는 것도. 나는 고집이 세고 조금은 미련한 편이라 내가 직접 당해보지 않는 이상 남의 충고를 귀담아 듣지 않는 나쁜 습관이 있다. 이번에도 그랬다. 하지만 만약 내가 K군의 단점을 염두한 채 마주했다면 마냥 믿고 기다려 줄 수 있었을까? '얘는 원래 이런 애니까.'라는 생각이 얼마나 무섭고 위험한 것인지 나는 아주 잘 안다. 그래서 그저 내가 보고 느끼는 것에만 집중했다.

　그럼에도 나는 많이 서툴렀지만, 이런 내게 K군이 진심 어린 인사를 해주었을 때 나는 교사로서 가슴 벅찰 보람을 느꼈다. 편지에 쓰인 '이해해 주셔서 감사합니다.'는 말을 몇 번이나 읽었는지 모른다. '적어도 K군에게 내가 어떤 위로가 되었구나. 나의 교육이 틀리지 않았구나!'라는 짜릿함과 기쁨이 밀려와 그만 눈물이 날 뻔 했다. 내 마음 깊이 와 닿은 그 문장은 한참 동안이나 나를 황홀하게 만들었다.

　아이들에게 변화를 줄 수 있는 교사, 그리고 변화를 이끌어 내기 위해 안아주고 이해해 주는 교사, 나는 그런 교사로 성장하고 싶다. 나에게 그러한 힘을 주는 원천은 아이들이고 앞으로 내가 걷는 길에 함께 동행하는 것도 아이들이다. 우리는 서로가 서로에게 영향을 준다. 그것이 긍정이든 부정이든 함께 있으면 반드시 행복한 우리, 그것이 나의 보람이다.

03
꿈과 끼를 가꾸는 행복교육

박현지 대구신당초등학교 교사

좋아하는 것과 잘하는 것이 같으면 얼마나 좋을까? 때때로 사람들은 흥미와 소질 사이에서 위태로운 줄타기를 하며 실패와 좌절, 아쉬움을 경험하곤 한다. 나 또한 그렇고 우리 반 아이들도 그렇다. 누구는 뜀틀을 껑충 뛰어넘고 싶지만 자세가 잘 나오지 않아 허공에다 발길질을 하는가 하면, 누구는 푸른 하늘이 담긴 멋진 풍경을 그리려다 뜻대로 되지 않아 엉엉 울기도 한다. 스스로가 세운 목표에 도달하지 못해서 혹은 수업 중 일련의 수행 활동을 성취하지 못해서 짜증을 내며 포기하는 아이들도 있다. 새로운 경험으로 확장 되어야 할 용감한 시도들이 아이들에게 있어 한계를 느끼는 벽으로 다가오니 안타까울 따름이었다.

"선생님. 저는 뭘 잘 할까요?"라며 풀이 죽은 얼굴로 고민을 털어놓는 아이들이 가끔 있었다. 그럴 때마다 나는 어렸을 적 나의 경험을 이야기해 주곤 했다. 나는 예전부터 특별히 잘하는 것이 하나도 없었다. 무엇이든 보통 혹은 그 이하 정도 밖에 미치지 못했고, 아직까지도 뚜렷한 특기를 발견하지 못했다. 주변 친구들과 나를 비교하며 자괴감과 패배감을 느끼는 경우도 허다했다. 그런 내 자신이 부끄러워 좋아하는 하모니카도, 축구도, 서예도 금방 포기해 버렸다. 틀리고 머뭇거리는 내 모습을 스스로 마주할 용기가 없고 그러다보니 순수한 즐거움을 떠올리기가 어려웠다. 목표를 잃어버린 나는 노력하는 것이 무척 버겁게 느껴졌다.

나는 아이들이 제 가능성을 보기도 전에 지레짐작하며 '난 못해.'라고 스스로를 꺾어버리는, 나와 같은 연약한 사람으로 자라나지 않길 바랐다. 아이들로 하여금 그냥 하고 싶은 대로 일단 하면 된다고, 그 모든 것이 자신의 개성을 발견하고 가꿔가는 과정임을 알길 바랐다. 틀려도, 실수해도, 못해도 내가 좋아하면 그만인 것을! 나는 지금에서야 깨달았지만 아이들만큼은 단단한 용기와 끈기를 가지고 세상에 나왔으면 했다. "잘하고 있어." 그리고 "노력했네!"라는 말을 더 듣고 싶었던 지난 나를 떠올리니, 아이들에게 그렇게 이야기 해 주고 싶었다.

언젠가 예술제 준비로 우리반이 한창 난타 연습을 할 때였다. 아이들은 생소한 박자에 북채를 이리저리 휘두르며 저마다 적응하려고 했다. 곁에서 봐주며 부족한 부분을 지도해 주고 있었는데 한 아이가 북채를 던지며 포기 선언을 했다. 그날 연습을 마칠 때까지 아이는 아무 것도 하지 않았고 결국 방과 후에 그 아이를 불러 한참 이야기를 나누었다. 아이는 단단히 상처를 받은 듯했다. "다른 애들은 한 번에 잘하는데 저는 계속 틀리기만 하고…. 하기 싫어요. 하나도 재미없어요." 맨 처음 연습을 시작할 땐 그 누구보다도 눈을 반짝이며 적극적으로 참여하던 아이였는데 마치 예전에 내 모습을 보는 것 같아 무척이나 안타까웠다.

  어떤 말을 어떻게 해줘야 할까? '잘했어.'보다는 묵직한, '어떤 부분을 고치면 좋을 것 같아.'보다는 덜 부담스러운 말을 찾느라 한참동안 머릿속을 헤집었다. 결국 내 마음을 온전히 나타낼 표현을 찾지 못해 횡설수설해 버리고 말았다. 틀려도 괜찮다는 것을, 무엇보다 네가 즐겨야 한다는 것을, 그리고 내가 너를 믿고 있다는 것을 반드시 알아줬으면 좋겠다고 했다. 그저 속상한 마음에 대한 공감, 충분히 잘하고 있다는 격려와 노력에 대한 인정을 표했다. 그 무엇보다, 누구보다 힘 있는 자세와 표정은 정말 최고라고. 아이는 "틀려도 돼요?"라고 되물었고 나는 그렇다고 대답했다. 적지 않은 우여곡절이 있었지만 예술제 당일, 본 공연을 마치고 아이는 "좀 많이 틀렸지만 정말 재밌었어요! 또 하고 싶어요."라고 잔뜩 상기된 표정으로 말했다. 그 무척이나 예쁘고 사랑스러웠다. 아이가 난타를 즐겁다고 말할 수 있어서, 앞으로도 계속 하고 싶은 열정을 간직할 수 있어서 참 다행이라는 생각이 들었다.

  교사는 아이들이 타인의 뒤를 바라 보다 자신의 길을 잃지 않도록 격려와 용기를 주어야 한다. 아이들이 경험하는 모든 것이 또 다른 것들의 원동력이 되고 다리가 되도록 강점과 재미에 초점을 맞추어야 한다. 잘 못해서 포기하고 낙담하는 아이는 그 본연의 즐거움과 짜릿함을 느끼지 못했기 때문이다. 스스로가 재미있게 느껴지는 것들은 주위의 만류나 연속적인 실패에도 불구하고 계속 하려고 한다. 바로 좋아하는 마음 단 하나의 차이이다. 하늘 아래 같은 사람은 없다. 모두가 같은 것을 잘하고 같은 정체성을 가지는 것은 아니다. 나와 다른 사람의 개성이 나와 다른 것도 당연한 것이다. 그렇기 때문에 우리 교사들은 아이들로 하여금 저마다의 서로 다른 과정을 긍정하고 더 풍성하게, 더 의미 있게 가꾸어 나가도록 칭찬과 다독임을 아끼지 않아야 한다. 잘하고 못하는 것, 장점과 단점은 모두 상대적이라는 것을 충분히 이해하고 깨닫도록 해 주어야 한다. 그러니 부족한 부분을 지적하는 것보다 잘하는 것을 찾아 칭찬하는 여유를 모두가 가지길 바란다. 그런 교사들 아래서 아이들이 자라날 때마다 더 큰 목표와 기운찬 끈기를 가지게 되기를. 좋아하는 것에 대한 열망과 도전에 대한 샘솟는 용기를 가지게 되기를 소망한다.

자신의 삶을 온전히 향유하고 펼칠 수 있는 어른이 되어 세상을 가득 채워 주기를 간절히 바란다.

박현지 대구신당초등학교 교사, 대구교육대학교 교육대학원 특수교육과 석사과정 졸업, SW교육 선도학교(AI교육) 운영, 소프트웨어(SW)교육 교과연구회 부회장, 2019 삼성스마트스쿨 선정 및 운영, 초등과학 교과서와 함께하는 3D펜 실험실(4,5,6학년) 공저

04
선생님이 계셔서 행복한 학교,
아이들이 있어서 보람찬 교단

김현진 중국 대련한국국제학교 교사

전 세계적으로 멈칫했던 코로나19가 겨울로 접어들면서 재확산의 조짐이 보이고 있다. 곧 끝나겠지 하는 생각으로 일상을 조심스럽게 보냈는데 계속해서 이렇게 지낼 수도 있구나 라는 두려움까지 생기는 요즘이다. 여러 매체들은 뉴노멀 시대를 살아가는 인류에게 모든 분야에 있어 언택트 환경에 대한 적응력을 길러야 하고 지금부터라도 자연과 인간이 상생하기 위한 실천을 구체적으로 해나가야 한다고 강조하고 있다.

코로나19의 근원지 중국은 모든 분야에 있어 안정세를 이루다가 최근 베이징 및 동북 지역의 확진자 발생으로 확산세를 막기 위한 노력들을 하고 있다. 12월 말 대련(다롄) 인근 지역에서도 확진자 발생으로 학교에서는 학년 말 남은 기간들을 또 다시 원격수업으로 대체하게 되었다. 반복되는 상황들이 안타깝지만 졸업생들에게는 학교 건물 통제를 해야 함에도 불구하고 조심스럽게 시간을 내어 졸업장을 수여하고 사진을 찍는 시간을 가졌다. 선생님과 친구들을 오랜만에 만나는 반가움을 가졌지만 바로 이별과 함께 아쉬움을 느끼는 학생들의 모습에 미안함과 함께 설명할 수 없는 여러 감정을 느끼게 된다. 영화 같은 일들이 현실로 벌어지고 있는 요즘의 일들을 보면서 몇 해 전 봤던 이동통신사의 광고가 떠올랐다. 스마트 시설로 가득한 학교의 물리적 환경과 함께 미래 학교 모습의 장점들이 그려지며 해당 이동통신사에서 그런 중추적인 역할을 하겠다는 것이었다. 텔레비전을 함께 보던 초등학생 아들이 저런 학교에 다니고 싶다는 이야기를 하길래 아빠도 그렇다며 웃음을 짓던 생각이 난다. 우리는 미래 사회의 모습을 그려보고 대비해야 한다 하면서 정작 그러한 현실이 닥치다 보니 간과하는 것들이 많았음을 느끼게 된다. 재외한국학교에 있다 보니 더더욱 그렇다.

재중한국학교는 코로나 발생 및 확산으로 인해 2020년 2월부터 원격수업 지침을 마련하고 원격수업을 준비해왔다. 한국보다 먼저 ZOOM 및 위챗 메신저 등의 도구를 통해서 실시간 화상수업을 실시하였으며 E-학습터 등을 유용하게 사용하는 등 한국에 비해서는 비교적 원격수업이 안정화된 상황이다. 초등학교 제6학년 '세계 여러 나라' 단원의 사회과 수업 중에 있던 일이다. 교과서의 단원 도입 부분에 세계 여러 나라에 대한 관심과 함께 어느 나라에 가고 싶으냐는 취지로 비행기 티켓이 그려져 있고 해당 도착 국가와 도시란을 적어보는 활동들이 있었다. 한국에 있는 학생들과 마찬가지로 미국, 프랑스, 영국, 독일 등이 가장 많이 나오는 편이었는데 몇 명의 친구들이 뜻 밖의 질문을 했다. "선생님, 가고 싶은 나라 한국도 되나요?" 하는 질문에… 맞아 여기 중국이지? 피식 웃음이 나왔다. 재중한국학교 학생들은 한 부모가 중국인인 경우도 있지만 대부분은 양부모 모두 한국인이라 방학과 연휴가 되면 한국에 들어가서 지내다 오는 경우가 많다. 코로나로 인해 지난 여름에도 한국에 못들어 갔었으니 그 마음을 충분히 이해할 수 있을 것 같다. 중국에서 꽤 오랫동안 지내고 적응이 되었어도 한국인에게는 한국적 정서에 꼭 맞는 대한민국이 가장 편하고 좋은 곳일 것이다.

세계화로 국가 간 경계가 사라지고, 우리나라도 북한 이탈주민, 이주노동자, 결혼이주민 등 새로운 사회 구성원으로서 이주자가 증가하며 빠른 속도로 다문화 사회로 접어들고 있다. 이를 반영하여 2015 개정 교육과정에서 제시한 10개 범교과 학습주제에는 '다문화교육'이 포함되어 있고, 6가지의 핵심역량 중에는 '의사소통 역량'과 '공동체 역량'이 포함되어 다문화 인재를 양성하는 것을 목표로 제시하고 있다. 재중한국학교 학생들은 중국에 살고 있지만 중국어가 능숙하지 못하고, 한국인과의 관계 속에서 지내는 경우가 많아서 오히려 중국 안의 작은 한국 속에서 살고 있다고 할 수 있다. 중국에 위치한 한국학교로 중국문화를 일상생활에서 쉽게 접할 수 있는 지리적, 문화적 이점을 가지고 있으면서도 한국문화와 중국문화에 대한 이해가 동시에 부족한 단점 또한 있다. 재중 한국학교 학생들에게도 한국인으로서 갖춰야 할 소양과 자질을 익히고 정체성을 함양할 수 있는 한국문화에 대한 이해가 필수적이라 할 수 있다. 타자의 삶을 이해하는 다문화 감수성을 기르기 위해서는 나를 먼저 이해하는 한국인으로서의 민족 정체성 함양 교육이 필요하다. 원격수업의 한계가 있지만 제6학년 학생들에게는 사회과의 세계 여러 나라의 단원과 함께 교과를 통합한 프로젝트 수업을 실시하였다. 등교 후 대면수업에는 다름과 같음을 이해하자는 캐치 프레이즈를 가지고 한국문화 중심의 체험 활동과 실천 중심의 다문화 페스티벌을 실시하였다. 원격수업과 이후 대면 수업의 적절한 안배를 통해 학생들이 한국 문화에 대한 자신감을 가지게 되고, 한국문화에 대한 이해도가 신장됨으로써 학교적응력이 향상되고 민족적 정체성을 함양하게 되었으며 더 나아가 다문화 감수성을 기를 수 있었다. 언제 끝날지 모르는 코로나 상황에 원격수업과 대면수업을 적절히 안배하기란 쉽지 않다.

교육부는 2021년 '학교의 일상 회복'과 '미래 교육의 토대 구축'이라는 두 가지 핵심 정책 방향을 세우고 과제를 해결해 나간다고 발표했다. 이를 위해 올해는 더 많은 학생들이 대면 수업을 받도록 등교 수업을 확대하겠다고 한다. 인공지능의 등장으로 미래 사회에 없어질 것으로 예측되는 것들이 학교와 교사라는 직업이었다. 막상 이런 일을 닥치고 보니 인간은 혼자 살아갈 수 없는 사회적 동물이며 상호작용을 통해 교감하는 수업은 오직 인간만이 할 수 있다는 것을 새삼 깨닫는다. 2~3개월 지나면 혹은 여름이 되면 끝날 줄 알았던 코로나가 1년째 되어 간다. 원격수업 장기화로 학생과 교사들의 피로도 또한 높다. 1~2주 단위로 등교 여부가 결정이 되고 학교 교육과정이 변동되는 상황에 학교는 한치 앞도 볼 수 없는 혼돈의 상황이다. 중국은 한국보다 원격수업을 먼저 시작했고 실시간 화상 수업도 이미 시작 되었기에 비교적 안정화된 상황이다. 하지만 교사와 학생의 대면 수업을 통해 서로 교감하고 공감하는 부분이 중요함을 여실히 느끼고 있다.

우리는 그동안 사회의 변화와 함께 교단 선진화를 이루고 ICT 교육을 실시 해왔으며 온라인 교육의 단점을 극복하기 위하여 블렌디드 러닝을 실시해왔다. 더 나아가 SMART 교육을 준비하고 플립러닝, 근래는 컴퓨팅 사고력을 기르기 위한 소프트웨어 교육을 실시하고 있다. 꼭 지금의 상황이라 말할 수는 없지만 혹시나 모를 지금 같은 상황들을 위해 하나씩 준비해온 셈이다. 중국은 이번 기회를 바탕으로 국가차원에서 온라인 교육의 확실한 기틀을 마련하려고 노력하고 있다. 이제 우리에게도 몇 년 동안 지속 될 수 있는 전염병 대비 또는 혹시나 모를 일들에 대한 장기적인 원격수업 방안이 필요하다. 교육과정 운영에 있어 수업일수, 시간 수에 대한 자세한 고찰보다는 상황에 대해 유연하게 적용할 수 있는 융통성 있는 교육과정 운영이 필요하다. 이러한 학교와 교사의 역량이 수업에 전념할 수 있는 행정적 지원 또한 선행되길 바란다.

코로나로 인해 제6학년 전 과정을 졸업하면서 남겨야 할 추억들을 남기지 못한 것들이 꽤 있었다. 인근 체육공원에 가서 졸업사진 촬영이 있었는데 생각보다 일정이 빨리 끝나게 되었다.

"선생님 우리 조금 놀고 가요."

원격수업을 꽤 오래 했던 터라 아쉬운 마음에

"그래, 뭐하고 놀까?"

"무궁화 꽃이 피었습니다. 요"

대단한 것을 이야기 할 줄 알았는데

"아 맞다! 너희 한국 사람이지?" 하며 웃던 생각이 난다.

지나가던 중국인들이 쳐다보는 줄도 모르고 한참을 놀았는데 아쉬운 마음에

"우리 짜장면 먹고 갈까?"

"네, 선생님 좋아요!"

'그래 녀석들... 선생님도 좋다'

여러 어려운 상황에도 결국 교실 속 주인공인 교사와 학생의 상호작용 등으로 어려움을 극복해왔다. 이번에도 마찬가지로 여러 시행착오에도 현장

선생님들의 반짝이는 아이디어로 원격수업이 이뤄지고 있다. 어느새 1년이 다 되어 간다. 학생들로 가득한 학교의 모습이 아름다운 모습이었음을 다시 한 번 실감하게 된다.

김현진 중국 대련한국국제학교 교사, 교육부 창의인성교육 수업모델 개발연구원, 교육부 교육과정 핵심교원, 서술형평가 핵심교원, 인천광역시교육청 교육과정 심의위원, 초등교육과정 편성운영 지침 개발위원, 특별연구교사, 배움중심 수업지원단. 한국사회과교육연구회 사무국장

05
존사애제(尊師愛弟)-
'선생님 존경합니다, 애들아 사랑한다'

서기성 강원 화천 사내초등학교 교사

  우리 학교에는 어벤저스가 있다. 구호도 있다. '코로나 물리치는, 어벤저스 파이팅!'

  코로나19 대란으로 인해 얼굴도 못 보고 입학을 해야 하는 아이들을 위해, 약간의 재미와 상상력으로 온라인으로 입학식을 해 보자고 선생님들끼리 마음을 모았다. 그 당시 학교에서 유튜브를 활용한 온라인 행사는 생경했던 시기다. 아이들을 위해 뭔가는 해 주고 싶었던 교직원들이 밴드팀을 급조했다. 그런데 그 걸로는 2% 부족하다. 코로나가 스멀스멀 학교로 가지고 온 우울감과 무기력감을 떨쳐버릴 뭔가가 필요했다. 그래서 어벤저스 부대를 창설하기로 했다. 코로나 예방을 위한 방역 지침을 어벤저스가 상황극을 하는 것으로 하고, 어벤저스 코스튬도 구매했다.

입학식과 시업식은 대박이었다. 교직원들이 준비한 밴드와 노래에는 새 학기 아이들에 대한 그리움을 담았다. 이윽고 등장한 어벤저스의 간단한 상황극은 모두를 즐겁게 만들었다.

"마스크 파워! 거리두기 파워! 손씻기 파워!"는 아이들의 머리 속에 잊혀지지 않는 구호가 되었다. 우리 학교 어벤저스는 그렇게 첫 번째 코로나와의 싸움에서 승리했다.

어벤저스의 두 번째 출격은 등교 개학을 앞두고였다. 드디어 아이들이 학교를 올 수가 있게 되었는데, 코로나 때문에 그냥 올 수가 없다. 발열체크도 해야 하고, 소독제도 사용해야 하고, 거리두기도 해야 했다. '이 새로운 등교 시스템을 어떻게 쉽게 아이들에게 알릴 수 있을까?' 어벤저스가 등교 과정을 영상으로 찍어서 유튜브에 올리기로 했다.

이때부터는 시리즈물이 됐다. 입학식 때 영상을 1편으로, 5편을 스토리를 넣어서 추가 제작했다. 푸른 잔디 운동장에서 어벤저스가 구호를 외치는 장면을 찍었는데, 편집을 하다 보니 '코로나 물리치는 어벤저스 파이팅'이 자막 순서 상 '어벤저스 물리치는 코로나 파이팅'으로 읽히는 해프닝도 있었다.

어벤저스의 결정적인 등장은 소리누리 축제다. 거리두기 지침 때문에 매년 마다 실시했던 음악 축제를 할 수 있느냐?는 질문이 생겼다. 당연히 무대를 설치한 대규모 행사는 불가능했다. 이것도 아이들 공연 영상을 찍어서 온라인으로 내보내자고 했다.

연습 과정은 치열했다. 특히 제6학년 리코더 4부 합주는 학교에서 마스크를 벗을 수가 없어서 화상으로 연습을 하고, 페이스 쉴드를 사용해서 공연 장면을 촬영했다. 제5~6학년 70여명이 하는 합창도 쉬운 일이 아니었다. 마스크를 쓰고 거리두기를 하니 소리가 제대로 나오지 않는다. 소프라노 알토를 따로 촬영 녹음에서 편집해서 하나로 만들었다.

연습하는 과정은 날마다 녹음해서 카톡이나 밴드로 올렸다. 그 중에서 어벤저스 보다 무서운(?) 아이들이 있었는데, 하루도 빼놓지 않고 녹음한 것을 올리는 성실한 아이들이었다. 영상 전문 업체가 촬영을 하고 편집과 송출을 맡았다. 진행은 유튜브로 실시간 송출했고, 어벤저스가 등장해서 퀴즈와 상품과 게임으로 아이들을 즐겁게 해 주었다. 공연 영상은 '영상미가 이런 것이구나'를 알게 해 주었다.

축제가 끝나고 받아 본 아이들의 소감문에는 연습과 촬영과 녹음의 어려운 상황 가운데도 코로나에 굴하지 않고 이런 공연을 해 냈다는 것에 대한 자부심과 뿌듯함이 흘러 넘쳤다. 몇 몇의 아이들이 아니라 거의 전부였다. 아이들은 축제를 즐거워했고, 이런 학교에 다니고 있다는 것을 자랑스러워했다. 땀 흘린 만큼 거둔다는 교훈을 아이들은 체득했다.

어벤저스의 발견이다. 선생님들만 어벤저스인 줄 알았더니, 우리 아이들도 어벤저스 멘탈을 가지고 있었다. '코로나가 뭘?, 코로나가 어쨌다고?'라는 멘탈. 코로나를 세균쯤으로 생각하고, 인간이 세균에게 질 수 있느냐는 멘탈을 가진 아이들. 이 아이들이 진정한 어벤저스가 아닐까? C세대(Covid19 Generation)의 아이들에게 희망이 있는 이유다.

06
이 시대
학생들이 닮고 싶은 교사상

서기성 강원 화천 사내초등학교 교사

상(像)은 이미지다. 어쩌면 거울에 비친 이미지처럼 실체가 아닐 수도 있다. 그나마 거울은 실체의 모습을 그대로 투영한다. 이미지는 왜곡이 가능하고 상상도 가능하다. 그런데 이 글을 통해 이 시대 학생들이 닮고 싶은 교사의 모습을 이미지가 아니라, 실상으로 보여 줄 수 있음에 감사하다.

나는 우리 교회 목사님을 대학 때 부터 만났다. 목사님은 체육 교사 출신이었기에 학구적인 것과는 거리가 있을 법하다. 그런데 목회를 하시면서 '사람이 왜 변하지 않는가?'를 고민하셨다. 그것을 목회의 본질이라고 생각하신 것 같다.

하지만 사람이 변하는 것이 어디 쉬운 일인가? 시행착오와 실패의 과정을 함께 했다. 그러기를 10여 년 후 드디어 사람이 변하는 본질을 발견했다. 발견만 한다고 되는 것도 아니었다. 임상을 통해 증명의 과정까지 15년 정도 걸렸다.

그리고 그 변화의 열매가 모 방송사를 통해 4년 정도 방송되었다. 임상 사례는 820명. 마약 중독자, 조폭, 게임 중독, 이혼 가정, 강남 마담, 동성애자, 공황 장애, 가정 문제 등등 각종 변화의 사례가 소개되었다. 사람이 진짜 변할 수 있다는 것을 방송으로 보여주었다.

그 중에는 7번 망해서 교회로 찾아 온 제빵사가 있다. 아들은 암에 걸리고, 가족은 흩어지고, 몸은 망가진 채로 왔는데, 다 망한 성도를 목사님이 품어 주셨다. 목사님께 배운 대로 빵의 본질을 찾아 암에 걸린 아들도 먹을 수 있는 빵을 만들었다. 건강하고 맛있는 빵이라는 본질을 제대로 구현해서 방송에도 나오게 되었고, 지금은 주문 후 몇 개월 걸려야 먹는 빵이 되었다. 그 스승에 그 제자다.

과일의 본질을 찾은 사례도 있다. 망나니로 청년 시절을 보내다가 목사님을 만나서 새로운 삶을 시작했다. 역시 본질 찾는 법을 배워 과일의 본질이 '맛있는 과일을 손님들에게 주는 것'이라는 너무나 당연한 결론을 실천했다. 맛있는 과일을 찾기 위해 서울 청과 시장에서 직접 맛을 보면서 과일을 찾았단다. 맛없는 과일이라고 손님이 들고 오면 환불해 주고 버릴 정도로 본질을 붙들었다고 한다. 역시 전국 방송에도 나오는 유명 과일 집이 되었다. 그 선생에 그 제자다.

목사님은 인생의 본질도 고민하셨다. 인생의 본질은 죽음을 뛰어 넘는 것일 것이다. 두 번 죽음 앞에 서셨는데, 첫 번째는 폐암 선고를 받으셨을 때다. 의사는 폐를 절단해야 한다고 했는데, 목사님은 아픈 몸으로 오래 살기를 원하지 않는다고 수술이나 치료 없이 7~8개월을 보내셨다. 대부분의 성도들은 목사님이 암에 걸리신 지도 모를 정도로, 예배를 기쁘게 인도하셨다.

그러다가 기적적으로 수술하지 않고 치료하는 방법을 찾게 되어 정상적으로 목회를 할 수 있게 되었다. 죽음을 앞둔 그 기간 동안 '부활(復活)'의 소망이 평강으로 덮으셨다고 간증하셨다.

또 한 번은 장(腸)천공이 되어 수술을 받게 되셨다. 1년이 넘게 병상에 계시면서 다시 한 번 죽음 앞에 서게 되셨다. 그 가운데 용서하지 못했던 사람을 용서하셨다고 했다. 사랑하지 않으면 어둠 가운데 있고, 눈이 먼 사람인 것을 깨닫게 되셨다고 했다. 얼마나 급하셨는지 아픈 몸을 이끌고 첫 번째 선 강대상에서 빛 가운데 있다고 하면서 미워하는 사람은 어둠 가운데 있는 사람이라고 선포하셨다.

성도들은 그제야 사람을 미워하는 것이 잘못된 언행임을 알게 되었다. 피해자가 용서하지 않으면 가해자가 된다는 것을 알게 되었다. 암이 걸려서 85차 항암 치료를 받는 성도가 생겼다. 그런데 죽음의 그늘, 두려움의 그늘이 전혀 없다. 가발을 쓰기는 했지만 그녀를 대하고 있으면 누구도 암환자라고 생각하지 않는다. 오히려 그녀는 그 몸으로 암환자들을 찾아다니고 소망을 주는 일을 한다. 그 이야기를 담아 책도 쓰고, 최근에는 영화에도 나왔다. 그 스승에 그 제자다.

이 시대에 학생들이 닮고 싶은 교사상으로 '본질을 추구하는 교사'를 제시해 본다. 그리고 이미지가 아니라 실상을 소개할 수 있음이 무한 영광이다.

요즘 학교에는 교사와 학생은 많지만 스승과 제자는 없다는 말이 회자되고 있다.

'훌륭한 스승은 모범을 보이고 위대한 스승은 감화를 준다'는 말이있다.

본질을 추구하는 삶을 살았을때 진정한 교육의 가치가 무엇인가를 깨닫게 되고 알게 될 것이다. 그리고 그 가치가 자신의 교육철학으로 승화되었을때 학생에게 존경받는 스승으로 오래도록 기억 될 것이다.

서기성 강원 화천 사내초등학교 교사, (전) 춘천시교원총연합회 사무국장, (사)한국교육자선교회 강원지방회 사무국장, 교육칼럼리스트.

07
교원들의 전문성역량 강화를 위한 문화생활

박은종 공주대학교 겸임교수

일반적으로 우리는 '시간은 금(金)'이라고 일컫는다. 그 시간이 누적돼 역사가 되고 세월이 된다. 역사적 관점과 시간적 의미에서 우리가 사는 오늘은 어제의 열매이며 내일의 씨앗이다. 동서고금을 통틀어 교육을 백년지대계라고 일컫는 것은 과거, 현재, 미래가 오롯이 연계되는 교육의 중요성과 항구성(恒久性)을 함축한 말이다. 곡식과 채소 그리고 수목 등을 기르는 것은 수년 내에 수확이 가능하지만, 교육은 개인의 일생, 나아가 역사와 세기를 관통하는 긴 기간 동안의 미래 인재 육성 과업인 것이다. 교육은 후대와 미래를 위한 보이지 않는 투자이고 보살핌인 것이다.

돌이켜보면, 지금으로부터 40년~50년 전 교통과 통신이 아주 불편하던 시절, 교원들은 대부분 학교 인근에서 하숙과 자취 생활을 했다. 당시 각급 학교 교문 주변에는 일명 '하꼬방(간이 목로주점의 일본어)'으로 불리던 작은 문방구 겸 선술집이 많았다. 그 선술집들은 대부분 목로에 앉아서 마시는 소주집·막걸리집이었다. 하루 일과에 지친 교원들에게 그 막걸리집은 일명 '참새 방앗간'이었다. 퇴근길에 꼭 들려 가던 곳인데, 어쩌다 그냥 지나치면 뭔가 빠뜨린 것처럼 허전하고 서운해 그날 저녁 밤 잠을 제대로 자지 못했다. 자택에서 먼 도서, 벽·오지 등에 근무하는 교원들에게 객지의 시름을 덜고 동료들과 인생과 철학을 논하던 담론 교류의 장이기도 했다.

전국이 일일생활권이고 마이카(my car) 시대인 오늘날의 젊은 교원들은 공감하지 못하지만, 당시에는 상상도 하지 못할 정도로 교통과 통신이 불편한 도서 벽·오지 학교에서 근무하며 갖가지 사연도 많았다. 교원들은 교통이 불편해 일요일 오후에 학교 인근 하숙집으로 들어갔다가 다음 주 토요일에 자택으로 돌아오는 개미 쳇바퀴 돌듯이 변화 없는 삶을 살던 아스라한 그 시절이 교원들의 추억이고 문화였다.

이제 시대가 변하고 세월이 흘러 요즘 교원들의 문화와 여가 생활은 180도 변했다. 한 마디로 상전벽해(桑田碧海)한 게 교원들의 취미·여가·문화생활이다. 주로 신 세대인 요즘의 교원들은 교육전문성 신장과 교양과 취미생활에 여가를 활용하고 있다. 아울러 비슷한 연령층의 교원들이 어울려서 다양한 취미·여가·문화생활을 즐기고 있는 경향이다. 학교의 조직 문화, 교원 문화도 시대 흐름에 따라 많이 변했다.

오늘날 세계화 시대를 맞아 미래 인재를 육성하는 교원들은 우선 자기계발, 교육, 문화, 취미 신장 등 여가생활과 문화생활을 즐기고 있다. 최근 교원들은 하고 싶은 것, 잘 하는 것, 사회적 관심이 높은 것, 미래의 삶과 관련 깊은 것 등을 열심히 하는 문화생활을 하고 있다. 특히 1980년대 이후 출생의 자유분방하고 개성이 뚜렷한 MZ세대인 20~40대 교사들은 세계·국내 여행, 전문적 취미 그룹, 스터디 그룹 등을 꾸려서 여가를 즐기고 있다. 젊은 교사들은 10명 내외의 동아리를 조작해 매월 일정액씩 적립하여 북미, 남미, 서유럽, 동유럽, 아프리카, 오세아니아주 등 각 지역을 매 방학 때 마다 순회일주 여행을 하면서 견문·소양을 넓히고 있다. 또 동아리·동호회를 구성해 풍물, 요가, 골프, 배드민턴, 캘리그라피(calligraphy) 등 다양한 여가취미특기 신장 생활을 즐기고 있다. 최근에는 교원 동호회·동아리별로 암벽 등반. 승마, 요트 등도 많이 즐기는 경향이다.

특히 유치원교사들은 원내 교사끼리, 초등학교에서는 동 학년 교사 그룹 문화, 중등학교에서는 동 교과 그룹의 문화생활이 자리 잡고 있다. 즉 원내 동료 교사, 동 학년 교사, 동 교과 교사들이 각 주별로 정해진 요일과 시간에 일정한 장소에 모여서 교육활동과 교육과정, 학사 운영 등에 대해서 의견을 나두고 다양한 취미 생활도 함께 즐기고 있다. 특히 외국어 등 어학 스터디 그룹, 골프 등 스포츠 동아리, 요리 등 일상생활 관련 양 등을 조직하여 끼리끼리 어울리고 있다. 최근 대학 교수들은 학회, 연구회 활동이 매우 활성화돼 있다.

현대 교원들은 전문성·역량 강화를 위한 교원의 취미와 여가 생활을 즐기고 있는 데, 이와 같은 교원들의 여가·문화생활은 교육전문성 신장과 교육과정수업 역량 강화에 큰 활력소가 되고 있다.

지금은 아스라한 추억이지만, 과거의 교원들이 '현실'의 애로를 타개하기 위한 막걸리 동료 그룹이 대종을 이뤘다면, 현재의 교원들은 '미래와 진로'를 개척하는 진취적 취미·여가·문화생활 등을 즐기고 있는 점이 다르다. 즉 현재의 교원들은 문화생활에서도 과거의 교원들처럼 그저 적당한 타협이 아니라 자기주장과 개성 실현의 의지가 매우 강한 것도 특징이다. 특히 근래 젊은 교사들은 반드시 해야 할 일은 책임을 지고 반듯하게 처리하지만, 하지 않아도 되는 군더더기 일은 과감히 포기하는 취사선택과 집중력이 돋보인다.

결국 한국의 학교 사회에서 과거의 교원문화가 등잔 밑처럼 계획 없는 주먹구구식 하루살이 삶의 방식이었다면, 현재의 교원문화는 남녀노소를 막론하고 각자 해야 할 것을 찾아서 올곧게 이행하는 체계성을 갖고 있다. 과거의 교원문화가 '소일'과 '시름 해소'가 주된 목적이었다면 현재와 미래의 교원문화는 '미래의 삶 계발', '교육전문성 신장'으로 전환되었다. '교육의 질은 교원의 질을 능가하지 못 한다'는 말이 있듯이 교원들의 행복한 문화생활은 질 좋은 행복교육의 밑거름이다. 나아가 미래 인재인 학생 교육을 위해 오롯이 헌신하는 교원들의 행복 문화는 교육전문성 신장과 미래 역량 함양의 소중한 활력소가 될 것이다.

08
노장청(老壯靑) 교원들의 공감과 소통 멘토링(Mentoring)

박은종 공주대학교 겸임교수

　현재 한국의 유·초·중고교 및 대학 등 각급 학교에는 약 50여종에 이르는 다양한 직종(직군)과 직렬의 사람들이 직무를 맡아 근무하고 있다. 그들은 교원(교육공무원), 행정직, 일반직, 기능직 등 다양한 직종(직군)과 직렬로 구분된다. 일반적으로 학교 근무자 중 유·초·중·고교 교원들은 62세, 대학 교원들은 65세에 정년이다. 그 외 직종(직군)과 직렬 근무자들은 대부분 60세가 정년이다.
　교육의 전당인 학교의 핵심적 근무자는 국가공무원인 교원들이다. 사립학교 교원들도 인사규정은 교원들에 준한다. 유·초·중·고교 등 각급 학교에는 대학을 갓 졸업한 20대 초반 신규교사들과 60대의 교장·교감 등 관리직들이 함께 근무하는 거대한 조직체이자 공동체이다. 통계에 의하면 대학 교원들은 입직 연령이 평균 35세 정도다. 따라서 학교 근무자들은 연령차·세대차에 따른 사고(思考)의 간극과 인식의 괴리(乖離)가 상당히 크다.

학교는 교육이 본령이다. 즉 학교는 교육의 요람이며 교수학습의 전당이다. 즉 가르침과 배움의 산실이다. 뭐니 뭐니 해도 학교의 본연의 역할은 교원들이 보람으로 가르치고, 학생들이 행복하게 배우는 보금자리이다. 곧 학교는 교육의 전당으로서 지식과 진리, 기능과 능력, 역량과 비전을 가르치고 배우는 교수학습의 장이다.

학교 교원들의 직위는 교사, 교감(원감), 교장(원장) 등으로 일반 공직자, 기업체 회사원들에 비해서 아주 단순하다. 물론 교사와 교감 사이에 보직교사, 수석교사 등이 별도로 있어, 업무 통할동료교사 장학 등을 담당하고 있지만, 대분류는 교사에 포함된다.

20대부터 60대까지 강산이 네 번 정도 바뀔 긴 기간 시대와 세대를 아우르며 함께 동고동락하며 근무하는 곳이 학교 교원, 즉 교직이다. 따라서 연령차·세대차가 큰 교원들이 더불어 생활하는 학교는 노장청(老壯靑) 조화와 연대가 학교 조직의 건강과 목표 달성의 가늠자이자 열쇠이다. 학교는 원로층, 장년층, 청년층의 조화와 협업이 아주 중요하다. 원로교원들의 경륜, 장년 교원들의 균형 감각, 청년 교원들의 패기가 잘 어우러진 학교가 순기능 교육 시너지 효과를 발휘하게 된다. 노장청(老壯靑) 교원들이 서로 보듬고 보살펴 주면서 학교 조직의 목표를 달성해 나아갈 때 학교 공동체와 교원 개인의 동반 성장과 상생의 길을 열어갈 수 있다. 노장청(老壯靑) 교원들이 세대차를 극복하고 억겁 인연으로 함께 가는 동반자라는 인식이 학교와 교원 발전의 원동력이다. 따라서 노장청이 앞에서 끌고 뒤에서 밀며 존경과 사랑,

신뢰로 함께 성장하는 상생의 길을 가야 한다. 그 과정에서 자연적으로 인생과 교직의 멘토·멘티로서 바람직한 멘토링(mentoring)이 교직 성장과 행복 직장의 자양분이 되는 것이다. 동료 멘토링은 말이 아니라 마음으로 하는 것이다.

돌이켜보면 과거 30~40년 전의 학교에서는 교장의 말 한 마디는 법이라는 게 불문율이었다. 사실 당시에는 교육 법령과 교육정책, 교육과정이 체계화되지 않았던 시절이라서 젊은 교사들은 패기만 앞세우다가 시행착오를 많이 겪었다. 학교장이 무소불위의 권한을 휘두른 소위 '호랑이 담배 피던 시절'은 공감과 소통, 그리고 배려와 포용이 단절된 시대였다. 당연히 젊은 교사들은 교감, 교장, 원로 교사들과 교류와 동행을 어려워했다. 반대로 교감, 교장, 원로 교사들도 젊은 교사들과 업무 상 외의 돈독한 교류와 동행을 꺼려했다.

사실 사회학적으로 모든 조직과 공동체에서 명시적 법령과 규정에 따라 일사불란하게 움직이는 조직인 학교는 공식적 의사소통으로 계선조직, 참모조직을 통한 업무 능률성을 제고한다. 하지만, 공식적 의사소통은 일의 능률성은 담보되지만, 조직 활력성에는 한계가 있다. 그보다 모든 사회조직에서 정(情)과 사랑으로 어우러진 비공식적 의사소통이 조직의 자발적 능률 향상에 보다 더 효과적이다. 공식적 의사소통이 법령, 규정, 명령, 상하 계선이 조직을 이끄는 기제라면, 비공식적 의사소통인 사랑과, 정, 신뢰, 협업, 배려 등은 조직 활성화를 위한 조건이다. 물론 공식적 건전하고 건강한 학교 조직은 전 공동체 구성원들이 공식적 의사소통, 비공식적 의사소통 등이 아주 유기적이고도 원활하게 유지돼야 바람직하다.

이제 21세기 세계화 시대는 역동적인 열린사회이다. 제4차 산업혁명시대, 에듀테크 시대 역시 상하 · 좌우 · 고저 등 칸막이가 없이 연계연동된 개방된 사회이다. 오늘날 3차원적 입체영상 교육의 총아인 3D 홀로그램(hologram)이 각광을 받고 있는 것도 다름이 아니다.

사실 20대부터 60대까지 세대차 · 연령차를 초월한 교원들이 '좋은 교육'을 위해 함께 노력하는 학교의 모습도 세월이 흘러 많이 변했다. 학교에는 과거처럼 교감 · 교장이 과거처럼 명령위주 리더십이 사라지고 이제는 배려공감소통서번트 리더십 등이 자리를 잡았다. 학교 공동체 구성원들이 좋은 교육이라는 조직 목표를 달성하기 위해서 억지로 시켜서 하는 일(업무)에서 스스로 찾아서 하는 역량 발휘로 혁신되었다. 이와 같은 시대 변화를 역행하는 학교 조직과 공동체 구성원들은 자연스럽게 도태될 수 밖에 없는 것이다.

자고로 교육은 미래 인재를 육성하는 숭고한 가치이자 활동이다. 학교는 이 가치와 활동의 보금자리이다. 학교라는 조직에서 20대에서 60대에 이르는 세대차를 넘어 함께 교육의 비전을 실현하기 위해 동고동락(同苦同樂)하는 동반자로서의 교원들의 헌신과 열정, 희생 등이 중요한 열쇠다. 20대에서 60대에 이르는 노장청(老壯靑)의 공감 · 조화와 어울림 멘토링(mentoring)이 훌륭한 교육의 지양분이 되고 세상을 폭 넓게 이해하고 인생을 배우는 활력소가 되는 것이다. 교육 공동체 멘토링은 말로 하는 것보다 가슴과 행동으로 실천하는 게 보다 효과적이다. 젊은 신진 교사들이 교직에 일생을 걸 수 있도록 중견(중견) 교원, 원로(관리직) 교원들은 바람막이 울타리, 수호천사가 돼 줘야 한다.

같은 학교에서 한 솥밥을 먹으면서 근무하는 동료 교원들은 '우연'이 아니라 '필연운명적' 만남이다. 20대~60대가 세대를 초월해 서로 아우르며 교육 하모니를 연주하는 학교야말로 이 시대 최고의 행복 배움터요 직장이다.

20대~60대 교원들이 노장청(老壯靑) 조화와 균형을 이루며 동행하는 행복한 학교 문화야말로 이 시대 '훌륭한 교육'을 떠받치고 있는 기둥이다. 미래 인재 양성이라는 중차대한 소명의식으로 함께 어깨를 겯고 가는 교직 동행의 기쁨은 그 어느 직장에서도 볼 수 없는 교단만의 활력소이자 행복 충전소이다.

09
학교 공동체 구성원들의 협업과 집단지성(集團知性) 연대

박은종 공주대학교 겸임교수

자고로 학교는 교육의 요람이자 미래 인재 양성의 산실이다. 즉 학교는 종합적인 사회의 축소판이다. 진보주의 교육학자의 거봉인 존 듀이(J. Dewey)가 명명한 바와 같이 학교는 작은 사회이다. 보수적 집단인 학교는 원칙적으로 수평적 리더십이 작용하는 조직이다.

각급 학교에는 여러 직종(직급)직렬의 사람들이 근무하고 있다. 학교에는 교원, 행정직원, 급식실 직원, 비정규직 등이 두루 근무하고 있다. 교장, 교감, 교사, 보건교사, 영양교사, 특수교사, 상담교사, 사서교사, 영양교사, 행정실장, 행정계장, 교무행정사, 행정실무사, 조리사, 조리원, 위생원, 주무관 등 등 50여 종의 직위와 직책을 가진 사람들이 한 울타리에서 근무하는 곳이 학교 사회이다. 또 대학에는 더 많은 직렬직종의 사람들이 근무하고 있다.

사실 수 많은 학생들과 교직원들이 교육 공동체를 이루어 각자 맡은 일과 공동체 업무를 협동으로 수행하는 곳이 학교 조직 사회이다. 따라서 바람 잘 날 없는 곳이 곧 학교이다. 흡사 대추나무에 연(鳶)이 걸려 있는 게 학교 형상이다.

현행 법령에서 유·초·중등 교원 정년은 62세이고 대학 교원은 65세이다. 원래는 모든 교원들이 65세 정년이었으나 1990년대 말 국제통화기금(IMF) 구제 금융 시기에 유·초·중등 교원들의 정년이 3년 감축돼 현재의 62세가 되었다.

일등제일주의, 성적만능주의가 고착된 한국 교육계에 최근 경쟁교육과 협동교육에 대한 논쟁이 뜨겁다. 기본적으로 경쟁교육은 수월성 교육에 바탕을 두고, 협동교육은 평등성 교육에 기반을 두고 있다. 다만, 냉철하게 판단해 경쟁교육과 협동교육은 택일이 아니라, 양자(兩者)의 조화가 이상형이다. 혹자는 학교교육이 완전히 협동교육, 평등교육으로 혁신돼야 교육개혁이 이뤄진다고 급진적 주장을 하기도 하지만, 근본적으로 교육의 속성상 완전한 경쟁 배제는 어려운 게 사실이다.

특히 우리나라 교육은 상급 학교 진학, 특히 '대학입시를 향하여 앞으로 나란히!'를 한 기형적 모습이다. 그러다보니 자연적으로 경쟁교육의 뿌리가 깊게 뻗어 있는 게 현실이다. 각종 입시, 교육평가 등이 경쟁교육의 관행으로 자리 잡은 것이다. 교육당국과 학교에서 협동교육을 강조하지만, 실제로는 교육제도의 제한 때문에 경쟁교육 위주로 편향된 교육을 시행해 왔다. '100m 달리기 교육'에서 '강강술래 교육'으로 전환돼야 한국 교육이 혁신

된다는 주장이지만, 현실적으로는 탁상공론이라는 지적을 받고 있는 것도 사실이다.

경쟁 추종은 비단 학생 교육뿐만 아니라, 교직원들의 고과평가에도 만연돼 있다. 학교 구성원들인 교원, 행정직, 일반직원, 기능직, 비정규직 등 여타 교직원들도 마찬가지다. 보직임명, 승진, 인사, 표창, 근무평정, 다면평가, 성과급(성과상여금) 지급 등 일련의 과정에서 협동이 배제되고 경쟁이 차열한 것이 현실이다. 한 마디로 다른 사람을 제쳐야 자신이 앞으로 나아가고 올라가는 학교 조직 구조인 것이다. 최근 일선 학교 교원들에게 불만이 많은 교원 성과급의 S·A·B 등 등급 지급은 교원 사회의 협업과 집단지성 발휘를 가로막고 있다는 지적이 줄 곧 제기되고 있는 것도 이와 같은 조직 구조와 결부된 것이다.

일선 학교에서 교장, 교감, 행정실장 등 학교 관리자들은 평직원들의 가려운 곳을 긁어주는 지원자가 돼야 한다. 상부 교육당국, 학부모, 학생, 학교운영위원회 등의 외풍(外風)을 막아주는 울타리가 돼야 한다. 최근 학생지도 애로, 학교 폭력 빈발, 교권 침해 등으로 교원 명예퇴직이 급증하는 교직 사회 현상을 감안할 때 학교 관리자들이 학교 내에서 함께 근무하는 교직원들을 오롯이 보호, 배려해 주는 데서 집단지성이 출발해야 한다. 공자(孔子)의 지적처럼 매사에 '함께 하는 동행'이 있다는 것 자체가 인생의 최대 행복임을 인식해야 한다.

현행 유·초·중·고교에서 적용 중인 2015 개정 교육과정은 역량 기반 교육과정이다. 따라서 2015 개정 교육과정의 지향점은 '생각하는 힘, 더불어 사는 삶'에 대한 이해와 방법을 함양하는 데 중점을 두고 있다. 그리고 이와 같은 지향점을 제고하기 위해서 창의적 사고 역량, 자기관리 역량, 지식

정보처리 역량, 심미적 감성 역량, 의사소통 역량, 공동체 역량 등 핵심 역량 여섯 가지를 들고 있다. 이중에서 공동체 역량은 조직과 지역, 국가, 세계 등 공동체 발전에 적극 참여하는 능력이다. 교직원들과 학생들 모두가 관심을 갖고 함양해야 할 핵심 역량이다. 공동체 역량은 함께 일(근무)하는 구성원들과 공감소통배려하며 역할 분담을 해 과업을 달성할 수 있는 실천 능력이다.

미래 사회의 교육과 학교 공동체는 학교장을 비롯한 전 교직원들의 협업과 집단지성 연계가 과업 달성의 열쇠다. '백짓장도 맞들면 낫다'는 속담처럼 공동체 구성원들의 동의와 참여 그리고 집단지성에 터한 중의(衆意)로 목표를 실행하는 것이 최선이다. 미래 교육에서는 협업(協業)과 협치(協治), 그리고 집단지성 연대가 과업 수행과 공동 목표 달성의 열쇠가 돼야 한다. 소위 '나를 따르라'는 구태의연한 보스의 외침이 아니라, '우리 함께 하자'라는 동행자 리더십, 서번트 리더십이 발휘돼야 한다. 교원들과 학생들 모두가 혼자 하는 것 보다 여럿이 하면 힘도 더 들고 행복한 마음으로 목표 달성이 가능한 것이다. 아울러 목표 달성 후의 기쁨은 배가되기 마련이다. 그런 의미에서 학교 조직 공동체의 교장, 교감, 행정실장 등 학교 관리자는 명령을 하고 감시하는 감독자가 아니다. 또 젊은 신진 교직원 등 학교 공동체 구성원들은 일머리가 서툰 시행착오자가 아니다. 학교 관리자와 평교사 등 나머지 학교 공동체 구성원들은 협업과 집단지성으로 얽히고설킨 학교의 문제를 함께 풀어가는 행복한 동행자·동반자인 것이다.

중국 고전 한비자(韓非子)의 "삶에서 '빠르게' 보다는 '바르게', '혼자'보다는 '함께' 할 수 있는 기여의 길을 찾는 것이 중요하다"라는 말은 결국 미래 교육 리더는 협업과 집단지성에 터한 시대정신 구현이 중요하다는 의미이다. 미래 학교의 교육 리더십은 신진의 젊은 패기, 중진의 균형 감각, 원로의 경륜 등 복합적으로 작용하는 것이 바람직하다. 복잡다기한 미래 사회학교에서는 학교 관리자와 공동체 구성원들의 협업과 집단지성 연대가 목표과업 달성에 핵심 기제인 것이다.

10
교육통찰력·전문성을 겸비한 T자형 미래 교원의 역량

박은종 공주대학교 겸임교수

한국 교육계에 전설 같은 이야기로 소위 '이해찬 세대'라는 말이 있다. 현재는 정치 일선에서 물러났지만, 7선 국회의원, 더불어민주당 대표 등을 역임한 정치 구단 이해찬 전 국무총리가 1998년~1999년 경 교육부장관으로 재직할 때의 이야기다.

당시 이해찬 장관은 학생들이 한 가지 분야·영역만 잘 하면 상급학교 진학과 진로취업 등에 지장이 없도록 교육 시스템을 혁신하겠다고 천명했다. 대입제도를 근본적으로 바꿔 한국 교육을 송두리째 혁신하겠다고 선언했다. 당시는 한국 교육의 고질적인 병폐인 사교육이 최고로 팽배했던 시기로 이 장관의 이러한 약속은 학생, 학부모들을 포함한 국민들의 큰 반향을 일으켰다.

실제 당시 이 장관은 고교 교육정상화를 위해서 새로운 대입제도를 도입해 특기적성 하나만 잘 하면 대학 진학과 취업에 지장이 없도록 하는 무시험 대입 전형계획을 발표해 소위 '이해찬 세대'를 탄생시켰다. 일시적으로 방과 후 학교와 학원개인지도 등 사교육이 감소하는 추세를 보였다. 하지만, 그 후 대입 수능과 취업 면접 등 교육 제도·시스템 혁신이 동반되지 않아 공염불이 되고 말았다.

현재 우리가 함께 살고 있는 현대 사회는 통섭(統攝consilience)의 시대다. 즉 학문과 교과를 비롯한 모든 영역분야가 단절되지 않고 서로 넘나들고 연계돼 작동하는 초지능·초연결·초통합의 시대다. 세계화·제4차 산업혁명에듀테크 시대인 현대 사회에서는 과거처럼 한 우물만 파면 성공한다는 고답적 담론으로는 충분하지 못하다. 특정 전공·전문성과 여러 가지 교양·상식을 두루 갖춰야 한다.

사실 과거 14세기~16세기 유럽의 문예부흥시대(Renaissance)에는 학문과 예술 등의 부활을 기초로 교양과 상식이 강조되던 시대였다. 그 이후 18세기 제1차 산업혁명시대에는 소위 '소품종 다량생산체제'가 도래하면서 전문성이 크게 강조되었다.

일반적으로 인재는 I자형 인재와 T자형 인재로 구분된다. I자형 인재는 우리가 흔히 전문가라고 부르는 전문성을 가진 인재다. T자형 인재는 원래 일본의 토요타(TOYOTA) 자동차회사에서 처음 사용한 말이다. 즉 T자형 미래 인재는 종(I:전문성)과 횡(一:교양상식)을 망라한 전문성과 통찰력을 겸비한 인재이다. 즉 교양(상식)과 전공(전문성) 등에 두루 능통해야 하는 것이다.

처음 일본 토요타 자동차회사는 회사명의 영문 첫 글자인 T자를 따서 토요타가 요구하는 인재상을 전문성과 다양성의 의미를 담아 T자형 인재로 정의했다. 사실 한 분야의 전문가가 된 후에 관련된 여러 기능을 습득하여 다기능 전략을 추구하여 한 생산 라인에서 여러 제품을 생산하여 경쟁력을 높이는 게 중요하다. 토요타는 T자형 인재 양성과 발굴에 노력한 덕택에 근로자들은 한결 같이 주인의식을 갖고 동기부여가 돼 세계 최고의 '토요타 자동차 회사'를 우뚝 세우게 된 것이다.

그 뒤 토요타에 이어 세계 각국에서 T자형 인재상을 강조하고 있다. 급변하는 경영기업교육 환경 속에서 최고경영자(CEO)들은 변화를 미리 알고 능동적으로 대처하는 것이 중요하다. 불확실성과 가변성이 특징인 현대 사회에서의 최고 경쟁력은 변화에의 적응과 미래에 대한 도전이기 때문이다. 이제 경영기업학교의 최고경영자(CEO)들은 시대의 변화와 흐름(Trend)을 이해하고 미래를 내다 볼 수 있는 혜안(慧眼)을 가져야 한다. 그래야만 위기를 슬기롭게 극복하고 미래를 주도할 수 있기 때문이다.

일반적으로 I자형 인재는 한 우물을 파는 전문성을 가진 전문가를 일컫는다. 하지만, 역동적인 제4차 산업혁명시대인 현대 사회에서는 이것만으로는 부족하다. T자형 인재는 이 전문성에다가 통찰력을 겸비한 인재다. 즉 교양과 인격을 두루 겸비한 종합적 인재다. I자형 인재는 전문가가 된 후 그 전문성을 바탕으로 여러 기능과 자질, 역량 등을 다각화하여 소위 만능인, 멀티플레이어(multi player)가 되어야 한다. 그러한 전문성을 바탕으로 다각 탐구력, 현실감각력, 논리적 분석력, 문제해결력, 창의적 접근력 등을 배양해야 한다.

이제 한국 교육도 패러다임을 바꿔야 한다. 교원들과 학생들이 T자형 인재의 자질인 전문성과 통찰력을 겸비해야 한다. 미래 인재인 학생들을 교양과 인격·인성이 돈독하고 전문성을 배양한 미래 인재로 기르기 위해서는 먼저 이를 가르치는 교원들의 미래 자질과 역량 함양이 선행돼야 한다. 즉 교육의 주체인 교원들이 지식 전수자라는 전통적인 교원상에서 탈피해 자질과 역량을 함양한 멘토(mentor)가 돼야 한다. 학생들보다 먼저 교원들이 교육전문성·교육통찰력을 겸비한 새로운 T자형 인재가 돼야 한다. 아는 것이 많은 지식 소유자, 재능이 많은 능력기능 보유자보다는 미래 비전과 역량을 구유(具有)한 교원으로 거듭나야 한다. 최근 세계적인 교육의 흐름(trend)인 통섭(統攝, consilience)은 학문과 교과 간의 경계와 칸막이를 허물로 두루 넘나드는 개방공유소통 등을 기반으로 한다. 그러한 교육의 흐름과 통섭을 T자형 교원들이 주도해야 한다.

미래 인재인 학생들은 원석(原石)이다. 이 원석을 가공해 훌륭한 조각 예술품인 미래 인재로 육성하려면 교원들은 그저 먹고 살기 위해 일하는 '석수장이'가 아니라, 영혼이 있는 '교육 예술가'가 돼야 한다. 자아정체성이 겸비된 전문가인 구루(guru)가 돼야 한다. 교육전문성·교육통찰력을 겸비한 T자형 교원들이 학생들을 T자형 미래 인재로 육성할 수 있는 것이다.

결국 역동적인 가변성유동성이 특징인 미래 '액체사회'에서는 여러 상식과 교양에 박학다식한 ―자형 인재와 특정 분야영역에 능통한 I자형 인재에서 여러 분야영역 걸쳐 두루 통찰력과 전문성을 갖춘 T자형 인재 육성으로 나아가야 한다. 이는 미래를 향해 주도적으로 경쟁하는 세계 각국의 교육·경영·기업 등의 공통적 지향점이기도 하다.

11
교권(敎權)과 학습권(學習權)의 올곧은 보호와 보장

박은종 공주대학교 겸임교수

　동서고금을 통틀어 백년지대계인 교육의 역사는 유구하다. 장구한 교육의 역사를 통하여 변치 않는 정체성을 갖는 학교는 모름지기 스승(교수자, 교원)과 제자(학습자, 학생)가 교육과정(교육내용)을 가르치고 배우는 교육 삼 요소의 활동 마당이다. 교육학이 사회적 '종합 학문'이고, 교육이 장구한 세월에 걸쳐서 다양한 분야영역을 망라한 '종합 예술'이라는 점도 이와 궤(軌)를 같이 한다.
　교육의 중요성에서 우리가 통찰해야 할 것은 훌륭한 스승 밑에서 훌륭한 제자가 길러진다는 점이다. 오히려 청출어람(靑出於藍)의 의미대로 제자들은 훗날 스승들을 능가할 잠재력, 잠재성을 가진 꿈동이들이다. 그 훌륭한 스승의 가르침은 비단 학교에서의 교육내용, 지식, 진리 등의 전수만은 아니었다. 스승의 일거수일투족이 제자들이 보고 배우는 산 교육이었다. 옛 스승들이 한결 같이 언행일치·학행일치를 강조한 것도 제자들이 몸으로 보고 배우기 때문이었다.

자고로 '군사부일체(君師父一體)', '스승의 그림자도 밟지 않는다'고 하였다. 그 만큼 스승 존경은 교육의 근본이었다. 물론 예전에는 존사애제(尊師愛弟)라고 하여 스승 존경에 못지않게 제자 사랑도 중시했다. 모름지기 학교는 스승과 제자가 존경과 사랑으로 가르치고 배우는 장(場)인 것이다. 사제지간에 머리와 가슴으로 음미하는 존경과 사랑을 교육의 근본으로 삼았다.

하지만, 시대가 변하여 이제 학교가 스승과 제자가 존경과 사랑, 그리고 신뢰로 가르치고 배우는 성스러운 배움터라는 인식이 많이 변했다. 게다가 학교에서 교원들의 교권(교수권) 침해가 빈발하여 사회문제가 야기되고 종종 형사사건으로도 비화되고 있다. 특히 교원들의 교권침해는 학생뿐만 아니라, 학부모들에 의해서도 많이 발생하여 충격을 주고 있다.

이제는 교권 3법과 시행령이 개정되면서 정당한 교육·교수활동 침해 행위 발생 시 가해 학생을 그 경중에 따라 봉사, 특별교육, 출석정지, 학급교체, 강제 전학까지 시킬 수 있도록 제재를 강화했고, 고교생의 경우 엄중한 사안인 경우 퇴학까지 가능토록 규정했다.

최근 교권 3법의 정교한 법제화는 교원의 교수권 즉 교권 보호에 중요한 의미를 가진다. 교육법정주의 확립을 통해 교권보호의 안정성을 기할 수 있기 때문이다. 이제 교권 보호 관련 법과 시행령, 시행규칙이 가지런히 정비돼 제 역할을 충실히 수행할 것으로 기대된다. 그간 허술한 법령으로 교원들은 정상적인 교육활동조차 어려웠고 그에 따라 사기가 많이 저하됐었다. 가령 학생을 전학 조치할 수 있는 법적 근거가 없다는 이유로 폭언과 폭행, 성희롱까지 당한 피해 교원들이 되레 가해 학생들을 피해 다른 학교로 전근까지 가야 했다. 아동 학대를 한 학부모를 신고한 교사가 처벌을 받은 학부모들의 협박에 시달리고 전근을 가는 현실이 세계화 시대 한국 교단의 서글픈 민낯이다.

물론 우리는 학교와 교단에서의 교원들의 가르칠 권리인 교권과 함께 미래 인재인 학생들의 배울 권리인 학생 학습권·인권의 보호를 오롯이 바로 세워야 한다. 현재 학교에서는 교권침해와 더불어 학생들의 학습권·인권 침해도 빈발해 사회 문제로 대두되고 있다. 특히 학생들의 학습권·인권 침해는 학생들끼리의 학교폭력과 연계된 사안이 많아 특단의 대책이 요구되고 있다.

사실 교권 침해, 학습권인권 침해, 학교 폭력 등은 배움의 전당인 학교에 어울리지 않는 단어이고 행위이다. 모름지기 배움의 전당인 학교는 미래 인재 양성이라는 목표와 비전을 완수하기 위해 교육의 주체인 교원들이 보람을 갖고 편안하게 근무하는 요람이 돼야 한다. 세상에서 가장 명징(明澄)해야 할 곳이 배움의 전당인 학교여야 한다.

아울러 학교는 학습의 주체인 학생들이 안전하고도 행복하게 미래의 꿈과 끼 등을 기르며 마음껏 미래 희망과 행복의 나래를 펴는 마당이 돼야 한다. 그 바탕 위에서 '교권 3법'은 교원의 교권, 학생의 학습권·인권, 학부모의 참여지원권 등의 통합 보호를 지향하고 있다. 한 마디로 교권 3법은 교원, 학생, 학부모, 지역인사 등 모든 교육공동체(교수·학습 관련자)들의 권리와 책무를 담보하는 것이다. 나아가 교권 3법은 교직에 보람을 느끼는 교원, 배움에 행복을 느끼는 학생, 학교를 신뢰하고 지원하는 학부모, 지역사회 학교에 동참하는 지역인사 등 '함께 가는 교육, 학교 공동체'를 이루는 열쇠인 것이다. 교원·학생·학부모·지역인사 등 교육공동체 4박자가 존경과 사랑, 호혜와 선린신뢰로 어우러진 행복 오케스트라를 연주해야 한다.

한편, 우리는 학교와 교단에서의 교원 교권 보호와 학생 학습권·인권 보호에서 명심해야 할 것은 아무리 법령이 정비되고 징계 양정이 높아졌다고 해도 교권 보호와 학습권·인권 보호에는 한계가 있다는 사실이다. 교권, 학습권, 인권 등의 보호는 일탈 시의 외재적 강제보다 내재적 각성이 더 중요한 것이다. 즉 교권, 학습권, 인권 등의 보호가 우리 사회와 교육계에 안착하기 위해서는 예전의 스승존경과 제자사랑의 존사애제(尊師愛弟) 문화가 부활돼야 한다. 더불어 학부모들의 학교와 교원 신뢰 문화와 인식도 회복돼야 한다. 믿음이 상실된 교육은 한낱 공허한 사상누각에 불과하다.

아울러 전 국민들이 하나같이 '교권보호 없이 교육의 미래는 없다'라는 사실을 인식해 '교권 지킴이' 역할을 자임해야 한다. 교원 교권(敎權)과 학생 학습권·인권 보호의 준수와 조화는 학교 사회의 정화(淨化)와 '훌륭한 교육 좋은 교육' 구현의 시금석이다. 분명히 교원들과 학생·학부모들은 적(敵)이 아니라, 영원한 행복 동반자이다. 교원 교권(敎權)과 학생 학습권·인권 보호가 택일이 아니라, 오롯이 함께 보호되어야 하는 이유이다.

한국의 교육과 학교에서 교원들의 교권과 학생들의 학습권인권이 오롯이 보호되려면 존사애제(尊師愛弟)의 사회 문화 풍토가 부활돼야 한다. 즉 교원들이 스승으로서 존경을 받고, 학생들이 미래 꿈나무로서 사랑을 받는 학교, 학부모들과 지역인사를 비롯한 국민들이 교육과 교원들에게 무한한 신뢰를 보내주는 교육 이상향(Edu-topia)이 회복돼야 한다.

결국 학교와 교단에서 교원들의 교권 보호, 학생들의 학습권·인권 보호,

학부모들의 교육참여·자원권 보장 등이 오롯이 바로 서야 한다. 교원들이 보람으로 가르치고 학생들이 편안하게 배우며, 학부모들이 믿음으로 지원하는 에듀토피아(Edu-topia)와 교육 파라다이스(Paradise) 구현이 한국 교육의 미래 희망 열쇠라는 점을 유념해야 한다. 진정으로 스승과 제자가 존경과 사랑으로 함께 열어 가는 교학상장(教學相長)의 미래 한국 교육의 새로운 모습을 기대한다. 좋은 교육은 교원 교권과 학생 학습권(인권)이 오롯이 보장된 낙원에서 이뤄지는 것이다.

박은종 공주대학교 겸임교수, 사회학 박사, 한국사회과교육연구회 회장, 각종 교원·공무원·전문직 시험출제위원, 교육부교육정책자문위원, 한국교총교육정책전문위원, 충남교육청 장학사, 교육연구사, 통일교육위원. 민주평통자문위원, 충남대 교육연구소 교육연구관, 국정교과서 편찬위원, 한국교육신문·주간교육신문 논설위원, 공주교대, 동신대, 성신여대, 청운대, 홍익대. 중앙소방학교 외래교수, 저서 『한국교육의 지평과 미래비전탐구』 외 40여권

제9장

미래
'에듀케이션 코리아'를 향해

01
인문학 르네상스시대를 가다
- 상상력이 중요한 세상은 인문학 강국이 지배한다 -

조영탁 (주)휴넷대표, 경제학 박사

요즘 우리사회엔 유행처럼 인문학 열풍이 불고 있다. 불과 몇 년 전 인문학 위기가 인구에 회자되던 것을 생각하면 격세지감을 느낄 정도다. 하버드대 마이클 샌들교수의 '정의란 무엇인가'는 100만부 이상 팔려나갔다. 서울대 인문학 최고위과정을 비롯한 인문학교육에 최고 경영자들이 몰려들고 있다. 일반시민들을 위한 인문학 열기가 거세다.

인문학(humanities)은 문화. 역사, 철학 등 인간에 대한 탐구를 통칭하는 것으로 사람에 대한 이해와 통찰력을 제공해준다.

수백. 수천 년의 인류역사를 통해 살아남은 지혜의 보고(寶庫)인 인문고전은 상상력과 무한한 창의력을 샘솟게 하는 샘물이다.

인문학은 동서고금을 통해 그 중요성이 강조되어 왔다. 이병철 삼성그룹

전 회장은 내모든 경영비법은 논어에서 나왔다고 했고 마이크로 소프트창업자인 빌게이츠는 인문학이 없었다면 나도 없고 컴퓨터도 없었다고 했다라고 말한 바 있다. 애플의 CEO 스티브잡스도 자신의 상상력은 IT기술과 인문학의 결합에 기초한다고 밝히면서 소크라테스와 점심을 함께할 수 있다면 애플이 가진 모든 것을 내놓겠다고 말했다. 에드워드 기번의 로마제국 쇠망사가 처칠의 운명을 바꿨다는 것은 잘 알려진 사실이다.

이외에도 인문학고전의 영향을 크게 받은 역사 속 인물들은 일일이 열거할 수가 없을 정도다.

우리사회의 인문학 열풍이 일회성바람으로 끝나지 않고 인문학 대중화시대 인문학 부흥의 시대를 열어가기 위해서는 무엇보다도 대학과 기업의 막중한 책임과 역할이 요구된다. 아이러니하게도 인문학의 산실인 대학이 인문학위기의 진원지다.

근래 대학이 지나치게 취업준비에 치우치면서 인문학은 취업이 안 되는 비인기 학문으로 전락하여 폐지되는 학과가 늘어나고 인문학교수들은 대학의 채용순위에서 후순위로 밀려나는 것이 안타까운 현실이다.

하지만 우리대학은 '시카코플랜'에서 배워야한다. 1929년에 취임한 로버트 허친슨 시카코대 총장은 "인류의 위대한유산인 인문고전100권을 달달 외울 정도로 읽지 않는 학생은 졸업을 시키지 않겠다" 는 시카코플랜을 도입하여 당시 삼류대학이던 시카코대학을 하버드대학 보다 더 많은 노벨수상자(73명)를 배출하는 세계적인 명문대학으로 발전시켰다.

오늘날에도 미국 내 160개 대학에서 인문고전 100권 독서프로그램이 활발히 전개되고 있다. 우리나라에서도 경희대 영남대 등이 비슷한 제도를 도입하고 있는 것은 매우 바람직한 일이다. 인문학자들 역시 사고의 변화가 필요하다. 인문학자들은 상업성배제라는 명목 하에 상하탑 안에만 갇혀있지 말아야한다. 대중을 상대로 쉽고 재미있게 강의하고 집필활동을 함으로서 인문학 대중화에 적극 나서는 것이 오늘을 살아가는 인문학자에게 주어진 사명이다.

인문학 대중화를 위한 기업의 책임 또한 막중하다 우리기업은 지금까지의 추격자모델을 벗어나 시장선도자 역할을 해야 할 위치에 올라섰다. 선도자 역할을 위해선 무엇보다도 상상력과 창의력으로 무장된 인재를 양성하는 일이 중요하다.

기업의 미래가 달려있는 상상력과 창의력을 가진 인재양성을 위해서 인문학 교육에 집중적 투자를 아끼지 말아야한다.

우리나라에서도 현대건설, 롯데백화점, 등 몇몇 대기업에서 인문학교육을 도입하고 있으나 아직은 미미한 상태이다.

이제 기업구성원에게도 인문학 교육은 선택이 아니라 필수다. 직무와 리더십교육 못지않게 큰 비중으로 인문학교양 카테고리가 기업교육체계의 핵심으로 자리잡아야한다.

구글 부사장 테이먼 호르비츠는 "IT분야에서 성공하기 위해서는 인문학을 전공하는 게 유리하다" 고 지적한 바 있다

기업들은 사내 인문학 전공자들을 채용하는 비중도 높여야한다. 그렇게 될 때 자연스럽게 인문학 교육이슈가 중요한 취업스펙이 되어 학생들이 인문학 학습에 보다 많이 투자하게 될 것이다.

꿈꾸는 다락방 을 쓴 이지성 작가는 인문학 공부가 개인과 가문 기업은 물론 국가의 운명을 결정짓는다고 주장한다.

상상력이 지배하는 세상에서는 인문학 강국이 세상을 지배한다. 인문학

대중화를 위한 우리의 결실을 맺어 상상력으로 무장한 인재를 많이 배출해 낼 때 대한민국은 세계를 선도해 가는 상상력 강국으로 우뚝 설 수 있을 것이다.

조영탁 (주) 휴넷 설립자 겸 대표이사, 경제학 박사, 한국이러닝기벤처기업협회 이사, 한국벤처기업연합회 회장, 다산연구소 감사, 고용노동부 직업능력 유공 포상, 직업훈련기관 대표 부문 대통령 표창

02
문화 강국이 세계를 제패한다

최연구 한국과학창의재단 과학융합기획실장

　미국의 국제정치학자 즈비그뉴 브레진스키는 '거대한 체스판(The grand Chessboard, 1997년)'이라는 책에서 "오늘날의 미국은 유사 이래 최초의 진정한 세계제국"이라고 역설했다. 역사적으로 넓은 영토와 강력한 헤게모니를 구가하던 세계제국은 이전에도 존재했다. 팍스 로마나(Pax Romana)라 불리던 로마제국이 그러했고, 팍스 브리태니카(Pax Britannica)라 불리던 해가 지지 않던 대영제국이 그러했다. 로마제국이나 대영제국이 정치, 군사, 경제를 압도하던 당대 최강의 세계제국이었다면 미국은 여기에 더해 테크놀로지와 문화의 영역에서도 강대국이다. 첨단기술은 말할 것도 없지만 맥도날드, 코카콜라, 할리우드, 팝송 등 대중문화에서도 막대한 영향력을 자랑한다. 정치제도나 경제체제, 군사기술은 단기간에 빠르게 변화하고 발전할 수 있지만 문화는 그렇지 않다. 문화적 영향력은 특히 일상의 생활방식이나 정신적인 측면에 해당하기 때문에 지속적이고 근본적이다.

2004년 하버드대 조지프 나이(Joseph S. Nye)교수는 '소프트파워(Soft Power)'란 책을 출간해 큰 반향을 일으켰다. 소프트 파워는 군사력이나 경제제재 등 물리적으로 표현되는 힘인 하드 파워(hard power)와 대응되는 개념이다. 강제력보다는 매력을 통해, 명령이 아니라 자발적 동의로 얻어지는 능력을 말한다. 역사적으로 20세기까지 강대국의 힘이 군사력에 기초한 하드 파워에서 나왔다면, 문화의 세기인 21세기는 소프트 파워(soft power)가 주도하는 시대이다. 하드 파워는 경성국가, 부국강병과 연결되는 개념이고, 소프트 파워는 연성국가, 문화와 연결된다. 문화는 교육, 학문, 예술, 과학, 기술 등 인간의 이성적 및 감성적 능력에 기초한 창조적 산물과 연관된 모든 분야를 포함한다. 소프트 파워 개념은 이라크 전쟁에 대한 반성으로부터 제기됐다. 미국이 이라크전쟁에서 하드 파워로 압도적 승리를 거두었지만 오히려 전 세계적인 차원에서 미국에 대한 호감은 줄어들었으며 소프트 파워 측면에서는 오히려 값비싼 대가를 치러야만 했다. 미국에 있어서 소프트 파워는 미국적 가치와 삶의 질, 그리고 자유 시장경제의 흡인력으로 미국이 원하는 것을 얻을 수 있는 능력을 의미한다. 역사적으로 군사력에 의존했던 대제국 몽골이 피정복문화에 동화된 것이나 국제관계사에서 민간차원의 교류나 문화협력을 통해 적성국가와의 관계를 개선했던 것 등은 하드 파워가 아닌 소프트 파워의 힘이다. 상대의 마음을 사로잡기 위해서는 물리적 파워보다는 보편적인 문화나 공감 같은 것이 더 강력하다. 소프트 파워는 대인관계, 사회관계뿐 아니라 국제관계에서도 힘을 발휘한다.

현대경영학의 아버지 고(故) 피터 드러커는 "21세기 최후의 승부처는 문화산업이다"라고 갈파한 바 있다. 문화가 중요하다는 이야기는 귀가 따갑도록 들어왔고, 문화산업의 성장 가능성도 누구나 알고 있다. 중요한 것은 문화산업을 어떻게 진흥하고 문화를 국민의 삶의 질과 어떻게 구체적으로 연결할 것인가 하는 정책의 문제이다. 문화산업이 고부가가치의 원천이고 성장의 새로운 동력이 된다면 문화산업정책은 국가의 미래와 국민의 행복을 좌우하는 열쇠가 될 수 있다. 유럽 국가들은 대부분 문화적 인프라가 튼튼하고 디자인, 콘텐츠 등 문화산업이 활발하다. 프랑스나 이탈리아는 전통적인 문화예술국가로서 일찍부터 문화산업을 국가적 차원에서 전폭적으로 지원해왔다. 영국은 아예 문화산업에 대한 정의에서부터 대단히 전향적이다. 영국은 문화산업을 '창조산업(Creative Industry)'이라 정의하며 문화의 핵심요소인 창조성을 산업과 접목해 사고하고 창조성을 부가가치창출의 원천으로 보고 있다. 영국 정부는 1997년부터 창조산업을 미래전략산업으로 육성해왔는데 2000년에는 디지털콘텐츠 육성실천계획을 발표했고, 창작산업추진반, 창작산업수출진흥자문단 등 범정부차원의 전담기구를 설립하는 등 정책적 지원을 아끼지 않았다. 영국 정부가 정의한 창조산업의 범주에는 영화, TV, 라디오, 음악, 출판, 소프트웨어, 컴퓨터 게임, 공예, 건축, 공연예술, 디자인, 패션, 광고, 예술품, 골동품 등이 총망라되어 있다. 영국은 그간 창조산업을 육성하기 위한 강력한 정책을 펴면서 점잖은 신사의 나라 대신 '창조적인 영국(Creative Britain)'을 정책슬로건으로 내걸었다. 오늘날 영국의 디자이너, 콘텐츠 프로듀서, 건축가, 영화예술인들은 세계문화의 트렌드를 주도하고 있으며 이른바 제2의 산업혁명을 이끌고 있다. 특히 영국의 디자인 경쟁력은 세계 최고 수준이다. 홍콩 첵랍콕 공항을 설계한 노만 포스터, 애플 아이팟을 설계한 조나단 아이브, 독특한 디자인 의자로 유명한 론 아라드, 현대적인 감각의 디자인으로 디자인산업을 부흥시킨 콘란 경 등 창조적인 영국인들은 이제 세계디자인의 흐름을 주도하고 있다. 이런 노력에 힘입어 런던은 도시별 국내총생산(GDP) 면에서도 역사적인 세계문화의 수도 파리를 제치고 1위로 올라섰다. 이런 영국의 창조산업 정책에 영감을 받은 박근혜 정부가 국민의 창의성, 아이디어를 과학기술과 ICT와 결합하여 성장동력과 일자리를 창출하는 창조경제시대를 열겠다는 비전을 밝히고 '문화융성'을 4대 국정기조의 하나로 포함한 것은 시의적절하고 고무적인 일이다.

믿기지는 않겠지만, 지금으로부터 40여 년 전 경제지표로만 보면 가나와 한국의 경제상황은 매우 흡사했다. 1960년대 두 나라는 1인당 GNP 수준이나 1·2·3차 산업의 구조, 경제원조 의존도 등 유사한 점이 많았다. 하지만 40년 뒤 한국은 세계 10위권의 경제 대국으로 발전했고, 가나는 여전히 최빈국으로 남아있다. 이런 현상을 관찰하면서 새뮤얼 헌팅턴은 다음과 같이 결론을 내렸다.

"이런 엄청난 발전의 차이는 (....) 여러 가지 요인이 작용했겠지만, 내가 볼 때 '문화'가 결정적 요인이라고 생각한다. 한국인들은 검약, 투자, 근면, 교육, 조직, 기강, 극기정신 등을 하나의 가치로 생각한다. 가나 국민들은 다른 가치관을 갖고 있다. 그러니 간단히 말해서 문화가 결정적으로 중요하다고 생각한다."(새뮤얼 헌팅턴 외 엮음, 『문화가 중요하다』, 김영사, 2001년)

일찍이 김구 선생 역시 문화 강국이야말로 진정 행복한 나라라고 피력한 바 있다.

"나는 우리나라가 세계에서 가장 아름다운 나라가 되기를 원한다. 가장 부강한 나라가 되기를 원하는 것은 아니다. 내가 남의 침략에 가슴 아팠으니, 내 나라가 남을 침략하는 것을 원치 않는다. 우리의 부력(富力)은 우리의 생활을 풍족히 할 만하고, 우리의 강력(强力)은 남의 침략을 막을만하면 족하다. 오직 한없이 가지고 싶은 것은 높은 문화의 힘이다. 문화의 힘은 우리 자신을 행복하게 하고, 나아가서 남에게 행복을 주겠기 때문이다."

사회제도와 정책의 변화는 주로 경제 패러다임에 좌우되지만, 길게 보면 이 경제 패러다임의 지속성은 문화에 의해 영향을 받는다. 문화의 중요성은 아무리 강조해도 지나치지 않다. 물질적인 풍요와 함께 문화에 관한 관심은 점점 더 커질 수밖에 없다. 문화는 근본적 변화의 원동력이며, 지속 가능한 발전과 변화는 문화의 뒷받침 없이는 불가능하다. 국가 간 경쟁도 궁극적으로는 국민행복과 삶의 질을 다투는 경쟁이 될 수밖에 없기에 미래에는 문화강국이 세계를 제패할 것이라는 예견에는 누구도 이의를 제기할 수 없을 것이다.

최연구 한국과학창의재단 과학융합기획실장, 서울대학교 사회학과 졸업, 프랑스 파리7대학 정치사회학 석사, 프랑스 마른 라 발레 대학교 국제관계학 박사, 포스텍 인문사회학과 대우강사, 한국외대 문화콘텐츠학과 대학원 겸임교수, 한국대학신문 전문위원을 역임. 현재 한국과학창의재단 과학융합기획실장

03
세계 교육 강국의 다섯가지 특징

이현청 한양대학교 석좌교수

　세계 교육관련 기관들에서 "세계의 교육강국"에 관한 연구결과를 발표할 때 보면 연도에 따라 다소 차이는 있지만 1위는 핀란드이고 2위는 우리나라인 경우가 많다. 우리도 가끔 세계 제일의 교육강국은 어느 나라일까? 라는 질문을 할 때가 있다. 국제학업성취도평가(PISA) 결과가 발표되거나 대학의 세계서열이 언론에 보도될 때 그리고 노벨상 수상자가 나올 때 그렇다. 만 13세와 15세를 대상으로 하는 세계 학력평가 결과는 늘 우리가 세계 1위~3위로 최상의 그룹에 속한다. 대학도 이제 세계 100위권 내 대학이 등장했다. 그러나 학문 분야 노벨상은 아직 한 명도 없다.
　'과연 우리 대한민국은 교육강국인가?'라는 질문을 받을 때면 곤혹스러운 이유가 여기에 있다. 외형상 수치로는 교육강국이지만 내면을 들여다보면 그렇지 않기 때문이다. 그래도 OECD 국가들과 미국 오바마 대통령마저 우리나라를 교육강국이라 부르기도 하고 '교육 기적의 나라'라 부르며 우리 교육을 칭찬하고 있다.

과연 진정한 세계 교육강국은 어느 나라인가? 미국, 캐나다, 프랑스, 호주, 영국, 독일, 핀란드, 이스라엘, 싱가폴 그리고 홍콩 등을 들 수 있을 것이다. 신흥 교육강국은 중국과 인도, 말레이시아가 될 수도 있다. 각 나라가 처한 교육환경은 다르지만 교육강국은 몇 가지 공통적인 특징을 지니고 있음을 알 수가 있다.

첫째는 입시제도에나 일류대학 진학에 매달리기보다 확고한 교육철학을 바탕으로 교육이 이루어진다. 다양함을 전제로 성적순 한 줄 세우기가 아니라 다양한 개성과 능력에 따라 여러 줄 세우기 교육철학을 바탕으로 한다. 능력이나 배경이 다른 학습자들에게 모두가 동등한 시민으로 국가에 기여하도록 돕는 교육에 바탕을 두고 목표는 세계 시민 양성에 초점을 맞추고 있다. 이점에서 교육목표와 방법 또한 다양한 학습자들의 잠재가능성을 최대한 계발하려는 데 두고 있다.

둘째는 교육에서 무한 경쟁보다는 협력과 공존에 치중하고 있다. 캐나다처럼 국가수준의 교육과정이 없이 각 주 정부나 교육청에서 구체적인 교육과정을 제시하는 자율과 다양성을 키우는 나라가 있는가 하면, 호주처럼 수월성 교육이나 영재교육을 하지 않는 나라도 있고, 프랑스처럼 스스로 생각하는 힘을 키워 세계 두 번째로 노벨상 수상자를 많이 배출한 나라도 있다. 서열은 없고 경쟁보다 협력을 통해 모두가 승자가 되는 상생(We-win) 교육을 강조하는 것이다. 물론 이스라엘처럼 놀이도 학습도 함께 하며 4~5명 그룹활동을 통해 남과 지내는 법, 힘을 함께 모아 이기는 법, 승패에 대해 인정하고 다른 해결책을 찾는 법, 규칙지키는 법 등을 가르치는 "하브루타" 교육을 통해 공존에 치중하는 교육을 강조하는 예도 있다.

셋째로 학생 중심 교육이 주가 되는 교육적 특성을 가지고 있다는 점이다. 한마디로 교육강국의 교육과정, 교육방법 그리고 평가 등은 모두 일렬로 세우는 성적위주의 교육이라기 보다는 개개인의 특성을 중시하는 학생 중심의 교육과정으로 운영된다는 점이다. 우리나라처럼 교사 중심이나 공급자 중심의 획일화된 교과과정에 따라 학업성적순으로 운영되는 결과주의적 교육이 아니라, 학습자 개별의 특성과 적성에 맞게 교육과정을 개인별로 부과한다. 이점에서 다양한 교육과정과 방법을 통해 암기 위주나 선행학습에 의존하기보다는 논리와 사고력을 키워주는 토론교육을 중요시한다. 능력이 다른 학생들이 함께 공부한다는 점을 잊지 않는 교육적 배려를 특성으로 하고 있다. 대학에서도 성적순이 아니라 고등학교에서 어떤 수준의 과목을 수학했는지를 신중히 검토해 입학여부를 결정한다. 이처럼 개개인의 독립심과 학업습관을 키우도록 유도하고 사회나 인문계통 과목은 교사보다 학생들이 주가 되어 학습하는 형태를 띤다. 그리고 시험은 사지단답형 객관식보다는 논술형식을 취한다.

넷째, 모두 대학에 진학하지 않는다는 점이다. 비교적 대학 진학률이 높은 미국과 캐나다를 제외하고는 거의 모든 교육강국들의 대학 진학률이 50% 내외라는 점이다. 절반 정도만 대학 진학을 하고 고등학교 졸업 후 안정적 직업이 있을 때 평생 교육 차원에서 대학교육을 계속한다. 이점에서 21세기 정보화 사회에 맞게 우리 기업의 채용문화도 바뀌어야 할 때가 되었다. 고졸 취업자의 비율을 대폭 늘려야 하고 첨단 과학 영역 등 필요한 부분은 고학력 엘리트 교육 형식으로 배양시키는 교육강국의 예를 본받을 필요가 있다. 신흥 교육강국인 인도와 영국, 프랑스, 독일 그리고 북유럽 여러 국가가 이러한 경우들이다. 독일의 장인교육 등 조기 전문화 된 진로교육 체제가 좋은 예가 된다. 이점 또한 우리가 본받을 부분이라 생각된다.

다섯째, 정체성 확립 교육을 강조한다. 어릴 때부터 '쉐마'교육을 시키는 이스라엘의 경우가 이에 속한다. 모세 5경인 '토라(Torah)'교육과 토론을 통해 국가 정체성과 자아 정체성을 기르는 뿌리교육이 강조된다. 이러한 철저한 뿌리 교육과 가정에서부터 이루어지는 대화를 통한 머리 쓰는 교육은 세계인구의 2%에 불과한 이스라엘이 노벨상 197명으로 23%를 차지하고 아이비리그 학생 30%, 세계의 재계, 학계, 금융계, 과학, 문화 등 영역에서 압도적 우위를 차지하는 이유이다. 개개인의 다름을 모아 이스라엘의 힘을 키우는 지혜에서 비롯된 것이다. 경쟁보다는 지혜를 키우는 교육, 책임감을 기르는 교육, 더불어 사는 교육을 중요시 하는 교육강국들의 특성처럼 무엇보다 사람됨의 교육을 강조해야 되고 남보다 뛰어난 교육보다 남과 다른 교육을 강조할 때 교육강국이 가능한 것이다. 우리가 늘 눈여겨보고 있는 이스라엘 교육은 끊임없는 부모와 자녀의 대화를 통해 논리적 사고와 지혜를 키우는 머리쓰는 교육을 강조한다는 점이다. 이 때 부모의 인내와 끈기가 필요한 것이고 이 모든 교육이 가정에서부터 이루어진다는 점이다.

그러나 사교육지출 세계 1위, GDP 대비 공교육 민간부담율 2.8%로 OECD 평균 4배나 되는 우리나라가 진정으로 교육강국인가의 질문은 우리 교육문화 속에 답이 있다. 특히 한국 학부모의 특성 속에서 답을 얻을 수 있을 것이다. 세계 교육강국으로 항상 주목을 받고 있는 핀란드와 학습효율화지수를 비교했을 때 핀란드는 성적과 함께 세계 1위이지만 우리나라는 성적은 2위이지만 학습효율화지수는 OECD 30개국 중 24위를 차지하는 것을 볼 때, 우리가 진정 교육강국인지 우리 문화 속에서 답이 있음을 알 수가 있다. 이제 우리가 진정 세계 교육강국인가에 대한 답을 할 때이다.

이현청 한양대학교 교육대학원 석좌교수, 고등교육연구소장, 美 남일리노이대 철학박사. 버클리대, 미시건대 연구원, 사우스캐롤라이나대, 부산대 교수, 상명대·호남대 총장, 한국대학교육협의회 사무총장, 한국대학교총장연합회 회장. 한국글로벌교육포럼, 한국비교교육학 회장 역임. UNESCO 세계의장, OECD 이사, 호주대학평가위원, 아태지역고등교육협력기구 의장, 국가인권위원회, 국무총리실 자문위원, 감사원 자문위원장 역임. 국민훈장 모란상, ABI 세계업적상, IBC 수상. 세계 100대 교육자 선정. 저서 『왜 대학은 사라지는가』외 다수.

04
다문화사회 한국의 미래

이길연 다문화평화학회 회장

　일반적으로 둘 이상의 다양한 인종이나 민족, 언어, 종교 사회문화적 배경을 지닌 구성원으로 이루어진 사회를 다문화 사회라고 지칭한다.

　다문화주의라는 용어는 1970년대 캐나다에서 다수의 서로 다른 인종 및 민족 간에 발생하는 각종 사회문화적 차별과 갈등 문제를 해결하기 위한 개념으로 사용되기 시작했다가 이후 비슷한 문제를 겪고 있는 호주, 미국, 서구 유럽 등지로 확산되었다. 이 과정에서 다문화주의는 애당초 민족 및 인종적 차이와 주로 관련된 개념에서부터 언어, 종교, 계층, 성 및 성적 지향성, 장애 등 다양한 형태의 사회문화적 소수집단에까지 적용될 수 있는 개념으로 외연이 확장되었다.

　우리나라보다 먼저 다문화를 경험했던 서구 유럽에서는 최근 들어 다문화 정책이 실패했다며 후퇴와 철회를 선언하는 국가가 점차 늘고 있다. 독일의 메르켈 총리는 물론 영국의 캐머린 총리, 프랑스의 사르코지 전 대통령에 이르기까지 각각 다문화주의에 대해서 비판적인 견해를 드러내고 있다. 뿐만 아니라 호주와 미국 그리고 다문화 선진국으로 일컬어지는 노르웨이와 같은 나라에서조차 같은 현상이 점차 증가하고 있다.

이와는 달리 그동안 우리나라에서의 다문화현상은 점차 확대되고 있다. 한국에서 다문화 현상이 본격화된 것은 불과 20~30년 전으로, 국제 이주를 끌어들이게 됨으로 표면화되기 시작했다. 이는 한국 사회에 소위 3D업종이라 할 수 있는 저임금과 비정규직이 확대되면서 도래하게 되었다. 3D업종의 저임금을 해결하기 위하여 우선 1980년대 후반부터 중국 국적의 동포들이 유입되었고, 1990년대 초반부터는 동남아시아를 위시한 나라와 기타 저개발국가로부터의 이주노동자들이 국내 대체 인력으로 자리잡게 되었다.

국내 다문화 현상이 형상된 또 다른 요인으로는 1990년을 전후해서 한국사회에 결혼제도에 큰 변화가 일어났다. 결혼에 대한 가치관의 변화는 물론 출산과 양육에 경제적 부담이 증가됨에 따라 점차 평균 초혼연령이 늦춰져 2013년에는 남녀 각각 32.2세와 29.6세로 늦어지게 되었다(통계청, 2013) 출산율 역시 하락하기 시작하여 2005년 1.08로 최저치를 이루 위기감에 휩싸이다 다소 회복되어 2010년 1.2를 넘어갔다. 그러나 2013년 다시 1.19로 내려앉아서 "현 출산을 지속할 시 2750년 한국인 멸종한다"(경향신문 2014.8.25)는 다소 선정적인 표현까지 등장할 정도였다.

출생율이 저하되던 1980년대 말부터 농촌총각의 결혼 문제가 사회적 문제로 떠오르기 시작하자 도시처녀와 농촌총각을 만나게 하는가 하면 농촌총각과 연변처녀 즉, 중국의 동포가 유입되기 시작했다. 이어 필리핀, 베트남, 몽골 등 주로 동남아시아 국가와의 국제결혼이 증가하였다.

　이와 같은 한국에서의 다문화정책이 급속도로 확산되게 된 것은 정부의 주도적인 정책이 견인차 역할을 했다고 볼 수 있다. 노무현 대통령은 2006년 한국의 다문화 사회를 공식적으로 선언하고 여러 가지 프로그램을 도입하기 시작했고, 이명박, 박근혜 정부에 이르기까지 다문화정책은 별다른 변화 없이 보다 적극적으로 추진되었다.

　다문화정책이 한국사회에서 각광받게 된 것은 무엇보다 국가 경제에 이바지하고 있기 때문이다. 산업현장에서 값싼 이주노동자를 손쉽게 구할 수 있을 뿐만 아니라 초저출산율로 말미암아 노동력의 재생산이 감소한 국가의 극한적인 위기상황을 벗어날 수 있게 된 것이다.

　우리나라가 앞으로 점차 다문화사회로 변모되어가고 있다는 사실을 부인할 사람은 아무도 없다. 현재 다문화사회의 근간을 이루고 있는 국제결혼의 증가는 매년 10% 이상 증가하고 있으며, 현재 추세라면 머지 않아 다섯 가구 중 한 가구 즉, 전체 인구의 20%가 다문화 가정이 될 상황이다. 전년 대비 16.4%의 증가를 나타내고 있으며, 2050년에는 9.2%를 넘어설 것으로 전망하고 있다.

　최근 들어 다문화 문제와 관련하여 가장 심각하게 대두된 것은 중도입국자 문제이다. 결혼이주자에 관한 문제로 초혼보다 재혼의 비율이 오히려 높아지면서 외국의 기혼 여성이 국내의 남성과 재혼하면서 전 남편과의 자녀를 동반하고 입국하는 것이다. 이들은 대략 초등학교에서 중·고등학교에 재학 중인 학생들로, 당장 언어소통이 불가능한 것은 물론 한 순간 달라진 문화적 충격으로 말미암아 혼란스런 청소년기를 보내게 되는 것이다.

　국내 일반인의 경우 외국인이나 다문화에 관한 의식은 다소 우호적이다.

하지만, 국가의 이민정책에 관해서는 경계심을 지우지 않고 있다. 외국인 범죄는 물론 서유럽을 비롯한 세계 각처에서 빈번히 발생하는 테러로 말미암은 우려를 떨치지 못하고 있기 때문이다.

이제 다문화는 우리사회의 대세이다. 다문화 관련 정부 부처는 여성가족부를 비롯하여 법무부, 고용노동부, 교육부 등 10여 개에 달하고 있다. 한정적이지만 지방자치에 관한 참정권도 보장되어 있어 실제 투표에 참여하고 있다. 국회의원으로 법을 제정하는가 하면 지자체 공무원으로 종사하고 있다. 지방에서는 마을 부녀회장이 되어 주체적으로 활동하는 경우도 허다하다. 다문화가정이 점차 증가하고 있는 가운데 2025년부터 2031년 사이에는 매년 8500여 명의 다문화가정 출신 장병들이 입대하여 우리 군이 '다문화 군대'로 변신할 것이라는 전망이다.

한국에서의 다문화 담론은 다문화를 확충함으로써 세계시장에서의 경쟁력을 제고하고 국가 간의 교량 역할을 할 수 있는 산업 역군을 양산할 수 있다고 보고 있다. 특히 과거에는 취약계층으로 규정되어 각종 시혜적 지원을 받는 대상이었지만, 2009년을 전후하여 글로벌 자원으로 부각되고 있는 것도 사실이다. 국가브랜드가치를 높이고 이중언어를 구사함으로써 국가경쟁력을 높여줄 수 있다고 보고 있다.

다문화의 역량은 남북한이 대치된 한반도에서는 국가경쟁력 제고는 물론 통일한국으로 나아가는 버팀목이 되고 선진한국을 이룰 수 있는 견인차 역할을 할 때만이 가능하다. 이 또한 서구 유럽에서 다문화를 일찍이 경험한 나라들이 다문화 포기를 선언하고 후퇴하는 전철을 밟지 않을 수 있는 계기가 될 수 있을 것이다.

다문화는 이제 단지 수혜의 대상자로 소외 계층의 상징이 아닌 우리 국민의 일원으로 당당히 나서야 할 때이다.

이길연 다문화평화학회 회장, 고려대 국문학과 석사. 박사과정 졸업했으며 시인 평론가로 활동하고 있다. 김남조론 한국기독교문학론 등 다수의 논문과 평론을 저술했으며, 저서로는 한국다문화보고서 가 있으며 세계일보에 칼럼 다문화칼럼 함께 사는 세상을 연재하고 있다.

05
교육에도 올곧은 철학이 필요한 시대

김욱동 울산과학기술원(UNIST) 초빙교수

　세계 언어 중에서 가장 대표적인 표의문자라고 할 한자는 글자 모양만 보아도 대충 그 뜻을 헤아릴 수 있다. 가령 가르칠 '敎'자를 한 번 살펴보자. 산가지, 즉 회초리 효 '爻' 자에 자식을 뜻하는 아들 '子' 자와 때릴 복 '攵' 자로 구성되어 있다. 그러니까 '교육'이라고 할 때의 바로 그 '교' 자는 자식을 회초리로 때려가면서 올바른 길로 가르치는 것을 뜻한다. 물론 그렇게 학생들을 가르치는 것은 호랑이 담배 먹던 옛날의 이야기일 뿐 요즈음에는 그렇게 체벌로 학생을 가르칠 수는 없을 것이다.

　이번에는 한글처럼 대표적인 표음문자에 속하는 영어 'educate'를 살펴보자. 대부분의 영어 어휘가 그러하듯이 이 어휘도 라틴어 'educare'에서 파생되었다. 이 라틴어는 안에서 들어 있는 것을 밖으로 끄집어내는 것을 뜻한다. 그러므로 서양에서 교육이란 학생의 잠재력이나 정신력을 밖으로 끄집어내는 것을 의미한다. 이와 비슷한 영어 어휘인 'edify'라는 영어도 'aedificare'라는 라틴어에서 갈라져 나왔다. 그렇다면 교육이란 학생들이 정신의 집을 짓도록 도와주는 것이라고 할 수 있다.

요즈음 우리나라 교육에 철학이 없다는 말을 자주 듣는다. 어찌 교육에 철학이 없을까만은, 지나치다 싶을 만큼 어느 한쪽에 무게를 싣는 것은 틀림없는 것 같다. 오늘날 교육 현장을 둘러보면 학생들에게 지나치게 실용적이고 기능적인 것을 강조한다. 초등교육과 중등교육은 잠시 접어두고 고등교육(대학교육)만을 보더라도 인문과학과 사회과학은 푸대접 받기 일쑤고 자연과학은 융숭한 대접을 받는다. 이러한 현상은 최근 교육부가 발표한 '산업연계 교육 활성화 선도대학(프라임)' 사업에서 여실히 엿볼 수 있다. 프라임 사업은 정부가 예측한 산업 수요에 맞게 대학이 인문사회 또는 예체능 계열 입학 정원을 줄여 이공계로 옮기면 3년간 최대 150억 원을 지원해 주는 정책 사업이다. 전국의 21개 대학이 선정됐고, 사업에 탈락했지만 계획대로 학과 구조 조정을 진행할 학교들까지 합하면 내년부터 공대 정원은 최대 1만 명까지 늘어난다.

물론 이러한 현상은 비단 한국에서만 찾아볼 수 있는 것은 아니다. 가령 미국에서도 이른바 'STEM' 분야 학문이 각광을 받고 있다. 'STEM'이란 과학(Science), 기술(Technology), 엔지니어링(Engineering), 수학(Mathematics)의 네 학문 분야를 가리킨다. 미국에서 이중 어느 한 분야에서 석사학위 이상만 취득하면 외국인 학생에게 영주권을 부여하는 등 온갖 혜택을 줄 정도로 미국 정부는 이 분야에 온갖 역량을 기울인다.

그러나 이렇게 학문의 특정 분야만을 편중하는 것은 교육적 측면에서 바람직하지 않다. 마치 편식을 하면 건강에 좋지 않은 것처럼 교육에서도 국가에서 특정 분야에 편중하여 지원하면 국가의 균형 발전에 장애가 된다. 당장은 드러나지 않지만 조금 시간이 지나면 그 부작용이 적지 않다. 벌써 여기저기서 그러한 부작용의 조짐이 보이기 시작한다.

그런데 문제는 이러한 교육의 편중 현상이 비단 고등교육에만 그치지 않다는 데 있다. 초등교육과 중등교육에서도 전인적 인간을 양성하기 위한 균형 있는 교육을 찾아보기란 여간 어려운 게 아니다. 학생들의 감성적인 측면보다는 지적인 측면을 중시하는 것이 사실이다. 인간의 감성과 창의성과 관련한 부분은 우뇌가 담당하고, 논리적 사고와 판단은 좌뇌가 담당한다고 알려져 있다. 전자는 전일적(全一的)이고 상징적인 특성이 강한 반면, 후자는 선형적(線形的)이고 분석적 특성이 강하다는 것이다. 그래서 인간을 흔히 '우뇌형 인간'과 '좌뇌형 인간'의 두 유형으로 나누는 경향이 있는데 이러한 이분법적 분류는 옳지 않다. 우리의 뇌는 좌뇌와 우뇌가 서로 유기적으로 교류하면서 모든 정보와 지식을 분석하고 통합하기 때문이다. 두 뇌 중 어느 한쪽이 발달하면 뇌의 불균형이 생기게 되어 두뇌는 올바로 작용할 수가 없다. 비유적으로 말하자면 이성뇌라고 하는 좌뇌와 감성뇌라고 하는 우뇌는 마치 자전거의 두 바퀴와 같다. 두 바퀴가 동시에 움직이지 않고서는 자전거가 앞으로 나아갈 수 없듯이 우뇌와 좌뇌도 동시에 유기적으로 움직이지 않고서는 두뇌는 제대로 작동할 수 없다.

얼마 전 인공지능 '알파고'와 바둑기사 이세돌 9단의 바둑 대국을 목격한 사람이 많을 것이다. 그 대국을 지켜보면서 무슨 생각을 했을까? 아마 많은 사람은 인공지능이 이제 인간의 두뇌를 대신할 수도 있겠구나 하고 생각했을 것이다. 그렇다면 인간은 인공지능이 도저히 따라올 수 없는 어떤 기능을 지니고 있을까? 그 기능을 찾아내어 좀더 발전시키지 않는다면 인간은 '만물의 영장'으로 그동안 지켜온 자리를 '알파고' 같은 인공지능에게 내어줘야 할지도 모른다.

더구나 요즈음 스마트폰이나 아이패드 같은 태블릿 PC의 범람으로 감성과 상상력을 담당하는 우뇌는 점점 그 기능이 약화되고 있다. 초등학생들조차 스마트폰 없이는 안절부절 못하는 것이 디지털 시대를 살고 있는 오늘날 젊은 세대의 서글픈 자화상이다. 몇 해 전 한 여고생이 자살을 하면서 유언장에 자신이 사용하던 스마트폰을 시체와 함께 묻어 달라고 한 말이 아직도 뇌리에 생생하다. 이러다가는 자칫 우뇌가 약화될 뿐만 아니라 아예 퇴화하게 될지도 모른다. 고래는 포유류 조상 시절만 해도 팔다리가 있었지만 물속에 들어가 살게 되면서 팔다리가 사라져 버렸던 것이다. 이렇게 디지털 기기에 의존하다 보니 책을 읽는 시간은 점점 줄어든다. 활자 매체를 통한 책은 언뜻 보면 좌뇌와 깊이 관련 있는 듯하지만 실제로는 우뇌에도 큰 영향을 미친다. 최근 과학자들은 책을 많이 읽을수록 언어와 상상력을 관장하는 측두엽이 발달한다는 사실을 입증했다.

전 세계를 통틀어 교육가의 대명사라고 할 스위스의 교육자 요한 페스탈로치는 교육이란 비단 머리로써만 하는 것이 아니라 손과 발로써 한다고 지적한 적이 있다. 인터넷이나 스마트폰을 통해 친구들과 몇 십 분 채팅하는 것보다는 운동장에 나가 공을 차고 노는 것이 훨씬 더 육체 건강은 말할 것도 없고 정신 건강에도 좋을 것이다. 아니면 친구들과 함께 이야기를 나누면서 손으로 물건을 만드는 것이 훨씬 좋은 교육이 될 것이다.

김욱동 미국 뉴욕주립대학 영문학 박사 학위, 서강대학교 영문학과 명예교수, 현재 울산과학기술원(UNIST) 초빙교수, 문학 평론가, 번역가로 활동 중, 저서 『디지털 시대의 인문학』, 『번역과 한국의 근대』 등 50여 권

06
소확행(小確幸)과 행복 교육

김한호 수필작가, 문학박사

행복지수 세계 1위인 덴마크를 몇 년 전에 갔을 때였다. 한 무리의 학생들이 언덕배기에 모여 꽃이 흐드러지게 핀 들판을 스케치하고 있었다. 아름다운 자연을 만끽하며 그림을 그리는 아이들의 모습이 무척 행복해 보였다.

그들 중에 한 녀석이 내게 다가와 서툰 영어로 어느 나라에서 왔느냐고 물었다. 나는 그들에게 친밀감을 보이기 위해 한국 동전을 주려고 하자 아이들이 둥그렇게 내 주위에 모여들며 다 같이 손을 내밀었다. 한국 학생들 같으면 먼저 가지려고 아우성이었을 텐데, 누구도 먼저 가지려고 다툼을 하지 않은 모습에서 '우분투(ubuntu)'라는 말이 생각났다.

아프리카 부족을 연구하던 어느 인류학자가 아이들을 모아놓고, 나무 옆에 싱싱하고 달콤한 과일이 있으니 1등으로 뛰어간 아이에게 과일을 모두 주겠다고 했다. 그런데 아이들은 마치 약속이라도 한 듯이 서로 손을 잡고 달려가 함께 과일을 즐겁게 나누어 먹었다.

인류학자는 아이들에게 "1등으로 간 사람에게 과일을 모두 주려고 했는데, 왜 손을 잡고 같이 갔느냐?"고 묻자, 아이들은 합창하듯 "우분투!"라고 대답했다. 그리고 "1등을 한 친구가 다 가지면 나머지 친구들은 슬퍼할 건데 나만 기뻐할 수 없지 않느냐?"고 했다. 우분투는 아프리카 반투족의 말로 "우리가 함께 있기에 내가 있다."라는 뜻이다. 넬슨 만델라 대통령이 자주 강조해 널리 알려지기 시작한 이 말은 한국의 교육 현실과 비교되어 씁쓸하기만 했다.

한국의 학교 교육은 "누가 누가 잘하나"라고 치열한 경쟁만 조장할 뿐 '행복한 삶'을 가르쳐주지 못하고 있다. 더구나 남을 배려하는 마음보다는 이기적인 사고방식으로 더불어 살아가는 공동체 의식이 부족하다. 그렇기 때문에 학교폭력이나 자살, 학업 중도탈락자들이 많아 심각한 사회 문제가 되고 있다.

그러나 덴마크는 학교 교육을 통하여 "자신이 특별난 사람이 아니라 남과 함께 살아가는 보통 사람"이라는 '얀테의 법칙'을 가르쳐 다 같이 행복한 삶을 사는 나라를 만들었다. 그런데 학생들의 행복지수가 세계에서 꼴찌인 한국은 아직도 치열한 입시 교육으로 학생들이 힘들게 공부하고 있다. 이제 우리 학생들에게도 자기만 잘 되는 경쟁 교육보다 다 함께 잘 사는 행복 교육을 가르쳐야 한다.

그런데 최근 들어 사회가 불안하고 경기 침체로 생활이 어려워지자 행복하지 않다고 생각하는 사람들이 많아졌다. 이는 경제적으로 예전보다 더 잘 살고 있지만 상대적 박탈감이 심화되어 남과 비교하여 불행하다고 느끼는 것이다. 그러나 행복은 사람마다 제각기 다르겠지만 남들보다 내가 나으면 행복하고, 남들보다 내가 못하면 불행하다는 비교에서 오는 행복이라면 그것은 진정한 행복이 아니다.

대개 사람들은 돈이나 권력, 명예를 얻으면 좀 더 행복해질 것이라고 생각한다. 그러나 이들은 행복의 조건은 될 수 있어도 행복 그 자체는 아니다. 행복의 조건으로 '건강', '가족의 화목', '돈', '인간관계' 등을 들고 있으나 이런 것을 완벽하게 갖추기도 어려울 뿐만 아니라 설령 다 갖추었다고 해도 사람마다 다르게 느낄 수도 있다.

우리가 세상을 살아가면서 많은 일들을 하지만 결국은 서로 사랑하고 행복하게 살기 위한 것이다. 그런데 사람들은 인간다운 삶을 상실해가면서 행복을 잃어가고 있다. 그래서 미래에 더 큰 부자나 화려한 삶을 욕심내지 않고, 현재 주어진 삶에 만족하며 사는 것이 '소확행(小確幸)'이다. 소확행은 '작지만 확실한 행복'을 뜻하는 것으로 무라카미 하루키의 수필집 「랑겔 한스 섬의 오후」(1986)에서 나온 말이다.

소확행은 우리가 그동안 당연하게 여겼던 것들. 예를 들면, 숨 쉴 수 있는 맑은 공기, 따뜻한 햇볕, 아름다운 꽃과 자연, 편안한 집과 사랑스러운 가족, 다정한 친구들. 이 모든 것들이 평범하지만 확실한 행복인 것이다.

헬런 켈러는 〈내가 사흘만 볼 수 있다면〉이라는 글에서 '아름다운 꽃들과 빛나는 저녁노을', '새벽에 먼동이 떠오르는 모습', '밤하늘에 영롱하게 빛나는 별'을 보고 싶다고 했다. 헬런 켈러에게는 이루어질 수 없는 꿈이 우리에게는 매일 볼 수 있는 평범한 삶이다. 이처럼 내가 원하는 것을 갖기 위해 노력하는 것보다, 나에게 이미 주어져 있는 것, 내가 이미 이룬 것들을 소중하게 여기고 감사하는 마음에서 행복은 발견되는 것이다.

인생은 어떤 생각을 갖고 사느냐가 중요하다. 행복 또한 어떻게 생각하느냐에 따라 달라질 수 있다. 학교에서 자신의 꿈을 실현하기 위해 공부만 열심히 하며 학창시절을 보내는 것만이 최상의 인생은 아닐 것이다. 미래에 더 큰 행복을 위해서 현재의 소소하지만 즐길 수 있는 순간을 포기하고 살아간다면 미래의 삶도 변하지 않을 것이다. 왜냐하면 우리의 삶은 현재가 모여서 미래가 되기 때문이다.

아인슈타인은 "내가 아무것도 바라지 않기에 행복할 수 있다"고 했다. 성공에 대한 욕망이나 재물과 명예에 대한 집착을 갖지 않았기 때문에 행복했다는 것이다. 세계적인 과학자인 그는 부귀와 명성보다는 자기가 하는 일에 즐거움을 갖고 열정적으로 연구에 몰입했다. 그러면서 여유롭고 평온한 삶을 살며 행복하게 인생을 즐겼던 것이다.

이처럼 행복은 평범한 삶 속에 남과 더불어 살아가면서 즐거움과 만족에서 오는 삶의 기쁨이다. 그렇기 때문에 행복은 내가 만들어가는 것이다. 그 중의 하나가 웃는 얼굴이다. 웃으면 얼굴 표정이 밝아지고 정신세계가 안정되어 정신과 몸의 에너지가 충만하게 되면서 행복감을 느끼게 된다. 그러므로 웃음은 행복의 표현이며, 행복하기 위해서는 자주 웃어야 한다.

행복과 불행은 전염된다. 내 가족과 내 이웃과 내 주변 사람들이 행복하면 나도 행복해진다. 반면에 내 주변 사람들 중에서 불행한 일이 생기면 내 일같이 불행하게 느껴진다. 국가나 사회 그리고 주변사람들이 불행한 데, 나 혼자만 행복할 수는 없다. 나의 행복은 남과 더불어 살아가는 삶 속에 있는 것이다.

앞으로 미래는 인류가 지금까지 경험하지 못한 또 다른 세계가 전개될 것이다. 그러므로 학생들이 미래사회에 적응하며 '행복한 삶'을 살아갈 수 있도록 가르쳐야 한다. 따라서 학교에서 행복 교육은 자신의 꿈을 실현하기 위해 공부하고, 행복한 삶을 위한 목표를 세우고 실천할 수 있는 미래지향적인 교육이 되어야 할 것이다.

김한호 문학박사, 수필가, 문학평론가, 전 고등학교 교장(홍조 근정훈장), 저서 : 한국현대수필작가 대표작선집『하늘 메아리』외 9권 , 세종문학상, 수필문학상, 공무원문학상, 전남문학상, 국제PEN광주문학상, 올해의 작품상, 아시아서석문학상 대상

07
우리 시대의
장인정신(匠人精神)과 소명의식

한기온 교육학박사 (교육타임스 논설위원)

우리 시대의 장인(匠人)이란 어떠한 사람인가. 현대의 장인은 기술자로서 제품을 만들 수 있고, 이론도 정립하여 글도 쓸 수 있어야만 현대적 장인정신의 소유자라고 볼 수 있다. 그래서 현대 장인정신 정립의 첫째 단계는 기술의 이론화 또는 기술의 과학화이며, 둘째 단계는 기술을 기록하여 과학이론으로 발전시키는 것이다. 그리고 다시 과학적인 기술을 만들어나가야 한다. 현대 기술자와 전통 장인이 다른 점은 바로 이것이고, 현대적 장인은 이러한 역할이 중요하며 시술과 과학을 서로 융합시킬 수 있어야 한다.

그러므로 장인의 현대적 의미로는 기술의 과학화이며, 이는 현대적 장인의 위대한 업적이라 할 수 있다. 예전에는 스승이 제자를, 어른이 아이를 데리고 말로 가르쳐서 장인정신을 전수했다. 그러나 현대는 전문 서적과 교재가 있기 때문에 학교에서 전수시킬 수 있다. 현대에는 제4차 산업혁명시대를 맞아 각종 공학 기기, 교수 매체들이 범람하고 있다.

그렇다면 기술의 과학화는 어떻게 해야 할까? 그러한 과학화는 종래 장인 자신의 의식과 역할을 바꾸어야 한다. 전통적 장인은 한정된 범위 내에서 일하였기 때문에 자유가 없었다. 그러나 현대의 장인은 기술자 내지는 기업가이며 과학자이다. 그래서 창의성을 발휘하는 자유가 있다. 이것이 바로 기술에 애한 과학화의 기저이고 정신이다. 그 정신의 내용을 면밀히 고찰해 보기 위하여 다른 나라와 비교하여 한국의 장인정신은 무엇이고 그것을 어떻게 교육할 것이며, 우리가 추구해야 할 삶과 그에 따른 소명의식에 대하여 살펴보고자 한다.

먼저 중국 소주대학 여동원 교수의 소주일보 인터뷰(2016년 11월 4일, 중국의 장인정신을 되찾자) 내용을 알아보자. 그는 중국의 장인정신의 중국 전통 가운데 옛것을 배우되 새것을 배우고, 낡은 것을 버리고 새것을 만들어내며, 본래 목적으로 돌아가서 새것을 창조하는 것이라는 세 가지 원칙을 지키는 것이라고 했다. 전통적인 것을 거두고 모아서 전통적인 기초 위에서 혁신하자는 것이었다. 즉 중국의 장인정신은 인생의 태도이며 인생의 목표이고 기본바탕은 믿음과 수양공부이며, 솜씨와 직업을 통하여 생명의 영혼을 나타내는 것이라고 보았다. 정신적인 면에서 보면 믿음과 수양공부이며 창조의 결과가 제품이다. 그래서 정신적인 측면과 제품을 혼동하면 안 된다고 그는 주장하고 있다.

그리고 그는 독일에서는 '천직'을 강조하는데 이것은 종교윤리와 연관되어 있다고 말하였다. 독일의 장인은 일을 천직이라고 여기고, 천직은 하느님이 내려주신 신성한 것이기 때문에 물건을 아주 잘 만들어야만 하느님께 바칠 수 있다고 여겼다. 이것이 독일의 장인정신이라고 했다.

아울러 일본의 장인정신은 가족 전통의 정신이라고 했다. 장인은 평생 동안 고용된 직업이라고 여기고 어떤 일을 하더라도 끝까지 최선을 다하려고 고집한다. 날마다 같은 일을 하면서 점점 좋아하게 되고 사랑하게 되고 나중에는 목숨까지 바치게 된다. 즉 독일과 일본의 장인정신은 최선을 다하고, 엄격하고, 정성에 정성을 더하고, 봉사를 잘하는 것이라고 했다.

그러나 미국의 장인정신은 창조와 혁신을 강조하는데 대표적인 사람이 스티브 잡스(Steve Jobs)이다. 미국의 장인정신은 우리들이 말하는 도덕과 윤리는 미약하며 도덕과 윤리가 오히려 이들에게는 속박이다. 미국의 장인은 자유로운 활동을 요구하는데 이를 창업가 문화라고 부른다. 이런 장인정신은 미국 발명가 딘 카멘(Sean. L. Kamen)이 말한 것인데, 장인의 본질은 혁신이며 혁신적인 방법으로 부유함을 창조하는 것이다. 이것은 개인에 그치지 않고 국가가 지속적으로 발전하도록 하는 원천이다. 이것이 미국 100년 혁신 역사의 핵심이기 때문에 그는 "장인정신이 세상을 바꾼다"고 말하였다.

그렇다면 우리시대에서 한국의 장인정신은 무엇이며 어떻게 교육해야 하는가. 그리고 이에 따른 소명의식은 무엇인가. 한국의 장인정신은 전통적 윤리와 도덕성을 강조한 인간정신과 과학적 창의성을 창조하는 결과물이라고 할 수 있다. 그래서 현재 한국의 장인정신은 공업시대의 창조와 혁신이 중요하며, 정보화시대의 방법과 결합시켜야 한다. 즉 0에서 1을 만드는 것이 아니고, 1에서 무한한 N을 만들어야 한다. 즉 우리나라의 실정에 맞는 새로운 장인정신을 교육과 결합시키는 것이어야 한다. 가장 좋은 방법은 기본적인 국민교육과 소양교육을 잘 가르쳐서 인문학의 믿음을 전수시키고, 생명의 가치에 대한 믿음이 무엇인지를 분명히 세운 기초위에서 전문적인 직업교육이 이루어져야 한다.

따라서 우리시대의 장인교육은 서양의 현대적인 직업교육에 중국 전통적인 빈음과 수양공부의 정신과 독일의 종교와 윤리 교육, 일본의 가족 전통정신, 미국의 창조와 혁신의 장점들을 도입하여 한국의 윤리와 도덕성을 바탕으로 한 도제교육과 과학적 창의성을 인문교육에 결합시켜야 할 것이다. 즉 장인정신과 장인교육은 통합교육, 통섭교육으로 나아가야 한다. 그래서 장인들도 문화 지식과 윤리와 도덕성을 이해하고 실천해야하며 동시에 자신의 역할 인식도 바꾸어야 한다. 또 기술과 과학이 서로 융합해서 기술의 과학화 또는 과학의 기술화를 이루어야 한다. 이러한 것이 우리 시대의 장인정신에 대한 소명의식일 것이다.

이러한 한국의 정서적인 장인정신의 사례를 한 수필의 장면에서 살펴보고 결론을 맺고자 한다. "끓을 만큼 끓어야 밥이 되지, 생쌀이 재촉한다고 밥이 되나? 글쎄, 재촉하면 점점 거칠고 늦어진다니까. 물건이란 제대로 만들어야지, 깎다가 놓치면 되나." 윤오영의 수필 '방망이 깎던 노인' 중에서의 한 대목이다.

이 작품은 맡은 일에 최선을 다하는 방망이 깎는 노인의 여유 있는 자세와 조급하고 이기적인 작자의 행동을 대비하여 성실한 삶의 태도를 부각시키고, 사라져 가는 전통에 대한 아쉬움을 잘 표현하고 있는 글이다. 흔히 오늘날을 장인정신이 필요한 시대라고 말하는 것도 이런 인간정신과 맥을 같이 하기 때문이다. 그러므로 현대인은 장인정신을 미래사회의 행복한 삶과 유의미한 가치관 정립을 위하여 적극적으로 소명의식을 가져야 할 것이다. 그래서 지금은 우리 시대 장인정신의 슬기를 다시 한번 가슴으로 생각해 보아야 할 때이다.

한기온 수필가, 교육타임스 논설위원, 미국 USSA대학원 교육학 박사, 월간 시사문단 수필로 등단, 서울대학교 교육행정지도자과정 수료, 전 충남대학교 겸임교수, 전 교육부 교육과정심의회 심의위원, 현 교육타임즈 논설위원, 교육컬럼니스트, 수필가, 논문 중등 학교장 핵심역량 연구 외 다수, 저서 교육연구 방법의 실제 외 7권, 상훈 대한민국 녹조근정훈장, 대통령 표창 수상 등

08
직업 소명의식이 강한 사람이 행복하다

강무섭 강남대학교 교수

　직업은 다양한 의미를 가지고 있어 학자들에 따라 다르게 정의되고 있다. 그러나 일반적으로 직업은 생계의 유지와 사회적 역할분담 및 자아실현을 목표로 하는 어느 정도의 계속적인 노동이나 일을 일컫는 말이다. 직업은 영어로 두 가지 개념으로 구분되는데, 좁은 의미의 occupation과 넓은 의미의 vocation이다. 전자는 자활의 한 수단으로 또는 개인의 생활을 위한 계속적인 일로서 그 대가로 경제적 보수가 반드시 고려된다. 한편 후자는 어떠한 일을 하든지 자기가 하는 일에 전력을 다하는 것이 하늘의 뜻으로 받아들이는 천직관에 그 의미를 두고 있어 직업 그 자체를 소명(calling)으로 인식하고 있다.

　그래서 직업 소명을 본래 기독교적 의미로 해석하고 있다. 성경 창세기(1장 27~28)에 하나님은 천지창조 시 인간에게 노동(일)을 부여하셨다. 따라서 자기에게 적절한 직업을 가짐으로써 생계를 유지하고, 재능과 기회를 선용하여, 사회에 기여헌신하는 것은 하나님의 사람으로서 마땅한 것이요, 그것이 궁극적으로는 하나님 나라 건설에 일익을 담당하는 일이라 하였다. 이러한 직업에 대한 소명의식은 전체적인 직업의식이라는 의미의 한 부분이라 할 수 있을 것이다.

직업의식이라는 말은 우리나라에서 직업관, 직업가치관, 진로의식, 취업의식 등 다양한 개념들과 혼재해서 사용되고 있다. 직업의식이라는 개념은 일반적으로 직업 가치, 직업에 대한 태도 등 직업 일반에 관한 사고 및 태도를 의미한다고 볼 수 있다. 이러한 직업의식은 개인적 차원에서 직업과 자신의 일의 다양한 측면을 평가판단하여 행동을 이끄는 개인의 신념체제개로서 가치, 인식, 태도 등을 포함하는 것이다. 이러한 직업의식은 직업 준비, 취업, 직업생활, 직업 전환, 은퇴 등 개인의 직업 활동의 각 단계에 따라 다르게 나타날 수도 있다

직업에 대한 소명의식은 특정 종교의 신념과 상관없이 자신이 수행하는 직업을 자신의 삶이나 존재의 궁극적인 목적으로 여기는 관점이기도 하다. 일반적으로 직업 소명의식을 직업을 생계유지의 수단으로 보지 않거나 물질적적 보상이 없더라도 특정한 직업에 종사하기 때문에 가져야 하는 사명감 같은 것이다. 직업 소명의식은 직업의 귀천의식이나 직업을 단순히 생계유지 수단으로 보는 직업 가치관과는 상반된다고 볼 수 있다.

한국직업능력개발원(2014년)이 「한국인의 직업의식 및 직업윤리」에 관한 조사연구에서는 ① 자신이 선택한 직업을 정성껏 수행하는 태도, ② 직업은 자신이 추구하는 가치실현에 도움이 되어야 한다는 인식, 그리고 ③ 직업이 사회에 기여해야 한다는 생각 등을 직업에 대한 소명의식으로 보고 있다. 이

조사에 의하면 한국인은 이 세 가지 중에서도 자신이 선택한 직업을 정성껏 수행해야 한다는 태도를 가장 중요한 직업 소명의식으로 보고 있고, 그 다음이 자신이 추구하는 가치 실현에 기여해야 한다는 인식이다. 그러나 이 세 가지의 소명의식의 중요도에 큰 의미 있는 차이가 있는 것은 아니라고 이 보고서는 말하고 있다.

이러한 관점에서 보면 직업 소명의식이 강하다는 것은 자신이 선택한 직업을 최선을 다해 정성껏 수행함으로써 직업을 통해 자신이 추구하는 삶의 가치를 실현하고, 즉 자아를 실현하고 나아가 직업 수행의 결과가 반드시 사회발전에 공헌하도록 하는 것을 의미한다고 볼 수 있다.

인간은 누구나 직업을 떠나서 생존할 수 없으며, 직업은 인간이 추구하는 가치의 하나인 행복의 전제 조건인 동시에 그 통로이다. 인간은 직업을 가지고 있다는 것만으로 행복할 수 없다. 직업에 대한 가치관이 무엇인가에 따라 직업을 통해 얻는 가치는 달라질 수 있다. 결국 인간은 직업에 대한 소명의식이 강할 때 직업을 통하여 얻는 행복감도 그만큼 커질 수 있다. 그래서 우리는 직업을 통해 행복해지기 위해서는 직업을 선택할 때부터 시작하여 직업을 그만둘 때까지 자신의 직업에 대해 강한 소명의식을 가질 필요가 있다.

먼저 직업에 대한 강한 소명의식을 갖기 위해서는 직업선택 시 자신이 원하고 하고 싶은 직업을 선택하도록 노력해야 한다. 인간의 수명이 100세를 넘어 120세로 치닫고 있고 제4차 산업혁명시대의 물결이 직업세계에 많은 영향을 미칠 것으로 예상된다. 이런 직업세계 변화에서도 오랫동안 자신이 하고 싶은 일을 할 수 있다면 그것만큼 행복하지 않을 수 없다. 그래서 학교 교육과정에서의 진로 교육이 중요하고, 특히 직업에 대한 소명의식을 주지시키는 것이 중요하다.

둘째는 자신이 원하고 하고 싶은 직업을 선택했다면 최선을 다해 그 직업을 수행하고 그 결과 만족할 수 있어야 한다. 자신의 직업에 대해 만족하지 못한다면 직업에 대한 소명의식을 가질 수 없을 것이다. 직업에 대한 만족감을 가진다는 것은 소위 매슬로우(Maslow)가 규명하는 인간 욕구의 최상위 단계인 자아실현 욕구를 충족시키는 것이라 볼 수 있다. 이것은 결국 직업 소명의식이 강하고 그 직업생활이 행복하다는 것을 의미한다. 따라서 조직에서나 고용주는 직업에 대한 소명의식을 가질 수 있도록 그 여건을 조성해 주는 것이 대단히 중요하다.

셋째 자신의 직업에 대해 만족하지 못하면 과감하게 그리고 가급적 빨리 직업을 전환하도록 권고해야 한다. 본인도 이직(離職)의 결단을 해야 한다.

직업에 대한 만족감은 봉급이나 승진 등과 같은 외면적인 가치에 의해 결정되기도 하지만 직업 소명의식에서 보면 자아실현과 같은 내면적 가치에 의해 결정된다. 직업에 대한 불만족이 외면적 가치 보다 내면적 가치에 더 비중이 있다면 그 직업은 버리는 것이 맞다. 외면적 가치는 노력해서 채울 수 있지만 내면적 가치는 노력해서 채우는데 한계가 있다. 이는 결국 직업에 대한 소명의식이 약화되고, 개인의 불행으로 이어질 수 있다. 그래서 누구나 현재의 직업이 불만족스럽다면 학습이나 자기개발을 통해 소명의식을 가질 수 있는 직업을 찾아 갈 수 있도록 노력해야 한다.

마지막으로 국가사회적인 측면에서도 개인들이 직업에 대한 소명의식을 가질 수 있는 토양을 만들어 줘야 한다. 직업을 출세나 부의 축적의 수단으로 인식하는 직업 가치관이나 능력보다는 학벌과 학력 그리고 부모의 사회경제적 배경이 우선하는 고용관행에서는 국민의 직업에 대한 소명의식이 싹틀 수 없다. 따라서 누구나 직업에 대한 강한 소명의식을 가짐으로써 직업을 통해 행복을 추구할 수 있도록 능력중심사회를 구현하고 직업에 대한 귀천의식을 불식시켜 나아가야 한다.

강무섭 강남대학교 교수, 고려대학교 졸업, 미국 오하이오주립대학교 교육학박사, 전)한국직업능력개발원 원장, 평생교육원 원장, 미래인재개발대학학장을 역임하고 있다. 입시위주교육 한국고등교육정책 외 다수의 저서와 80여 편의 교육정책보고서가 있다.,

09
우뇌적 사고와 감성시대

김광섭 교육타임스 논설위원

우리가 흔히 쓰는 '냉철한 머리와 따뜻한 가슴'이라는 말이 있다. 이 말을 처음 사용한 사람은 경제학자 알프래드 마셜((Alfred Marshall)이다. 그는 경제학을 공부하는 사람들이 냉철한 계산력과 그 속도에서도 잃지 않으려는 따뜻한 인간미를 표현하는 말이었다. 그런데 이 말이 경제학에 활용되는 것보다는 사람들에게 이성보다는 감성에 호소할 때 더 뜻있는 말로 쓰이곤 한다.

소설가 최인호 씨가 살아있을 때, 법정 스님에게 참된 지식을 얻기 위해 어떤 노력을 해야 하는지를 물었다. 이에 법정 스님은 필요한 건 '냉철한 머리가 아니라 따뜻한 가슴이다'라고 하시며, 따뜻한 가슴으로 이웃을 사랑하고 타인을 배려할 때 좋은 글이 나온다고 말했다.

21세기는 '감성의 시대'라고 말한다. 감성시대란 말속에는 이성보다는 감성이 지배하는 사회라는 의미가 내포돼 있다. 사실 맞는 말 같다. 경제적으로 어려웠던 시대에는 서로 이해하고 설득하면 힘든 일도 합심해서 해내곤 했다. 그리고 뜻이 통하면 안 되는 일이 없었다. 사람들도 이성에 호소하면 기꺼이 받아들이려는 자세였다. 그런데 요즘은 어떤가? 아무리 설득하고 이해를 호소해도 자신에게 이익이 없거나, 관심밖에 일은 겉을 떠 보지도 않으려는 게 세상인심이고 세태이다.

그래서 학자들은 20세기까지의 인류역사가 좌뇌의 시대였다면 21세기는 우뇌의시대가 될 것이라고 말한다.

"그동안 우리는 이성적이고 논리적이며 기능적인 면을 중시하는 이른바 좌뇌 중심의 사고와 관행에 젖어서 살아왔다. 교육도 인간의 좌뇌를 개발하는데 치우쳐있었고 그 결과 많은 지식근로자를 배출 하였다. 나라마다 이들을 중심으로 엄청난 경제발전의 토대를 마련하였으며 오늘날 많은 사람들이 상상도 못할 정도의 부를 누리고 있다.

이제는 이성적이고 논리적이며 기능적인 면만 가지고는 부족하다. 감성적 호응을 얻을 수 있는 우뇌적 사고 없이는 일을 제대로 할 수 없게 되었다. 갈수록 물질적 풍요가 확산되는 세상에서는 좌뇌적 사고보다 우뇌적 사고가 더욱 필요한 시대이다."라고 〈세계포럼 이영탁 대표〉는 말하고 있다.

인간은 감성과 이성이라는 양면적가치의 조화로움 속에서 삶을 영위해 나간다. 우리가 살아가면서 자나 깨나 고민하고 갈등을 느끼는 것은 이 둘 사이의 충돌 때문일 것이다. 경제적으로 어려운 시절에는 이성적인 것만 가지고도 충분히 일할 수 있었다. 그러나 요즘은 어떤가, 물질은 풍요해지고 먹고사는 의식주에는 구애받지 않는 세상이 되고 보니 논리적이고 분석적인 면만 가지고는 부족하다. 사람들에게 시각적. 정신적으로 만족감을 주지 못하면 공감을 얻지 못한다.

공감한다는 것은 상대의 마음을 얻는 것이다. 즉 공감이란 '나와 나 아닌 다른 것 사이의 소통이다'라고 딜라이 라마는 말했다. 그렇다면 공감(共感) 얻기 위해서는 어떻게 해야 하는 것인가?

본문 서두에도 말했지만 많은 사람들이 머리로만 얘기하고 가슴으로 소통하지 않는데서 문제가 있다. 냉철한 머리와 따뜻한 가슴에서처럼 사람들은 머리보다는 가슴으로 말할 때 움직인다. 그러기위해서는 자신부터 마음의 문을 열고 상대에게 다가갔을 때 상대도 기꺼이 소통의 공간을 마련해준다. 이런 공간이 마련되었을 때만이 소통이 되고 대화가 통해서 공감을 얻게 된다.

요즘 직장의 리더가 리더십을 발휘하기 위해서는 첫 번째가 부하직원들로부터 마음의 문을 열수 있는 공간을 확보하는 일일 것이다. 과거 직장 상사에게 요구되었던 고전적 자질로는 탁월한 업무추진력, 솔선수범하는 책임감, 유연한 위기관리 및 창조적 문제해결능력 등을 말할 수 있었지만 지금은 그것만 가지고는 부족하다. 부하직원들의 마음의 문을 열수 있는 공감을 얻지 못하면 유능한 리더가 될 수 없다.

학교장의 역할에서도 마찬가지다. 따뜻한 말 한마디가 교직원들에게는 힘이 되고 용기가 된다. 상대의 마음을 얻기 위해서는 그 첫 번째가 그들의 이야기를 잘 들어주는 것이다. 상대의 이야기를 잘 들어주는 것만으로도 훌륭한 리더의 자질이 충분히 있다. 사람은 누구나 자신의 이야기를 들어줄 때 고마움을 느낀다. 동료가 아닌 자신의 상사가 자신의 이야기를 끝까지 들어주며 긍정해 줄 때 무한한 존경심을 느끼게 된다. 특히 어떤 애로사항이나 말 못 할 사정이 있을 때까지도 찾아와 전후 사정을 솔직하게 털어놓을 수 있는 관계가 된다면 그것은 리더에 대한 신뢰, 믿음이 존재하기 때문일 것이고, 그 리더십은 성공한 리더십이다.

다시 본고로 돌아가서 21세기는 감성의 시대라고 말한다. 감성의 시대에 타인과 관계를 개선하고 상호이해를 돕기 위해서는 무엇보다도 머리보다는 따뜻한 가슴으로 말할 때 마음의 공감을 얻을 수 있다. 논리적 사고나 치밀한 분석력, 탁월한 설득력이 상대를 자극하고 움직이는 시대는 지났다. 어렵고 힘들었던 시대에는 이성에 호소하고 이해를 강구하면 상대의 마음을 얻을 수 도 있었다. 그러나 물질이 풍부하고 다원주의가 팽배한 현실 속에서 상대의 마음의 문은 감성(感性)에 있다. 감성은 인간에게 있는 본성이다. 그 본성을 자극하는 것은 무엇일까? 사람은 누구나 자신을 이해해주고 가슴으로 이야기할 때 감성은 동요한다. 그것이 바로 진실의 힘이다. 몽골제국을 통일했던 칭기즈칸에게는 상대의 이야기를 잘 듣는 두 귀가 있었고, 머리보다는 따뜻한 가슴이 있었다.

20세기가 좌뇌적 사고의 시대였다면 21세기는 우뇌적 사고의 시대가 될 것이라고 예고했던 것처럼 우리사회가 머리보다는 가슴으로 상대를 대하고 이해시킬 때 세상은 따뜻해지고 인간다운 사회가 만들어질 것이라고 기대해 물론 우리 사회와 교육은 좌뇌적 사고, 우뇌적 사고의 조화와 머리와 가슴이 함께 따뜻한 교육을 지향해야 한다.

김광섭 전 순천동산여자중학교 교장, 전남교육청 장학사, 주일 후쿠오카 한국교육원 원장, 광양여자중학교 교장 역임, 교육부 교육과정심의회 운영위원 역임, 현)교육과사색 논설위원

10
인생 100세 시대, 평생교육 방향
- 평생학습의 열풍이 불고 있다.-

이영세 국가평생교육진흥원 이사장

　지금 우리나라에는 평생학습의 열풍이 불고 있다. 직장에서 젊은이들은 치열한 생존경쟁을 하며 자기계발을 하기 위해서, 또 사오정으로 직장을 그만 둔 중년들은 제 2의 인생출발을 위해 평생학습에 열중하고 있다. 그리고 은퇴자들은 인생 100세를 바라보는 고령화 사회에서 노년기를 준비하기 위해 역시 평생학습의 문을 두드리고 있다. 현재 전국 약 1800만 명의 평생학습인구가 각종 평생교육원, 방송통신대학, 사이버대학, 원격시설, 지방자치기관 평생교육시설 등에서 학업에 매진하고 있다. 이것은 5년 전에 비하면 50% 신장한 급증세이며 우리나라 평생학습대상자의 35.6%에 해당되는 것이다.

왜 이런 열풍이 부는가?

첫째, 그것은 우리 사회가 그만큼 빠르게 변화하고 있기 때문이다. 우리 사회는 이제 학교교육만으로는 생존하기 어려울 정도로 변화무쌍하고 다양한 지식정보화사회로 접어들고 있다. 인터넷 포털 사이트에 들어가면 과거에는 상상하기 어려운 정도의 지식정보가 쏟아져 나온다. 이러한 지식정보에 접근하여 그것을 흡수소화하고, 더 나아가 그러한 정보를 바탕으로 새로운 창조의 능력이 없다면, 자기 분야에서도 더 이상 살아남기 어렵다. 이제 우리 사회는 통상적인 직종이나 전문적 직종을 막론하고 끊임없이 전문지식으로 무장할 필요가 있을 정도로 지식문화수준이 심화되어 가고 있다. 이 모든 것을 가능케 하는 것이 바로 평생학습이며, 이제 많은 국민들이 이런 사회변화를 인지하고, 이에 대한 준비를 하고 있다.

둘째, 평생학습을 통하여 인생의 도약이 가능하다. 일정한 학습과정을 거친 사람들이 창업, 전직, 혹은 승진을 통하여 자기가 소망하던 꿈을 성취할 수 있으며, 평생학습은 이러한 꿈을 가진 자들에게 기회의 통로가 될 수 있다. 지금 이를 위해 정부는 4050 리스타트 프로그램(Restart Program) 등, 다양한 프로젝트를 마련하여 이러한 꿈이 실현될 수 있도록 정책적 지원을 하고 있다.

셋째, 평생학습은 자기치유의 효과를 지니고 있다. 우리는 살아오면서 크고 작은 마음의 상처를 받으며, 나름대로 누구나 고통을 안고 자기 삶을 살아가고 있다. 작게는 학교나 직장, 가정 안에서 상처를 주고받고, 크게는 사회적 억눌림에서 오는 상처로 마음 아파한다. 그러나 평생학습을 통하여 우리는 소망하던 학위나 자격증을 취득하여 사회적 신분상승을 맛보는 외적 치유효과를 얻을 수 있을 뿐만 아니라, 한편 학습하는 과정에서 내적치유도 일어난다. 평생학습은 자기 자신에 대한 자신감과 자존감을 회복시키고, 정체성을 회복시켜 힐링이 된다. 이렇게 평생학습은 건강한 삶을 살아가도록 우리를 인도한다.

넷째, 평생학습자체에서 오는 즐거움과 유익함이 있다. 공부하는 즐거움을 맛본 사람은 공부 자체에 몰입하기 마련이다. 논어에 나오듯이 학이시습지불역열호(學而時習之不亦說乎) - 즉 '배우고 때때로 익히니 또한 즐겁지 아니한가'는 바로 평생학습을 하는 중요한 이유인 것이다. 인간은 원래 사물에 대한 호기심을 가지고 태어났고, 이 호기심을 학습을 통하여 충족 체화시켜 나가는 과정에서 깨달음이란 감동을 맛보게 된다. 이 과정을 통하여 인간은 내면적인 자기껍질을 벗겨가면서 새로 탄생하며 나날이 새롭게 되어가는 것이다. 이것이 중용에 나오는 일일신 우일신(日日新 又日新)인 것이다. 그러므로 평생학습을 하는 사람은 늙지 않으며(anti-aging), 더 나아가 적극적 노년생활을 향유하여 평생 젊게 살 수 있는 것이다. 새로움이 없는 인생은 바로 노화와 퇴보만 있을 따름이다.

다섯째, 평생학습을 통하여 더 행복해질 수 있다. 발달심리학자 매슬로우(A.H.Maslow: 1908~1970)에 의하면, 인간욕구에는 5단계가 있는데 평생학습은 인간욕구의 최고수준인 자기실현욕구를 충족시켜주는 수단이다. 즉 그에 의하면 인간은 생리적 욕구, 안전의 욕구, 소속과 애정의 욕구, 존경의 욕구, 자아실현의 욕구의 5단계 욕구 단계를 가지고 있다. 그 중 자기실현욕구는 앞의 4단계 욕구가 충족될 때 갖는 최종최고수준의 욕구이다. 자기실현욕구에는 남을 위한 봉사, 배려, 희생 등 이타적인 욕구와 함께 자기발전을 위한 학구열도 중요한 요소이다. 이 학구열은 평생학습을 통하여 충족될 수 있으며, 그러한 자기실현욕구가 충족될 때, 인간은 진정한 행복감을 가지며 삶의 의미와 보람을 가지게 되는 것이다.

여섯째, 평생학습은 사람과 사람을 소통하도록 하여 갈등이 적고 사회적 신뢰를 높이는데 기여한다. 우리나라는 OECD국가 중 터키 다음으로 갈등이 많은 나라로 지목되고 있다. 세대 간의 갈등, 계층 간의 갈등, 지역 간의 갈등, 진보 보수 등 이념의 갈등으로 수많은 갈등비용을 지불하고 있다. 갈등은 서로 다른 이해집단간의 이해부족에서 나타난다. 학습을 통하여 우리는 다른 사람들과 지식, 관심, 혹은 문화를 공유하게 되고, 이를 통해 그들과 이해의 공감대를 갖게 되며, 상호신뢰감을 쌓아갈 수 있다. 따라서 평생학습이야말로 신뢰라는 사회적 자본을 축적하는 지름길이요, 평생학습사회구축이야말로 신뢰사회를 만드는 네트워크가 될 수 있다.

그 외에도 평생학습의 유익함은 많이 있을 것이다. 평생학습은 바로 우리 인생의 훌륭한 내비게이션이 아닐까 싶다. 인생의 중요한 고비마다 그 항로를 바꿀 때, 평생학습은 삶의 내비게이션 역할을 하고 있기 때문이다. 우리 인생의 길을 안내해 주고 방향을 잡아주는 내비게이션이 있다면, 우리들에게 큰 도움이 될 것이다.

우리 국민은 교육열이 높은 민족으로 알려져 있고, 그것은 자타가 인정하는 엄연한 사실이다. 그러한 교육열로 평생학습을 하면서 젊은이는 자기계발을, 중년은 인생재충전을, 노년은 보람 있고 행복한 삶을 위해 노력하여야 할 것이다. 그리하여, 우리 국민 모두가 대한민국을 더욱 밝고, 더욱 긍정적이며, 세계를 향해 더욱 신뢰가 두터운 나라로 만들어 갈 소임을 다해야 할 것이다.

이영세 국가평생교육진흥원 이사장, 서울대학교 경제학 학사, 미국 펜실바니아대학교 경제학 박사, 서강대학교 교수를 역임하였으며 산업연구원 부원장, 산업기술정보원 원장, 대구 사이버대학교 총장, 한국원격대학협의회 이사장을 지냈다. 현) 국가 평생교육진흥원 이사장으로 재직중이다.

11
안중근 의사(義士)와 독서의 교훈

진점규 교육타임스 편집장

2021년 2월 14일은 안중근 의사 서거 111년 째 되는 날이다. 그는 1910년 중국의 뤼순 감옥에서 형장의 이슬로 운명하였다. 1909년 10월 26일 청년 안중근은 조국의 운명을 구하기 위해 하얼빈 역두에서 이토 히로부미를 처형했다. 그로 말하면 무사이기에 앞서 독서인이었다. 아마 독자 분께서도 안중근이 뤼순의 옥중에서 쓴 뜻 깊은 글귀 하나를 보았을 것이다. 일일부독서(一日不讀書)면 구중생형극(口中生荊棘)이라고 했다. 하루라도 책을 읽지 않으면 입안에 가시가 자란다는 뜻이다. 안중근이 얼마나 독서를 소중히 여기는 선비였는지를 알 수 있다. 그는 독서를 통해서 사물의 이치를 깨달았고 세상의 흐름을 읽었다. 그리하여 뜻있는 사람으로 살기로 결심했던 것이다. 안중근은 옥중에서도 날마다 글을 읽고 또 썼다. 생의 마지막 순간까지도 그는 '동양평화론'을 집필했다. 그가 저술을 마치기전에 형장의 이슬로 사라지고만 것은 실로 안타까운 일이지만, 그가 남긴 유고를 살펴보면 저술의 목적을 분명히 알 수 있다. 안중근은 꿈에도 '동양평화론'을 염원했다.

그는 한국, 일본, 중국을 하나의 연방으로 만들어 서구 열강의 침략에 대항하기를 바랐다. 동양3국이 서로 평화를 보장하며, 단일경제, 군사공동체를 구성해 길이 번영하기를 소망했다. 그는 마지막까지도 이처럼 원대한 계획을 주도면밀하게 구상했다. 실로 고원한 경지였다. 보통 사람 같으면 이토 히로부미를 증오했다 해도 사살하기가 불가능했을 것이다. 설사 운이 좋아 성사가 됐더라도 일제의 모진 고문과 회유책에 휘둘리기 십상이었을 것이다. 그러나 안중근은 저들의 모든 기도를 부끄럽게 만들었다. 그때 안중근은 30을 갓 넘긴 청년에 불과했으나, 그의 심지(心志)는 강철 같았다. 그것은 결코 물리적인 힘이 아니었다. 독서와 성찰의 시간을 통해 내면을 꾸준히 연마한 결과라고 볼 수밖에 없다.

그가 교수대에서 처형되는 순간 사형수가 마지막 소원을 묻자 "내게 5분만 시간을 주시오, 새벽에 읽다만 책을 마저 읽겠소. 그는 사형수가 갖다 준 책을 읽고 난 후 차분히 책장을 덮고 "자, 됐소 이제 집행 하시오" 이렇게 민족의 위대한 별이 형장의 이슬로 사라진 순간이다.

- 백승종의 〈역사산책〉 발췌 -

조선시대에는 끝내 충성스러운 마음을 잃지 않는 선비들이 많았다. 모진 고문과 형장(刑杖)에도 불구하고 그들은 꺾이지 않았다. 제 아무리 간교한 술수를 부려 꾀어도 그들은 넘어가지 않았다. 불요불굴의 혼이요. 선비다운 삶의 완결이었다. 누구라도 사나운 매질이 두렵고 죽기보다 무서운 것은 없을 것이다. 그런데도 청년 안중근과 같은 선비들이 적지 아니 존재했다. 멀리는 심양에 끌려가서도 지조를 잃지 않고 죽음을 달게 받은 '심양사' 들이 있었다. 가까이는 일제의 회유와 협박, 모진 고문에도 불구하고 한마디 거짓말을 하지 않았던 도산 안창호 선생이 있었다. 그들은 이름은 서로 달랐으나 뜻으로 보면 하나였다.

그것이 참된 선비의 운명이었다. 선비를 선비답게 만드는 것은 무엇이었을까. 평소 그들이 사랑하는 책의 힘이었다. 권력과 금전의 유혹에서 벗어난 선비를 만들고, 물리적 힘으로도 꺾지 못할 강단을 만드는 것이 책의 힘이라니! 이야기가 너무 비장해 진 것 같다는 생각이 들지만 독서의 힘이 그처럼 강하다는 사실은 여간 놀라운 일이 아니다.

필자가 말한 책이란 오락을 위한 가벼운 것이 아니었다. 요리나 가사 등의 실용서도 아니었다. 돈 벌기위한 처세서도 아니었다. 일상의 현실적 요구와는 거리가 먼 책들이었다. 안중근을 포함한 지조 있는 선비들을 사로잡는 책들은 과연 무엇이 있을까.

인간의 도리를 설명하고 삶의 목적을 말하며, 사람이 사람답게 사는 것이 무엇인가를 말해주는 내력이 있는 책이다. 요즘 말로 말하면 문학과 역사, 철학이 담긴 문사철의 인문 서적을 말한다.

요즘 우리사회는 책을 읽지 않는 사회로 변화된 지 오래다. 지하철을 타보면 여실히 나타난다. 예전에는 군데군데 책을 읽는 사람이 많았고 책장을 넘기는 소리가 들려오곤 했다. 그런데 요즘은 어떤가? 모두가 고개 숙인 사람뿐이다. 핸드폰으로 무엇을 보는지, 독서와는 거리 먼 게임이나 오락에 취해 있는 사람이 대부분이다. 가끔 가뭄에 콩 나듯 책을 보는 사람을 보면 반갑기도 하고 신기하기까지 하다. 책을 보고 있는 사람 그들마저도 중년을 지나

연세 지긋한 분들이 대부분이니 젊은 세대의 독서문화가 얼마나 척박한 현실인지 알 수 있는 풍경이다.

독서는 세계관을 변화시키고 주의를 다른 곳으로 돌리게 하며 타인에 대한 감수성을 바꾼다. 인지심리학자 레이머드 마와 키스 오틀리의 연구에 따르면 책을 자주 읽는 사람은 남의 마음을 잘 이해하고 남의 이야기에 쉽게 공명하며 남의 관점에서 세상을 볼 줄 알며, 공감능력도 높아진다고 했다. 아이들도 마찬가지다. 책을 많이 읽은 아이일수록 남의 마음을 잘 이해하는 등 사회성도 좋아진다.

문학을 하고 책을 읽는다는 것은 의미를 찾는 인간의 행동이다. 인간답게 사는 무엇인가를 깨우치고 느끼기 위해 문학을 한다. 문학은 우리가 무엇을 어떻게 느끼면서 살아가야하는지를 알려주고 점지해주는 정신적 내비게이션이다. 또한 문학을 읽는다는 것은 낯선 언어를 수용하고 낯선 감정을 습득하는 일이다. 문학을 읽음으로서 우리는 자기 안에 더 많은 이질성을 공존시키고, 자신을 더 많은 것에 공감하는 존재로 다듬는다.

매년 3월은 신학년도 새로운 학기의 시작이다. 씨앗을 뿌리는 계절이다. 마음속에 독서하는 영혼의 씨앗을 뿌려서 독서향기로 가득한 새봄이었으면 좋겠다.

12
한국인의 칭찬문화

진점규 교육타임스 편집장

러시아 속담에 '친절한 말 한마디가 석 달 겨울을 따뜻하게 해 준다'는 말이 있다. 그만큼 따뜻한 말 한 마디가 사람을 기분 좋게 해주는 마력(魔力)이 있다는 뜻이다. 칭찬은 상대에 대한 신뢰와 배려에서 우러나오는 언어의 향기이다. 사람은 누구나 칭찬받기를 좋아한다. 칭찬을 받았을 때 기분이 좋아지고 새로운 용기가 난다. 하물며 늙은 노인이 나이어린 소년에게 칭찬을 들어도 기분이 좋다.

미국의 극작가 존 M. 윌슨은 "사람은 본성은 칭찬하는 것에서 드러난다. 일을 잘했다고 인정해 주는 것은 동기를 부여하는 데 가장 중요한 요소이다. 그것은 보수 그 자체보다 더 중요하다"고 말했다.

옛날에 푸줏간(오늘날의 정육점)을 하는 박 씨 성을 가진 나이 많은 백정이 있었다. 당시 백정은 천민 중에서도 최하층 계급이었다. 어느 날 양반 두 사람이 고기를 사러왔다. 첫 번째 양반이 거들먹거리며 거친 말투로 말했다.

"야, 이 백정 놈아, 고기 한 근 대령해라."

노인은 "예, 그렇지요."하며 정확히 한 근의 고기를 떼어주었다.

두 번째 양반은 정중하게 부탁했다.

"이보시게, 박 서방 고기 한 근 주시게나."

노인은 "예, 그렇지요."하고 기분 좋게 대답하면서 한눈에 보기에도 훨씬 많은 고기를 듬뿍 잘라주었다. 같은 한 근인데도 자기 고기보다 갑절은 더 많아보이자 첫 번째 양반이 몹시 화를 내며 따졌다.

"야, 이놈아! 같은 한 근인데, 내 건 왜 이렇게 적으냐?"

그러자 노인은 침착하게 대답했다.

"네, 그거야 손님 고기는 백정 놈이 자른 거고, 이 분 고기는 박 서방이 자른 것이니까요."

우화처럼 누가 나를 박 서방이라고 존중해 주면 나도 그에게 박 서방처럼 점잖고 품격 있게 행동한다. 그러나 백정이라고 비하하면 나도 그에게 백정 놈처럼 막 대하게 된다. 인간의 행동은 타인의 반응에 크게 영향을 받는다. 타인으로부터 존중을 받고 있다고 느낄 때, 그에 부합하는 행동을 하려고 한다.

상대를 인정해 주며 존중해 주는 가장 확실한 방법은 칭찬이다. 칭찬에는 인간을 성장하게 하는 힘이 있다. 사람은 누구나 칭찬을 하면 칭찬받을 일을 하고, 비난을 하면 비난받을 일을 한다. 칭찬은 사람 안에 잠들어 있는 잠재능력을 일깨워주고, 자신감을 높여준다. 또한 정서적으로도 안정감을 주고 자존감과 행복감도 느끼게 만든다. 존중의 칭찬 한 마디가 그 사람의 인생을 바꾸어놓는다.

칭찬은 상대방에게 상상 못 할 기쁨을 준다. 돈은 순간의 기쁨을 주지만 칭찬은 평생의 기쁨을 갖게 하는 것이다. 사람은 누구나 자신의 장점을 모르고 살아간다. 상대방도 모르고 있던 부분을 찾아내어 칭찬해 보라, 그 감동은 열배로 증폭된다.

상대방이 칭찬받고 싶어하는 것을 칭찬하라. 사람에게는 우수한 부분과 우수하다고 인정받고 싶은 부분이 있다. 우수한 부분을 칭찬하는 것 보다 우수하다고 인정받고 싶은 곳을 칭찬하는 것이 상대방이 그대에게 호의를 갖게 하는 최고의 약이다.

칭찬을 주고받으면 어떠한 어려움 속에서도 반드시 성공한다. 활력과 의욕을 높여주어 자신감이 넘치기 때문이다. 운동선수는 응원소리에 힘을 되찾고, 사람은 칭찬을 들으며 자신감을 찾는다.

그런데 요즘 우리사회는 칭찬에 인색한지 오래다. 사람들은 남을 칭찬하는 것이 자신이 손해 본다고 생각한다. 옛날 말에 '사돈이 논을 사면 배가 아프다'는 말이 있다.

우리는 예로부터 칭찬문화에 익숙하지 못한 채 성장해 왔다. 세상이 각박하고 까칠해 지다보니 칭찬마저도 색안경 쓰고 보는 사회가 되어버렸다. 그런 풍토가 지속되면 세상은 빛을 잃어간다. 우리사회가 진정한 민주주의로 발전해가고 시민의식을 고양시키는 첩경은 칭찬문화가 성숙되는 것이다. 칭찬은 마음의 문을 여는 황금열쇠이다.

칭찬에는 인간을 성장하게 하는 힘이 있다. 그것이 곧 칭찬의 마력((魔力)이 있다. 사람은 누구나 인정받고 싶은 존재이다. 칭찬을 하면 칭찬받을 일을 하고, 비난을 하면 비난받을 일을 한다. 상대방이 칭찬받고 싶어 하는 것을 칭찬하라. 사람에게는 우수한 부분과 우수하다고 인정받고 싶은 부분이 있다. 우수한 부분을 칭찬하는 것보다 우수하다고 인정받고 싶은 곳을 칭찬하는 것이 상대방이 자신에게 호의를 갖게 하는 최고의 묘약이다. 칭찬을 받고 싶어 하는 것을 발견하기 위해서는 관찰하는 것이 제일이다. 칭찬은 사람 안에 잠들어 있는 잠재능력을 일깨워주고, 정서적인 안정감을 준다.

칭찬의 말 한 마디가 그 사람의 인생을 바꾸어 놓는다.

13
토론문화와 인문정신의 고양(高揚)

진점규 교육타임스 편집장

한 국가의 의식수준을 가늠하는 척도는 토론문화라고 할 수 있다. 사람은 토론을 통해서 서로를 이해하게 되고 관계를 개선해 나간다. 토론의 기본은 상대의 생각이나 의견이 나와 다름을 인정하는 것이다. 그것이 토론의 첫 출발점이다. 만약 상대의 생각이 나와 다름을 인정하지 않고 시작한 토론은 불협화음이 나올 수밖에 없다. 성숙한 토론문화는 하루아침에 이루어지는 것이 아니고 오랜 역사와 의식의 뿌리 속에서 성장해 왔다.

세계적인 IT강국 이스라엘은 그들의 교육문화 못지않게 훌륭한 토론 문화를 가지고 있다.
이스라엘은 회의에서 지위고하를 막론하고 거침없이 난상토론을 벌이기로 유명하다. 모든 사람이 다 자기의 머릿속에 있는 의견을 꺼내놓아야 한다.

기자가 이스라엘 벤처기업 임원에게 당신들은 어떻게 그렇게 평등하게 토론을 하는지 물어보았다. "임원이 하는 말 왈(曰), 좀 극단적으로 느낄 수 있지만 자기부하가 CEO와 임원인 자기와 같이 회의를 할 때 CEO와 임원의 의견에 대해 '어리석은 생각이다'라고 말할 수 있다는 것이다. 부하가 정말로 그렇게 생각하면 그렇게 말할 수 있고 그것을 CEO나 임원이 받아들이는 문화라는 것이다." 필자는 그 기사를 보면서 이스라엘이 세계적인 IT강국이 되고 혁신적인 아이디어와 기술을 가진 첨단기업이 쏟아져 나온 이유를 알게 되었다. 그들 문화의 저변에는 우리 문화로는 상상할 수 없는 훌륭한 토론문화를 가지고 있었다. 창의적인 아이디어는 다양한 의견에서 나온다. 회의석상에서 윗사람이 권위로 아랫사람을 짓눌러서는 좋은 아이디어가 나오질 않는다. 반대로 아랫사람이 윗사람을 업신여겨서도 좋은 아이디어가 나오지 않고 생산적인 토론문화는 정착되지 않는다.

17세기 프랑스의 사상가 볼테르는 "나는 당신의 의견에 동의하지 않습니다. 그러나 만일 당신이 그 의견 때문에 박해를 받는다면 당신의 말할 자유를 위해 끝까지 싸우겠습니다"라는 유명한 말을 남겼다.

오늘날 우리 사회는 어떤가? 나이가 많다는 이유로 자기보다 어린 사람의 의견을 묵살하는 경우를 흔히 볼 수 있다. 마찬가지로 상사라는 이유로, 리더라는 이유로, 남자라는 이유로 자신의 주장만을 옳다고 내세우며 다른 사람의 의견을 전혀 귀담아 듣지 않는 것을 쉽게 볼 수 있다. 이런 사회는 소통이 부재한 사회, 병든 사회라고 해도 과언은 아닐 것이다.

  토론은 상대방이 자기와 다른 생각과 의견을 갖고 있다는 것을 전제로 해야 한다. 그런데 우리의 토론문화는 남이 자신과 다르다는 것을 잘 받아들이지 못하고 있다. 가끔 TV토론을 보면 시작하기 전부터 '나는 당신한테 절대 당하지 않을 거야' 하는 비장한 각오를 하고 출연하는 것 같다. 하이에나처럼 악착같이 자기의견만 관철시키려는 토론자를 보면서 시청자들의 눈살을 찌푸리게 하는 경우를 종종 볼 수 있다. 또는 토론 도중 상대에게 '그건 잘 모르고 하시는 말씀 같은 데요'라는 표현이나, 말꼬리 잡는 식의 표현은 토론수준의 격을 떨어뜨리는 언행이다. 또한 우리의 언어습관에도 잘못된 표현들이 많이 있다. 예를 들어 '가만있으면 중간이라도 간다든가', '모난 돌이 정에 맞는다든가,' '좋은 게 좋은 것이다.' 라는 등의 말에서 보듯이 우리의 문화에는 사람 간의 논쟁을 불필요한 것 또는 출세에 별 도움이 되지 않는 것으로 이해하고 가능하면 자신의 의견을 내세우기보다 대세를 따르는 것을 체세의 으뜸으로 몰아간다.

  우리에겐 왜 토론문화가 없을까?

  그 원인을 어떤 학자들은 유교사상이 토론문화를 말살했다고 말한다. 지나친 예의범절이나 윗사람에 대한 공경심이 소통부재의 원인이 되었다고 말하고 있다. 하지만 전적으로 그것만은 아닌 것 같다. 논어는 공자 한사람이 쓴 책이 아니고 어지러운 춘추전국시대 제자들이 피나는 논쟁을 통해서 이상적인 정치가 무엇인가를 정리해서 글로 옮겨놓은 것이기 때문에 어찌 보면 토론의 텍스트라고 해도 과언이 아닐 것이다. 그러한 토론문화는 조선시대로 그대로 넘어왔다. 그 대표적인 예가 퇴계 이황과 고봉 기대승이 서로 사찰을 주고받으며 논쟁을 벌였던 사단칠정론이다. 그 당시 퇴계 이황은 58세, 기대승은 겨우 32세였다. 언뜻 생각하면 벼슬도 높은 이황이 이제 갓 벼슬에 오른 제자 벌되는 기대승과 논쟁을 벌일 일은 이상해 보이지만 두 사람은 7년이란 긴 시간을 토론을 벌였고 두 번이나 이황이 기대승을 찾아와 논쟁을 했다고 한다. 이런 자랑스러운 토론문화가 말살된 원인은 6,25전쟁과 군사정권 때문이다. 그때부터 우리 사회는 '상명하복'의 군대식문화가 자연스럽게 자리 잡게 되었다. 그리고 이상하게 유교문화의 본질은 사라지고 껍질만 남아 권위주의가 여기에 편승했다.

돌이켜보면 우리 사회는 아직도 토론문화가 부재한다고 해도 과언은 아닐 것이다 사람들은 남 앞에서 말을 하는 것을 좋게 생각하지 않는다. '잘난 척 한다' '괜히 아는 척 했다가 손해 본다'는 등의 말처럼 술자리에서도 누군가 무슨 말을 꺼내면 '그런 말 하지 말라'고 핀잔을 주는 경우도 다반사다. 그런 사회에서는 모름지기 모르쇠로 일관할 때 그 사람이 좋은 사람이다.

토론문화는 하루아침에 조성(정착)되지 않는다. 어릴 적부터 토론을 통해 설득하고 합의하는 체험을 해보지 못한 사람은 토론의 기회가 주어져도 잘 활용하지 못한다. 토론교육이 일찍부터 꾸준히 필요한 이유이다. 사람은 토론을 통해서 정신적으로 성숙한다. 상대의 생각이나 의견이 나와 다름을 인정할 때 새로운 깨달음을 얻게 되고 그 순간 의식의 폭은 넓혀진다. 사람은 토론을 통해서 내가 체험하지 못한 새로운 세계를 인식하게 되고, 사유와 성찰의 지평을 넓혀나가게 된다.

그것은 곧 인문정신으로 승화되며 삶의 가치를 새롭게 구현시키는 힘을 갖게 된다. 진정한 토론은 상대를 이해하고 존중하는 인문정신에서 피어나는 의식의 꽃이다.

진점규 교육타임스 편집장, 명지대학교 예술대학원(석사) 교육신문사 편집장을 역임했고, 출판사 편집장으로 오랫동안 일하고 있다. 저서 『역사의 위대한 리더십』『리더십 교육스피치』산문집 『지혜와 겸손』『언어의지평선』외 15편의 저서가 있다.

제10장
한국의 위대한 스승(교육자)

들머리 글

학교는 위대한 스승이 있는 곳이다. 학교에서 교육성과를 이룰 수 있는 것은 훌륭한 선생님이 계시기 때문이다.

교육은 스승과 제자 간의 상호작용이다. 스승의 권위와 자질만큼 제자의 모습도 교육의 질도 그만큼 비례하게 되는 것이다. 스승은 가르치는 것을 직업으로만 생각하지 않고 소명을 받고 선생님이 되었다는 책임감으로 제자의 바람직한 인간육성에 헌신한다. 그래서 스승에게는 존경심, 사랑, 고마움 같은 단어가 먼저 떠오른다.

스승의 길은 화려한 길이 아니다. 그 고되고 어려운 길을 포기하지 않고 정성을 다하여 극복해 나가는 선생님이야말로 오늘날 우리가 바라는 진정한 스승이다. 평생을 참다운 인간이 되게 하는 일에 종사하면서 삶을 영위한다는 것은 사람이 살아가는 방법 중에서도 무엇보다 뜻 있는 일로 이 세상에 선생님보다 더 예찬을 받을 사람도 없다고 본다.

우리나라 선생님들은 능력과 실력이 세계 최고 수준이다. '매킨지 보고서'에 따르면 한국 교사들은 경제협력개발기구(OECD) 국가 가운데 가장 뛰어난 집단으로 소개하고 있다. 이 보고서는 한국, 핀란드, 싱가포르를 '교육 3대 강국'으로 소개하며 '싱가포르는 상위 30% 인력이 교사가 되고, 교육 최강국으로 불리는 핀란드는 20%, 한국은 5% 인재가 교단에 선다'고 했다.

이런 수준 높은 우수한 인재들이 교단으로 몰리고 있는데 오늘날 우리 교육은 교실붕괴, 교육 위기가 밀려오는 느낌이어서 안타깝다. 선생님들이 자긍심과 열정, 전문성을 가지고 학생 교육에 전념할 수 있는 교육환경이 아니기 때문이다. 학생들의 일탈과 저항이 빈발하고 생활지도가 어렵고 교권존중 풍토가 사라진 사회풍조로 선생님들의 사기가 저하되고 있다. 선생님들이 진정한 스승이 되어 사표로서 존경받는 교직사회가 되기 위해서는 스승의 권위를 되찾아야 한다. 교육자의 권위가 없으면 교육은 바로 설 수 없다. 교원사기를 진작할 특단의 대책이 강구돼야 한다.

안타깝게도 우리나라에서는 교사와 학생은 있어도 스승과 제자는 없다고 회자된 지가 오래된다. 이제라도 스승의 길로 가기를 바라는 마음에서 우리나라의 위대한 스승으로 존경받는 분들을 살펴보고자 한다. 위대한 스승으로부터 배울 것은 배워 오늘날 존경받는 스승 상(像)을 재정립하는 것이 우리가 해야 할 일이다. 그것이 곧 온고지신(溫故知新)의 정신이다. 스승과 제자는 존경과 사랑의 관계이다. 존경하는 스승은 부단한 자기 연찬과 소명감으로, 사랑하는 제자는 꿈과 희망으로 성장할 때 행복한 학교가 되고 스승과 제자의 관계는 서로 은인이 된다. 그래야 선생님 학생 이 나라의 미래가 살고 발전한다. 학교가 선생님들의 사기를 높이고 매력 있는 교직이 되어 교육이 내실화하고 선생님들이 보람 있는 교육인생의 보금자리가 되기를 소망한다.

김상규
청출어람 저자, 교육타임스 회장

01
학문 연구와 인격자의 모범을 보여준 성리학의 대가
퇴계(退溪) 이황(李滉)
(1501년~1570년)

김상규 청출어람 저자, 교육타임스 회장

퇴계 이황은 1501년 경북 안동 도산면에서 태어났다.

어린 시절 서당에서 공부하다 12세 때 숙부로부터 논어를 배우기 시작하여 소학근사록 등을 두루 공부하였다. 어릴 때부터 공부하는 자세와 마음가짐이 남달랐으며 독서하기를 좋아했다.

주역을 공부하고 시를 쓰며 총명한 자질을 키우다 성균관에 들어갔다. 34세에 문과에 급제하면서 여러 요직에 있다가, 중앙의 관계(官界)에서 떠나고 싶어서 외직을 지망하여 경상도 풍기군수로 재직 중 사퇴하였다. 53세 때 성균관대사성에 제수되고 다음에도 고위 관직에 여러 차례 임명 되었으나 벼슬을 사양하였다. 관직에서 물러나서는 도산서당(陶山書堂)에 기거하면서 주자성리학을 체계적으로 연구하고 저술에 몰두하였다.

선생은 성리학의 체계를 세우고 새로운 학설을 덧붙여 집대성을 한 학자, 사상가이다. 그의 학덕을 사모하여 모여드는 문인들을 강학하여 인재들을 양성함으로써 주리적(主理的)인 퇴계학파를 이루어 영남 남인의 정치적 중심지이자 주자학 연구의 본산 역할을 하였다.

선생의 학문적 깊이는 임금들의 귀감이 되었고 대학자로서 그 명망은 조야에 높았다. 선생은 소년기에 즉위한 선조의 간청으로 68세에 대제학지경연의 중임을 맡았다. 선조에게 군주가 국가를 경영함에 있어 갖춰야 할 리더십과 통치자의 수기치인을 담은 '무진육조소'와 임금께 성군을 바라는 마음으로 만든 '성학십도'를 올렸다. 69세에 이조판서에 제수되었으나 사직하고 낙향 후 70세에 영면하였다. 영의정으로 책봉되었으며 시호(諡號)는 문순공(文純公)이다.

선생은 두 가지 일에 역점을 두었다. 하나는 교육운동이다. 그가 풍기군수로 있을 때 백운동서원(현재 소수서원)을 최초의 국가공인 교육기관으로 만들어 학자들이 공부하게 했고, 성균관 대사성에 재직 중에는 학문하는 분위기를 길렀으며, 도산서당에서는 본격적으로 제자를 양성했다. 과거시험 준비나 지식 전달보다는 인격 형성에 중점을 두었다. 올바른 교육을 위해 손수 교과서를 만들고, 학문에 대한 태도의 모범을 보였고 바람직한 선비상을 확립하였으며 제자 사랑의 스승상을 정립하였다. 다른 하나는 학문 연구이다. 선생은 성리학만이 아니라 치도(治道)의 요체, 자기 수양방법, 현실 개혁 등에 관한 저서를 많이 남겼다.

그 중 '천명도설' '주자서절요', '자성록' 기대승과 문답한 '사단칠정분리기서', '전습록논변', '무진육조소', '성학십도' 등은 그의 대표적인 저술이다.

선생은 많은 시를 지었으며 특히 청렴의 꽃 매화를 사랑하여 단일주제의 시로는 가장 으뜸이다,

그의 성품은 늘 겸허하고 도량이 온순하여 수연(粹然)하기 옥과 같았다. 털끝만큼이라도 어긋나는 일이 없었고, 아는 것과 행하는 것이 일치해야 한다고 주장하였다. 몸가짐이 늘 조심스럽고 조금도 흐트러짐이 없어서 평생 주위 사람들이 감동하였다.

특히 권력과 자리에 연연하지 않고 청백리로서의 생활을 하였다. 합리성을 존중하고 현실에 맞는 예법을 시행하며 평생 인격자의 모범을 보여주었다. 퇴계 이황 선생의 높은 학문과 인격은 우리나라의 위대한 스승으로 길이 빛날 것이다.

02
인재양성과 경(敬)과 의(義)를 실천한 유학자
남명(南冥) 조식(曺植)
(1501년~1572년)

김상규 청출어람 저자, 교육타임스 회장

남명 조식은 1501년 경상남도 합천군 삼가면에서 태어났다. 아버지가 문과에 급제함으로써 어린 시절부터 30세까지 서울 집을 비롯한 부친의 임지에서 생활하며 세상 보는 안목을 넓혔다.

어려서부터 재주가 뛰어났으며 부친으로부터 글을 배웠다. 그는 학문 연구에 열중하여 유교 성리학 외에도 다양한 지식과 재능을 익혔고, 자기의 정신력과 집중력, 담력 등을 기르는데도 힘썼다.

선생은 평생 벼슬길에 나가는 것을 포기하고 학문에 정진하고 인재양성에 힘썼다. 여러 차례 관직이 내려졌으나 한 번도 취임하지 않았다. 그는 30세에 처가(妻家) 김해(金海)로 거처를 옮겨 산해정(山海亭)을 짓고 학문 연구와

덕성 수양, 후학 양성에 전념하였고, 48세 때 고향 합천 토동으로 돌아와 계부당(鷄伏堂)과 뇌룡정(雷龍亭)을 짓고 후진을 가르치고, 한편 처사로서 언론을 발하여 국정을 비판하였다.

61세 때 지리산 자락 경상도 산청군 시천면으로 옮겨 산천재(山川齋)를 짓고 후학을 양성하는데 힘을 썼다. 선생의 학문은 한마디로 실천유학이었다. 실천하지 않는 학문은 가치가 없다며 비판정신이 투철한 학풍을 수립하였다.

선생은 내면의 수양을 뜻하는 '경'(敬)과 도의 적극적인 표출을 의미하는 '의'(義)를 동시에 추구하는 '경의학(敬義學)'을 학문의 핵심으로 삼았다. 자신을 수양하며 내면을 맑고 깨끗하게 하는 것이 경(敬)이며 이를 과감하게 실천하는 것을 의(義)라고 했다. 선생의 사상은 크게 두 가지로 요약할 수 있다.

첫째는 실행에 중점을 두어 직절(直節)하고 의리 있는 꿋꿋한 선비정신이다. 선생의 학문은 경의학(敬義學)으로, 알고서 올바르게 실행해야 한다는 점을 중시하였다.

둘째는 자기의 맡은 직분에 충실할 것과 백성과 선비가 나라의 근본이라고 했다. 이러한 현실, 실천에 대한 강조는 후일 북인학파와 남인실학파들이 실천, 실용성을 강조하는 풍토로 이어지게 된다. 한국 역사에서 16세기는 지방을 토대로 사림(士林)이라 불리는 지식인들이 지방에 따라 학문적 차이도 드러내는데 그 대표적인 것이 곧 퇴계학파의 남인과 남명학파의 북인이다. 남명학파가 현실을 비판적으로 인식하고 실천적인 학문을 주장했다면, 퇴계학파는 현실을 긍정적으로 인식하면서 성리학을 이론화했다. 당시 경상좌도의 이황과 나란히 조식은 경상우도를 대표하던 유학자로서 우수한 학자들을 많이 배출한 동시대 조선 유학을 영도한 스승이다.

　선생은 그의 학식과 명망이 높아지자 왕이 여러 차례 관직을 주었으나 벼슬은 하지 않고 상소를 올려 정치하는 도리와 시무(時務)를 말씀드렸다. 선생의 저서로는 '남명집'과 '남명학기유편' '신명사도' '파한잡기'와, 문학작품으로 '남명가', '권선지로가' 등이 전한다. 일생 동안 선비의 삶을 올곧게 지키며 72세에 영면하였다. 증직(贈職)으로 통정대부 사간원대사간, 그 후 대광보국숭록대부 의정부영의정으로 추증되었으며 시호(諡號)는 문정공(文貞公)이다. 학자들은 선생을 가리켜 "우리나라 기개와 절조의 최고봉"이라고 칭송하였다. 남명 조식 선생은 민족과 나라를 위해서 실천적 삶을 살다 가신 재야의 선비로 민족의 스승이다.

03
대학자이며 경세가인 동방의 성인(聖人)
율곡(栗谷) 이이(李珥)
(1536년~1584년)

김상규 청출어람 저자, 교육타임스 회장

율곡 이이는 1536년 외가인 강원도 강릉 오죽헌에서 태어났다.

어머니 신 사임당에게서 학문을 배웠다. 그는 신동으로 3세 때에 이미 글을 깨우쳤고 8세 때 시를 짓는 등 문학적 재능이 뛰어 났다.

13세 때 진사 초시에 합격하였다. 이이의 학문은 날로 깊어가서 15세 때는 다른 사람에게서 더는 배울 것이 없을 정도였다.

21세에 별시(문과 초시)에서 천도책을 지어 장원하였다. 전후 아홉 차례의 과거에 모두 장원해 '구도장원공'이라 일컬어졌다. 29세 때 호조좌랑을 시작으로 사간원 정언, 홍문관 교리부제학. 승정원 우부승지 등을 역임하고 청주목사와 황해도 관찰사를 맡아 중앙과 지방의 관직 경력 등 40세 무렵 정국을 주도하는 인물로 부상하였다.

그 후 대사헌, 대제학, 호조·병조이·조판서 등의 관직을 역임하였다. 선생은 제자들에게 동방지성인(東方之聖人)이라는 칭호를 받고 후세의 학계에 강력한 영향을 끼쳤다. 선생은 성리학을 전개함에 있어 실공(實功)과 실효(實效)를 항상 강조하였다. 진리란 현실의 문제와 직결되어 있고, 그것을 떠나서 별도로 구하는 것이 아니라고 보았다. 선생은 이 세상 만물의 작용은 오직 기(氣)만 할 뿐이며, 이(理)는 하나의 까닭이 되는 원리와 법칙일 따름이라고 했다. 이를 주기론(主氣論)이라 부른다.

선생의 대표적 저서는 '동호문답' '만언봉사' '성학집요' '격몽요결' '기자실기' '심도심설' '김시습전' '학교모범' '시무육조' 등이 있다.

선생이 대학자이며 뛰어난 사상가, 정치가로 평가 받을 수 있었던 점에는 그가 철학, 정치, 경제 및 교육을 통틀어 계몽할 수 있었던 분이었기 때문이다. 1577년 '격몽요결'을 저술했다. 이 책은 처음 글을 배우는 아동의 입문교재로 쓰기 위해 지은 것이다. 덕행과 지식의 함양을 위한 초등과정의 교재로써 사람들이 어떻게 배우고, 무엇을 배울 것인가를 소개한 교과서로 여길 수 있는 교육의 기본서이다. 배움은 사람다운 사람이 되기 위해서 배워야 한다는 것, 바른 인성교육을 위한 지침서이다. 1582년 '학교모범'을 저술하였다. 선생은 학문에 대하여 실생활에 적용할 수 있는 학문을 참된 학문이라고 규정하였다. '학교모범'은 입지(立志), 검신(檢身), 독서(讀書), 신언(愼言), 존심(存心), 사친(事親), 사군(事君), 택우(擇友), 거가(居家), 접인(接人), 응과(應科), 수의(守義), 상충(尙忠), 독경(篤敬), 거학(居學), 독법(讀法) 등 16개 조항으로 구성되어 있는 교육의 명저라고 평가된다.

이 가르침들은 오늘날 우리 학생들이 바람직한 성품과 행실을 갈고 닦는 데에도 금과옥조와 같은 귀중한 교훈들이다.

선생은 교육 문제에 심혈을 기울인 학자이며 경세가였다. 미래 국가의 흥운을 위해 청소년교육에 주력하고 국민들의 기본교양과 사회교육을 통하여 밝은 사회를 열어야 한다며 교육을 중시하였다.

선생은 1584년 49세에 영면하였고, 의정부 영의정 겸 영경연, 홍문관 춘추관 관상감사에 추증되었다. 1591년 광국원종공신 일등(光國原從功臣 一登)에 추록되었으며 시호는 문성공(文成公)이다.

율곡 이이 선생은 나라에 충정을 보여준 충신이었고 후대에 길이 가르침을 준 교육자였다.

04

세계적인 학자, 저술가, 경세가
다산(茶山) 정약용(丁若鏞)
(1762년~1836년)

김상규 청출어람 저자, 교육타임스 회장

다산 정약용은 1762년 경기도 남양주시 조안면 능내리에서 태어났다.

어렸을 때부터 총명하여 어린 시절에 지은 시를 모은 〈삼미자집〉이 있다.

1783년 진사시(進士試)에 합격한 후 성균관에서 수학하며 학문적 깊이를 더하였다. 1789년 식년문과(式年文科) 갑과(甲科)에 급제하여 벼슬길에 올랐다. 사간원정언, 홍문관수찬, 경기암행어사, 동부승지좌부승지, 형조참의 등을 역임했다.

선생은 출중한 학식과 재능을 바탕으로 정조의 총애를 받았다. 다산은 다양한 분야에서 천재에 가까운 인물로, 자연과학에도 관심을 기울여, 홍역과 천연두의 치료법에 대한 책을 내기도 했고, 도량형과 화폐의 통일을 제안하기도 했다. 한강의 배다리를 설계하고, 수원 화성의 건축을 주도, 거중기를 고안하여 근대적 건축기술을 선보이기도 했다.

정조 서거 후 반대파에서 정약용 등이 서학을 받들며 역적모의한다는 모략으로 1801년 전남 강진으로 유배되었다.

그곳에서 독서 저술에 힘을 기울여 그의 학문체계를 완성하고 많은 문도를 거느리고 강학을 하였다.

다산초당은 다산학의 산실이다. 선생은 조선왕조의 사회현실을 반성하고 이에 대한 개혁안을 정리하였다. 백세(百世)의 경세가로 관리의 부정을 막고, 나라의 폐정을 뜯어고치고, 백성의 참상을 구제하기 위해 방책을 제시하였다. 개혁방안은 국가의 기본제도를 개혁해야한다며 치도의 방책을 제시한 〈경세유표〉, 백성을 직접 다스리는 수령을 통해 민생의 고통을 해결하고 수령의 부정을 막기 위해 쓴 〈목민심서〉, 인명을 중시해 원옥(冤獄)이 없도록 공정한 형벌을 위한 〈흠흠신서〉의 일표이서(一表二書)가 있다. 이들 저서는 유학의 경전인 육경사서(六經四書)에 대한 연구와 사회개혁안을 정리한 것으로 가장 주목받고 있다. 다산의 기록에 의하면 저서는 연구서들을 비롯해 경집에 해당하는 것이 232권, 문집이 260여 권에 이른다고 한다. 우리나라 역사에서 가장 많은 저술을 남긴 분이다. 선생은 실학사상을 집대성한 개혁사상가이며, 문신 · 저술가 · 과학자 · 공학자이다.

또한 다산은 교육 실천가였고 교육 사상가였다. 그는 현실 정치의 근간과 해결책을 교육에 두고 있었다. 선생의 교육사상은 수기치인(修己治人)의 전인교육을 근본으로 삼았고, 경세실용의 학문을 중시하였다. 관리등용은 신분을 가리지 않고 유능한 인재를 발탁하고, 학교는 예와 악을 비롯한 폭넓은 교양교육이 이뤄지므로 덕 있는 분을 사장(師長)으로 삼고 학규를 세워야 한다고 하였다. 다산은 귀양지에서 두 아들에게 편지를 보내 '잘 살아가는 길은 책 읽는 것 밖에 없다. 책 읽기는 사람의 일 중에게 가장 중요하다.'고 공부에 힘쓸 것을 독려하여 두 아들은 당대의 문장가가 되었다. 1818년 다산은 강진에서 18년 동안 귀양살이를 한 후 풀렸으나 관직에 나아가지 않고 고향으로 돌아와 학문을 연마했다. 선생은 74세에 영면하였다. 순종 황제는 다산을 정2품 증헌대부 규장각 제학에 추증하였고 시호는 문도공(文道公)이다. 비록 파란이 겹친 생애였지만 역사에 빛나는 이름을 저술을 통해 남겼다. 다산 정약용 선생은 세계적인 학자요 저술가로 우리의 위대한 스승이다.

05
교육자, 독립운동가, 민족의 스승
월남(月南) 이상재(李商在)
(1850년~1927년)

김상규 청출어람 저자, 교육타임스 회장

월남 이상재는 1850년 충청남도 한산군(현, 서천군 한산면)의 선비 집안에서 태어났다.

집은 가난했지만 선비 집안답게 배움을 중시하여 어려서부터 한학을 공부하였다.

18세때 과거에 응시한 그는 '한심하다' 탄식하고 벼슬할 생각을 버렸다. 정치는 부패하여 인재를 등용하는 과거시험까지 악폐가 번져 합격여부는 금권과 정실에 달려있었다. 선생은 서울에 남아 새로운 출발을 기약하다 당시 승지였던 박정양(朴定陽)을 만나 시국을 논하는데 의견이 일치하였고 박정양은 그의 식견에 탄복하였다.

선생은 그의 집에서 개인 비서 일을 보며 세상 돌아가는 이치와 국내외 정세에 대한 지식을 쌓았다. 1881년 박정양이 일본 시찰을 갈 때 그의 수행원이 되어 일본의 발전상을 보았다. 1887년 박정양이 미국 전권대사로 임명되자, 선생은 미국공사관 2등 서기관으로 근무했다.

그 후 학부참사관을 거쳐 학무국장을 지냈다. 이때 신교육 제도를 창안하여 신 교육령을 반포하고, 사범학교·소학교·중학교·외국어학교를 설립하고 외국어학교 교장과 국어학교 교장도 역임하면서 인재육성에 힘썼다.

이때 학생을 가르치던 선생은 나라를 자주독립으로 지키며 바로 잡을 수 있는 확고한 길은 민족자주의식 고취, 백년대계를 위한 교육, 민권을 보호하기 위한 언론활동 등이 그 길이라고 생각했다.

1896년 박정양이 총리대신서리로 임명되자 선생은 내각총무국장에 임명되어 탐관오리 색출과 처벌, 감사 활동으로 부패, 무능한 탐관오리 축출에 힘을 기울였다. 독립협회 위원이 되어 민권운동을 하다 개혁파 인사들과 구금되어 옥고를 치르며 기독교인이 되었다.

1910년 8월 한일 합방 이후 일체의 공직에서 사퇴하였다. YMCA 총무에 취임하여 청년회 운동과 구국 교육 운동을 전개하였다. 1922년에 조선교육협회를 창설하여 회장에 취임하고 민립대학 설립을 위해 모금운동을 하였으나 일제의 방해로 좌절되었다.

1923년 소년연합척후대(현, 보이스카우트) 초대 총재가 되고, 1924년 '조선일보' 사장에 취임하여 민족 신문으로 육성하기 위해 애썼고 언론을 통한 민족교육 운동을 펼치며 언론을 통한 구국의 길을 모색했다.

1927년 민족협동전선의 일환으로 결성된 '신간회'에서 초대 회장으로 추대된 것은 이념을 초월해 광범위한 민족적 신망을 얻고 있던 선생의 위상을 반영한 것이었다.

선생은 1927년 78세에 노환으로 영면하였다. 거족적인 사회장이 거행되었다. 1962년 건국훈장 대통령장이 추서되었다. 선생은 인간이 어떻게 살아야 한다는 것을 몸소 보여 주신 분이다. 선생은 범사에 솔직하고 언제나 있는 그대로를 자연스럽게 보여주었으며 비범한 탁론과 강직한 기백, 세상을 풍자하는 해학은 남다르게 앞섰던 한 시대의 거인이었다.

선생의 愛民과 愛國 실천은 우리사회를 바로잡는 길잡이이고 선생은 이 시대를 사는 한국인의 사표이다. 선생은 우리 민족에게 희망을 심어주고 그 희망을 온몸으로 구현한 청년의 마음으로 살다간 선각자이다. 선생은 역사가 인물을 만든 경우가 아니라 인물이 역사를 창조한 경우에 해당한다. 월남 이상재 선생은 나라를 지키는 것이 인생의 가치라는, 정신문화의 영원한 민족의 스승이다.

06
독립운동가, 천도교지도자, 교육자
의암(義菴) 손병희(孫秉熙)
(1861년~1922년)

김상규 청출어람 저자, 교육타임스 회장

 의암 손병희는 1861년 충북 청주 북이면에서 태어났다. 가난과 주위의 냉대 속에서 어린 시절을 불우하게 보냈으나 총명하면서도 호방한 기질과 의리가 남달리 정의로웠다.
 소년시절 눈길에 쓰러진 사람을 도와주고, 학대받는 약하고 불우한 사람을 구해주었다. 청년 때는 양반들이 초정약수터에서 약수를 독점하고 있어 그들을 쫓아버리고 힘없는 백성들에게 약수를 대준 것 등 정의로운 젊은이로 칭송을 받았다. 특히 20살 때 그는 청주 장터에 나갔다가 길가에서 가방을 주웠다. 그 가방 안에는 상당한 거금이 들어 있었다. 그는 그 자리에서 기다린지 한참 시간이 지나서 어떤 사람이 땅바닥을 살피며 무언가 찾고 있는 모습을 보았다. 그는 그 사람에게 물었다. "혹시 무슨 찾는 물건이라도 있으신지요?" 그 사람은 안절부절못한 몸짓으로 "가방을 잃어버렸다."고 대답했다.

그는 갖고 있던 가방을 내밀며 "찾는 가방이 이거 아닙니까?" 가방을 보고 깜짝 놀란 남자는 너무 고마운 마음에 그에게 사례하고자 했다. 그는 "내가 돈이 가지고 싶었으면 그 가방을 들고 벌써 가버렸을 겁니다. 돈은 필요한 사람이 요긴하게 잘 써야지요." 말하고 자리를 떠났다. 20세란 나이에 어울리지 않게 사리가 똑바르고 정직했던 손병희의 청년시절 일화이다.

손병희는 1882년 동학에 입도하여 매일 교리를 공부하며 지극한 수련에 임했고 휴식 중에는 짚신을 삼아 청주 5일장에서 한 달에 6번씩 팔며 생활했다. 지극한 종교적 수행과 뛰어난 인품에 동학 2대 교주 최시형의 수제자가 되었다.

최시형은 손병희의 성실한 생활태도와 지략을 인정하며 의암(義菴)이라는 도호를 주었다. 의암이 3대 동학 교주가 된 후 동학을 천도교로 개칭하고 천도교적 이상세계 및 사회현실 개혁에 노력하며, 3·1운동 등 민족운동을 주도적으로 이끌었다. 선생은 민족혼을 일깨우고 독립정신을 심는 데 가장 중요한 것은 교육임을 깨닫고 수십 개의 남녀학교를 지원하여 민족의 동량을 육성하였다.

특히 민족교육사업을 위해 당시 최대의 사립학교였던 보성학교와 동덕여학교를 인수 경영해 교육진흥과 교육 구국에 심혈을 기울이기도 했다. 교회 내에는 사범강습소와 수 백 개의 교리강습소를 설립하여 운영함으로써 천도교의 인재를 양성하였다. 선생은 1910년대 종교활동과 교육활동을 통해 민족운동의 역량을 키워나갔던 것이다. 또한 선생은 국권을 수호하고, 회복하기 위해 민족을 계몽하는 운동에 관심을 기울여 '보성사' 출판사를 세우고 〈만세보〉와 각종 서적을 발간하여 일반인의 계몽에도 심혈을 기울였다.

선생은 시대를 영도한 지도자였으나 그의 일생은 좌절과 극기로 점철된 파란만장한 삶의 연속이었다. 격동기에 개혁사상가들이 그러하듯이 선생도 은신과 피신, 망명 등 형극의 길을 걸었다.

1919년 '3.1 운동'을 주도하고, 일경(日警)에 체포돼 3년형을 선고받아 복역하다가 병보석으로 출감했으나 1922년 62세를 일기로 영면하였다. 1962년 정부는 건국훈장을 추서했다. 의암 손병희 선생은 근대가 낳은 종교가, 독립운동가, 교육가로서 사회개혁과 구국을 위해 평생을 바친 근대화 운동의 민족지도자이다.

07
인재양성과 애국운동에 헌신한
사회교육자, 민족지도자
남강(南岡) 이승훈(李昇薰)
(1864년~1930년)

김상규 청출어람 저자, 교육타임스 회장

  남강 이승훈은 1864년 평안북도 정주군에서 출생하였다. 생후 10개월에 어머니가 돌아가시고 10세 때 아버지마저 세상을 떠나 고아가 되었다.
  그 때 3~4년 다니던 서당을 그만 두고 정주 근처의 유기 상점에 사환으로 들어가 5년간 유기상의 점원 생활과 10년 가까운 행상을 하고 자립을 결심하였다.
  그간의 경험과 근면성실을 바탕으로 24세에 고향 정주 근처에 유기공장을 설립, 사람을 가장 중시하는 경영과학 기법으로 대성공을 하였다.
  그러나 청일전쟁으로 사업장이 잿더미가 되어 다시 평양에서 유통업과 운송업을 하며 무역을 하여 부자 반열에 올랐다.

선생은 민족 재벌을 육성하여 경제 발전을 해야 한다는 인식 체계의 개척자였다. 한국 민족이 경제적, 문화적인 실력을 쌓고 부국강병을 달성하는 것은 교육을 통해서만 가능할 수 있다고 보았다.

1907년 재산을 투자하여 오산학교를 세우고 인재를 기르는데 힘썼다. 오산학교는 사회교육기관의 원형으로서 민족지도자를 양성하기 위한 핵심교육기관이었다.

선생은 민족의 진흥을 위해 신학문을 도입, 산수. 체조. 수신. 역사 와 서양식 교육내용, 즉 자연과학 과 사회과학 과목을 도입하였다. 이는 부국강병을 위하여 시급히 요청되었던 당시의 시대사조와 깊은 관련이 있다.

오산학교는 독립운동의 산실로 독립운동가, 교육자, 사상가, 종교인 등 독립운동의 핵심 지도자, 애국지사를 많이 배출하였다. 남강의 일생은 민족 진흥과 애국운동에 자신의 모든 삶을 바친 분이다.

교육은 그에게 있어서 민족회복을 위한 이상이었고 통로였다. 또한 용동지역의 동회와 자면회(自勉會)는 주민들과 함께 한 용동 이상촌 운동으로 평생학습을 통한 마을 만들기 운동의 원형이라는 점에서 의의가 있다.

오산공동체에서 이루어지는 모든 교육은 개인의 잠재력을 개발함과 동시에 평등정신, 협동정신, 노동정신, 민족정신을 함양하였다.

남강은 일제강점기라는 열악한 시대적 환경 속에서 누구보다 교육에 앞장서서 재원들을 육성하며 마을 모두가 잘 살 수 있는 이상향을 꿈꾸었던 선구자이자 대안(大我)의 삶을 산 민족지도자이다. 선생은 남다른 추진력과 용기로 궂은일을 도맡으며 항상 학생들 앞에서 솔선수범하며 열린 자세를 취했던 교육자이다.

그는 학생들과 함께 청소하고 때로는 변소의 대변까지 치우며 자신의 시체까지 교육용으로 쓰도록 유언한 실천적 교육자이다. 선생은 매사에 진실한 마음으로 실천궁행의 교육을 하여 졸업생들은 남강을 통해서 배운 체험과 가르침을 소중하게 생각한다. 이와 같은 남강 이승훈의 이상과 교육적 안목, 그리고 교육자로서의 열정은 오늘날 학교교육과 사회교육 전 분야에서 되살리고 계승해야 할 소중한 자산이라고 할 수 있다.

선생은 3.1운동 민족대표 33인 중 한 분으로 독립운동을 하다 수년 간 옥살이로 건강이 악화되어 1930년 67세에 운명하였다. 1962년 건국훈장 대한민국장이 추서되었다. 오산학교는 광복 후 공산정권의 탄압으로 남하해 서울 용산구 보광동에 자리잡고 오산중·고등학교로 운영되고 있다. 남강 이승훈 선생은 우리나라 교육 및 독립사에 큰 족적을 남긴 독립운동가, 교육자이다.

08
헤이그 밀사, 독립운동가, 수학교육자
보재(溥齋) 이상설(李相卨)
(1871년~1917년)|

김상규 청출어람 저자, 교육타임스 회장

보재 이상설은 1871년 충북 진천에서 태어났으며 어릴 때부터 총명한 아이로 이름이 났다. 대추 무더기를 주고 몇 개나 되는지 세어보라고 하자, 되로 대추를 퍼 한 되에 몇 개가 담기는지 세고, 남은 대추가 몇 되나 되는지 헤아려 곱셈을 이용, 계산하여 지켜보던 어른들이 놀랐다.

스물다섯에 조선 마지막 과거인 갑오 문과에서 급제해 세자시독관이 됐으며. 이이(李珥)를 조술(祖述: 스승의 도를 이어받아 서술하는 일)할 학자라고 칭송하였다. 1896년 성균관 교수 겸 관장을 맡으며 성균관에 교수임명제, 입학시험제, 졸업시험제와 같은 근대적인 제도를 도입했다. 시대적 변화에 따라 신학문의 필요성을 절감하고 학자들과 신학문을 공부하고 미국 선교사인 헐버트와도 친교를 맺어 영어와 프랑스어를 익혔다. 선생은 수학과 화학, 법학 등 근대 학문을 연구하고, 수학의 이치와 연구를 이르는 '수리'라는 말을 처음 사용하였다. 선생은 신구학문에 통달한 천재로, 국제 정치와 법률의 대가로 통했다.

1905년 의정부참찬(정2품)으로 을사늑약 체결 저지를 못하자 해외 독립운동의 발판을 마련하기위해 만주로 떠나 간도 용정촌, 연해주 블라디보스토크와 하바롭스크를 오가며 국권회복운동에 힘썼다.

1906년 연길 용정에 근대적 항일민족교육의 요람인 '서전서숙(瑞甸書塾)'을 설립하고 교장을 역임하며 역사지리수학국제법정치학 등의 신학문과 항일민족교육을 실시하고, 직접 수학을 가르쳤지만 일제의 탄압으로 다음해 문을 닫아야 했다. '서전서숙'의 민족교육방침은 이후 이 학교 학생이었던 김학연의 명동서숙, 한민학교 등의 설립과 항일독립운동 조직에 영향을 끼쳤다. '서전서숙'의 옛터에는 현재 조선족학교인 '용정실험소학교'가 있다.

1907년 고종은 용정에 있는 이상설을 네덜란드 헤이그에서 열린 만국평화회의 정사로, 부사 이준, 이위종과 함께 보냈으나 일제의 방해로 회의장에 참석할 수 없어 눈물로써 호소문을 발표했다. 구한말부터 1910년대 만주·연해주 독립 운동에 선구자로서 전력을 다하던 선생은 건강이 악화되어 1917년 연해주 니콜리스크에서 48세를 일기로 순국했다. 1962년 건국훈장 대통령장이 추서되었다.

헤이그 특사이며 독립운동가로만 익숙했던 이상설 선생은 근대 수학을 깊이 이해한 선각자이고, 한국의 정규 교육과정에 최초로 수학을 필수과목으로 도입했으며, 근대 수학 교과서를 최초로 쓴 탁월한 수학 교육자였다.

선생은 여러 권의 수학 책을 집필하였는데 일본이 우리나라에 전수한 가

감승제 정도의 수학 내용보다 수준이 훨씬 높았다. 〈수리〉의 원본 발굴 과정에서 함께 발견된 〈화학계몽초〉 〈백승호초〉 〈식물학〉은 선생이 서양의 근대 화학과 물리학을 공부하며 쓴 책이다.

　이상설 선생이 서거한지 100주년을 기념하여 선생이 세운 최초의 민족학교인 '서전서숙'의 정신을 현대적미래지향적으로 계승하기 위하여 2017년 충북 진천 혁신도시에 공립 서전중·고등학교를 설립하였다. 보재 이상설 선생의 교육구국의 정신과 민족에 바쳐진 숭고한 삶에 존경심이 우러나온다.

09

교육 계몽운동과 독립운동에
헌신한 민족의 큰 스승
백범(白凡) 김구(金九)
(1876년~1949년)

김상규 청출어람 저자, 교육타임스 회장

백범 김구는 1876년 황해도 해주 백운방 텃골에서 태어났다. 9세때부터 글을 배우기 시작, 16세 때에 당시(唐詩)대학과문(科文)을 익혔고 풍수관상에 관한 책과 병서를 읽었다.

1893년 동학에 입문해 농민전쟁에 나섰다가 패하자 안중근의 아버지가 돌봐주어 그때 안중근을 만나 인연을 맺었다. 황해도 지역에서 명망이 높은 학자인 고능선(高能善)의 지도로 한학을 배우고 관북지방과 청국을 여행했는데 훗날 중국에서 독립운동을 할 때 자양분이 되었다.

1895년 명성왕후를 시해한 을미사변으로 일본에 대한 감정이 악화 된 시국에 김구는 피 끓는 청년으로 일본 흉한을 살해하여 사형직전까지 갔으나 광무황제의 특사로 살아났다.

그 후 선생은 국민들이 지식이 없고 애국심이 박약하면 나라를 건질 수 없다고 판단하여 장기적이지만 근본적으로 새로운 인재를 길러 나라를 지키는 교육사업 등 계몽활동에 전념하기로 결정하였다.

1903 장연군 사직동에 '봉양학교' 사숙을 열어 학생을 가르치면서 공립소학교 교사도 동시에 맡아 가르쳤다. 1904년에는 신천군의 광진학교 교사로 옮겨간다. 1906년 종산 '서명의숙'의 교원이 되었으며, 1907년에는 안악 '양산학교'의 교원이 되었다. 1909년에는 재령 '보강학교' 교장을 겸했다.

1909년 '해서교육회'를 조직하여 학무총감이 되어 도내 각지 강습소를 다니며 교육의 필요성을 역설하고 애국심을 고취시켰다.

1905년 을사조약이 체결되자 국권회복운동에 참여하고 신민회에 가입하여 항일 운동을 하다가 검거되어 혹독한 고문을 당하고 복역중 감형되어 1914년 가출옥되었다. 그뒤 동산평농장 농감(農監)이 되어 소작인을 교육하는 등 농촌계몽운동을 했다. 선생께서 지향하신 교육은 오늘날 같이 부귀영달을 좇는 교육이 아니라 조국과 민족을 위해 사는 올바르고 참된 인간을 길러내는 교육이었다.

선생은 1919년 31운동이 일어나자 상해로 망명해 임시정부의 경무국장을 하다가 내무총장을 맡고 1926년 국무령으로 취임, 망명정부의 대표가 되었다.

백범이 한인애국단을 결성, 의열 투쟁으로 일제에 항거하자 중국인들이 호응하고 중국정부가 한인청년을 장교로 길러내는 것을 협조하였다.

일제의 추적을 피하면서 운영되던 임시정부는 갖가지 어려운 문제로

1940년 충칭으로 옮겨, 전시체제를 갖추고, 헌법을 고쳐 선생이 임시정부의 주석이 되었다. 1945년 한국광복군 국내정진 작전 추진 전날 밤에 일본 항복소식을 듣고 선생은 우리 힘으로 나라를 찾지 못하였음을 비통해 하였다. 광복 석 달 후 선생은 임시정부 요인 1진과 함께 환국하였다.

민족통일국가를 염원하던 선생은 1949년 흉탄에 서거하였다. 정부는 1962년에 건국훈장 대한민국장을 추서하였다. 백범은 교육 계몽운동독립운동으로 50년 역사를 이어갔다. 그러면서 동학, 유학, 불교, 기독교 등으로 종교를 섭렵했지만, 최고 가치는 민족에 두고, 민족 통일운동에 목숨을 걸었다. 저서로는 〈백범일지〉(상하권)가 있다. 청년시절부터 결코 쓰러지지 않는 우리 민족의 정기를 드러내셨던 백범 김구 선생의 삶은 용기 있는 실천과 정도(正道)를 걸은 민족의 스승이다.

10
한글 연구의 선구자, 국어학자, 교육자
한힌샘(白泉) 주시경(周時經)
(1876년~1914년)

김상규 청출어람 저자, 교육타임스 회장

주시경은 1876년 황해도 봉산군에서 태어났다. 어릴 때 서당에서 한문을 배우다가 한문 강독법에 의문을 품고 1894년 배재학당에 입학했다. 신학문을 접하여 그때부터 우리말과 글을 연구하였다. 배재학당에서 만난 서재필과 함께 민중들이 쉽게 읽을 수 있도록 우리말을 사용한 〈독립신문〉을 창간하여 국민 계몽운동에 앞장섰다.

배재 학당을 졸업 후 높은 학구열로 야간에 흥화학교 양지과(量地科)를 마치고, 정리사(精理舍)에서는 수물학(數物學)을 3년간 공부하는 열성을 가졌다.

선생은 높은 교육열로 여러 학교에서 학생을 가르쳤다. 교육자로서 공옥

학교서우학교숙명여학교 등에서 교사를, 이화학당중앙학교휘문의숙보성중학교배제학당 등에서 강사를 지냈다.

일요일에는 조선어강습원에서 수많은 후진을 깨우치기에 동분서주하며 정열을 불태웠다. 선생은 국어교육을 통한 민족의식을 고취시켰을 뿐 아니라 지리. 역사의 교육을 통한 민족 정체성의 확립에도 주력했다.

선생은 많은 국어학자와 국어 교육자를 길러내어 훗날 국어 연구의 큰 별이 된 후계자들이 많으며 그들은 광복 후 남북한에서 한글 운동의 선두주자로 활약하였다. 선생은 1907년 정부 내 학부(學部)의 국어연구소 위원으로 들어가, 나라가 망해도 국어만은 지켜야 한다는 신념으로 일하였다. 광문회에서 간행되는 국어 관계 서적의 교정과 〈말모이〉(국어사전)의 편찬 책임을 맡았다.

선생은 일제시기 독립협회에서 활동하고 만민공동회 운동을 이끈 실천적 지식인이기도 하다. 우리말을 말살하려는 일제 치하 속에서 선생은 언어는 곧 그 민족의 정신과 같으므로 우리말을 지키고 보존하기 위해, 제자들과 독립 운동가들과 함께 우리말을 연구, 보존, 보급에 힘썼다. '한글'이라는 말도 선생이 지은 이름이라고 한다. 선생은 한국어를 연구하고 한글을 쓰기 쉽게 다듬어, 한국어를 근대성을 지닌 언어의 반열에 올려놓는데 큰 발자취를 남겼다.

특히 선생은 국어 음운 연구와 국어 문법 등을 짜임새 있게 정리한 최초의 인물이다. 국어의 체계화, 표의주의 철자법, 한자어의 순화, 한글의 풀어쓰기 등 혁신적 주장을 한 국어학의 선봉자였다.

우리말의 문법을 최초로 정립한 선생은 〈국문문법〉〈대한국어문법〉〈국어문전음학〉〈고등국어문전〉〈소리갈〉을 비롯한 많은 저서를 통해 우리말과 한

글을 이론적으로 체계를 잡았고, 국어의 독특한 음운학적 본질을 찾아내는 업적을 남겼다. 마지막 저술서인 〈말의 소리〉에서는 구조언어학적 이론을 구체적으로 창안한 세계 최초의 업적으로 높이 평가된다.

일제시기 선생의 제자들이 중심이 되어 조직한 조선어연구회와 그 후 확대 개편된 조선어학회, 해방 이후 한글학회로 계승되면서 한글 연구정리와 보급의 중추적 역할을 수행하고 있다.

선생은 자기 몸을 돌보지 않은 한글 연구와 강의로 헌신하다가 과로로 39세에 생애를 마쳤다. 1980년에 건국 훈장 대통령장에 추서되었다.

한힌샘 주시경 선생은 평생 우리말을 올곧게 사랑하고 실천하고 가르치신 국어학자교육자로서 한글의 대중화와 근대화에 개척자 역할을 다한 '한글 연구의 선구자'이다.

11
무실역행을 솔선수범한 겨레의 스승
도산(島山) 안창호(安昌浩)
(1878년~1938년)

김상규 청출어람 저자, 교육타임스 회장

    도산 안창호는 1878년 평안남도 강서군 도롱섬에서 태어났다. 가정과 서당에서 14세까지 한학을 배웠다. 1895년 서울 구세학당에 입학하여 3년간 수학하면서 기독교인이 되었으며, 서구문물과 접하게 되었다. 1897년 독립협회에 가입하였으며, 웅변가로 명성이 알려졌다.
    1899년 강서군에 최초의 근대학교인 '점진학교'를 설립하였다. 점진공부와 수양을 계속하여 민족의 힘을 기른다는 교육목표를 설정하였으며, 남녀공학을 실시한 최초의 소학교이다.
    1900년 미국으로 건너가 공부하고, 교포들의 생활향상 및 의식계몽에 힘썼다. 1905년 을사늑약 체결 소식을 듣고 귀국, 비밀결사인 신민회를 조직, '대한매일신보'를 기관지로 하여 민중운동을 전개하였다. 1907년 평양에 '대성학교'를 설립, 청소년 교육을 위한 중등교육기관으로 애국계몽운동의 근거지 역할을 했으나 1912년 일제가 강제 폐교하였다. 1913년 미국 로스앤젤레스에서 흥사단을 창설하였다. 1919년 3.1운동 직후 상해로 건너가 상해임시정부 내무총장 겸 국무총리 대리직을 맡아 활약하였으며 1924년에는 중국에 유학 온 조선 학생들에게 민족의식을 고취하고 영어와 중국어를 가르치려고 난징에 '동명학원'을 설립하였다.

중국에서 독립운동을 하다가 한국으로 압송, 서대문형무소 등에서 복역, 1938년 병으로 보석 가료 중 서거했다. 1962년 건국훈장 대한민국장이 추서되었다.

도산 안창호 선생은 한국 근대사상 경제, 정치, 언론, 문화 각 방면에서 뚜렷한 족적을 남긴 독립운동 지도자이며 민족의 선각자이고 위대한 교육자이다.

선생의 교육사상은 학교건설과 흥사단운동을 통해서 뚜렷하게 나타나고 있다. 선생은 자아혁신과 민족개조를 이룩하려면 교육이 제일이며 교육이 식민통치에 빠진 한국을 독립시킬 수 있는 길이라고 확신하였다.

그래서 선생은 점진학교, 대성학교, 동명학원 등 3개의 교육기관을 설립하였다. 학교의 명칭은 점진적으로 공부와 수양을 계속하여 민족의 힘을 길러야 한다는 도산의 점진론을 나타내고 대성학교는 '점진'적으로 '대성'하는 인재를 양성한다는 뜻을 표현하였다. 교육방법상의 원리로는 점진성과 성실성을 강조하였다. 성실은 자아혁신과 민족개조의 가장 기본적인 방법적 원리라 보았다.

민족혁신은 자아혁신에 의해서만 가능하며 자아혁신은 바로 인격혁신이라 보았다. 자아혁신은 곧 자기개조로 연결되며, 자기개조는 '무실(務實)역행(力行)충의(忠義)용감(勇敢)'의 4대 정신에 의하여 이루어진다고 보았다.

선생은 특히 무실역행을 강조하였는데, '무실'이란 참되기를 힘쓰자는 것이며 '역행'이란 힘써 행하자는 것이다. 무실은 개조의 내용이고 역행은 그것의 행동으로, 무실과 역행이 없이는 자기개조가 불가능함을 주장하였다. 선생은 자아혁신과 자기개조는 주인정신을 통하여 가능하다고 보았다. '무실역행'을 근간으로 하는 선생의 흥사단 정신은 오늘날에도 민중들에게 큰 영향을 주고 있다. 도산 안창호 선생은 독립운동가, 교육자, 언론인, 웅변가로서 겨레 앞에 분명한 비전을 제시하고, 그것을 실현 가능한 방법으로 실천한 솔선수범의 지도자라는 점에서 겨레의 스승으로 추앙받고 있다.

12
교육자, 독립운동가,
군인으로서 민족의 선각자
안중근 (安重根)
(1879년~1910년)

김상규 청출어람 저자, 교육타임스 회장

 안중근은 1879년 황해도 해주 양반가에서 태어났다. 태어날 때 배에 검은 점이 7개가 있어서 북두칠성의 기운으로 태어났다는 뜻으로 응칠(應七)이라 불렀는데 이 이름을 해외에 있을 때 많이 사용했다.
 안중근은 어린 시절 한문 수업을 통해 유교경전과 조선역사에 관한 서적을 익혔다. 소년시절 학문정진에만 힘썼던 것은 아니고 산을 타면서 호연지기를 길렀고, 말 타기와 활쏘기가 능숙하여, 15~ 6세가 되어서는 명사수로 이름을 날릴 정도였다. 1895년 천주교에 입교하여 토마스(多默)라는 세례명을 받았고 천주교를 통해서 급변하는 국제 정세에 대한 이해도 넓혀 나갔고 신학문에 관심을 갖고 신부에게 프랑스어를 배우기도 했다.

1905년 을사늑약이 체결되자 국권회복운동을 하였으며 1906년 평안남도 진남포에서 교육운동을 시작하였다. 삼흥학교(三興學校)를 설립하여 교장을 맡고 구국영재를 양성하는데 전력을 투구했다. 교련 시에는 목총과 나팔 그리고 북을 사용하면서 군대식으로 훈련을 실시하였다. 삼흥이란 사흥, 민흥, 국흥(士興, 民興, 國興)을 말하는 것으로, 국토와 국민이 흥하여 나라를 일으키자는 뜻을 담고 있었다. 곧이어 천주교 계열인 남포돈의학교(敦義學校)를 인수하여 교장으로 취임하고 구국영재 교육기관으로 면모를 일신시켰다. 두 학교는 명문학교로 번창하였으며 교사를 새로 짓고 교원을 증원하였으며 신 교육구국운동에 상당한 성과를 내었다. 그 사실은 이듬해 진남포에서 평안남·북도와 황해도 3도의 60여개 공사립학교 연합수능대회가 개최되었는데 이 때 돈의학교가 단연 제1위의 압도적 성적을 내었다.

선생은 서우학회(西友學會)에도 관계하면서 계몽운동을 벌여 나갔고 전국적으로 전개되던 국채보상운동에도 적극 활동했으며 독립전쟁준비가 필요하다는 생각으로 강원도에서 의병을 일으켜 활동의 영역을 넓혀갔다. 일본군과 싸우다가 국외에서 의병부대를 창설하기 위해서 블라디보스토크로 가서 독립전쟁과 교육운동의 필요성을 설득, 의병지원자가 300여 명이 되자 안중근은 무기를 구해 비밀리에 수송하고 군대를 두만강변으로 집결시켰다.

1908년 안중근은 특파독립대장 겸 아령지구군사령관이 되어 함경북도 홍의동의 일본군을, 다음으로 경흥의 일본군 정찰대를 공격, 격파하였다. 1909년 중국 하얼빈에서 초대 조선통감 이토 히로부미를 저격하여 사살했고, '대한만세'를 외친 뒤 현장에서 체포되었다. 재판과정에서 "나는 한국의 의병이며 만주 원정군 총사령관이다. 나는 신성한 전투를 통하여 한민족의 역적 이토 히로부미 적장을 하나 죽였을 뿐이다. 따라서 국제법에 의하여 나를 포로로 다룬다면 모르거니와 죄인 취급함은 당치도 않다"고 항변했다.

  온갖 고문을 받고 여섯 차례 재판 후 사형선고로 투옥 중에는 전기적 기록인 〈안응칠 역사〉를 저술하고 〈동양평화론〉은 사형집행으로 미완성인 채로 끝났다. 1910년 여순 감옥에서 순국했다. 1962년 건국훈장 대한민국장이 추서되었다. 안중근 의사의 삶은 '위국헌신군인본분(爲國獻身軍人本分)'과 '일일부독서구중생형극(一日不讀書口中生荊棘)'이란 말속에 잘 나타나 있다. 안중근 의사는 시대를 앞서간 독립운동가, 군인, 교육자로서 역사에 영원히 남을 민족의 선각자이다.

13
인간교육에 힘쓴 유학 교육자, 독립운동가
심산(心山) 김창숙(金昌淑)
(1879년~1962년)

김상규 청출어람 저자, 교육타임스 회장

    심산 김창숙은 1879년 경상북도 성주의 유학자 집안에서 태어나 엄격한 가정교육을 받고 자라났다. 일찍이 유학을 배워 조예가 깊고 문장에 능했다.
    1905년 을사조약이 체결되자 상경하여 을사오적의 처형을 요구하는 상소를 올렸고 옥고를 치렀다. 1909년 '성명학교(星明學校)'를 설립하여 신교육을 통해 국권수호의 새로운 돌파구를 찾으려고 일찍부터 교육에 뜻을 두었다.
    유림 대표로 독립운동을 주관하였고, 1919년 3·1운동이 일어나자 파리 만국 평화회의에 보내는 독립을 청원하는 파리장서의 작성 및 전달을 주도적으로 수행하고, 상하이 대한민국 임시 정부 의정원 의원과 부의장으로 활동하였다.

　망명한 한국인 청소년들의 교육에도 관심을 갖고, 학생들에게 숙식을 제공하면서 외국어 교육을 받도록 후원하였다.

　중국에서 독립운동을 하다 체포되어 국내로 압송, 심한 고문으로 두 다리가 마비, 앉은뱅이가 되고 14년형을 선고받고 대전 형무소에서 복역 중 병세 악화로 형 정지 조치로 풀려났다.

　옥중에서도 선생은 "나는 대한 사람인데 어찌 일본법을 따르냐"며 변호도 거부하고 옥중투쟁을 하며, 국민들에게 애국이 무엇인지 보여준 백절불굴의 표상이었다. 광복 이후 선생은 대한민국 임시정부의 국무위원, 비상국민회의 민주의원 등으로 활동하다 교육과 유림계 재건에 힘을 기울이게 된다.

　친일유림의 척결과 유학(儒學)을 통한 새로운 건국사업에 이바지하기 위해 유도회(儒道會)를 결성하였다. 유학자로서 유학의 근대적 발전을 위해 기존의 성균관을 정비하고, 이어 유교이념에 입각한 교육을 기치로 1946년 성균관대학을 설립하고 초대 학장에 취임하였다.

　덕망과 재능을 갖춘 영재가 나라와 겨레의 원동력이 된다는 믿음으로 심산은 신입생들에게 "어떤 분야의 학술을 전공하고 터득하는 것보다도 먼저 사람다워야 한다." 고 훈시했다.

　교육의 목표가 지식에 앞서 바른 인간육성에 있음을 강조한 것이다. 1953년 성균관대학교의 종합대학 승격을 인가받고 초대 총장에 취임하였다. 선생은 삼강오륜과 도의를 최우선 가치로 여겼으며 선비기질과 지사(志士)의 풍모를 보였다. 이승만 정권 때는 독재와 부패를 반대하는 투쟁을 벌였다. 선생은 민족주의자로 유학의 대의명분론에 깊이 뿌리박은 그 정신은 우리나라 역사의 변혁과 창조 속에 중요한 줄기로 작용하게 될 것이다.

선생은 항일운동에 모든 것을 바친 애국지사이며 대의에 어긋나는 일과는 타협하지 않은 선비요 교육자로서 시대가 갈수록 광휘가 나는 위인이다. 저서로는 〈김창숙 문존〉〈심산만초〉〈벽옹만초〉〈벽옹칠십삼년회상기〉〈심산유고〉가 있다. 1962년 건국훈장 대한민국장을 받았으며, 그해 노환으로 영면하자 사회장(社會葬)으로 예장(禮葬)되었다. 심산은 파란만장한 삶을 산 지사이며 나라사랑에 죽는 날까지 실천궁행(實踐躬行)의 삶을 살다간 독립 운동가이고 유학이념과 민족정신을 바탕으로 인간교육에 힘쓴 교육자이다.

심산 김창숙 선생은 올곧은 기개로 독립 운동과 민주화 운동에 앞장선 우리 시대의 선비로 선생의 삶 속에서 신념의 소중함을 일깨워 준다.

14
민족의 자존심을 일깨웠던 사학자,
언론인, 독립운동가
단재(丹齋) 신채호(申采浩)
(1880년~1936년)

김상규 청출어람 저자, 교육타임스 회장

신채호는 1880년 현(現) 대전 중구 어남동에서 태어나 8세에 아버지를 여의고 고향인 충북 청원군 낭성면 고두미로 옮겨와 서당에서 한학을 공부하였다.

9세에 자치통감을 배우고, 14세에는 사서삼경을 모두 마쳐 신동이라는 소리를 들었다. 삼국지와 수호지를 애독하고 한시를 읊을 정도로 한문 실력이 높았다.

1898년에 성균관에 입학하여 3년 과정을 수료하고 고향으로 내려와 '문동학교'를 설립하고 애국계몽 교육운동을 하였다.

1905년 황성신문에 논설을 쓰고, 이듬해 대한매일신보 주필로 활약했으며, 내외의 민족 영웅전과 역사 논문을 발표하여 민족의식 고취에 힘썼다. '독사신론(讀史新論)'은 민족주의사관에 입각하여 서술한 최초의 한국 고대사로 평가받는다. 국내에서 독립협회, 신민회 등 진보조직에서 활동하다 1910년 중국으로 망명, 광복회에서 활동하였다. 1912년 상해에서 조직된 독립운동 단체인 동제사에서 활동하였으며 1913년 민족의 살길을 찾으려고 '박달학원'을 설립, 여러 유명인사와 함께 독립운동을 담당할 청년들을 교육하였다.

1914년에는 서간도 '동창학교'에서 국사를 가르쳤는데, 이때 국사 교재로 〈조선사〉를 집필하였다. 이 시기에 만주 일대의 고구려와 발해의 유적을 답사하면서 민족사학(民族史學)의 실증적 토대를 발전시키는 계기를 갖게 되었다. 해외 명명 초기 선생이 심열을 기울인 활동은 한국사 연구와 언론활동이라 할 수 있다. 북경에서 독립운동을 하다가 1919년 3.1운동 이후 상해로 가서 임시정부 발기에 참여했으나 이승만과의 反 노선으로 결별하고 북경으로 다시 와서 독립운동을 하였다.

1921년 독립운동 잡지 월간 〈천고〉를 창간하였고 대한독립청년단을 조직하여 단장이 되었다. 그는「3.1 독립선언서」는 비폭력 자장가 같다고 하며 독립운동은 목숨을 건 투쟁이고, 우리 민족이 강한 정신력과 실천력을 가져야 한다고 선생이 쓴「조선혁명선언서」에 그 투쟁정신을 집약적으로 나타냈다.

1924년에 집필된 선생의 〈조선상고사〉는 우리나라에서 최초로 쓰인 근대 역사방법론으로, 한국사의 자주적 체계화를 새롭게 시도한 역저이다.

이 책에 역사란 "아(我)와 비아(非我)의 투쟁의 기록"이라 기술하고 있다.

이유는 독립할 의지를 지닌 조선민족을 '아'로 규정하고 이에 대해 반대하는 '비아'와의 투쟁의 필요성을 강조한 것이다.

선생은 논설, 시, 소설 등에서 역사가 애국심의 원천이므로 애국심을 키우기 위해서는 역사의식을 고취시켜야 한다고 하였다. 애국심을 배양하기 위해서는 교육과 실업진흥에 앞장 설 것을 강조했다. 선생은 애국계몽, 역사저술, 혁명적 투쟁 활동, 교육활동 등 다양한 방법으로 독립운동을 한 복합적 민족 독립운동가다. 단

단재는 굶기를 밥 먹듯 가난한 삶을 살았으며 "일본 놈들이 나라를 빼앗은 천지에서 고개를 굽히지 않겠다."고 고개를 반듯이 세우고 세수를 하였다고 한다. 선생은 중국에서 독립운동을 하다 1928년 체포되어 여순감옥에서 복역하던 중 1936년 57세에 순국하였다. 1962년 대한민국 공로훈장 복장(複章)이 수여되었다. 단재 신채호 선생의 글이 살아있고 역사가 단절되지 않는 한 그의 정신은 불멸의 존재이다.

15
무감독 시험으로 동량을 길러낸 교육자
길영희(吉瑛羲)
(1900년~1984년)

김상규 청출어람 저자, 교육타임스 회장

    길영희는 평안북도 희천에서 태어났다. 평양고등보통학교를 거쳐 1919년 경성의학전문학교에 입학하였다.
    1학년 재학 중 3.1운동이 일어나자 학생대표의 한 사람으로 참여하여 옥고를 치렀다. 이 일로 학교에서 퇴학당하여 배재고등학교에 편입, 수석으로 졸업한 후 일본으로 건너가 광도고등사범학교에서 역사를 전공하였다.
    선생은 민족 교육의 교사가 될 것을 결심하고 1929년 귀국하여 배재고등보통학교, 경신학교 교사로 재직했으나 1939년 일제의 압력을 받아 교단을 떠났다.
    그 후 선생은 인천 만수동에 '후생농장'을 건설하여 청년들을 상대로 강습회를 여는 등 농촌계몽운동을 본격화하였다. 일하면서 가르치는 교육자의 길을 걷는 선생을 해방 후 인천중학교에서 교장으로 추대하여 부임하였고, 1954년에는 제물포고등학교를 설립하여 교장을 겸임하였다.

1961년 정년퇴임 후에도 가르치는 일을 그만 두지 않았다. 자택에서 학원(대성학원)을 열어 돈이 없어 학교에 가지 못하는 청년들을 가르쳤다. 1967년 충남 예산군 덕산면 수덕사 근처에 '가루실 농민학교'를 설립, 농민교육에 힘쓰면서 금연과 도박 폐지운동도 펼쳤다. 평생을 교육에 정진하다 1984년 돌아가셨다.

선생은 인천 교육은 물론 우리나라 중등교육의 방향을 제시한 대(大)교육자이다. 선생은 제물포고등학교에서 '양심'을 유난히 강조하였다. 보통의 학교는 '학식'을 먼저 내세우지만 이 학교는 양심이 먼저였다. 길 교장이 1956년 '무감독 시험'을 제안, 실시한 후 현재까지 학교의 전통이자 자랑으로 계승되고 있다. 무감독 시험에 대한 재학생들의 자부심은 대단하다. 학생들은 무감독 고사의 훌륭한 정신이 오늘의 학교 전통을 만들어 낸 것으로 생각하면서 자랑스러워한다. 현재도 학생들은 시험시작 전에 '양심의 1점은 부정의 100점보다 명예롭다'는 선언을 하고 무감독 시험을 치른다. 지금도 이 전통을 이어나가기 위해 학생과 교사 모두가 노력하고 있다. 선생이 월요일 운동장 조회 때 훈화를 하시는 모습은 우국지사나 애국투사의 열정적인 연설장을 방불케 했다고 한다. 선생은 학생들에게 "너희들은 커서 이 나라의 국사(國士)가 돼야 한다. 항상 이 나라 이 겨레의 운명을 걱정하고 이 나라 이 겨레를 이끌어 나가기 위해 자신을 과감히 버릴 수 있는 국사가 돼야 한다. 이것이 내 교육의 궁극적인 목표다"라고 말했다. '학식은 사회의 등불'이며 '양심은 민족의 소금'이라는 신념을 지닌 선생은 '유한흥국'(流汗興

國:땀 흘려서 나라를 일으키자)의 정신을 학생들에게 고취시켰다. 인재 양성을 위해 선생은 '민족의 얼'을 천명하였는데 이를 형성하는 3가지 기본정신으로 애국심, 정직성, 근면성을 강조하였다. 선생의 인재육성을 향한 일념은 1961년 서울대 전체 수석 및 3개 단과대학에 수석 입학생을 배출함으로써 제물포고등학교를 전국 유수의 명문학교로 키워 내었다. 길영희 선생 기념사업회는 전국 교사를 대상으로 하는 '길영희 교육상'과 전국 중·고·대학·일반부 대상의 '길영희 선생 추모문집 독후감 현상문 공모' 행사를 펼치고 있다.

  길영희 교장선생님은 진정한 교육자로 존경받는 사표(師表)이다.

16
민주교육의 초석을 세운 교육자
천원(天園) 오천석(吳天錫)
(1901년~1987년)

김상규 청출어람 저자, 교육타임스 회장

    천원 오천석은 1901년 평안남도 강서군에서 태어났다. 소학교에서 신학문을 익혔으며, 소년기에는 목사인 부친이 일본에 파견됨에 동경 청산학원 중등부에 입학하였다.
    그는 문학에 남다른 관심을 갖고 문학작품을 읽었고 장차 유명 문인이 될 인사들을 사귀었다. 졸업하던 그해 3.1운동이 일어났고 그의 삶에는 변화가 생겼다. 그는 자기를 위해 살지 않고 남을 위해 사는 교사가 되기로 결심하였다. 부친이 미국 감리교 총회에 참석하게 되어 스무 살 때인 1921년 미국 유학길에 올랐다. 그는 미국에서 10년 고생을 했는데 2년은 학비를 마련하기 위해 학업을 중단하고 중노동을 하였다.

미국에서 학사(코넬대), 석사(노스웨스턴대), 1931년 콜럼비아 대학의 철학박사학위를 받고 귀국하였다. 1932년부터 보성전문학교 교수로 재직하면서 강의, 강연, 논문 발표 등으로 한국민족교육발전을 위하여 힘썼다.

1945년부터 1948년까지 미군정 문교부 차장부장을 역임하면서 일제에 빼앗겼던 한국교육을 민주주의 초석 위에 재정립하는 일에 주도적인 역할을 하였다. 특히 교육계 원로들로 구성된 교육위원회를 조직하여 홍익인간의 교육목적 설정, 6·3·3·4제의 기간학제 제정, 국립서울대학교 창설 등 정부 수립 초기 대한민국 교육 행정에 큰 영향을 미쳤다.

선생은 민주주의와 아동존중사상을 근간으로 하는 새교육 운동을 추진하였고 이화여자대학교 대학원장을 역임하였다. 1960년 제2공화국 문교부 장관 재임 중 교육대학 신설, 향토학교운동, 교과서 개편 등을 통하여 교육민주화를 추진하였다.

1964년부터 3년간 주멕시코 대사를 역임한 것을 마지막으로 공직생활을 마쳤다. 1987년 "나는 내 조국의 민주교육을 위하여 살고 일하다 가노라."라는 말을 남기고 작고하였으며, 그의 장례는 한국초유의 교육인장으로 거행되었고, 국민훈장 무궁화장이 추서되었다. 선생은 평생 돈과 명예를 멀리하고 스승의 길을 걸었다.

이 나라 민주교육의 초석을 세우고, 한결같이 진실한 삶을 추구한 그의 생애에서 한 시대인의 고난과 애국의 편모를 엿볼 수 있다.

저서로는 〈민주주의 교육의 건설〉〈민족중흥과 교육〉〈발전한국의 교육이념〉〈스승〉〈오천석 교육사상문집〉 전 10권이 간행되었다.

특히 선생의 〈스승〉은 15만 부가 팔렸다 그 책의 서문 '교사의 기도'를 요약하면 '저로 하여금 교사의 길을 가게 하여 주심을 감사하옵니다. 교실이 사랑과 이해의 향기로 가득 차게 하여 주시고, 모른다고 꾸짖는 대신에 동정으로 일깨워 주고, 어린이의 인격과 자유와 권리를 유린하지 않게 하여 주시고, 어린이를 저의 목적을 달성하기 위한 수단으로 쓰지 않게 하여 주시며 저의 의견을 무리하게 부과하는 대상물로 삼지 않게 하여 주시옵소서. 교사의 임무는 어디까지나 어린이의 올바른 성장을 돕는 협력자요, 동반자임을 잊지 않게 하여 주시고 그의 올바른 성장이 곧 저의 영광임을 기억하게 하여 주시옵소서! 저로 하여금 오늘 제가 하고 있는 일이 장차 어린이들의 생활과 행복을 좌우하고 우리나라와 겨레의 명운을 결정하는 중대한 요인이 될 것임을 마음속에 깊이 간직하게 하여 주시옵소서!'

 모든 교육자가 원문을 읽고 실천하여 존경받는 스승이 되었으면 하는 바람이다.

17
헌신과 사랑을 실천한 시대의 스승
원암(圓庵) 이규동(李揆東)
(1905년~1991년)

김상규 청출어람 저자, 교육타임스 회장

    원암 이규동은 1905년 충북 영동군 영동읍에서 태어났다. 바로 을사늑약이 체결된 해라 억압과 혼란의 시대였다.
    그는 일본 히로시마고등사범학교(영어 전공)를 졸업 후 민족의식이 박약하고 민족정신 교육이 가장 취약한 곳이 공립학교인 것을 알고 1931년 대구공립고등보통학교 교유(교사)로 교직을 시작하였다. 그는 전 민족을 상대로 계도하기보다는 가까이 있는 학생들이 장차 민족의 대들보가 되도록 정성을 다해 교육하였다.
    당시 일제는 공립학교 교육을 통하여 한국 학생을 일본제국의 충량한 신민으로 만들고자 갖은 방법을 썼다. 선생은 원래 영어교사였지만 교실 문을 걸어 잠그고 은밀하고 지혜롭게 한글과 민족 문화, 역사를 가르치며 민족혼을 일깨웠다. 그는 학생들에게 민족혼을 일깨우는 방법으로 '동아일보' '조선일보'의 사설을 많이 활용하였다. 선생은 수업 시간에 사육신에 관한 이야기로 민족의식을 고취시키고 민족의 정체성을 일깨우고 민족정신 창달을 고양하였다.

선생은 1945년 대륜중학교 교장. 1947년 경북여자중학교 교장으로 재직하다 1950년 국립대구사범대학 영문과 교수로 부임했고, 1952년 국립경북대학교 개교로 사범대학 영어교육과 교수로 봉직하였다. 한국영미어문학회 초대 회장으로 활동했고 영어 교재인 〈중학교 영어교과서 New Life English〉, 〈중고등학교 영어교과서 Universal English〉, 〈대학 영어음성학 교재 '영어음성학'〉, 〈중고등학교 교과서 Highroads to English〉, 〈영문법 교과서 '고등영문법'〉을 저술하고. '시대의 스승 원암 이규동'이 출간됐다.

선생은 인품이 훌륭하고 학생들의 어려움을 극진히 보살펴 준 따뜻한 스승으로 양심이 살아 숨 쉬는 교육자라고 제자들은 회상한다. 선생은 많은 훌륭한 동량을 키워냈고, 그 제자들이 받은 스승의 감화는 재생산되고 있다. 선생은 "교육이란 교사가 학생들의 천품을 통찰하고 거기에 적합한 지도와 계발을 할 때 만족할 만한 교육적 효과를 거둘 수 있다."고 하였다.

선생은 평생 가난한 삶을 택하고 이웃을 피붙이처럼 사랑하였다. 그는 많은 부(富)를 축적할 수 있었지만 가진 것은 모두 어려운 사람에게 나누어 주었다. 그의 진정한 富는 나라의 동량을 키우고 그 동량들을 축적하는 데 있었지 재물에 있지 않았다. 봉급을 받으면 일부를 아내에게 생계를 꾸리게 하고 나머지 돈은 필요한 곳에 희사와 기부를 했다.

선생은 평생 불쌍한 이웃을 도왔다. 특히 가난한 학생들이 자립하도록 폐스탈로치처럼 유도하였고, 아무리 가난하더라도 배우고자 하는 뜻만 있으면 집에 데려와서라도 가르쳤고 자신이 병들어 누웠을 때도 가르쳤다. 사랑과 헌신을 몸소 실천한 교육자이다.

선생은 대학에서 정년퇴임 후 국어순화운동에 정진하다 1991년에 영면하였다. 선생이 남긴 정신은 어두웠던 한 시대를 현명하게 극복한 시대의 스승이며. 그가 발휘한 시대적 슬기와 인고, 올곧은 정신과 헌신 및 사랑은 앞으로 우리 민족의 소중한 역사적 자산으로 남을 것이다.

원암 이규동 선생의 고귀한 스승상은 오늘날 교원들의 가슴 속에서 새롭게 소생하여 스승의 길을 걷는 계기가 되었으면 한다.

18
영원한 지성인의 표상, 독립운동가, 교육자
김준엽(金俊燁)
(1920년~2011년)

김상규 청출어람 저자, 교육타임스 회장

김준엽은 1920년 평안북도 강계에서 태어났다. 일본 게이오대학 재학 중이던 1943년 학도병에 징집 되었다가 중국 주둔 일본군에서 탈출하여 '장정 6천리'를 걸어 중칭에 있는 대한민국임시정부의 광복군에서 독립운동을 했다. 광복 후, 교육에 뜻을 두어 1946년 중국국립 동방어문 전문학교의 한국어강사를 시작으로 교육계에 발을 디뎠다.

1949년 난징의 국립중앙대학교 대학원을 졸업했고, 1949년부터 고려대학 사학과 조교수와 교수를 거쳐 1982~85년 고려대학교 총장 등 고려대학에서 만 36년 재직했다. 김 총장은 학교경영을 쇄신하여 고대발전에 힘써 교사의 신축을 늘렸고 부채 없는 정상재정으로 운영하였고 사법고시와 공인회계사 합격수가 해마다 증가하였다. 특히 독재 정부에 항의한 데모 주동 학생들을 제적하라는 당국의 요구를 거부하며 '제적이면 학생으로선 사망 선고인데 정부 압력에 의해서가 아니라 학칙에 위배되었을 때만 제적할 것이다'라고 단호히 거부를 했다. 학생들의 편에 서다 결국 대학 총장 자리에서 물러났다.

그 때 학생들은 "총장 물러나지 말라"는 데모를 하였다. 훗날 김준엽은 이를 자신의 최고 자랑스러운 일로 꼽았다. 85년 고려대 총장직을 그만뒀지만 그에겐 '영원한 총장'이란 수식어가 따라다녔다. '지조의 선비'로 기억하고 있다. '진인사대천명'을 신조로 살아온 선생은 진정한 대학의 자율이나 민주화를 위하여 혼신의 힘을 기울였으며 제자들을 지키느라고 필사적인 노력을 다하였다.

선생은 후학들에게 자유 · 정의 · 진리의 고귀함을 일깨워 주신 시대의 선각자일 뿐만 아니라, 이를 행동으로 옮긴 실천적 교육자이었다. 선생은 역대 정권으로부터 국무총리 등 관직 제안을 받았지만 모두 거절하고 오로지 학자의 길을 걸어왔다. 이 때문에 그는 우리 역사의 방향에 대해 올곧은 소리를 크게 외칠 수 있었다. 민족정신을 함양하는 공적인 일에 앞장서서 '대한민국 임시정부의 법통' 승계라는 독립정신을 헌법 전문에 회복시키는 일을 성사시켰다.

선생은 투철한 항일정신과 지식인의 양심으로 오롯한 생애를 살았고 민족자주독립과 민주화를 추구하며 대학을 지킨 영원한 지성인의 표상이다.

그는 "긴 역사를 볼 때 진리와 정의와 선은 반드시 승리한다"며 "현실에 살지 말고 역사에 살라"는 말로 시대의 지성이 밝혀나갈 지표를 제시했다. 제자들은 선생의 올곧은 지성인의 고귀한 인격의 삶을 사모하고 있다. 고대를 떠난 후에도 학자적인 생활의 연속이었으며 사회과학원을 세워서 학자의 길을 걸었다.

선생은 한국을 이해시키기 위해 중국 베이징대를 비롯해 최고의 명문대학 8곳에 한국연구소를 설립하고 지원했다. 92년 한·중 수교 이후 한국인이 중국 정부로부터 훈장을 받기는 그가 처음이었다.

2011년 '영원한 광복군' 김준엽 전 고려대 총장이 영면하였다. 건국훈장 애국장, 국민훈장 무궁화장을 수상했다. 저서로는〈중근최근세사〉〈중국공산당사〉〈중공권의 장래〉〈한국공산주의운동사〉회고록으로〈장정〉(5권) 등이 있다. 지조란 순일한 정신을 지키기 위한 불타는 신념이다. 김준엽 총장은 평생 지조를 지키며 산 선비로 시대의 거인이다.

19
한국의 대표적인
여성 교육자, 여성운동가
김옥길 (金玉吉)
(1921년~1990년)

김상규 청출어람 저자, 교육타임스 회장

    김옥길은 1921년 평안남도 맹산에서 태어났다. 1943년 이화여자전문학교를 졸업하고 미국 오하이오 웨슬리언 대학교로 유학, 기독교문학을 전공하고 템플 대학교 대학원에서 교육행정을 공부했다.

    1952년부터 이화여자대학교 기독교학과 교수 재직, 1961년 40세의 젊은 나이로 이화여자대학교 제8대 총장에 취임하였고, 동 대학에서 명예문학박사 학위를 받았다. 김 총장은 인품이 뛰어나고 깊이가 있는 분이라 많은 사람들이 그를 통하여 감동을 받았고 학교경영에 정성을 다하여 대학이 크게 발전하였다.

1979년까지 18년 동안 총장에 재임하였다. 김 총장의 일화 중 1964년 한일협상반대시위 때 총장은 정문을 뚫고 나가려는 학생들에게 이화史에 '남기고 싶은 말'로 기록된 한마디 "나가려거든 먼저 나를 밟고 나가라!"고 소리쳐 학교 밖으로 맹진하려던 행렬을 중단시켰다.

유신반대시위 때는 학생들의 맨 앞에서 시위대를 보호하였다는 것은 유명한 이야기다. 4,500여 학생들이 "유신 결사반대!"를 외치며 교문 밖으로 뛰쳐나갔다. 초겨울임에도 엄청 추운 날씨에 김 총장은 시위 행렬의 맨 앞에 서서 학생들을 보호하였다. 학생들이 기승을 부릴수록 경찰은 난폭하게 최루탄과 곤봉을 휘둘러대었다. 총장은 경찰의 진압을 온몸으로 막으면서 5시간째 학생들의 아우성과 격분이 가라앉기를 기다렸다. 밤이 깊어지자 "이제 대강당으로 가서 철야기도를 하자."고 학생들을 달랬다. 밤 9시가 넘어서야 지칠대로 지친 긴 대열을 이끌고 학교로 돌아왔다. '철야기도'를 내세운 총장의 순발력이 벼랑 끝에 서 있던 학생들을 안전하게 안내한 것이었다.

이때 총학생회장이 숨을 곳이 없자 김 총장이 나서서 숨겨주었다. 총장은 유신정권에 항거하는 학생과 교수들을 정부의 압제로부터 보호하여 희생을 최소화하는데 진력하였으며, 스스로도 민주주의에 대한 결연한 의지를 표명하여 지성인의 용기를 보여주었다. 총장은 어느 날 한 직원이 보고를 하는데 학교의 문제점들을 많이 지적하여 기분이 좋지 안했다.

총장은 "내가 오랫동안 이 자리에서 대접받는데 익숙해져서 바른 소리에 기분 나쁜 것을 보니 이 자리에서 내려가야 할 때가 되었구나." 생각하고 결심을 실행하여 총장직을 사퇴하였다.

선생은 있어야 할 자리를 정확하게 알았기에 총장의 자리에서도 서슴치 않고 내려 올 수 있었다. 선생은 재임 중 학교발전을 위하여 크게 공헌하였을 뿐만 아니라, 여러 여성단체에서 주요 직책을 맡아 한국여성계 전반의 발전을 위해 큰 역할을 하였고, 여러 사회봉사기관에서도 소외계층을 위한 인권 회복과 한국사회 발전을 위하여 봉사하였다.

1979년에는 여성 최초로 문교부 장관에 임명되어 학원자율화와 교복자율화 등 민주적이고 비관료적 행정을 폈고 유신 이후 학원 사태 등과 관련, 제적된 학생과 교수들을 복교, 복직시켰다. 국민훈장모란장, 무궁화장을 받았고 1990년 소천하였다.

김옥길 총장은 한국의 대표적인 여성 교육자, 여성운동가로 깊은 기독교 신앙과 인간평등사상, 남녀평등의 이념을 신조로 하여 평생을 여성교육 발전에 헌신한 스승이다.

20
세계적 물리학자이며 한국 과학기술의 리더
무은재(無垠齋) 김호길(金浩吉)
(1933년~1994년)

김상규 청출어람 저자, 교육타임스 회장

　김호길은 1933년 경북 안동에서 태어나 안동사범학교를 졸업하고, 고학으로 1956년 서울대학교 물리학과를 졸업했다. 1961년 국제원자력기구(IAEA) 장학생으로 영국 버밍엄(Birmingham) 대학교에서 입자물리학을 전공, 1964년 이학박사학위를 받은 한국 최초의 가속기물리학자이다. 김박사는 미국 로런스 버클리 국립연구소 선임과학자, 미국 메릴랜드 대학교 교수로 입자가속기 연구의 전문가로 세계적 명성을 얻었다. 1983년 한국의 과학발전과 후진양성을 위해 귀국하여 연암공전 초대 학장을 거쳐 1985년부터 1994년까지 포항공과대학교 초대 총장으로 한국 과학기술 교육의 질적 도약의 기틀을 닦았다. 민족과학의 발전과 후진양성을 향한 열망으로 해외에서 많은 우수과학자들을 초빙, 중진교수 중심체계 구축 등 국제적으로 주목받는 연구중심대학으로 성장시켰다. 그가 취임한 후 포항공대는 국내 최고의 연구 학습시설, 전체 학생 장학금 지급, 전원 기숙사 생활, 교수 1인당 연구 논문 수 최다, 부설연구소 연구실적 최고, 교수 1인당 최저 학생 수 등 수많은 진기록들을 쏟아내면서 빠른 기간에 세계적 대학으로 발돋움할 수 있게 학교를 경영하였다. 특히 그가 추진한 포항방사광가속기(Pohang Light Source)는 세계에서 다섯 번째 제3세대형 방사광가속기이며 한국 최초인 입자가속기로 한국의 기초과학 역량을 크게 높였다.

세계 최고의 핵물리학자, 한국과학계의 큰 별, 뛰어난 교육자이며 대학 행정가로 놀라운 추진력과 소신은 세계적 물리학자 이상의 국민적 신망을 얻었다. 김 총장은 "앞으로는 서울대와 떳떳이 경쟁하겠다."고 선언한 뒤 "세계적인 학자가 되려거든 우리 대학에 오고 동문과 학맥으로 출세에 관심이 있다면 서울대로 가라"고 하며. 창의력과 지도력을 겸비한 학생 선발를 위한 입시개혁을 하였다. 김 총장은 적당주의를 싫어하며 일을 할 때는 전력투구로 몰두하고 진심으로 과학기술 발전과 교육발전을 위해 헌신하였다. 그의 수상집 '자연법칙은 신도 바꿀 수 없지요'에서 그는 '선진국을 만드는 데는 정직하고 부지런하며, 창의력 있고 장기적 안목을 가진 국민을 기르는 길이 왕도다'라고 하였다.

김 박사는 과학 중의 과학인 물리학을 하면서도 퇴계 문집을 가까이 하며 고전을 탐독하고 한시에 능했다. 도(道)와 덕(德)의 가치관은 그를 이끈 또 하나의 원천이다. 김 총장은 1994년 교내체육대회 시 불의의 사고로 61세에 타계하여 그 충격과 슬픔이 가시지 않는다. 한국의 첫 노벨상 수상자 탄생의 꿈을 남겨둔 채, 핵물리학 분야 국제적 거물이 우리 곁을 떠나 애통함과 아쉬움이 너무 크다. 김 총장은 연구논문이 30여 편이고 국민훈장 동백장과 무궁화장 등을 수훈했고, 포항공대에는 그의 아호를 딴, 무은재 기념관이 있다. 김 총장의 동생 김영길 박사도 한동대학교 초대 총장을 지내, 형제가 모두 포항의 4년제 대학의 초대 총장을 역임하였다. 무은재 김호길 총장은 세계적 물리학자이자, 한국 과학기술 교육의 리더 이상의 큰 별 스승이다.

21
정직한 글로벌 인재 육성에 힘쓴 세계적 석학
김영길(金永吉)
(1939년~2019년)

김상규 청출어람 저자, 교육타임스 회장

    김영길은 1939년 경상북도 안동에서 출생하였다. 포항공대 초대 총장 김호길 박사의 동생으로 서울대학교 금속공학과를 졸업한 후 유학길에 올랐다.
    1969년에 미주리 과학기술대학교에서 금속공학 석사학위를 받았고, 1972년에 렌셀러 폴리테크닉 대학교에서 재료공학 박사학위를 취득하였다. 1974년 NASA 루이스 연구소와 인코(INCO) 뉴욕 중앙연구소에 근무하다가 대한민국 정부의 요청으로 귀국하여 1979년부터 KAIST 재료공학과 교수로 16년간 재직하였다.
    선생은 미국과 캐나다의 저명과학자 인명사전 〈미국의 과학자들〉 95년

판에 대한민국 국적 과학자로는 최초로 수록되었다. 1995년 경북 포항시에 소재한 한동대학교 초대 총장으로 선임되어 2014년까지 19년 간 4번 연임하였다.

김 총장은 "내 생애 가장 큰 꿈은 국제무대에서 활약하는 정직한 인재를 키우는 것이다"라고 하였다. 재직 중 혁신적 커리큘럼과 기독교 정신을 기반으로 한 인성교육으로 대표되는 교육실험을 통해 교육중심 대학이라는 새로운 교육모델을 제시하고 신흥 명문사학으로 자리매김하는 리더십을 발휘하였다. 한동대학교의 슬로건은 '공부해서 남 주자!'다. 공부해서 남을 주려면 줄 게 많아야 하고 그러기 위해서는 열심히 공부해야 한다. 이 교육을 위해 한동대학교는 개교할 때부터 팀워크를 강조한다. 4년 동안의 생활관 교육을 통해 사회에 진출했을 때 더불어 살 수 있는 인성을 키우고 공부하면서 경쟁만이 아니라 협조와 배려로 팀워크를 발휘하면 굉장한 시너지 효과를 낼 수 있음을 일깨운다.

또 하나의 슬로건은 'Why not change the world?-세상을 변화시키자'이다. 21세기에는 창의적 지식교육과 정직, 성실 등 인성교육이 필요함을 중시한다. 학문의 국제화 교육의 중요성으로 영어 50%, 컴퓨터로 공부하며, 어질 '인'(仁)처럼 사람들이 더불어 살아가는 법을 배우고 실천한다. 이런 삶을 살 때 사람이 바뀌고 세상이 바뀐다며. 공부하는 목적은 이기적이 아니라 이타적이어야 한다고 강조한다.

정직성 교육은 한동대학교의 가장 중요한 교육 중 하나이다. 세상을 변화시킬 리더라면 정직하고 성실해야 하며, 학교는 매 순간 정직과 성실을 실천하고 훈련하는 장(場)으로 모든 시험에 감독관이 없다. 학생을 믿으니까 그렇게 하고 있는 것이다. 무감독 양심시험제도는 한동대학교의 정체성이자 자랑이다.

 한동대학교의 교육이념은 자기를 희생해서 사람들에게 영향을 미치는 것이다. 교육이념에 헌신한 그 중심에 김영길 총장이 있었다. 학생들은 그 분의 진정성을 알고, 존경과 사랑을 보냈다.

 김 총장은 재료공학 분야의 세계적인 석학으로 교육 일선에서 물러난 뒤에도 정직, 성실, 책임, 사랑의 전인교육의 핵심 가치를 전수하고 세계를 변화시킬 글로벌 인재를 양성하기 위해 그레이스 스쿨을 설립하였지만 숙환으로 2019년 소천하였다. 국민훈장 동백장과 세종문화상, 올해의 과학자상 등을 수상했다. 퇴임식 날 학생들은 김영길 총장 이름으로 3행시(詩)를 지어 함께 외쳤다. "김-김영길 총장님의 사랑과 가르침은, 영-영원히 한동인들 가슴속에, 길-길이 남을 것입니다. 총장님 사랑합니다."

김상규 교육타임스 회장, 고려대 교육학 석사, 중등학교장(서울), 중국국제고교장(북경)역임, 학교경영 최우수 교육부장관 기관장 표창, 문교부장관 표창, 대통령표창, 홍조근정훈장수훈, 저서 〈청출어람〉등 20권 편저 〈삶을 가꾸는 금언〉 등 8권

집필위원 (가나다 순)

강무섭 (강남대학교 교수)
공일영 (경기 송탄고등학교 교사)
곽금주 (서울대학교 교수)
김광섭 (교육타임스 논설위원)
김상규 (교육타임스 회장)
김용석 (성균관대학교 교수)
김욱동 (울산과학기술원 초빙교수)
김주성 (한국교원대학교 전 총장)
김한호 (문학박사)
김현진 (중국 대련한국국제학교 교사)
문서영 (작가)
박남기 (광주교육대학교 전 총장)
박은종 (공주대학교 겸임교수)
박현지 (대구신당초등학교 교사)
서기성 (강원 사내초등학교 교사)
이길연 (다문화평화학회 회장)
이영세 (국가평생학습진흥원 이사장)
이완기 (충남 논산 채운초등학교 교사)
이우진 (경기 양진중학교 교사)
이재환 (전북 영선중학교 교사)
이현청 (한양대학교 석좌교수)
전재학 (인천세원고등학교 교감)
정종민 (성균관대학교 겸임교수)
조영탁 (경제학 박사)
진점규 (교육타임스 편집장)
최연구 (한국과학창의재단 실장)
최진규 (충남 서령고등학교 교사)
하대청 (광주과학기술원 교수)
한기온 (교육학박사)
한병선 (문학박사)